Dulces guerreros cubanos

Seix Barral Los Tres Mundos

Norberto Fuentes
Dulces guerreros cubanos

Dulces guerreros cubanos
c Norberto Fuentes, 1999
c Editorial Seix-Barral, S.A., 1999

Primera edición U.S.A.: Octubre 2001
ISBN: 0-9715-2561-7
Planeta Publishing Corporation
939 Crandon Blvd.
Key Biscayne, FL 33149

Printed in USA- Impreso en USA
Printed by QUESTprint

El contenido de este libro no podrá ser reproducído, ni total ni parcialmente, sin el previo permiso escrito del editor. Todos los derechos reservados.

NOTA DEL AUTOR

Los papeles, disquetes, *tapes* y fotografías localizados en La Habana y enviados a las manos del autor en los Estados Unidos supusieron esfuerzo, cuando no riesgo, y dependió —sobre todo— del baluarte firme de la amistad. Gracias especiales a «Santiago», «Niño» y «Rubia», activistas clandestinos en Cuba, por sus distintos niveles de cooperación en ese sentido. El dispositivo cubano respondiendo.
«El enemigo de mis enemigos es mi enemigo» fue publicado con otro título y ligeros cambios formales en *The Washington Post*, y «El otro», también con título diferente y cambios, en *Exito!*
Las fotografías, y las cintas de video de las que se transfirieron algunas de las fotografías, son de la colección del autor. Todos los derechos reservados.
© Norberto Fuentes, 1988, 1989, 1999.
Los derechos de todas las otras fotografías pertenecen a los fotógrafos y/o los propietarios citados.

*Este libro es para
la fuerza de tarea
de Averill Park, Albany,
D*ANA *y* W*ILLIAM* K*ENNEDY*,

y para M*IRIAM* G*ÓMEZ*
y G*UILLERMO* C*ABRERA* I*NFANTE*,
*en gratitud,
por su amistad,
nunca tan cercano Londres*

y para N*IURKA*,
siempre

CONTENIDO

- 11 *Cronología esencial*
- 13 *Dos advertencias*
- 15 *Prefacio*

- 19 PRIMERA PARTE. EL DOMINIO DE LA PUERTA

- 21 1. El primer día, avisos tempranos
- 39 2. Mensajes y un verano
- 48 3. Acostumbrarse al K-J
- 64 4. Las cosas como son
- 79 5. Historia de los «O»
- 85 6. Los uno
- 96 7. El Griego

- 99 SEGUNDA PARTE. LA BANDA DE LOS DOS

- 101 1. Sirvo a Fidel
- 106 2. Conteo regresivo comenzando
- 132 3. El leve rubor de tus mejillas al contacto de mi mano según los archivos
- 136 4. En estado latente
- 148 5. La visión del igual

- 165 TERCERA PARTE. ALIARSE A LOS QUE PIERDEN

- 167 1. Si Vivian decide por ti
- 171 2. Los internacionalistas
- 178 3. Fuera de África
- 202 4. El otro

- 211   CUARTA PARTE.   LA BANDA DE LOS DOS — ALERTA ROJA
- 213   1. Donde la casualidad no existe ni se perdona
- 218   2. Visión no permitida de un paisaje
- 225   3. El cuadrante táctico, cuando te atrapan en él

- 231   QUINTA PARTE.   LA EXPEDICIÓN AFRICANA
- 233   1. No dejes ganar a tus negros
- 264   2. Lo que pasa cuando los cuarteles de invierno se extinguen
- 269   3. Hombre Grande, Isla Pequeña
- 274   4. Código *vs.* estrategia

- 283   SEXTA PARTE.   KEY LARGO Y TAREA
- 285   1. Una isla en sí mismo
- 335   2. El enemigo de mis enemigos es mi enemigo

- 341   SÉPTIMA PARTE.   LOS RANGERS NUNCA MUEREN
- 343   1. Los lupanares que nos perdimos
- 351   2. ¿Que Moscú no cree en lágrimas?
- 365   3. El vino de la vida se ha derramado
- 371   4. Una matriushka escondida en una matriuska que esconde otra matriushka que
- 380   5. La mujer del teniente cubano
- 404   6. La guerra que nunca termina

- 419   OCTAVA PARTE.   LA ISLA LEJOS
- 421   1. Muy dulces con la muerte
- 429   2. Merecernos ser el enemigo
- 438   3. La Habana después que nieva en Moscú
- 442   4. Razón de la fuerza
- 444   5. Stop motion

- 445   *Nota final*
- 447   *Una nota sobre (o para) los amigos*
- 450   NOTAS
- 477   *Acerca del material fotográfico*

CRONOLOGÍA ESENCIAL

1967
9 de octubre.   Che Guevara muerto en Bolivia.

1975
10 de noviembre.   Tropas regulares cubanas en Angola.

1977
Noviembre.   Tropas cubanas en Etiopía.

1978
Marzo.   Ochoa y el soviético Vasily Petrov derrotan al ejército somalo en el Ogadén.

1979
19 de julio.   Antonio de la Guardia victorioso sandinista entrando en Managua.

1985
Marzo.   Gorbachov al poder en la URSS.

1986
Ochoa al frente de la Misión Militar cubana en Nicaragua.
Patricio de la Guardia al frente de Misión Especial del Ministerio del Interior de Cuba en Angola.

1987
8 de noviembre.   Ochoa recibe el mando de las tropas cubanas en Angola.

1989
9 de enero.   Ochoa sustituido del mando cubano en Angola.
29 de abril.   Patricio de la Guardia sustituido en Angola.
23-25 de mayo.   Norberto Fuentes advierte a Tony de la Guardia y Arnaldo Ochoa de la conspiración que se cierra sobre ellos.
12 de junio.   Arresto de Arnaldo Ochoa a las 08:30 PM en el Ministerio de las Fuerzas Armadas Revolucionarias, y de los mellizos De la Guardia, con un

intervalo de minutos de separación, hacia la misma hora, en el Ministerio del Interior.

30 de junio. El Tribunal Militar Especial inicia sus sesiones.

9 de julio. Dicta sentencia el Tribunal Militar Especial. Pena capital para Ochoa, Martínez, Tony y Amado Padrón. 30 años para Patricio de la Guardia y los oficiales de MC Antonio Sánchez Lima, Eduardo Díaz Izquierdo, Alexis Lago Arocha, Miguel Ruiz Poo y Rosa María Abierno Gobín. 25 años para Willye Pineda, Gabriel Prendes y Leonel Estévez (los tres de MC).

13 de julio. Un poco antes de las 02:00 AM de este día, Arnaldo Ochoa, Antonio de la Guardia, Amado Padrón y Jorge Martínez han sido fusilados por un pelotón de seis hombres al mando del coronel Luis Mesa en un potrero cercano a la base aérea de Baracoa, al oeste de La Habana.

30 de julio. Llegan los primeros tanques y medios de combate de Angola. Detenido Abrantes y lanzado en un calabozo de la Contrainteligencia Militar.

1990

2 de marzo. En el salón de actos de Casa de las Américas, último encuentro de Fidel Castro con Norberto Fuentes. Apenas cruzan palabras formales de saludo.

1993

10 de octubre. Norberto Fuentes es capturado al intentar escapar de Cuba en una balsa. 20 días más tarde es liberado gracias a un creciente movimiento de solidaridad de escritores de todo el mundo.

1994

3 de agosto. Ante evidencias de planes para asesinarlo, Norberto Fuentes se declara en huelga de hambre en su casa de La Habana.

5 de agosto. Se produce el llamado «Habanazo» o «Maleconazo» (por la avenida del Malecón habanero), el primer alzamiento de la población de la capital cubana contra Fidel Castro, que es reprimido con éxito en pocas horas. Como consecuencia, comienza la llamada crisis de los balseros.

1 de septiembre. Fidel envía a Gabriel García Márquez como su emisario ante Bill Clinton. La reunión es en la residencia de William Styron, en ese momento presidente del PEN American Club. Dos gobernantes con premura por solucionar la «crisis de los balseros», pero Fidel tiene que entregar una prenda: el escritor cubano que lleva casi un mes en huelga de hambre.

2 de septiembre. Norberto Fuentes logra salir de Cuba con Gabriel García Márquez y en el avión ejecutivo que el presidente mexicano Salinas de Gortari —el tercer gobernante involucrado en la crisis— pone a la disposición.

DOS ADVERTENCIAS

Los nombres de dos personas han sido cambiados con el fin de proteger sus identidades y el lector habrá de conocerlas como Eva María Mariam y William Ortiz. Figuras incidentales, a las que se les ha proporcionado una identificación de cobertura. Todas las demás personas que aparecen en la historia están mencionadas por sus nombres, y, con la lógica excepción de la nómina de los muertos, todas estaban vivas en agosto de 1999. No tenemos personajes ni situaciones recreadas.

En una proporción cercana al 80 % del total, el libro está tributado por información reservada o nunca antes escrita. El resto fue noticia.

PREFACIO

Si el 2 de septiembre de 1994 logré mi propósito, aterrizar en los Estados Unidos —y ahí refugiarme y disponerme a la escritura—, fue debido a una enorme presión internacional, liderada sobre todo por el PEN American Center, y al hecho indudable de que Fidel Castro, a la hora de decidir si permitía mi salida de Cuba, no calculó el verdadero alcance de mis conocimientos. Pasó por alto sus propias directrices de que a toda costa se impidiera que yo saliera del país o que, aún estando en Cuba, escribiera acerca de los controversiales acontecimientos del verano de 1989, y que en su conjunto eran órdenes personales suyas relativas a mi persona que se mantuvieron vigentes durante más de 5 años. La solemnidad está fuera de lugar, desde luego, pero lo cierto es que yo soy hasta el momento el único personaje del *hardcore* fidelista que ha escapado de las manos del Comandante. Este libro —que se pudiera escribir, terminarlo, y por lo que pueda valer— es ahora un triunfo que corresponde a muchas personas e instituciones. Pero debo citar aquí, en sus páginas iniciales, a Horacio Maestre y a Luis García Guitart, los dos cubanos amigos míos que perecieron mientras se empeñaban en localizarme «el hierro» —un bote o una balsa— para que escapara. Estoy citando así mismo al desaparecido James B. Lowell, un escritor norteamericano. James invirtió las energías residuales de su enfermedad terminal en el esfuerzo de reclutar una tripulación y agenciarse la goleta de su planeada operación anfibia de rescate estilo *Los perros de la guerra*, la fuerza de tarea «Lowell» comprometida en mi salvación. Hubo estas personas y la decisión de abrirme una brecha en el muro de silencio. Tuvo su precio. Hubo muerte y pesar por este libro.

N. F.
Virginia & Enero

*No hay dolor mayor
que recordar los tiempos felices
en el infortunio...*
                    DANTE

PRIMERA PARTE

EL DOMINIO DE LA PUERTA

CAPÍTULO 1

El primer día, avisos tempranos

Ésta es una historia sobre mí yendo demasiado lejos y de lo que encontré cuando estaba solo y era vulnerable. Me alejé demasiado aún cuando la línea de la costa había desaparecido de mi horizonte —como en la experiencia de Santiago el viejo pescador de Cojímar en *El viejo y el mar*— y porque nunca la fábula de la gacela y el león había significado mucho para mí. Ésta es también la historia del pacto de silencio entre Fidel Castro y el coronel Antonio de la Guardia y de los secretos que, con el transcurso del tiempo, Antonio de la Guardia había decidido llevarse a la tumba y de una decisión posterior ajena a su voluntad y persona que ha conducido a revelar esos secretos porque uno de nosotros, yo mismo, toma la actitud de contarlo todo. Cosas que pasan. Esto ocurre en vísperas de un verano después de que regresáramos de la guerra en Angola y de que se interrumpiera mi producción literaria sobre las campañas cubanas en África porque me desembarcan medio millón de dólares en la puerta de mi casa.

Uno está escribiendo un libro patriótico y tiene esa clase de digresión. Luego hay quienes dicen que uno ha participado en el proceso que marca el final de la Revolución Cubana y debe suponerse que, de alguna manera, es un hecho afortunado haber sido uno de sus protagonistas. Tienes a tus amigos rangers en la televisión escenificando actos de contrición, y uno no se imagina cómo el acto de contrición de unos matarifes pueda terminar con una revolución que ha acarreado trenes de sangre y diezmado las familias y que ha cambiado hasta los ecosistemas de la isla, y salinizado las tierras del sur y alterado para siempre el equilibrio de las mareas en los canalizos del norte, amén de los hechos que Rodolfo Fernández —más bien conocido como Rodolfo «Conaca»— puede ilustrar, y es la situación de que en 1964 Rodolfo «Conaca» disparó la alarma del Pentágono y de los institutos meteorológicos americanos cuando se percataron de que el clima cambiaba en el Caribe. Un invento del Comandante en Jefe Fidel Castro ejecutado con prontitud por uno de sus súbditos de mayor pericia: Rodolfo «Conaca», y consistente en unas altísimas torres de chapas resistentes a altas temperaturas y sujetas a tierra con vientos de cablería desde las que estaban inyectando al espacio fuego en llamaradas a presión para provocar lluvia artificial. El Gobierno de los Estados Unidos de América optó por enviar una misión de carácter científico para persuadir a los cubanos de que desmontaran las torres.[1] Después el Comandante advertiría al mundo sobre el peligro potencial que significarían las armas climatológicas en manos de los yanquis.

La historia arranca ahora en el amable lecho que yo había mandado construir en uno de los talleres de ebanistería de «la EMPROVA» —Empresa de Productos Varios—, de exclusivo servicio para «los dirigentes» —la nomenclatura de alto nivel— cubanos y por el que había pagado en especie con un par de zapatos panameños de dos tonos al delincuente negro gordo administrador del taller. Yo estoy percibiendo el sano olor de la piel de la muchacha que yace descubierta a mi lado sobre esa cama cuando —como suele ocurrir en esta clase de episodios— un teléfono va a sonar para segar la tranquilidad de la noche.

La Habana y nosotros.
Todo bajo control.
Los aspectos estaban cubiertos, decíamos. Los aspectos. Cubiertos en su totalidad. Había un botín y había una mujer y había una bandera y había una ciudad y estaban a la mano y todo bajo control, y el botín consistía en medio millón de dólares y la mujer tenía unas nalgas tibias y acogedoras y la bandera se llamaba la causa gloriosa de la Revolución Cubana y la ciudad, ustedes saben, era La Habana, y uno estaba acogido entre las piernas del cuerpo desnudo de aquella mujer joven y arrogante a la que uno obligaba a dormir, sedosa y callada, sin blumers (bragas) y con su espalda contra el pecho agarrada con firmeza en un abrazo que terminaba con la mano derecha tomando, toda la noche, su seno

izquierdo, y con ese pezón que no se apagaba hasta la alta madrugada endurecido entre las yemas de los dedos y también con sus nalgas ciñéndose al más bravío de todos los músculos que —créanlo o no— ha sabido responder bien en casi todas las contingencias, cuando se escuchó el primer timbrazo. 11:20 de la noche. El ensueño concluye. Dos timbrazos más. Eva María Mariam ha surgido de entre las sábanas y responde desnuda aunque con licencia en invierno para protegerse con una vieja camiseta de guerrero.

—¿Cómo tú andas, Alc?

Alcibíades Hidalgo. «Alc» es uno de nuestros motes para identificar a Alcibíades Hidalgo.

Sigue Eva María Mariam.

—¿Pasa algo? Te lo pongo. Bueno, Alc. Ya tú sabes.

Una fórmula de despedida. Se da por supuesto que el interlocutor sabe la estima en que se le tiene.

Eva María me alarga el teléfono. Pero me desentiendo por un breve instante de oficiales partidarios de alto nivel y de cualquier noticia de la que sea portador y que tranquilamente puede llegar a desencadenar la guerra en el área del Caribe, porque yo sigo la línea del brazo de Eva María Mariam hasta la axila pulcramente afeitada, comestible diría (decido en ese instante que es comestible) y pienso que descendería desde ahí con la punta de la lengua y descendiendo con la mirada por la curvatura de un músculo pectoral que sostiene con bondad uno de los dos tenues senos que, por lo pronto, me pertenecen, e iría en persecución sostenida de ese pezón que comienza a descongestionarse debido a una llamada que se origina en el Comité Central.

—El Conejo —dice ella. Saca a flote otro mote de Alcibíades Hidalgo—. «El Conejo» Alc. Te llama.

Mala cosa. Uno sabe. Uno tiene la experiencia. Nunca, en toda la historia de la Revolución Cubana, se ha producido un anuncio agradable a través del teléfono después de las 6 de la tarde. Los mecanismos de timbrado de unos viejos aparatos Kellogs que unos treinta años después de instalados aún redimen en una cifra próxima al 75 % el sistema de comunicaciones de la ciudad puede resultar en una acción dramática. En este sentido, una postrera noticia aceptable *no diurna* —o así nos lo hicieron creer— fue producida en la madrugada del 1.º de enero de 1959, cuando los primeros entendidos comenzaron a hacer correr el rumor de que el general Fulgencio Batista había abandonado la isla. La pasiva fiereza de esos Kellogs con sus negros, pesados auriculares macizamente colgados en la larga noche, y la angustia del amanecer, dominaban el escenario de la existencia. La angustia del amanecer. El lapso entre la caída de la tarde y el levantamiento del sol, el del juego de las luces, se convirtió en parte del proceso. Y la década del 80 fue la que nos disolvió el concepto emocional del amanecer. La década y el arribo de Ronald Reagan al poder. Apareció la palabra GAMS. *Golpe Aéreo Masivo Sorpresivo*. Era el amanecer que todos íbamos a tener, el que nos esperaba. Un amanecer oscurecido por la manta de aviones de la USAF cubriendo nuestro cielo. Aunque desconozco por qué esperábamos el GAMS de las ciudades del Tercer Reich y no bombardeos selectivos. Un GAMS clase Leipzig bombardeada por los aliados en la Segunda Guerra Mundial y no un GAMS quirúrgico de bomba inteligente con guía de radar buscando la tienda beduina de Khadafi. Los cubanos que lograban levantarse al amanecer echaban un vistazo al cielo y podían sentirse afortunados de que *aún* su familia no hubiese sido arrasada por las CBU de fragmentación.

11:21 PM. 22 de mayo de 1989.

Estoy mirando la esfera lumínica de mi última adquisición en materia de Rolex, que es un GMT II, con cristal de zafiro, y sé perfectamente que ésa es la hora y que es el tiempo de que disponemos y de que hemos dispuesto, porque hay tres cosas de las que puedo considerarme un especialista y ésa es una de ellas. Especialista en primer grado en la novela *Islas en el Golfo* de Ernest Hemingway, especialista en primer grado en todo el rock producido en los años cincuenta en los Estados Unidos de América y especialista en primer grado en trazado de azimuts entre tiempo dispuesto y destino a través de la esfera de un Rolex, que es algo aprendido desde que tuve mi primera pieza de relojería submarina regalada por mi padre el día de mi cumpleaños en 1965.

Aunque también, quizá en el futuro cercano, especialista en tener dos de todo. Yo estaba en casa de Eva María Mariam, que entonces era mi amante, y por tal razón era dos de ese conjunto de todas las cosas. Mi amante, y el resultado de una filosofía —y del deseo. Ella misma habría de traicionarme dos veces y habría de venderme a mis enemigos para que me encarcelaran y habría de colocarme como un bocado en el objetivo de tres emboscadas y hasta se dispuso a regalarle mi hija más pequeña a un oficial operativo de la Seguridad del Estado. Pero aún conservo en las palmas de mis manos el dulce contacto de sus senos dulces y perfectos. La filosofía, que era la del grupo, probablemente yo mismo la había instrumentado. La filosofía de tener dos de cada cosa. Dos de cada una cosa que existiera sobre la faz de la tierra y de la que fuera posible ser propietario. Dos de todo. Dos automóviles, dos mujeres, dos pistolas, dos pasaportes. Dos, como mínimo. Se trataba en las condiciones del socialismo real cubano de sostener una reserva. Yo hacía alardes de erudición y citaba al profesor australiano V. Gordon Childe y decía que el hombre era él y su equipo. (*What Happened in History*, edición revisada de 1954.) Era lo que el respetable V. Gordon Childe decía en sus tratados. Desde luego, él hablaba de *un* equipo. Yo, de dos. Nosotros, más que nadie probablemente, necesitábamos esos dos equipos. Era algo que se requería. De lo único que no se podía tener dos de todo era vida —y muy pronto lo íbamos a necesitar.

—Aaaalc —dije yo.

El nombre pronunciado con la entonación alargada, que es la forma habitual de nuestras presentaciones, seguido de alguna corta frase de encomio («la partiste» era de uso regular) o de justa exaltación ante las virtudes del amigo («eres un loco» resultaba adecuada).

—Aaaaalc.

Pausa.

—Alc. Eres un loco, Alc.

Énfasis.

—El más loco del mundo, Alc.

Alcibíades Hidalgo *necesitaba* verme, venía para la casa. Ahora mismo. Espérame. Ensueño concluido. Alcibíades Hidalgo llamó y dijo: «No te muevas de ahí que voy para allá enseguida.» Serían las once y veintidós de la noche. A esa hora, desde las oficinas del Comité Central hasta la casa de Eva María Mariam, en las afueras de La Habana, en el coche soviético de Alcibíades Hidalgo —el Lada (sedán) de cuatro puertas—, 20 minutos.

La situación era perfecta, y muy pocos en la historia habrían dispuesto de orden semejante, y ni siquiera los héroes recurrentes del grupo —como Burt Lancaster en el papel de pistolero en *Veracruz* o el corsario Henry Morgan— alcanzaron a arañar estas posibilidades. Perfecto. El nivel de perfección provenía del control, pero desde luego también del poder y de sus propiedades. Y en este orden de cosas estaba el apartamento —en el llamado «edificio de los generales»— al que yo daba uso de día y en el que tenía a Lourdes Curbelo (una rubia de ojos verdes que cortaba el aliento, y simpática como carajo), la esposa de mi matrimonio públicamente registrado y a la que había conquistado en una noche de lluvia de 1980 bajo los brazos de mármol extendidos del Cristo de La Habana, y a mi hija Rommy. Éste es el recinto de que dispongo, en el último piso, el 13, encima de la flor y nata de la casta militar cubana, del ministro de Justicia, Juan Escalona, y del jefe de todos los sindicatos de la nación, Pedro Ross.

Así que estaba ocurriendo algo realmente importante. Porque no era usual que Alcibíades Hidalgo me llamara a esa hora, ya que nos veíamos todos los días. Alcibíades era el jefe de despacho del general Raúl Castro, el segundo secretario del Partido. Estamos hablando en todo caso de posiciones prominentes. Después de eso se acababa el techo en el país. Por encima sólo quedaba Fidel Castro. Además, éramos vecinos en el edificio de los generales. Había como un código entre él y yo. «¿Estás ahí?» «¿Tenemos cafecito?» Bastaba para que nos viéramos de inmediato. Sólo había que caminar unos 30 pasos entre una puerta y la otra. Pero este mensaje traía las resonancias inconfundibles de los ultimátums.

Él era un tipo pequeño y de barba al que llamábamos (lógicamente) «el Pequeño» o (como resultado de una apreciación secreta en referencia a su hipotético vigor y capacidad sexual) «Conejo Alc» y que debido a una confusión de los palestinos había estado a punto de ser encerrado en una caja de caudales en el Líbano cuando había estado allí como corresponsal de prensa y como consecuencia de ello al que habían metido en la caja de caudales había sido al hermano del jefe de una de las facciones rivales, y para el que Raúl Castro me había designado con el objeto de que lo educara «en los avatares de la vida» y le diera «un poco de vitalidad», y aquel pequeño que yo había recogido con un reloj Poljot de los almacenes moscovitas Gum y una guayabera de producción nacional cubana Yumurí, de poliéster, estaba devolviéndolo con unos Ray-Ban polarizados y un Rolex Explorer II con cristal de zafiro y 13.000 dólares para gastos de bolsillo y convertido en un experto en páginas centrales de *Playboy,* que era por donde yo había comenzado la educación, enseñándole una playmate y le había dicho, camarada, mirad, vellos púbicos, y del que Luis García Guitart —el abogado que luego asesinaron a puñaladas porque era mi amigo y quería sacarme del país—

me decía que se me había ido la mano en el proceso de educación, lo corrompiste yo creo, Norber, decía, porque lo único que no se puede hacer con un comunista es enseñarle la vida, Norber.

Pero aquel día no venía en plan de ser educado, venía por la cuestión de mi salvación. A salvarme. Era el mensaje que traía del Ministro de las Fuerzas Armadas Revolucionarias y hermano menor de Fidel Castro. Un tipo duro de ojos achinados que le daban el adecuado carácter asiático. Raúl Castro Ruz.

—Dice Raúl que hay que salvarte —dijo Alcibíades.

Nos sentamos en el patio de la casa, en aquella barriada de clase media habanera de los años cincuenta, «Aldabó», Aldabó por el nombre del patriarca dueño de los terrenos que alguna vez fueron pastos y bosques de mangos y palmas reales, la provincia de los pasados siglos, y Alcibíades Hidalgo me dijo que había problema. No en plural como la concordancia española debe exigir que se construya una frase de este talante. Problema, en singular. Y que venía directamente de una reunión con Raúl Castro y con otro personaje del máximo nivel, el mulato Carlos Aldana, en la cual habían hablado de diversos temas pero que yo había ocupado una parte importante de las exposiciones. Comprendido. He aquí el porqué había sido extraído de las edificaciones del Comité Central el jefe de despacho de Raúl Castro hacia mi área de dislocación en la profundidad, los predios de Eva María Mariam —«campamento de arriba», le llamábamos a este tipo de escondites con mujer dentro— esa noche vernal.

Resultaba convincente la expresión confundida de Alcibíades Hidalgo, dramática, cuando trataba de describirme el inmenso cariño que tenía Raúl Castro por mí.

—Tú no sabes, Norberto, como él te quiere —dijo Alcibíades—. Y cuánto. Con el cariño que habla de ti. Y si no dijo cien veces que había que salvarte, no lo dijo una. No sé cuántas veces lo dijo. Que había que salvarte. Por lo útil que tú puedes ser para la Revolución.

Ya esta parte comenzó a preocuparme porque yo no sabía de qué había que salvarme. El mensaje podía ser verdaderamente el comienzo de una gran preocupación. Aunque podría entender que ellos quisieran ponerme a salvo del huracán que se avecinaba. En ese caso sí había un mínimo de verdad en las expresiones. Y rigurosamente cierta mi utilidad para la Revolución.

Le pregunté a Alcibíades Hidalgo qué era lo que estaba pasando, si era que estaba pasando algo, aunque era obvio que estaba pasando y ya yo había detectado el chequeo, hacía rato. Una porción de semanas que se me estaban repitiendo Ladas por el retrovisor.

Todo el espíritu de la conversación de Alcibíades Hidalgo y el propósito de Raúl Castro de salvarme se concentraba en que me apartara de «Tony», el coronel Antonio de la Guardia, y de una amistad reciente sobre la que ya habían manifestado su preocupación, que era el general de División Arnaldo Ochoa. Incluido estaba el general de Brigada Patricio de la Guardia, hermano mellizo de Tony y que estaba a punto de regresar de una larga misión en la República Popular de Angola.

—Norberto, siempre la soga rompe por lo más flojo. Y lo más flojo aquí eres tú. Ni a Ochoa ni a Tony les va a pasar nada.

—No, no debe pasarles —dije yo—. Nada debe pasarles. Son *huesos*. Demasiado huesos.

Jerga de guerreros cubanos. Hueso es un tipo duro, experto en el combate.

—Aunque parece que esta gente tiene problemas muy serios por delante. Ochoa sobre todo —dijo Alcibíades.

Ochoa era uno de los dos primeros Héroes de la República de Cuba, una especie de mariscal Georgii Zhukov criollo, un mulato despectivo, de voz lenta, pero de muy buen tipo, que había hecho rodar sus tanques en el desierto de Ogadén y que acababa de sumar a sus trofeos la expulsión de Angola del ejército sudafricano y que —a semejanza de Zhukov, su modelo, que trazara las victorias soviéticas en el arco del Kursk y en el Berlín de 1945—, era un maestro en el empleo de las fuerzas blindadas, por lo que recibiera los elogios de la revistas *Newsweek* y *Time* en los setenta, y Tony de la Guardia, un blanquito de auténtica procedencia aristocrática, alrededor de quien se tejía la leyenda de la Dirección General de Operaciones Especiales del Ministerio del Interior de la República de Cuba, la figura que encabezaría sus tótems de combate, y que era en detrimento suyo describirlo como un James Bond cubano —lo que en su momento hicieron Reuter y France Presse— puesto que James Bond sería sólo un pálido reflejo británico de Tony, también conocido como «el Siciliano», «Jimagua» o «Legendario».

—Raúl dijo que el Gordo era el culpable de que él y tú no se vieran con más frecuencia —dijo Alcibíades—. De que la amistad se hubiera enfriado. Dijo que por culpa de ese gordo comemierda ustedes dos se habían distanciado. Pero que ahora se imponía la tarea de salvarte.

—¿Lo trató así? ¿Al Gordo?

Raúl Rivero Castañeda. El Gordo. El poeta. Yo se lo había presentado a Raúl Castro en mi casa el 25 de julio de 1988 y le había dicho: «Mire, Ministro, éste es su tocayo y es el más grande poeta del país. Olvídese de Nicolás Guillén y de los otros. Es el mejor.» Después le había dicho al oído: «Pero muy peligroso cuando se tropieza con una botella.» Luego, al oído del Gordo: «Gordo, ésta es la oportunidad de tu vida. Controla los disparos.» «Sí. Yo sé. Yo sé», me decía el Gordo. Días más tarde, estando yo en Ginebra, dedicado a buscar la paz para el África Austral como miembro de la delegación cubana a las conversaciones cuatripartitas Angola-Cuba-Sudáfrica-Estados Unidos, se había producido —aunque en territorio cubano— un desaguisado con el Gordo como principal protagonista. El Gordo armado con una botella de ron, y con pinta y media del preciado líquido ya ingerida, quiso acostarse con las dos hijas del Ministro así como sodomizar al jefe de la escolta, un mulato turbulento y de pocos humores, y por último con un tigre —que nadie sabía dónde podría localizarse en las apacibles praderas nacionales, y que el Gordo, a voz en cuello en la casa de verano del Ministro, exigía «para ser violado y pelado como una naranja». El tigre.[2]

—Otra cosa —dijo Alcibíades—. Hay 200.000 dólares de los nicas que están perdidos y se supone que Ochoa los tenga. ¿Qué tú sabes de eso?

—¿Cómo es la cosa?

—¿Tú sabes algo de eso?

Desde luego que no sabía nada.

—Parece que tienen problemas muy serios —dijo Alcibíades.

—¿Problemas? ¿Cómo problemas? ¿Qué clase de problemas pueden tener? —pregunté yo.

—Ochoa —dijo Alcibíades—. 200.000 dólares de los nicas, que están perdidos, y feriados por Ochoa. ¿Tú no sabes nada de eso?

Nicas eran los miembros del movimiento sandinista, de Nicaragua; feriarse era robo.

Desde luego, carajo, que no sabía nada.

—No —dije yo—. No sé nada de eso.

—Porque falta ese dinero —dijo Alcibíades.

Pregunté si Raúl Castro lo había mandado con el recado, y si había venido sólo por eso. Me dijo que no, pero sin convicción. Me dijo también que por supuesto esta conversación era absolutamente privada y que la estábamos sosteniendo bajo su absoluta responsabilidad. Y que él, si acaso, lo único que se había propuesto había sido trasmitirme el afecto de Raúl Castro hacia mí, había necesitado trasmitirme ese cariño, aparte de la conveniencia de advertirme que me separara de esa gente (Ochoa, Tony), pero que el dato de los 200.000 dólares era absolutamente reservado.

De inmediato la poderosa computadora para el análisis de la conducta del régimen castrista que es el cerebro de Norberto Fuentes procesó la información suministrada y la discriminó y arrojó el resultado de que Raúl Castro había enviado a Alcibíades con el mensaje urgente de que había una guillotina aceitándose para ser usada sobre los cuellos de Arnaldo Ochoa y Antonio de la Guardia pero que la información de los 200.000 dólares, aunque no era para mi consumo, Alcibíades decidió soltármela —no por indiscreción, aclaro, sino por la enorme confianza que depositaba en mí.

Alcibíades insistió en que habían estado presentes sólo Raúl Castro, Carlos Aldana y él. Por tal razón, esto que se me estaba informando, el único que lo sabía —lo *dominaba*— fuera de ese círculo de tres, era yo.

Pregunté por Carlos Aldana, con el que yo estaba teniendo desavenencias desde hacía una porción de semanas. Alcibíades Hidalgo me dijo que Carlos Aldana no había abierto la boca en toda la descarga expositiva de Raúl Castro y que había guardado un hermético silencio. Limitado a escuchar.

—Se limitó a escuchar —dijo Alcibíades.
—¿Aldana? ¿El mulato? ¿Sin abrir la boca? —dije yo.
—Como ausente. Así estaba el amigo. En otra galaxia —dijo Alcibíades.
—Conspiración, Alc.

No respondió. Pero se dispuso a aconsejar.
—Tremenda conspiración, Alc —dije yo.
—Yo lo que te digo es que nosotros no hacemos nada en esa bronca. Eso es un problema de ellos, de gente grande. Entre ellos.

Alcibíades Hidalgo había sido llamado último a una reunión del segundo hombre del país con el entonces tercer hombre. Lleva más de tres horas de transcurrida y en ella se mencionan dos pejes gordos y se indica suma de dinero no localizada. De pronto Norberto debe ser salvado. Hasta esa misma tarde es el escritor de confianza «del más alto nivel» y es en su casa donde este mismo segundo hombre del país, Raúl Castro, va a emborracharse una vez por semana. Y el tercer hombre,

Carlos Aldana, se pone a mirar el techo mientras Raúl Castro expone el mensaje a Norberto. Aldana, inmutable. ¿Aldana? ¿Inmutable? Carlos Aldana Escalante que, pese a todas las desavenencias recientes, sigue llamando «brother» al escritor que es, a su vez, el mismo ciudadano que fuera de sus funciones sociales como «ingeniero de almas» —que tal fuera el designio otorgado por Stalin a los literatos de su proyecto— ha contribuido a prolongar los retozos de Aldana con las muchachas al proveerlo de ungüentos «Retardex» (o un nombre parecido, pero siempre tan sugestivo) adquiridos en Panamá con divisas libremente convertibles, es decir, dólares, de la oficina de operaciones encubiertas al mando del coronel Antonio de la Guardia. Aldana miraba para el techo y todo ese rato ellos dos, segundo y tercer hombres del país, hablando sin Alcibíades y luego lo llaman y Aldana no se inmuta.

—Tremenda conspiración, Alc. Te digo —dije yo.

Así que ése era el mensaje. Norberto Fuentes impuesto de la situación operativa. Así que apenas Alcibíades Hidalgo se retiró, Norberto hizo con Antonio de la Guardia lo mismo que Alcibíades había hecho con él. Teléfono que tú sabes. Usar el teléfono. «Que tú sabes» es una expresión de cierto nivel intelectual arraigada en los últimos años cubanos para definir situación o cosa que se alcanza por obviedad. Medianoche del 22 de mayo de 1989. Como corresponde con tropas experimentadas antes del combate, me situé frente al teléfono como en un *staging point* de un solo hombre para establecer unas rápidas coordenadas. Había que decirle, Tonisio, nada, compadre, que hoy, cuando estábamos hablando, se me olvidó decirte una cosa. De los libros de pintura que tú querías mandar a pedir, y entonces ahí añadir algo de libros y entonces ofrecer una explicación pero no una disculpa y ahí mismo calzarle hora y lugar del *rendez-vous*. Bastaría con te llamo ahora porque sólo te puedo ver mañana muy temprano, antes de que lleves a Mary para el trabajo. Sí, serían cerca de las 12 de la noche, hora absolutamente inusitada para llamar a alguien en Cuba. Marqué. Dos. Uno. Cinco. Dos. Cinco. Nueve. 21 52 59. Salió la mujer, María Elena. Y le hablé con la voz más seca y autoritaria que pude, lo que era absolutamente inusitado en mí. Y le dije: «Mary, necesito hablar con Tony. Es que hoy estuvimos hablando de unas cosas y se me olvidó decirle lo más importante.»

Un error la explicación final agregada al mensaje.

—Norbertus —dijo Antonio de la Guardia.

Era una de las formas de llamarme y nuestra interpretación de cómo, a su vez, los pueblos eslavos interpretaban la pronunciación en latín de un nombre de origen teutón y que surgía de las bromas que se me hacían sobre la base de una esposa búlgara que yo tuve, y cuya pronunciación de mi nombre siempre le había presentado dificultades, y que además —para orgullo cultural del grupo— era el dios de la guerra. Norberto.

—Tonisio, que hoy se me olvidó decirte una cosa —dije yo.

—La partiste, Norber —dijo Antonio de la Guardia.

Apenas habíamos cruzado unas palabras. Pero, suficiente.

—Eres un loco, Norber. El más loco del mundo.

La conversación se llenaba vertiginosamente de relaciones inconexas, como lunares sobre una superficie de vainilla.

—Tonisio, nada —dije yo.

—Bueno —dijo Antonio de la Guardia.

—Oye, Tony. Dime —dije yo—. De los libros de pintura que tú querías mandar a pedir.

—Libros —dijo Antonio de la Guardia.

—Libros —dije yo—. Y te llamo ahora porque sólo te puedo ver mañana muy temprano, antes de que lleves a María Elena para el trabajo. De esos libros que tú querías, ¿todos son de pintura?

—Ven. Mañana. Temprano. Yo me llevo a Mary como a las ocho —dijo Antonio de la Guardia.

—Eres un loco, Tonisio. La estás partiendo.

—Sí. De pintura —dijo Antonio de la Guardia.

—Y como vas a tener libros.

Todo era la primera vez que se lo decía, por lo que Antonio de la Guardia comprendió perfectamente que tenía un mensaje importante para él. No sólo importante, sino *muy* importante. Una importancia de, por lo menos, intensidad 2 por la escala Brother. Así que al otro día hicimos —rumbo este— el recorrido hasta el edificio de dos plantas que conocíamos regularmente como «la oficina de Interconsult», una auténtica caja de zapatos amarilla, en la antigua barriada habanera de El Vedado.

Antonio de la Guardia con su traje verde olivo sentado delante con su ayudante —el capitán Jorge de Cárdenas— como chofer, y María Elena y yo sentados detrás. Yo había dejado mi carro parqueado en la rampa de estacionamiento con capacidad para dos coches de la casa de Tony en la calle 17, número 20606, en el Reparto Siboney, una apartada barriada de la aristocracia criolla, llamada Biltmore antes de la Revolución.

Rodaba muy bien el Lada 2107 de Antonio de la Guardia, un auto primitivo, un coche elemental como toda la producción soviética pero bien preparado por y para nosotros. El 2107 de Tony tenía un motor de leva rápida de Niva 1600, cinco velocidades en el piso y un carburador alemán Weber.

Y dejamos a María Elena. En Interconsult.

De regreso, rumbo a la oficina de Tony, tomamos por la Séptima Avenida, en Miramar, de cuatro vías y escaso tráfico que iba abriéndose en bóveda bajo las ramas de viejas ceibas plantadas 60 años atrás y me acomodé en el asiento trasero en una posición por la cual me fue fácil distinguir en el retrovisor el lejano seguimiento de que éramos objeto por un Lada de color beige, que se había intercambiado por otro de color verde pálido.

—Equis Dos, Equis Sesenta —se oyó por la planta.

X-2 era el indicativo de Tony. X-60, el del oficial de guardia en su oficina.

—Equis Sesenta, Equis Dos —respondió Jorge de Cárdenas, tomando el micrófono de la planta de radio japonesa, una Yaesu, instalada bajo la guantera pero con el micrófono sostenido por un asa metálica frente a la palanca de cambios, de modo que fuera fácilmente alcanzable por el chofer.

—Zeta Veintisiete se interesa por usted, Equis Dos —dijo el oficial de guardia.

Z-27 era el indicativo del ministro del Interior, el general de División José Abrantes. En el cerrado círculo de los elegidos, la élite de los combatientes revolucionarios, se permitía eliminar la zeta y llamarlo por un elíptico Veintisiete. El Veintisiete.

—Quiere que usted le efectúe por la vía quinientos.

Vía 500 era el teléfono.

Abrantes estaba localizando a Tony. Pero quería que lo llamara por teléfono. Nada de radios. Eso significaba el mensaje de Z-27. Quería silencio radial. Estaba eludiendo interferencias y/o escuchas a través del éter.

Antonio de la Guardia extendió la mano izquierda hacia su ayudante y éste le dejó el micrófono.

—Equis Sesenta, Equis Dos.

—Equis Dos, Equis Sesenta —respondió X-60.

—Equis Sesenta —dijo Antonio de la Guardia—, dígale a Zeta Veintisiete que me dirijo hacia donde usted se encuentra.

Miró su reloj. Su viejo Rolex Oyster Perpetual Submariner garantizado para mantener su imperturbable trabajo a 1.200 pies de profundidad.

—Y dígale que en 15 minutos le efectúo por vía quinientos —dijo.

Avanzamos por Séptima Avenida, que había sido concebida en su momento para el precavido rodaje exigido a los negros o gallegos uniformados de azul prusia y opacas gorras de viejos capitanes de navío encasquetadas en sus cabezas de esclavos. Bueno, no esclavos exactamente, para mantenerme en los cánones marxistas. Asalariados. A razón de 30 o 40 pesos mensuales —o 60 en situaciones excepcionales de pilotos tan diestros que calificaban como equivalentes criollos del héroe argentino entonces a la sombra y sufragio de la Maserati, Juan Manuel Fangio, o del inglés a cargo de la Ferrari, Sterling Moss, aunque siempre a velocidad reducida, ya que el lento manejar era sinónimo de señorío, de elegancia, como las bandas blancas de las que estaban impuestos todos estos vehículos. Ellos conducían los Packard, Cadillac y Lincoln pertenecientes a los dueños de esas casonas señoriales abandonadas en 1960 y ahora al borde de la ruina cuyas fachadas se desplazaban, no más de tres mansiones por cuadra, a ambos lados de nuestra ruta y que vigilaban la ruta con el mismo inescrutable silencio con que las estatuas megalíticas de la isla de Pascua vieron desaparecer sus civilizaciones. Pero una avenida nunca concebida para que un capitán de Tropas Especiales guiara el coche soviético de su jefe, un coronel de la misma fuerza, a una velocidad crucero de 110 kilómetros por hora, el carro enganchado en quinta y la pesada bota de paracaidista aplastando el pedal de aceleración contra el piso y la planta trasmitiendo que Z-27 quiere hablar con X-2 por vía 500.

Dejamos atrás y por la derecha, en la acera del norte, las embajadas de México y de la Santa Sede, con su habitual emplazamiento policial exterior en el que sólo faltaban las alambradas, y la casa de modas para extranjeros La Maison, atrás y por la izquierda, y nos acercamos a las embajadas de Canadá y Nicaragua, otra vez a la derecha, acera norte, que con estas cinco instalaciones acababan las edificaciones en estado óptimo de conservación a lo largo de 40 cuadras.

Seguimos. Séptima abajo.

A la altura de la calle 32, luego de hablar una tonelada de

intrascendencias, toqué en el hombro del ayudante de Tony, y le dije: «Para en la esquina.» Antonio de la Guardia, un poco sorprendido me miró, y le dije: «Vamos a bajarnos.» Antonio de la Guardia, con su actitud infantil habitual, miró el chofer que estaba esperando por su orden, aprobó mi reclamo, y el carro se detuvo y nos bajamos. Inmediatamente lo tomé por el brazo y le dije: «Mira a la derecha», y a unas cinco cuadras le enseñé el carro color beige que estaba de nuevo en acción y que de inmediato entró en una bocacalle, y le dije: «Tenemos chequeo.» Hizo un gesto y dijo: *«Roger that.»* Pregunté: *«Roger that?»* Dijo que sí, que lo sospechaba. «También puede ser paranoia», dije. Me dijo que sí que también podía ser. En los próximos 20 minutos no vimos aparecer más ningún carro aunque yo presentía que seguíamos bajo vigilancia. Le dije: «Tonisio, te tengo que poner una mala. Pero de esto no se puede enterar nadie porque le va la cabeza al viejo Alc, que tú sabes que es un infeliz.»

Y le hice el cuento de la noche anterior.

Antonio de la Guardia se llevó los dos puños cerrados a la frente y dijo:

—¡Ay, Dios mío!

Se viró hacia mí y me preguntó:

—¿Tú crees que el carro de Arnaldo tenga técnica?

Técnica era micrófonos.

—Bueno, Tony —dije yo—. El carro de Arnaldo, el carro tuyo y el carro mío.

—¡Ay, Dios mío! —dijo Tony. Aún tenía los dos puños cerrados sobre la frente y se había encorvado ligeramente hacia delante y cuando exclamó Ay, Dios mío por tercera vez parecía que participaba de una danza sioux, o apache, o comanche, que eran sus guerreros favoritos. Sobre todo los sioux, porque era la gente de Crazy Horse y por el hecho de que habían despellejado al general Custer y porque Crazy Horse y él medían más o menos los mismos 5 pies 8 pulgadas y porque Crazy Horse era un tipo que se tomaba su tiempo como quedó históricamente demostrado antes de la batalla de Little Big Horn cuando llamó a su brujo y se puso a invocar a los muertos pese a la impaciencia de sus oficiales jóvenes.

Antonio de la Guardia Font. Un piel roja de piel blanca y estatura mediana y uniforme verde olivo de servicio y una Heckler & Koch calibre 45 a la cintura danzando junto a su mejor amigo bajo el sol de la mañana en la mañana en que su mejor amigo le dijo que era hombre muerto.

—Con la cantidad de mierda que yo hablé ayer en ese carro —dijo.

—Ya tú sabes —dije yo.

Entonces se instaló en el complejo terreno del paralenguaje costumbrista cubano, que en realidad Antonio de la Guardia sabía emplear con gracia y agudeza.

—Pusimos al Comandante como un bombín —dijo.

Típica expresión cubana en estado puro. Una de las más típicas. Y muy vieja. En realidad el símil es un bombín sobre el cual se han sentado, estrujándolo o haciéndolo reventar. En este sentido la expresión se relaciona con las comedias silentes y los cientos de gags en los que torpes personajes han aplastado los bombines bajo la acción de sus posaderas.

—Lo tienen que haber grabado. Todo.

—Seguro —dije.

—Tú sabes como Arnaldo se despacha últimamente con Fu Manchú —dijo Tony—. Y yo le seguí la rima.

Despachar es hablar sin medirse. Seguir la rima es no contradecir. Pero, peligroso estar identificando a Fidel Castro con el genio criminal de las historietas de Sax Rohmer, el siniestro Dr. Fu.

—Bueno, Tony, ya eso está hecho. Y no podemos darle *rewind* a la cinta. Ahora el problema es otro. El problema es cómo se lo decimos a Arnaldo, porque yo no puedo denunciar a Alcibíades, y tú sabes que Arnaldo está en guerra con la gente de Raúl.

Tony asintió. Jum.

—Desprecia a la gente de Raúl.

—Ujum.

—Está del carajo con esa gente.

—Mm.

—La ha cogido con ellos. Los desprecia.

Raúl era —ya saben— Raúl Castro.

—Y Alc le debe una a Arnaldo. Aquella misión.

Tony asintió. Pero pudo ser un gesto maquinal. Yo no tenía la certeza de que Tony estuviera al corriente del asunto. La misión fue un mensaje verbal de Raúl Castro para Arnaldo Ochoa trasmitido por Alcibíades en Angola. Un mensaje humillante, decirle a Ochoa que lo iba a patear.

—Pero hay que informarle a Arnaldo, de cualquier modo —dije—. Sobre todo el asunto de los nicas, de las 200.000 cañas.

Pesos. Billetaje. Cañas. Todo sinónimo de dinero. De dólares, en el mejor de los casos.

—¿Y esos 200.000 dólares, Norber? ¿De dónde los sacó?

El drama entraba en estado de disolución. En 7 segundos. Era perceptible. Tony comenzaba a liberar tensión.

—Coño, Tony, no tengo la menor idea —dije yo—. Pero la importancia aquí no es de dónde tú sacas, sino dónde metes.

—Vamos a hacer una cosa —dijo Tony—. Le voy a decir a Arnaldo que a través de una fuente mía yo he sabido que hubo esta reunión de Raúl con Aldana y Alcibíades o que, mejor dicho, que me ha llegado un rumor de los 200.000 de los nicas, para que él me diga qué terreno estamos pisando y entonces que ya él sepa la situación, y que se ponga a resguardo.

—No, ésa no camina, Tony. ¿De dónde tú vas a saber esta reunión?

—¿No te gusta?

—No aprietes, Siciliano. La soga se rompe.

—Déjame pensar entonces. Déjame pensar.

Por una extraña suerte de los mecanismos de la personalidad de Antonio de la Guardia, el impacto que le había producido saber que el propio Raúl Castro estaba detrás de Ochoa y de él mismo, empezó a ser un asunto de intensidad decreciente y supe de inmediato que se había decidido a mirar la situación de contingencia con una serena felicidad, de la misma manera que había hecho caso omiso a mis reiteradas advertencias de que teníamos chequeo hacía más de un mes. Ya él estaba contento y risueño, otra vez. Despreocupado y limpio, como siempre. Aunque el rostro se le volvió a ensombrecer de regreso al Lada, donde aguardaba el imperturbable y macizo Jorge de Cárdenas.

Entonces le repetí a Antonio de la Guardia una de nuestras frases favoritas, que seguro procedía de algún diálogo de algún filme perdido en nuestra memoria. También seguro había sido el alisado producto de algún guionista ajeno por completo a la experiencia de haberse visto dislocado él mismo en una trinchera a la espera del ataque, el instante que nunca ha conocido, la experiencia del segundo antes del chisporroteo inconfundible de las primeras ráfagas que te silban por la cabeza mientras comienzas a morder la tierra y alertas el oído para descubrir a tiempo el ulular de las granadas de mortero. Dije: «Bien, Tonisio, sólo los valientes silban antes del combate.» Y él, primero, me repitió uno de nuestros lemas, el que los griegos hubiesen eternizado en un friso y con el que hubiesen hecho temblar con el ácido eterno de la envidia al mariconcillo de los viñedos y primero de las letras universales, Homero, y enriquecido todos los sistemas filosóficos de la Hélade, de haber tenido la suficiente astucia para que sus oráculos descubrieran la lengua inglesa y anticipado a Edward G. Robinson.

—*Never say die* —dijo.

—*Roger that* —dije—. Comprendido. Alto y claro.

—Y nadie muere en la víspera —agregó Antonio de la Guardia.

—*Roger that* —dijo Norberto Fuentes—. *Roger that.*

CAPÍTULO 2

Mensajes y un verano

Esa tarde fui a MC, los cuarteles maestres de la única verdadera organización de operaciones encubiertas del país, una casa aislada en el reparto Siboney al oeste de La Habana, cuyas puertas yo era el único civil que podía franquear y llegar hasta el mismo buró del jefe de la unidad sin que nadie osara detenerme y mucho menos saludarme sin una sonrisa, y donde siempre Antonio de la Guardia, desde el otro lado del buró de medialuna color nogal, me recibía con un rostro iluminado y su saludo de «Norbertus», dicho con la entonación específica requerida y elevando la mirada por encima del borde superior de sus gafas de tenedor judío acomodadas en la punta de la nariz, unas gafas que nunca salieron de la oficina —ni en un bolsillo. Nuestro código —comprensible— prohibía llevar semejante artefacto de búho burocrático a la calle. Afuera era el mundo de los Ray-Ban de cristales negros más agresivos que los del general Douglas A. MacArthur de marcha y mandíbula firmes mojándose en los remansos vencidos de Leyte —aquella playa de las Filipinas recuperada. En ese sentido los Ray-Ban eran emblemáticos de nuestros rostros, y junto con los Rolex enunciados desde las ventanillas de los Ladas, cumplían una importante asignación. Eran los atributos, la investidura. Cumplían la importante tarea del realce de nuestra dignidad, que —como toda legítima dignidad— es física. La flor y nata de la fraternidad de los combatientes revolucionarios. Jóvenes aún, y con una

---

* Observación del panorama en un «barrido horizontal», como las cámaras de cine o de TV sobre su eje.

excelente alimentación y un riguroso entrenamiento diario en el gimnasio de Tropas Especiales. Nuestra dignidad destacaba de esa manera al paso de nuestros vehículos por las desoladas avenidas de la Primera República Socialista de América.

—Norbertus —dijo Antonio de la Guardia al observarme, yo aún con el pomo de la puerta en la mano. Yo, como era usual, en jeans y camisa de mangas cortas, mi pelo corto y un estómago aún plano en el que entonces se acomodaban sin problemas los Levi's de cintura 34, y fresco y animoso después de una tanda de dos horas en el gimnasio de «Tropas» seguidos de 15 minutos de baño de vapor, para eliminar las correspondientes y empecinadas toxinas, y enseguida una estadía larga y relajante bajo una ducha de agua fresca y a presión, y pulcramente afeitado en el mismo sillón del Ministro del Interior y con su mismo barbero, un estilista del bigote según su propio mote, llamado Enrique, y levemente oloroso a colonia y muy bien almorzado en el comedor del Alto Mando.

Me mantengo en el umbral, con la puerta entreabierta, y *paneo** sobre el escenario que, de todos, es el que se me ha hecho más cotidiano en los ochenta. El escenario que era Antonio de la Guardia con pullover de camuflaje situado de pie entre su silla giratoria y su buró y con veinte o treinta stickers repletos de notas adheridos a la superficie del buró y los últimos ejemplares de *Newsweek*, de *Soldier of Fortune* y de *Motor Boating & Sailing* debajo de su canana de cuero negro en la que enganchaba un portamagazines y la cartuchera con la pistola de moda entonces, la Heckler & Koch.

Tony se situaba frente a aquella superficie atestada de stickers, siempre amarillos, como un estratega frente al mapa, con la misma delectación y serenidad. Se suponía que cada sticker se refería a una misión, una tarea por cumplir, un operativo, alguien que debía morir, o ser secuestrado, o las coordenadas de un *rendez-vous* en alta mar con unos sicarios de la mafia, o el nombre de cobertura de un enterramiento de armas en un playazo del Caribe.

Levantaba la cabeza, con calma, para encontrarse con mi mirada, puesto que su vista de relámpago —dirigida hacia la más ligera fluctuación de la puerta— ya había registrado mi presencia.

Había mucho movimiento de oficiales en el pasillo de acceso a la oficina de Tony y yo no quería hablar allí y lo invité con un gesto de mi cabeza y salimos de su oficina. Era la primera vez que yo tomaba medidas de seguridad en los predios de MC. Fuimos a una terraza, junto a una puerta de madera que cerraba el paso hacia uno de los almacenes más codiciados del país, el almacén de equipos electrodomésticos de MC, y pregunté:

—Tony, ¿hablaste con Arnaldo, lo localizaste?

El pequeño almacén, en ese momento a mi izquierda, era una habitación separada del cuerpo principal de la casa y se hallaba sólidamente tapiado por un sistema triple de cerraduras y sus viejas ventanas habían sido clausuradas con tablas. Ahora Tony y yo estábamos haciendo un eje en el centro de la terraza, sobre el piso de losas rojas, y nuestras sombras, en dirección opuesta al almacén, se proyectaban hacia el este, puesto que eran las tres de la tarde.

Tony controlaba la puerta por la que habíamos salido, que él había dejado abierta y se conectaba con el pasillo de su oficina. Yo quedaba de espaldas a esa puerta y Tony observaba por encima de mi hombro izquierdo. Por su parte, él quedaba de espaldas al grueso muro de borde de cemento desde el que se contemplaba, abajo, la media docena de robustas matas de mango cuyas ramas ya florecidas en abundancia sombreaban el jardín comprendido en el perímetro de MC. Yo miraba por encima de su hombro derecho a través de los árboles y de la calle al otro lado de la cerca de alambres tejidos del jardín de MC, hacia la casa que Ernest Hemingway había utilizado como escenario para su cuento de 1938 «Nobody Ever Dies». Un monumento desconocido pero posiblemente la única casa en este territorio que haya servido nunca para ser utilizada como predio de una trama literaria y que se hallaba al fondo de MC y que era la causa de mis ocasionales y silenciosas estadías en esa terraza, yo solo, escapado de Tony y del mundo, con los fantasmas y los designios secretos que, con toda seguridad, el viejo Hemingway había dejado allí plantados para mí.

Un sonriente Antonio de la Guardia me dijo que aún no había hablado con Arnaldo Ochoa, pero que lo estaba localizando, y que hablarían. Pronto.

—Coño, Tony. Esto es importante, brother. Importante.

Y él asintió. Luego me contó cómo él había mejorado la leyenda de lo que le iba decir a Arnaldo Ochoa. Y que no me preocupara y que dejara las cosas en sus manos.

—Le voy a decir a Arnaldo que la fuente mía es nica. Que son los nicas los que están preguntando por ese dinero. De ese modo no tengo que mencionar la reunión de Raúl con Alcibíades y Aldana. No camino al viejo Alc. Pero el centro del problema, la plata, queda establecido. ¿Cuánto tú dijiste que era? ¿Doscientos mil?

—Doscientos mil —dije.

Caminar era denunciar. Pero no era la expresión cubana al uso. La expresión regular cubana al uso desde la época de la lucha contra la policía del dictador Batista en los cincuenta era «echar *pa'lante*», que es una absoluta cubanización lexical de echar por delante.

—¿De dónde Arnaldo habrá sacado ese dinero? ¿Para qué lo quiere?

—Imagínate. El Griego. Ese Griego es la trampa —dije.

Estaba empleando el mote con el que conocíamos a Ochoa. Más bien un nombre de guerra, un indicativo de actividad clandestina, puesto que era de dominio de sólo cuatro o cinco interesados.

—¿Y para qué lo quiere, Norber? ¿O dónde los metió? Desde hace unos días me está pidiendo 100.000. Primero me pidió 200.000.

—Está loco. Pal carajo —dije. Por decir algo.

—Le voy a dar 50.000. ¿Tú crees que con eso se esté tranquilo? Norbertus, estoy diciendo 50.000 dólares. Eso es dinero.

A estas alturas, yo había participado en algunos traslados. Bolsos playeros, de vivos colores, repletos de divisas, nunca menos de 50.000 dólares, que yo trasladaba a la oficina de Tony, o que él buscaba en mi casa.

—Se tiene que estar tranquilo —dije. Otra vez por decir algo.

—50.000 dólares. Eso es dinero.

—Claro que lo es —dije. Asintiendo.

Los dos estábamos asintiendo, y ahora había silencio.

—Ochoa informado y el viejo Alc puesto a salvo. ¿Copiaste?

Necesité unas fracciones de segundo para entender que habíamos regresado al tema original.

—Ésa es buena, Tonisio.

—Tú no te preocupes. Y déjame maniobrar —dijo Tony.

—Ahora sí que la partiste. Es buena. Buena —dije.

—¿Verdad?

—Bárbaro, brother. Barbarísimo. La partiste —dije.

Estaba despidiéndome y supe desde entonces que Antonio de la Guardia había decidido tratar el caso con la clase de atención que nosotros llamábamos «el piloto automático puesto», que era un calificativo de mi cosecha, y ya sabía que no iba a decirle nada a Arnaldo

Ochoa y que había llevado a nivel cero la gravedad de la situación.

El resto de la tarde estuve pensando sobre los riesgos de advertir a Arnaldo. O los riesgos de no advertirle. Había cumplido con Tony, que era «mi hermano» —el grado máximo de amistad que puede ofrecerse entre cubanos— y con el que estaba machihembrado —las dos piezas de carpintería que ajustan indisolublemente haciendo innecesario el uso de clavos o tornillos en la madera— y éramos «ambias» y «ecobios» y «socitos» y «pangas» y estábamos «juramentados» y nos batíamos el uno por el otro «en una cuarta de tierra» —todos los significados de amistad estrecha procedentes de la lengua que las religiones afrocubanas cocinan en las cárceles de la isla, y que de inmediato traspasa los muros y ejerce un efecto hipnótico instantáneo en los barrios y de ahí para las tropas; la llamada «negrada» de la población penal, de rateros a asesinos, emitiendo los parámetros nacionales de lenguaje y hombría— y yo estaba asumiendo todos los riesgos de mi actitud. Así que ahora le tocaba a Tony, pensaba, hacer lo mismo con Arnaldo. Tony era el indicado, por su ascendencia sobre Arnaldo como viejo combatiente y porque Arnaldo había entrado en el grupo a través del general Patricio, el hermano mellizo de Tony, que aún se hallaba al frente de la misión del Ministerio del Interior en Angola, y en definitiva yo había tenido mis encontronazos con Arnaldo, algunos amables e inteligentes, otros insultantes, así que en última instancia no me correspondía trasmitir la señal de aviso. El único problema era que quedaba un cabo suelto, que *podía* quedar. Algo que yo no lograba precisar dónde se encontraba pero que era un cabo suelto. Arnaldo Ochoa, un campesino arrogante procedente de Cauto Cristo, una de las miserables aldeas del oriente cubano, muchas veces insolente, y despectivo, y que realmente pertenecía al círculo más íntimo de Fidel Castro, uno de los pocos hombres sobre la faz de esta tierra que se atrevía a tutearlo, y que me resultaba impredecible y para el que yo no le encontraba respuesta cuando me preguntaba dónde se colocaría si tuviera que escoger entre Fidel y nosotros.

Entonces hice girar el volante de mi Lada con el que yo, en vuelo rasante, solía patrullar las calles de La Habana, y aborté la misión de caza libre —de las muchachas que en las tardes en la ciudad de las columnas frente al Golfo ya están bañadas y frescas y se disponen para el cine o la heladería, cuando no estamos en época de exámenes—, y, siendo aproximadamente las 6:15 PM del martes 23 de mayo de 1989, puse rumbo oeste, la casa de Tony. Él —como él mismo decía— se recogía temprano. Un término de campesinos y de comadreos, que por esa misma razón resultaba gracioso escucharlo de boca de un bravo como Tony, recogerse. Muy difícil capturarlo en su oficina después de las 5. Y, en verdad —y pese al enunciado sagrado de Emerson de que la coherencia es una característica de los espíritus pequeños, que era una de las claves culturales de la élite del grupo, con un nivel equivalente al de *Never say die*—, no era el momento para invitar muchachas al salón interior del poderoso Lada y comenzar el asedio con una sesión de rock a todo volumen desde el sistema cuadrofónico instalado, y aún me hallaba en el procedimiento de hacer girar el volante cuando me percaté de que yo tampoco había definido con exactitud entre quiénes escoger, entre ellos o Fidel. Después, muchos meses y/o años después, me voy a sorprender haciéndome la misma pregunta, luego de que ya no hay tiempo ni posibilidad y cuando no hay regreso —para nadie. Y es así como, esa tarde, por tercera vez, tengo Tony. Encuentro cercano de primera clase. Pero no se ven cambios en la mentalidad.

Él y yo solíamos «tocar base» —clásica frase beisbolera del grupo— dos o tres veces al día. Si teníamos chequeo (calculaba) no se iba a registrar actividad sospechosa.

Los perros estaban sueltos en el jardín de la casa del coronel Antonio de la Guardia, protegidos por la cerca de alambre galvanizado de un metro de altura, y nos habíamos desplazado hacia el jardín porque habíamos escuchado el movimiento inquieto de los perros, que —nos pareció— estaban excitados, y caracoleaban entre los setos verde y rojo escarlata de los Mar Pacífico (*Hibiscus Rosa-sinesis*) y amarillo de los granos de oro (*Thyrallis glauca*) y hacían vibrar los gajos como un nido de serpientes de cascabel y yo, llaves en mano, ya extraídas del jean, estaba a punto de abordar mi automóvil luego de la sesión de razonamientos míos al fondo de la casa, en la pérgola de las conspiraciones, y de mecánicos gestos de asentimiento de Tony, con su cabeza, sí, Norbertus, sí, Norbertus, cuando comencé a comprender algo, arduamente. Y en la noche, que comenzaba a cerrarse, era fácil distinguir a *Gringo*, el pastor alemán blanco, que William Ortiz, uno de los principales «vínculos útiles» —según el lenguaje de Inteligencia cubano— de Tony en el sur de la Florida y que luego cayera en desgracia por desavenencias «de índole filosófica», le había traído como ofrenda desde Miami y que era uno de los ocho cachorros resultantes del apareamiento en 1987 de sus espléndidos ejemplares de pastores alemanes blancos de Oklahoma, *Nimbo*, el pastor alemán blanco llamado *Nimbo*, por el que William Ortiz pagó 700 dólares, y la dama blanca, *Maya*, por la que William Ortiz desembolsó otros 450. Ambos, explicaba un orgulloso William Ortiz, habían sido ordenados a Merry Fell Kennels, unos especialistas de Fort Lauderdale —comprobantes de pago y *pedigree* mostrados por William Ortiz al coronel De la Guardia con el objeto de realzar aún más el valor del regalo. Aunque toda clase de papeles eran innecesarios en presencia de un perro con el majestuoso porte de *Gringo*, al que seguía, en aquella sesión nocturna quizá de retozo —o (¡cuidado!) quizá de alerta—, otro pastor alemán, *Rocky*, de pelambrera amarilla y con manchas negras, un poco gordo, un poco viejo, que en su momento había aceptado de buen talante y no carente de dignidad que situaran a *Gringo* bajo el mismo techo de sus dominios. El viejo *Rocky*.

—Bueno, ranger. Creo que voy echando.
—Norbertus.

Había insistido. Yo con mi tema. Por tercera vez. Pero comenzaba a ser asunto aburrido, y había que cambiar la sintonía, urgente había que cambiarla. Se estaba presentando una sola perspectiva de lo que estaba pasando. Mantener fuera a Ochoa. Era la única variante que me estaba arrojando el análisis de la situación operativa.

Los dos perros blancos.

Dejé pasar unas 22 horas, no obstante. Así que llegamos a las postrimerías del miércoles 24 de mayo de 1989. Esa noche yo radicaba —como solía suceder invariablemente— en mi campamento de arriba, la casa de mi tibia amante Eva María Mariam, cuando levanté el teléfono hacia las 10 y media, y llamé al 3 65 04, la casa del general de División Arnaldo Ochoa Sánchez, un modesto apartamento en un edificio de tres plantas en el Nuevo Vedado, una barriada de clase media que comenzó a urbanizarse después de la Segunda Guerra Mundial. Mayda, la mujer, me dijo que Arnaldo estaba aún en el Estado Mayor. Besitos y despedida, y llamé al Estado Mayor del Ejército Occidental; al teléfono directo de Ochoa. 63 00 97. Mi pasatiempo habitual hacia las proximidades de esa hora era qué uso darle a Eva María Mariam, ver qué se conseguía, cómo disponer de ella, cómo colocarla frente a mí, arrodillada. Teléfono en mano, dejé mi mente flotar hacia tales rescoldos. Los proyectos entusiasmaban tanto o más que el mismo hecho de tenerla desnuda sobre la impoluta sábana blanca y proceder con cualquier clase de invento. Un buen planeamiento, creativo, complicado, proporcionaba un nivel de excitación anticipado. Acaecía elegir la parte de su cuerpo a someter y la manera en que debía hacerlo, o cómo obligarla, cómo quebrar resistencias con las que cada noche ella lograba ganar una independencia que me resultaban intolerables y yo indagando —bendita y oportuna palabra para eludir el uso de hozando— en su piel y esperando una apertura («*...el fruto de dos suaves nalgas / que al abrirse dan paso a una moneda*»),[3] que se abriera en su totalidad.

El teléfono. Alguien en la línea.

—Arnaldo —dije, ocluyendo y alargando la o final. Es decir, *Arnaldooo*.

—Dígame usted.

—Arnaldo —dije.

—Mi querido intelectual. ¿Porque tú eres intelectual, no?

—Oye, Arnaldo, ¿cómo tú andas?

—Aquí. Ando aquí. En el aburrimiento —dijo.

—¿Tú aburrido? ¿Un general tan glorioso?

—Oye, muchacho, cambio toda esa gloria por un plato de frijoles y por una tortilla. Pero bien blandita. La tortilla.

—Bueno, la gloria, repartirla, es mi negocio. El tuyo es producirla. Entonces déjame investirte de gloria. Anda.

Ahora reía. Con su risa burlona y despectiva, y dejando que pasaran las cosas desde el olimpo de los dioses en que se hallaba firmemente instalado con todas sus divisiones de tanques y los regimientos de cazadores kwanyamas.

—Oye, ¿dónde tú estás?

—En casa de Eva María.

—El campamento de abajo —dijo.

—Aquí.

Los conceptos de campamentos de abajo y arriba para diferenciar las casas «de la señora y la familia» de las casas de las novias (que era a su vez como se calificaba a las amantes) eran de uso regular entre nosotros, como se sabe. El campamento de abajo es el más desguarnecido, cerca de las vías de comunicación del enemigo, y el de arriba es el de la montaña, oculto en los altos bosques, y es el santuario.

Empecé otro tema. Lo hice por corte. La voz fluye modulada hacia los tonos graves.

—Oye, Arnaldo. La otra noche, cuando fuimos a comer... ¿te acuerdas que había una amiga de Eva María que estaba también a la mesa?

Esto había sido el 28 de abril y nos habíamos reunido en el Tocororo, uno de los pocos restaurantes de dólares que había en La Habana de 1989, y al que teníamos acceso. No me dejó continuar y dijo:

—Compro.

Me sorprendió la rapidez de su respuesta. Pensaba que iba a tardarse en comprender que tenía un mensaje urgente para él. Todavía yo estaba pensando en que él probablemente sí estuviera refiriéndose a la muchacha que había visto aquel día a nuestra mesa, cuando la duda se disolvió, al decirme otra vez «compro», y agregar: «mañana». A qué hora nos vemos. Y dónde.

—Dime —dijo.
—¿En mi casa? ¿A las 3? —dije.
—A las 2 —dijo.
—Recibido —dije.
—¿Seguro?
—Fuerte y claro. A las 14 horas. Mañana. En mi campamento de arriba.
—Espérate. Oye. ¿De qué color es tu carro, tú?

Las manipulaciones en la línea eran evidentes. Un cambio de tono procedente ahora de la voz de Ochoa y la brusquedad de su pregunta era un indicativo de alarma que yo debía recibir respecto a la intervención en la línea. Quería decir hay alguien en la línea. Nos están oyendo. El tono de resignación en mi respuesta significaba que también me había dado cuenta.

—Rojo amaranto —dije—. Rojo. Rojo.

CAPÍTULO 3

Acostumbrarse al K-J

Estaba vestido con la misma camisa de civil de cuadros azules que después va a llevar en el juicio y el pantalón verde olivo de su uniforme de servicio. Y estábamos en el cómodo estudio para escribir que supuestamente me había regalado el más conveniente de todos los modelos de literato que yo pudiera agenciarme (según la visión de las autoridades) y deidad extranjera más codiciada del país, Gabriel García Márquez, pero que había pagado el Ministerio del Interior por orden de José Abrantes. La costosa alfombra de color beige y el falso techo de paneles también beige que pronto yo habría de identificar como zona enemiga —por ser escondrijos ideales para los micrófonos— terminaban por atenuar la violenta luz exterior procedente del cenit cubano que penetraba a través de los aún más costosos cristales antirrefractarios de las ventanas, y la presencia de Ochoa allí y los ecos de selva acompañantes inundaban el logrado ambiente de reposo. Yo le di mi silla giratoria que él ocupó enseguida y me senté en una butaca en la esquina opuesta debajo de mi galería particular de retratos con los líderes de la Revolución Cubana. Arnaldo Ochoa, ya sentado, hizo girar la silla sobre su eje y quedó de espaldas al monitor de la computadora Acer y extendió la pierna derecha y metió la mano en el bolsillo y me dijo: «¿Tienes una caja de cigarros?» Le traje la caja de cigarros y él sacó del bolsillo 3.000 dólares y me los dio, diciéndome: «¿Fue esto lo que me pediste?» «Sí. Esto fue lo que te pedí», le dije, «quiero acabar de comprarle el carro a Eva María. Con esto, completo». «Se lo pedí a mi amigo, el venezolano», me dijo. El amigo era Luben Petkoff, que hacia 1967 había sido su compañero de guerrilla en Sierra de Falcón cuando allí había unos ocho cubanos y que efectuaba una breve visita a La Habana de 1989 a requerimiento —según tenía yo entendido— del propio Ochoa. Tomé el dinero y él guardó la caja de cigarros en el mismo bolsillo y me preguntó, con picardía: «¿Abulta igual?» Le dije que sí y él me dijo: «Es que tienes a la Contrainteligencia allá abajo. Están chequeando todo lo que entra y sale de este apartamento.»

Yo había tomado las precauciones para garantizar que no hubiera interrupciones y la primera precaución consistió en despedir temprano a la sirvienta, Julia, que trabajaba para mí a medio tiempo y que era una cubana cincuentona, blanca, que entregaba puntualmente minuciosos informes sobre todas las actividades producidas bajo el techo de mi casa y que con el transcurso del tiempo yo di por llamar «sargento Julia» o «camarada Mucama».

Ahora el rollo de billetes se hallaba de mi lado. Tenía el dinerillo. La segunda plata que Ochoa me regalaba, puesto que me había suministrado una cantidad igual en Angola, el 11 de enero de ese año. Otros 3.000 dólares, que me entregó a escondidas mientras se celebraba una fiesta de generales cubanos en la «Casa Número Uno», de Luanda, en realidad un convite de cerdo asado, arroz y cerveza, todo en abundancia, y restringidos sus comensales a los nueve o diez generales, unas cinco mujeres, y yo, que despidieron a Ochoa por el término de su misión internacionalista. Me dijo entonces que era «un sobrantico» de unos marfiles vendidos en el Congo. No me especificó la procedencia del dinero conseguido con su amigo venezolano Luben Petkoff.

Yo estaba contento al saber que la plata se hallaba en mi bolsillo, asegurada allí. 300.000 (aprox.) remanentes de medio millón de dólares en un closet, otros 18.000 en una gaveta del archivo —debajo y entre los papeles de mis novelas en progreso—, y estos 3.000 acabados de ingresar, frescos y crujientes, en el bolsillo del jean. Entonces pensé que, a lo mejor, Ochoa no había interpretado mi mensaje y creía que yo lo había llamado porque me apuraba la cuestión de ese dinero.

Está sentado en mi cómoda silla de trabajo y contempla mis estantes de libros y sonríe con una tenue sonrisa y aprueba con una tenue aprobación y hace girar la silla sobre su eje en un tenue movimiento de oscilación.

Me dedico a observarlo mientras él, en silencio, inspecciona el recinto, con la misma dedicación e intenso escrutinio, ante mis libreros, o mis dos equipos reproductores de discos compactos, o las lisas paredes forradas de tela, con que se podría elevar la mirada en la Capilla Sixtina.

Era un hombre alto, de barba escasa y un tupido pelo trigueño recortado con severidad, y su mirada era rápida y abarcadora, y su habla era reposada, y de períodos cortos y casi siempre formulados como preguntas y que regularmente se acentuaban hacia el final con un «¿hum?» que denotaba su interés en obtener una respuesta, puesto que era un habla casi siempre dirigida a indagar, no a enunciar, y entraba Ochoa en un recinto y se sabía de inmediato que esa criatura con las altas botas y el perfecto cuello varonil de atleta era un asociado de la muerte. Yo lo percibía. Los cientos de miles de caballos de fuerza de las brigadas de tanques a la ofensiva puestos en marcha y el rugido de la preparación artillera de los lanzacohetes múltiples BM-21 lanzados en fragorosas y deslumbrantes oleadas de lava y los golpes bajos y retumbones contra la tierra de los obuses 120 podían ser materia residual, el espectro contenido en la presencia de un hombre. Éste.

Ahora estudia la pantalla de mi computadora, que no he apagado, y en la que tengo uno del centenar de borradores de mi libro angolano, y yo me hallo en la situación en la que suelo encontrarme a cualquier hora del día en que se me localice, o por la noche, o en la alta madrugada: yo frente a un párrafo del que no se logra salir, estancado. Estancado ahí. Durante horas. El cursor mantiene su maquinal e insensible latido a mitad de página esperando por la incorporación de nuevas palabras en un episodio para mí crucial sobre una batalla que en noviembre de 1981 los cubanos se jugaron en la más remota provincia de Angola, Menongue, cuando se vieron cercados por las fuerzas contrarrevolucionarias de Jonas Malheiro Savimbi, y Ochoa asiente a la distancia de un metro, y como no lleva sus gafas, es suficiente para que su miopía le impida detenerse a leer lo que hay en pantalla —la lujosa silla de cuero negro de diseño italiano se ha ido distanciando de la computadora Acer debido a los tensos aunque apenas perceptibles movimientos de Ochoa. Presumo que está asintiendo por la presencia de un equipo cuyo empaque le es familiar. Un monitor de computadora en el que no tiene que estar viendo palabras sino el barrido de respuesta al haz de ondas hertzianas.

Hora de entrar en materia.

Primero, el techo.

Apunté hacia arriba, y dando tres vueltas con el índice, como imitando el carrete de una grabadora, en el gesto habitual de los cubanos para advertir sobre la posible existencia de equipos de escucha, le dije a Arnaldo Ochoa: «Creo que lo tengo sembrado», y añadí una expresión de fastidio. Después moví la mano derecha, abriéndola y cerrándola, como la cabeza de un pato en el teatro de sombras, con lo cual quería decir: «Quiero hablar contigo.» Él aprobó, con la sonrisa del viejo guerrero acostumbrado a todos los avatares. Luego señalé hacia abajo, otra vez con el índice, ya que debíamos salir de mi apartamento, a la calle, 13 plantas más abajo. Aprobó con otra sonrisa y se levantó con su energía habitual. Entonces, antes de abandonar la estancia, se detuvo delante de una de las fotografías en mi pared, y mirando hacia Carlos Aldana, en el extremo de una de las risueñas imágenes, me dijo: «Qué clase de mierda el tipo este, compadre. Y Fidel y Raúl lo saben.» Y continuó, ahora señalando para los rostros de Fidel Castro y Raúl Castro, que se identificaban como trofeos en casi todas las fotografías —en las que yo también aparecía, desde luego, puesto que tal era el objetivo de la colección: exhibirme con el liderazgo cubano. «Y qué sentido tan extraordinario de la justicia el de estos dos hombres», dijo. «Siempre se encuentran con personajes como éste, y siempre agotan toda la paciencia y los soportan durante mucho tiempo, y siempre los perdonan.»

El mulato ideólogo del CC del PCC no se hubiera atrevido a decir que el hombre del Ogadén era «un mierda». Pero decidí guardar silencio ante la referencia sobre Carlos Aldana. Aldana había estado averiguando conmigo qué pensaban Ochoa y otros militares sobre él, y me parecía lógico ese conflicto, un mal inevitable entre intelectuales y halcones, en el que yo solía apoyar —desde un reticente y aristocrático silencio— a Carlos Aldana, quizá animado por una intuitiva solidaridad de clase.

Apenas salimos del apartamento, nos sentimos liberados de la carga de la escucha. Pero mantuvimos una frecuencia mínima de volumen. Continuamos en una especie de susurro, aunque quizá esté mal decirlo entre tipos tan fogueados. Susurro.

—El gardeo que nos tienen es a presión, Arnaldo —dije—. A presión.

—Sí. Claro. Y el portero allá abajo es guardia —dijo Arnaldo Ochoa—. Dalo por seguro. El de la entrada del edificio.

—¿El muchachón? ¿El de la puerta? —dije.

—*Sip* —asintió Arnaldo Ochoa.

—Sí. El muchachón de la puerta —dije. Así que yo mismo me estaba respondiendo.

—Ah, escritor —dijo Arnaldo Ochoa—. Tienes el cerco cerrado, escritor. De verdad que te están *gardeando*. Pero al duro.

El término es la única contribución conocida del basketball al habla popular cubana y siempre referida a una persecución policíaca sostenida.

—Humm —repitió Ochoa.

Tomamos el ascensor, uno de los dos, a la izquierda de mi apartamento, y cuya presencia era el mayor defecto que se le podía señalar a un edificio en el que la Dirección de Campamentos y Viviendas del Ministerio de las Fuerzas Armadas Revolucionarias había comprometido todo su orgullo y cuya producción, según explicaban, había seguido los moldes «de una tecnología yugoslava». Pero la plata se quedó corta para unos soñados ascensores Otis y hubo que conformarse con aquellos artefactos soviéticos de latón verde en los que tres pasajeros resultaba un peso excesivo, y descendimos las 13 plantas a la misma velocidad que un pañuelo blanco se hunde en el mar, o al menos dando tiempo suficiente para que Ochoa escuchara mi comentario de cómo yo había visto, un mes antes, que me instalaban la técnica de escucha en mi apartamento. Había sorprendido al jovencito de la CIM (Contrainteligencia Militar) asignado para la tarea de tecnificarme el techo mientras abría la puerta de la escalera de servicio procedente de la azotea, y tuvimos un cruce de miradas y tomé cuenta del maletín que llevaba en su mano derecha, de su sólido peso y de que el fondo de tres compartimientos abultaba como la cabeza de un muerto. Era un maletín de cuero negro, el modelo usual de los correos diplomáticos, aunque ya sin las esposas soldadas al asa, y la tapa de cuero se veía bastante ajada, por lo que ésa debió ser la razón para que lo dieran de baja, puesto que no ofrecía el debido lucimiento para viajar al extranjero, y me fue fácil adivinar, por el ruido de metales y cristales estrujándose, que se hallaba repleto de herramientas de electricista y rollos de cables, y él me reveló la naturaleza de su misión con el sobresalto de su mirada y la perturbada manipulación del pomo de la puerta y con el hecho inexplicable de estar a las 3 de la tarde en la última planta del edificio de los generales procedente de la azotea.

Nadie en el vestíbulo del edificio de los generales. El portero acabado de describir por Ochoa como «guardia», no se hallaba por los alrededores. Su escritorio estaba vacío.

Alcanzamos la puerta y salimos a la calle, donde la sofocante tarde de La Habana resplandecía, y miré hacia mi izquierda, a uno de los dos coches estacionados en la restringida rampa de parqueo techado. A esa hora, habitualmente, sólo se encontraba mi rutilante Lada 2107, de color rojo amaranto, con sus inescrutables cristales negros, y los neumáticos Firestone radiales y las llantas adaptadas de Dodge argentino, estacionado al fondo. El chofer de Ochoa había parqueado en la primera valla, junto a la entrada, y permanecía al timón del coche, y el motor de 1.600 cc y 4 cilindros de 79 milímetros, apagado, permanecía en un absoluto silencio. Era un Lada de color rojo sangre; y con la cimbreante antena de la planta de radio sobre la tapa del maletero, y con un chofer dentro. Limpio, atildado, demasiado diferente a todos los otros choferes que en ese momento rendían servicio en Cuba, y su uniforme aparecía impecable y sin sudarse desde la distancia de unos 30 metros en que lo pude observar, a través del parabrisas, y no hallé explicación a su lozanía y a que no transpirara con violencia en la cabina de un vehículo en el que la temperatura promedio de Cuba suele elevar la atmósfera en su salón interior a 45 grados centígrados; y la manera transparente y fría con que me devolvió la mirada y sus ojos claros y limpios, y la posición hierática en que se mantenía tras el timón, no me gustaron —nada. Siguiendo las normas de Seguridad Personal, había estacionado en marcha atrás en la valla y se mantenía a la espera de su jefe, con el morro del Lada apuntando hacia la calle, listo para una partida inmediata, y de ser posible, si lo requería la situación, haciendo chillar los neumáticos sobre el pavimento para espantar cualquier otro vehículo que se hallara en la vía.

Dije:

—Oye, Arnaldo, lo que te han puesto de chofer es el recluta más inteligente de Cuba. Ese muchacho es muy inteligente, Arnaldo. Muy inteligente.

Ochoa no llegó a soltar uno de sus «hums» pero presionó sus labios, apretados como un puño, hacia delante, como apuntando al vacío, y luego arqueó las comisuras hacia abajo. Usual gesto despectivo del camarada.

—Y demasiado callado, Arnaldo —dije.

Inteligente tenía la ambivalencia de los dos significados capitales en nuestro léxico: el tipo «al servicio de los servicios», es decir, la inteligencia o la contrainteligencia, y el tipo despierto, que hace el uso más adecuado de los productos de su cerebro.

Seguí con Arnaldo:

—Oye, Arnaldo, ¿tú crees que tú tengas técnica en el carro, además de los informes que pasa el chofer?

Me dijo que sí, que todo aquello era habitual.

—Todo esto es habitual, escritor.

Caminamos por un pequeño sendero de piedras de cantería que se bifurcaba en dirección opuesta hacia el parqueo, para alejarnos de su automóvil. El sendero, cuesta abajo, conducía a la acera, y terminaba en unos siete escalones hechos de iguales piedras blancas con veteaduras amarillentas. Dos muros de la piedra cimentada corrían a ambos lados de los escalones, y contra estos muros se contenía la tierra en la natural expansión orgánica del jardín. Yo iba delante, y me detuve, al llegar al último escalón, y dije: «Aquí está bien», y él emitió un «¿Huhum?», y giré el cuerpo en 180 grados, para colocarme frente a Ochoa, que ganó, por encima de mí, la altura de una cabeza (teníamos una estatura similar; él estaba en los 6 pies, y yo en los 5.11) y dejamos un escalón de por medio. Ochoa, ya detenido al borde del muro de piedra de cantería, levantó el pie izquierdo, y lo apoyó allí. En aquella posición de letra hache minúscula, dejaría transcurrir el inicio de mi conversación. En un par de ocasiones dejó descansar el brazo sobre este muslo. Yo me retiré otro paso y quedé en la acera, ahora en situación aún más baja que la necesaria en cualquier interrogatorio de la vieja escuela, en la que el interrogador busca mostrar su superioridad y su total dominio de la situación y, sobre todo, de los designios del prisionero, desde una altura que también es física. De cualquier modo, la fortaleza de aquella personalidad y su sólida complexión se acrecentaron para siempre en esta visión de Arnaldo Ochoa —la última que tengo de él a la distancia de dos cuartas.

Miré hacia el techo de mi edificio, ahora en diagonal por mi izquierda, y en escorzo —como en la pose de un orgullo extremo— buscando que alguna sombra se delatara en los balcones o en la azotea. Nada arriba. Miré hacia las casas de los lados y hacia los escasos autos que transitaban —con una frecuencia aproximada de 5 a 6 segundos entre cada uno— por la Avenida 47, ahora a mi espalda, y nada en esas áreas. Verifiqué que no se hubiera estacionado en los alrededores ningún *van* soviético, de los regularmente conocidos en La Habana como «guasabas», que era una cubanización de la marca soviética Guaz, utilizados regularmente por las empresas estatales para el traslado de mercancía, porque cuando se detectaba uno, casi siempre grises y de cabina trasera cerrada, podía asegurarse quiénes los tripulaban; o peor, pero más fácil de identificar para un ojo exquisitamente adiestrado como el nuestro, una de las únicas dos camionetas blancas Mebosas —la marca de escamoteo española para designar un equivalente de Mercedez Benz— asignadas al Departamento K-J, con sus rótulos intercambiables de enmascaramiento, uno del Ministerio de Comunicaciones, y el otro de la Empresa de Servicios a Técnicos Extranjeros, CUBALSE. Pero el uso de estos dos equipos era autorizado sólo para «casos *superespeciales*». Mas donde hubiese uno de esos *van* grises o una de las dos Mebosas blancas, todo estaba grabado.

K-J era el departamento encargado del chequeo visual. Chequeo visual era la persecución física, implacable, por todas las vías. El gardeo.

De cualquier manera, sea cuales fueran las medidas que tomara, siempre tenía la convicción de que me estaban oyendo. Siempre buscando el escondrijo del oficial de «la técnica» que me apuntaba con el micrófono direccional o la minúscula cámara con zoom. De esta época era mi broma de que debíamos movernos hacia todas partes con un guante de pitcher, para cubrirnos la boca en nuestras conferencias e impedir que nos leyeran los labios. Mi imagen favorita de la época era una recepción en el Palacio de la Revolución, y frente a las dignidades extranjeras y cuerpo diplomático, nosotros en todo el esplendor de nuestra arrogante elegancia, en trajes de tonos oscuros y con el guante de las Grandes Ligas colgando al final del brazo.

—Vamos a quedarnos aquí —dijo Ochoa—. Tú y yo caminando por ahí, vamos a llamar demasiado la atención. No vale la pena. Así que vamos a quedarnos. Aquí.

Decidí pasar por alto sus observaciones, aunque había un cierto talante impositivo en todo lo que acababa de decir. Me limité, ante el buen amigo, a encogerme de hombros y a tratar de concentrar la mayor cantidad de ironía posible en mi mirada, directa a sus ojos. Quería decirle: no me jodas, Arnaldo, que estamos aquí porque yo te he llamado. Y porque yo tengo algo que decirte. Y soy yo el que eligió este sitio. Y, sobre todo, no olvides que yo no soy tu subordinado. Los ojos de hierro de Arnaldo Ochoa, sus intensos ojos negros de metal pavonado, no pestañearon.

Unos días antes había hecho el mismo camino con Tony y con uno de sus allegados, Amado Padrón; y después lo habría de hacer, a solas, con Amado Padrón. Así que aquello se estaba convirtiendo aceleradamente en un área donde yo celebraba conferencias clandestinas, un teatro de operaciones demasiado fácil de localizar. Un TOM, que tal era la sigla de Teatro de Operaciones Militares y que yo —desde que conocí su significado— abusaba de su uso para nombrar cualquier lugar donde se produjera cualquier clase de actividad. Por otra parte, la fuerza de teatro siempre me incluía a mí con otra persona más —si acaso, dos más. Había que mudar el cabrón TOM.

Aquella tarde, con Amado Padrón, había comenzado a sentir el miedo en un nivel explícito de severidad. Era inconfundible. La opresión en el estómago, el vacío debajo del diafragma. Mi organismo en alarma porque se resiste a ingresar en un terreno minado y, sobre todo, porque sigo adelante. Y después, si vuelvo a cruzar por los mismos parajes, o sencillamente si recuerdo algún episodio, el mismo golpe bajo, opresor, regresa al estómago y sirve para una comprensión que es sólo de mi consumo y para nadie más: identificar dónde y cuándo tuve miedo, y es un efecto que comienza a registrarse en tono bajo y lejano, y es el mismo miedo que se presenta no como un recuerdo sino como un organismo vivo y como algo vegetal y sostenido y sólido.

Amado Padrón era el más cercano a Tony de todos sus oficiales subordinados. Pero no nos mantuvimos estacionarios, nos movimos en esa ocasión. Caminamos por la avenida en dirección contraria al tránsito, con Amadito denostando de Tony todo el tiempo, e informándome que se hallaba decidido a recuperar unos tres millones de dólares que le adeudaban agentes suyos establecidos en Miami. Tony se mostraba temeroso de exigir el pago y Amado Padrón no se explicaba por qué su jefe había perdido la espléndida capacidad ejecutiva de otros tiempos.

Esto le daba continuidad a una de las situaciones de la primera reunión a nivel de parqueo que tuvimos, pocos días antes: Tony con su uniforme de coronel, de un verde olivo oscuro, y la gruesa faja de cuero negro que sujetaba a su cadera derecha la funda descubierta de la Heckler & Koch, recostado al maletero de mi Lada, y con un maletín playero azul fosforescente al hombro izquierdo, en el que había 100.000 dólares que acababa de retirar de su escondrijo en mi apartamento, y levantando las cejas en su más usual gesto de asombro porque Amadito, a su derecha y asimismo apoyando sus posaderas sobre el maletero de mi Lada rojo amaranto, acababa de decir que él era responsable de todas las cosas que se hubiesen hecho en MC aunque no estuvieran autorizadas.

Esta última parte, el «aunque no estuvieran autorizadas», fue la que disparó el sistema de alarma de Tony y tuvo su reflejo inmediato en el gesto —las cejas pegadas al techo.

Se estaba calentando el lugar. Pero yo no acababa de descifrar desde qué ventana desde las proximidades nos tenían cogidos.

—Está jodida la cosa, socio —dijo Ochoa, con la habitual inflexión de fastidio y sin referirse en verdad a nada en particular. Sólo una expresión. Entonces hubo un cambio de intensidad en la mirada y hubo una trasmisión de algo que no era despiadado, ni siquiera duro, sino de frialdad profesional, un procedimiento operativo normal, usual, y de alguien que requería con rapidez una información. Era el mismo hombre que en los bosques de medio mundo había interrogado de urgencia a prisioneros que estaban muertos tres segundos después de soltar lo poco que pudieran tener, con un disparo descerrajado casi siempre por el propio Ochoa, y a los que les decía con ademán incluso compasivo, desembucha, hijo.

—¿Qué es lo que pasa? —me preguntó.

No repitió.

«¿Qué es lo que pasa?», me repetí yo como un eco rebotando entre las paredes de mi propio cráneo.

«¿Qué es lo que pasa?»

—Te lo voy a decir todo, Arnaldo —dije—. Te lo voy a decir todo.

Arnaldo Ochoa continuaba con un pie sobre el muro y con el codo apoyado sobre la rodilla y con la barbilla apoyada sobre el puño cerrado de ese antebrazo cuyo codo se apuntalaba en la rodilla.

—Tony no te ha dicho nada.

—No. No me ha dicho nada.

Yo estaba tratando de ser lo más nítido y explícito posible con mi información, incluso a riesgo de destruir a una persona en demasía inocente, como era Alcibíades. Uso estricto de «la norma Pascual» en consideración a Arnaldo Ochoa.

—Y es grave —dije—. El asunto. Y que Tony se haya olvidado.

Había decidido regirme por el procedimiento que yo mismo había dado en bautizar «la norma Pascual» por el nombre del más decidido defensor de la teoría y que era uno de los procedimientos de análisis y recepción de informes más alabados por los integrantes del Alto Mando del Ministerio del Interior. Establecía que cuando descubrieras una mentira, desecharas el informe completo. La manzana podrida descalificaba la cesta. El general de División Pascual Martínez Gil era el viceministro primero del Interior y uno de los personajes de mi fauna cercana. Por su extraordinaria resolución, «la norma Pascual» servía para un producto perfecto.

Le dije:

—Mira, Arnaldo, todo esto se lo dije a Tony, hace tres o cuatro días, pero él evidentemente no te ha dicho nada, y ya parece haberse olvidado del asunto.

Masculló algo como toda respuesta, y me pareció temible la gélida neutralidad de su voz cuando creí entender que había dicho son unos pendejos, y era insolente y despectivo sobre una persona que, de pronto, resultaba una abstracción, unos mierdas, dijo, y ya no cabía la menor duda de que se estaba refiriendo a Tony. Pero no mencionó el nombre. No mencionó ninguno. Era una especie de generalización en la que empleaba el rigor de los peores epítetos criollos para clasificar a alguien que nadie podía definir por la ausencia de su nombre y por el sabio y resuelto uso de la tercera persona del plural en el sitio de la tercera del singular. E insistió, y era decidido en su actitud ofensiva, y era hiriente, y nada de esto guardaba relación con un mundo de bronca pero limpia camaradería y de gente junto a la cual uno había estado dispuesto a morir y con la que había compartido desde las cucharas de un mismo rancho hasta las mujeres en una misma cama, y no se detuvo hasta descubrir la idea que más habría de angustiarme.

—No son amigos de nadie. No te creas que son amigos de nadie. No te lo vayas a creer nunca.

Hice una larga introducción, y le expliqué que yo tenía algo que decirle, pero que la persona que me lo había dicho era una persona débil y que hasta el presente había actuado como mi amigo. Y que yo no creía justo hacerle ningún tipo de daño aunque este daño se produjera en forma involuntaria, y que yo iba a relatarle todo tal como me lo habían dicho a mí y de dónde había venido toda la información, y que no iba a escamotearle siquiera el nombre de quien me lo había dicho. Pero que yo necesitaba su compromiso de que no iba a pronunciar ese nombre ni a soltar esa información.

Le dije además que la razón por la cual yo no había querido decírselo personalmente en un principio era el temor a la reacción de él mismo, de

Arnaldo Ochoa, y que por tal razón había preferido enviar a Tony con el recado. Pero que tomaba el riesgo de decírselo todo, como lo estaba haciendo en ese momento puesto que evidentemente Tony estaba en otra galaxia.

—No, no —dijo Arnaldo Ochoa—. No, no, no.

Respondió como un niño, con una voz que repentinamente era muy dulce, pero no dejando lugar a dudas de que la institución de granito llamada Arnaldo Ochoa estaba garantizando con su palabra que no hablaría nunca.

Y dijo:

—No, no, no. Yo no soy un hombre que habla. Yo soy un hombre que no hablo. No hablo nunca.

De pronto decidí que resultaba innecesaria la cantidad de veces que repitió no. Concita mi atención ese hecho. Y entonces tuve todo el derecho de poner en duda la integridad de Arnaldo Ochoa. En realidad, no tenía que repetir tantas veces no.

Pero ya estaba en el lomo del tigre. Cabalgando sobre ese espinazo. Entonces eludí los sentimientos de confusión y agregué otro pequeño preámbulo a mi descarga. Quería acabar aquello. Tenía que acabarlo de una vez. Loco por salir de Ochoa y de toda esta desgracia.

—Mira —dije—, si algún día se te va la lengua y tú dices que esto te lo dije yo, estoy dispuesto a pagar ese precio, pero lo que no puedes hacer nunca es mencionar el nombre de Alcibíades Hidalgo y Basulto, que fue el que me contó esta historia.

Y se la conté. La historia. Alcibíades Hidalgo y Basulto con el recado de Raúl Castro de que me apartara de él y de Tony, y mi convicción de que, en conjunto, eran las señales de aviso temprano de la degollina. De nuestra degollina.

Y reservé la más preciada golosina para lo último, la pregunta principal:

—Arnaldo, a mí no me interesa, y me conoces bien, lo que tú hagas con el dinero, o con las armas, o con lo que sea.

—Humm —asintió Ochoa. Su mirada era penetrante, inquisitiva.

—Como si te metes a tratante de blancas.

Siguió asintiendo, ahora sin murmullos. Era perceptible sin embargo, bajo la gruesa capa de su altanería —que habitualmente le servía para su trato con los demás hombres—, que sus músculos comenzaban a tensarse, a la defensiva, Ochoa ante situación desconocida y en situación de inquietud, una remota situación de inquietud en Arnaldo, perceptible para mí como los destellos de la noche angolana que uno cree descubrir en el altiplano y no acierta a saber si ha sido una luz o el reflejo instantáneo de la luna sobre una hoja humedecida por el rocío y porque uno sabe que la única forma de que exista una luz en la selva es en la mano de un hombre que también se halla al acecho y también está tratando de ubicarte.

—Pero hay 200.000 dólares de los nicas que están perdidos, y Raúl dice que tú los tienes, que tú los has enmarañado.

Arnaldo Ochoa bajó intuitivamente la pierna izquierda del muro de piedras. Yo retrocedí. Quizá un paso. Los dos brazos de Arnaldo Ochoa se desplomaron a ambos lados como si hubiese estado a un segundo de enfrentar el pelotón. Arnaldo Ochoa quiso decir algo. Yo pensé que no me había entendido.

Fue como si a Ulises —Ulises, que sin las vestiduras de la mitología era un tipo rudimentario y con una cultura inferior a la de cualquier campesino actual, y que por eso podríamos compararlo sin formalismos traumáticos con Arnaldo— se le hubiesen aflojado las piernas. Creo que soy el único hombre que tuvo la oportunidad de ver a Arnaldo Ochoa palidecer y que los labios por un instante le temblaran, al igual que su voz. Al héroe del Ogadén. De Sierra Falcón. De Angola. El hombre que era la medida del valor para Fidel Castro.

El hombre de piedra lo comprende todo.

—¿Qué tú dices?

—200.000 dólares, los nicas, Raúl dice que tú los tienes enmarañados.

Permítanme detenerme en este instante y reproducirlo con la mayor precisión posible, puesto que es uno de los momentos más importantes de la historia de la Revolución Cubana, que es el momento en que Arnaldo Ochoa sabe que se le ha terminado la vida, que está cogido, y lo sabe porque yo se lo digo, y porque, además de protagonista, soy el único testigo. Arnaldo con su camisa de cuadros azules y sus botas militares y en jeans bajo el sol calcinante que en Cuba antecede a las tormentas que ensombrecen el suelo y que se producen con el desfogue de los cumulonimbos.

Y Arnaldo, a continuación, preguntando:

—¿Te dijeron eso?

Y los brazos desplomados.

Se recuperó a medias, aún con la vista en ninguna parte, y él mismo ausente, y dijo algo que sólo se oye en las películas. Comentario de tonos fúnebres.

—Estoy perdido.

Yo quedé contemplando a aquel hombre que había soltado amarras y que parecía haber abandonado el contacto con la tierra, y al que sería difícil ver sonreír una vez más, y cuya habitual conducta, franco y bromista, el tipo campechano, era historia pasada, y que de hecho no volví a ver más a no ser en los fragmentos de videotape editados por la televisión cubana del juicio que estaba a punto de celebrarse y del cual nosotros, desde luego, no teníamos idea, y que habrían de trasmitirse en fecha próxima. La imagen se queda prendida, y nadie vio nada de esto en la televisión ni en el juicio y ni siquiera las cámaras del K-J tuvieron oportunidad de registrarlo. Fui espectador y testigo de cuando aquel hombre dijo, con voz apagada, incluso triste: «Estoy perdido.» El único que estaba allí. Yo.

—Estoy perdido...

Le pregunté:

—Arnaldo, ¿qué pasa?

—¿Dónde tú dices que fue eso, quiénes estaban delante?

—Raúl, Aldana, y Alcibíades, en el Comité Central, el lunes. Menos de 72 horas.

Entonces me dijo:

—Yo no soy hombre de 200.000 dólares.

«Va a empezar», pensé. «¿Pero cómo es posible que un hombre como éste se deje llevar por ese rito de los bajos mundos?», pensé. «Ya viene, es el momento cubano de la bravuconada. *Performance* clásico de mis compatriotas», me dije. «Guapería», que es la palabra común utilizada por nosotros para describir la actitud. «Ahora él va a empezar con una tanda de guapería.» Ciertamente, cuando los cubanos de casi todas las estirpes se ven atrapados, comienzan a clamar por los delincuentes que han tenido mejor suerte, es decir, los que han escapado a la justicia, y que es una costumbre de españoles que en su origen fueron la población penal de la que se vaciaron las cárceles de la península y que se establecieron en la isla luego de pasar a cuchillo y descuartizado a toda la población aborigen —a los que en verdad sólo había apenas que soplarlos para que se cayeran, minados de sífilis como estaban y famélicos por una hambruna inexplicable en aquellos bosques y ríos y mares pletóricos de frutas y aves y peces y en los que ellos preferían como manjares el consumo de las migalas, unas repulsivas arañas del tamaño y peso de un cangrejo, negras, de ponzoñoso terciopelo, y de cualquier manera no era necesario embarrar el filo de las espadas con tanta sangre enfermiza de aborigen, puesto que ninguna de aquellas criaturas vivió más de 35 años—, y tal mezcla de españoles con las camadas de esclavos que proveyeron la necesaria mano de obra para las plantaciones pero procedentes de territorios donde el concepto de propiedad era aún difuso cuando no inexistente, esas interminables, reverberantes planicies africanas donde no se encuentra una sola cerca, un solo corral que delimite una posesión y nunca puedes saber quién es dueño de la más simple de las gallinas, fue el mejunje, la poción que esmaltó el desprecio por el resto de los seres humanos, y así —surgido del perro de presa del imperio español y de la ignorancia aldeana africana acerca de la hacienda ajena— la integración cubana se procuró la envidia como blasón de conducta de todos los componentes étnicos de la nacionalidad, la envidia en todas sus gradaciones. La misma actitud de Tony cuando se imaginaba su prisión e hilvanaba su hipotética declaración a los interrogadores: «¿Qué no existía aquí que ahora sí existe? No existía nada pero ahora existe algo. Y todo esto yo lo he creado.» Era lo mismo. Aunque con otros recursos. Tony empleaba la elegancia de su imaginación y por lo menos una palabra inusual para el lumpen: crear. No en balde su procedencia aristocrática.

—Esos 200.000 dólares —dijo Arnaldo—. Eso no es lo que cuenta aquí, escritor. Y tampoco yo soy un hombre de 900.000 dólares. Ni de uno o dos *milloncitos* de dólares. Yo soy un hombre de no menos de 900 millones de dólares. Que ésos son los negocios que se están haciendo aquí. Todos esos negocios que hacen tus amigos —una referencia a Tony y su gente— son cosas de muchachos, negocios miserables.

Parecía recuperar el viejo aplomo.

Hombre muerto comprendiendo.

—Pero óyeme lo que te digo. Óyeme bien. Aquí se están haciendo negocios de muchos millones. Y tus amigos están fuera de todo. Ellos creen que están adentro. Pero no lo están. Aquí la jugada es de altura, socio. Y es en el juego que había que estar. Y yo sé quiénes lo están haciendo. Negocios de 900 y 1.000 millones. Mínimo.

Miró hacia su izquierda y comprobó que su chofer aguardaba, aún dentro del carro. Ochoa me estaba apuntando con el índice.

—Los negocios que yo quiero hacer son de no menos de 900 millones de dólares. Me tengo que ir.

No recibí ninguna expresión de gratitud, como yo esperaba, pero Arnaldo tampoco iba a ser el mismo después de esta conversación. Ni durante el tiempo de vida que se le había reservado.

Estuvimos caminando. Llevábamos un paso cansino. Como deshaciéndonos de las armaduras después del combate.

La opresión se había mantenido mientras hablaba con Ochoa porque me daba cuenta de que cada vez con mayor hondura y nivel de compromiso yo me hallaba donde no me pertenecía. Nada que ver con aquello, y seguía. Arnaldo Ochoa entró en su automóvil y me dijo adiós —¿o fue sólo un gesto suyo con la comisura derecha de sus labios? Me estaba despidiendo de un hombre ingrávido, atontado. Ese hombre ya estaba en otro mundo. Adiós. Pensé que no habría otras posibilidades de volvernos a ver. Faltaba poco. No se volteó para despedirse, ni se sonrió. Adiós. Sólo el perfil, que comenzó a desplazarse hacia delante, y los labios como murmurando.

Así fueron las cosas hacia esa fecha. Todo bajo control.

CAPÍTULO 4

LAS COSAS COMO SON

El automóvil del general Ochoa se había dirigido hacia el puente sobre el río Almendares, que se distinguía fácilmente desde la altura donde yo estaba, en el parqueo del edificio de los generales, y lo seguí con la mirada hasta más allá del puente y no pude distinguir que viajara con cola. La calle frente a mí estaba ahora vacía. Miré el reloj. Todavía no eran las tres y disponía de algún rato para la nueva visita que esperaba. Otra más. Amado Padrón, el corpulento ayudante de Tony, me había advertido desde la tarde anterior que William Ortiz se hallaba en La Habana en una estadía de muy pocas horas y que yo debía verlo. Entre otras razones, advirtió Amado, porque me había traído un Rolex GMT II, la pieza tras de la cual yo estaba al acecho. También debía verlo porque William era una adquisición mía para el Departamento MC y porque Amado me lo solicitaba, puesto que habían surgido «una serie de desavenencias», lo que ellos llamaban «problemas de no-idoneidad», debido a que William había derivado de ser un sólido y emprendedor comerciante y/o empresario ducho en oscuras operaciones de exportación de mercancías hacia Cuba al servicio de la DGI (la Dirección General de Inteligencia), a una especie de intelectual inconforme. Yo trataba de equilibrar la situación y defender a William. Era cierto, en definitiva, que había sido yo quien le solicitara a Tony que lo probara.

Un loco el tipo. Especializado en rompimiento de embargo yanqui.

«¿El tipo qué onda, Norber?», me había preguntado Tony.

«Bárbaro. Salvaje. Garantizado.»

«¿Le damos la patente, Norber?»

«Patente de corso con él.»

«¿Comercio de rescate, Norber?»

«Comercio de rescate.»

William Ortiz llegó con cierto retraso a la hora prevista pero fue algo para agradecer porque me ayudó a hacer la transición del espectáculo con Ochoa y de la angustiosa impresión que me había dejado, antes de perderse en su automóvil, al verlo ingrávido y remoto y que también tartamudeara.

Con un t-shirt blanco, su aire deportivo, sus grandes zapatos y los jeans gastados, William conservaba el porte adquirido en el montículo de los lanzadores de la liga, y cuando llegó y tuvimos el fragoroso saludo de siempre, y William con su blanca y limpia sonrisa lo fue respondiendo con el simple uso de un sustantivo —mi nombre—, yo hice un sostenido esfuerzo para no trasmitirle mis preocupaciones.

—¿Qué pasa, campeón? ¿Contra quién jugamos hoy?

—¿Qué pasa, Norber?

—¿Cómo tienes ese brazo?

—Norber.

—¿Aguantas hasta el noveno?

—Norber.

Y miré una vez más a la calle y hacia el viejo puente habanero de cuatro sendas sobre el Almendares, el fatigado y espeso Almendares, y yo estaba teniendo entonces los primeros atisbos de un pensamiento filosófico profundo que como todo pensamiento filosófico profundo iba a tener su forma acabada y definitiva cuando ya no tuviera ninguna utilidad operativa pese a que estaba empleando toda la prosapia zoológica de nuestro lenguaje habitual, siempre aferrada a reminiscencias de hogueras que se ven a la distancia y montes ocultos por las brumas y vikingos y cazadores del Yucón, y me voy a recordar en esa rampa de parqueo mientras el sol cae a plomo y desde donde sé que pronto va a comenzar una tormenta y veo en el horizonte sobre el puente del viejo río las agrupaciones de masas de nubes en forma de yunque que son los cumulonimbos que se desplazan sobre los edificios despintados de La Habana, las poderosas sombras negras de lento desplazamiento sobre fachadas que por última vez recibieron pintura casi siempre amarilla en la década de los cincuenta.

Así que dejé correr la vista abajo y hacia el este por el declive que seguía la avenida desde la cima de la colina donde estaba construido mi edificio, hasta el puente tendido sobre las aguas inanimadas del Almendares tributadas y corrompidas hasta la última molécula de su composición por los ácidos y desperdicios de siglo y medio de Revolución Industrial y la secuencia histórica de máquinas de vapor y eléctricas de las fábricas en sus riberas vertidos hasta en el más inocente y escondido de sus remansos, ya nunca más cristalinos, sólo pocetas de una materia pastosa y amarillenta y con viejas y tumefactas hojas de malanga y gajos podridos y larvas de mosquitos *aedes-egipty*.

El pensamiento filosófico profundo —que estaba bueno, estaba bonito, según mi criterio de aquella tarde— era que los viejos búfalos (como nosotros) debían saber descifrar los presagios que anuncia el tiempo.

Entre otras voces, así solíamos llamarnos, búfalos.

—¿Qué estás mirando?

Le dije que el carro, el carro de Ochoa, que ya no se distinguía.

Tiempo para algunas bromas con esto. Era un Lada de color rojo sangre, una tonalidad menos distinguida que mi rojo amaranto pero más viva y que era conocida como rojo chino, por las flameantes banderas del proletariado en la plaza de Tian An Men un Primero de Mayo.

—Tú no sudas, campeón.

Sí. Sudaba.

—Si tú vieras al chofer de Ochoa.

—¿Ochoa? ¿El general?

—Lozano —dije—. El chofer más lozano del mundo.

Su lozanía y que no transpirara con violencia en la cabina de un vehículo en el que la temperatura promedio de Cuba suele elevar la atmósfera en su salón interior a 45 grados centígrados; una caja de bacalao, según lo describíamos, con la pared de fuego entre la pizarra y el motor, que es una tela de cebolla, acaparaban mi atención de aquella tarde.

—¿Subimos? ¿Un cafecito, campeón? —dije.

William Ortiz era el clásico prospecto para las Grandes Ligas procedente de las Ligas Menores cubanas; un tipazo de hombre —lo que en Cuba se llama un tipazo de hombre, es decir, un tipo bien parecido—, velludo, y de brazos y pecho anchos y sólidos y unas manos poderosas y una risa de trueno, pero una risa siempre de matices dulces y espontánea, y resultaba aconsejable nunca salir con él de caza, porque no te llevabas nada, ninguna niña se fijaba en ti, y que con su número 19 a la espalda había logrado la desgracia de su padre, que había sido secretario de la Cámara de Representantes de la República —las mismas, ambas, que habían sido abolidas con la Revolución, Cámara de Representantes y República—, posición ésta del padre de William en la Cámara que al parecer lo obligaba a vestir a cualquier hora con un acartonado traje blanco, impoluto, y seco de almidón, y un sombrero de pajilla y un lazo negro de pajarita y que al contemplar el contrato recién firmado para pitchear con una sucursal de los Cardenales de San Luis que le puso ante los ojos un ilusionado William, el viejo exclamara, dirigiéndose a su mujer: «Qué mierda, Finita. ¡Mi hijo, pelotero!» Pero que al principio de la Revolución tal documento le había permitido a William irse del país, del que se fue efectivamente en 1961 con el solo recuerdo del chofer de su padre, que lo había llevado de putas por primera vez, y del juego en los terrenos del central azucarero Hersey, al este de La Habana, donde su padre se instaló, vestido de blanco impoluto, en las gradas, las dos manos crispadas sobre el bastón.

Lo descubrió Joe Cambrias, en el Casino Español, de La Habana, donde también jugó el gran Tony Pérez. Joe Cambrias tenía un excelente *score* como *scout* dislocado en La Habana. Descubrió a Tony Pérez, a Jorge Taylor y a «Cookie» Rojas, y puso en la carta de recomendación de William Ortiz: «He's big, white, throws right & bats left with power», que ese trozo de papel, ya gastado y amarillento, doblado en dieciséis meticulosas partes, se conservaba 27 años después en la billetera de William, como un talismán o una guía para la eternidad, supersticioso como pueden serlo sólo los peloteros y los zapadores.

Luego William fue uno de los principales *vínculos útiles* de la DGI[4] dispuestos en Miami, y se le identificaba como «uno de los artesanos del diálogo con Cuba»; inevitable que aquel «pichón» (hijo) de burgués criado en el aristocrático barrio del Náutico, de La Habana, que comenzó su exilio en los Estados Unidos como prospecto de pitcher para los Cardenales, terminara vociferando con un póster del Che Guevara por los campus universitarios de los sesenta. Cuando regresó a Cuba, en 1981, ya bajo el influjo de los oficiales reclutadores, alcanzó a ver al chofer de su padre, pocas semanas antes de que muriera, y puso una flor ocasional en la vieja tumba de su padre, que nunca lo llevó de putas pero que supo refulgir como un ídolo de plata en las gradas del antiguo central Hersey una tarde gloriosa del campeonato de la Triple A, y finalmente William derivó en diversas tareas de la DGI hasta que llegó a dominar la corporación de viajes a Cuba más importante de todo el sur de la Florida y hacerse millonario, todo perfecto hasta el 20 de mayo de 1985 en que comenzaron las trasmisiones de Radio Martí, un programa de la USIA bendecido por Ronald Reagan para reblandecer los cimientos «del régimen de La Habana», y el mundo se vino abajo para William Ortiz, al que los propios cubanos le retiraron los permisos y licencias para volar a Cuba como transportista, debido a que —le explicaron a Ortiz y a sus iguales— «ustedes, que viven *allá*, no tuvieron la visión suficiente, y no supieron detener el proyecto de Radio Martí». Por otra parte, su arrogancia no le permitió mucho más, aparte de que en la DGI le dijeron que todo estaba «jodido». Entonces William acudió a uno de sus mejores amigos —yo— que a su vez hablé con Tony para recomendarlo.

Ahora estaba viviendo en una casucha de mala muerte, con techo de cartón tabla, en sus ocasionales estancias en La Habana, en donde aterrizaba por breves horas procedente de Miami a sostener etéreas entrevistas con Tony o con alguno de sus subordinados para saber si se presentaba «alguna tarea consistente», y estaba en desgracia con Amadito Padrón y con Tony.

William en baja. Pero al que era necesario imponer de la situación.

Los últimos negocios le habían salido mal, el asunto del «Caribbean Express» especialmente, un barco que estaba cargado «con una mercancía ahí» y que había recalado en las costas cubanas, y desde Miami los dueños de la carga trasmitieron el mensaje a través de William Ortiz, al que habían contactado por sus conocidos nexos con La Habana, y estaban ofreciendo un rescate por su embarcación. William se buscaba un millón. Primero fue *sí*. Incluso, la gente de la oficina de Tony le entregó un juego de rutilantes fotografías en color 8″ × 11″ del barco amarrado al muelle de la Marina Hemingway, al oeste de La Habana, y el mensaje de que la carga estaba intacta. Entonces hubo una contraorden. Entonces fue *no*. El propio Fidel se pronunció, dijo que no le gustaba la cosa. El general de División Pascual Martínez Gil, en su despacho de viceministro primero del Ministerio del Interior, fue el portador de la decisión del Comandante en Jefe, a las 15 horas del sábado 11 de febrero de 1989.

«El jefe dio la contraorden», dijo Pascual, sonriente, suave. «Dice que no le gusta la cosa.» Tony me había pedido que intercediera con Pascual en el asunto «del Pelotero» —seudónimo de William Ortiz. Qué lío con el cabrón barquito. Y todavía no había comenzado en todo su esplendor el montaje de esta historia. Típico *performance* fidelista. Ahora se iban a poner a correrlo de una dársena para la otra, pero no se decidía a venderlo o sacarle la carga fundida en las cuadernas bajo unas sólidas capas de material plástico o acabar de hundirlo. Algo muy extraño. Pero, a la altura de Cuba, surgía una tradición naval inédita: la de los cargueros abandonados, apagados, al pairo. El primer barco fantasma, sin tripulación ni bandera, aparecido a la deriva en la corriente del Golfo, fue uno abordado en los setenta por gente nuestra, las bodegas atestadas de automóviles nuevos.

«¿Cuál es la carga, Tigre?», pregunté. «¿Cuál es esa carga?»

Me estaba poniendo a cubierto de una contramarcha probable de Fidel. Conocía el efecto sobre el tablero de una jugada suya inesperada y más te vale no estar desprevenido cuando eso pasa. De ahí mi escena sobre la carga y el asombro e inocencia con que preguntaba sobre su naturaleza. Era algo establecido que había aprendido del comportamiento cotidiano de mis amigos: nunca mencionar determinados asuntos por su nombre exacto. ¿La carga, Norbertus?, decía Tony. Sencillo, decía. ¿De dónde viene el barco? ¿No viene de Colombia? Pues si viene de Colombia, sólo hay una carga que se puede traer de allá. Café.

Yo sabía. Pero saber no significa nunca en el régimen de conducta de la Revolución Cubana que sueltes prenda. Sobre todo si el conocimiento ha sido adquirido por intuición o por asociación de ideas y no porque te lo hayan dicho directamente. Oigan mi consejo.

Pascual mantuvo su sonrisa. «Tigre» era el seudónimo de mayor empleo entre sus amigos.

«Tigre, ¿tú estás consciente de que estamos condenando a muerte a este hombre?»

«Las cosas son del carajo», rezongó, sin abandonar su sonrisa. Fue toda la respuesta. Fue todo el argumento y todos los razonamientos con los que podíamos armar a William Ortiz para que regresara a Miami con la historia de que los cubanos lo habían pensado mejor y que el «Caribean Express» había sido incautado.

«¿Tú estás consciente de que cualquiera que sea la carga de esa mierda, ya se había dicho que sí?»
No respuesta.
«¿Y que estamos abandonando a este hombre?»
No respuesta.

Es por esta época del guiso del Pelotero y el «Caribean Express» que comienzo a buscar mis vías de escape. Guiso es la mejor forma que tuvimos los cubanos de la última generación revolucionaria para llamar a los problemas complicados y que en realidad no procede del término culinario del guisado que se prepara en ollas y al fuego sino que procede de compactar el término desaguisado que es probable que a su vez haya venido del guiso original que algún castizo cocinero con un enjambre de hierbas y trozuelos de carne preparase alguna vez y haya exclamado al ver la bullente entramadura por él cocinándose, ¡oh, vaya guisado que tendremos de condumio!

Garantizar la retirada.

«Aldana», pienso.

El mulato Carlos Aldana. Es lo primero que pienso. Había algo que no funcionaba en toda la historia, un chirrido en algún lado, un descenso brusco en el reloj de la presión de aceite, y luego estabilización, y luego un ligero cabeceo de la aguja, y luego, de nuevo, estabilización. Tenía que sondear la situación con Aldana. Él debía saber. Pero yo tenía que hilar fino para no traicionar a Tony, más aún, para que ni siquiera pareciera que lo estaba traicionando. Pero era algo que yo creía saber hacer, y hacerlo muy bien. Yo sabía nadar en esas aguas.

De cualquier modo, era la segunda o la tercera vez que en los predios de «la máxima dirección» revolucionaria estaba a punto de producirse, ante mis ojos, una especie de aquelarre con el tráfico de drogas. Un guiso. Hablemos despacio. Eran cosas de las cuales nunca tuve que enterarme y nunca nadie estuvo autorizado a decirme. Pero escapa a todo control que una madrugada Raúl Castro se pase de tragos en mi casa y hable. Hable muchísimo.

Una madrugada. Y diez madrugadas también.

Bueno, y que yo me sienta orgulloso de la situación que comienza a convertirse en una costumbre del Segundo Secretario del Partido y Ministro de las Fuerzas Armadas Revolucionarias, y que es motivo de orgullo por una secuencia de razones. Tres razones por lo menos. La primera es que Raúl Castro se encuentre en mi casa, despachándose a sus anchas, como un primo cercano. La segunda es que esté bebiendo a reventar —la cantidad de tragos en la que suele exceder la norma es media docena de botellas de Royal Salute por madrugada de «combate etílico» servidas con prestancia a la menor señal de sus cejas por uno de sus ayudantes, que extraen botellas tras botellas del pesado maletero del Mercedes blindado, parqueado en los bajos del edificio, y también extraen de ahí los vasos y el hielo, y para los intermedios, la cafetera, el azúcar y el café. Y la tercera, que yo sea el depositario de la confianza total de este icono inamovible del poder revolucionario en Cuba. Tanto, que me está ofreciendo el reporte de algo que al principio yo entiendo como la acción respetable y adecuada y justiciera de las autoridades cubanas al incautar cuanto cargamento de cocaína o marihuana pase frente a sus costas y que rápidamente comienzo a entender que es más bien un derecho de peaje lo que se está cobrando, y que es una especie de norma lo que se ha establecido en la corriente del Golfo y que los cubanos hacen cumplir puntualmente con su agresiva y eficaz vigilancia de su enjambre de patrulleras rápidas Grifin provistas por la Unión Soviética con el loable propósito de proteger la integridad territorial de la nación cubana, y debo seguir en el proceso de entender aún muchas más cosas, y no sólo es un derecho de peaje sino que hay compromisos con algunos amigos colombianos para evitar que otros colombianos hagan una feliz travesía dentro de los límites de las aguas territoriales cubanas que suelen ser ampliadas o estrechadas de acuerdo con los intereses operativos.

«Fidel», dice Raúl, «Fidel dice que éste es un asunto que debe hacerse con mucho cuidado, y con tacto».

«Fidel dice que, en definitiva, todas las guerras coloniales en Asia se hicieron con el opio. Entonces nada más justo que los pueblos devolvamos la acción, como venganza histórica.»

Raúl miraba con obstinación la jarra metálica en la que los trozos de hielo flotaban a duras penas sobre la superficie dorada de una ración servida con generosidad, hasta los dos tercios de la cacharra de campaña, del Royal Salute que estábamos sometiendo a castigo esa madrugada. Raúl bebía su poción en el viejo jarro del Segundo Frente Oriental «Frank País». Yo, en un vaso barrigón de cristal. Había una dignidad sin embargo, algo que era respetable y para degustar con lentitud, y era este revolucionario, el número Dos absoluto de la nomenclatura dirigente cubana, que nunca podías acabar de llamar un alcohólico crónico —¡y más te valía que ni siquiera lo pensaras!—, que se desprendía a llorar en abundancia a la más ligera presión de un recuerdo o de algo que considerara una incomprensión, y al que no podías acabar de llamar un asesino frío y despiadado —*que lo era*—, mientras sostuviera el abollado jarrito de aluminio en el que había bebido casi 30 años antes el agua de los arroyos cristalinos de las serranías orientales donde él por orden de su hermano y Comandante en Jefe, Fidel, había establecido —y liderado con todo éxito— un principado guerrillero llamado Segundo Frente Oriental «Frank País» y porque el hecho que mayor abundancia de lágrimas le convocaba era cualquier referencia a la mortalidad cualquier día de un futuro indescifrable de ese mismo hermano suyo y Comandante en Jefe, aunque éste era un potencial de tristeza rápidamente aplacado por la descripción que gustaba hacer de la parcela que había reservado para sí mismo en el cementerio de los guerrilleros del Segundo Frente, donde allí *descansaría* como «un simple soldadito», y empinaba el jarro y se saciaba, y por un rato sus negros ojos de párpados rajados brillaban como las pupilas de los jaguares cuando son retratados a prima noche con rayos infrarrojos.

«Ah», suspira.

Yo asiento. Él debe saber que uno apoya de antemano cualquier pronunciamiento.

«Ahí», dice Raúl, «ahí tenemos el equivalente a 1.000 millones de dólares en cocaína pura almacenada en los laboratorios de CIMEQ. Fidel no quiere destruirla. Yo quiero negociarla. Pero Fidel dice que no. Dice que debemos esperar. Porque dice que no se puede emplear oficialmente y dice que nunca podemos estar vinculados a ella. Por eso no se puede negociar. ¿Tú entiendes? Vamos a ver qué hacemos con eso».

CIMEQ eran las siglas del Centro de Investigaciones Médico Quirúrgico, un establecimiento hospitalario hecho para competir, por lo menos, con los Hermanos Mayo, de Rochester, Minnesota, y que se hallaba bajo el padrinazgo del Ministerio del Interior y cuyo principal proveedor de recursos (dinero, todo tipo de información actualizada, medicamentos, equipos e instrumental), además de las habituales «subestructuras» —llamadas así, *subestructuras*— de la DGI, era el coronel Antonio de la Guardia a través del Departamento MC, siempre mercancía norteamericana sacada como contrabando de la Florida y mucha información de las dos enormes antenas parabólicas del sistema de recepción de satélites instaladas en un patio de MC, o de operaciones de rastreo y espionaje telefónico sobre los bancos de datos norteamericanos.

«Vamos a ver», dice Raúl, con tono resignado, quizá aburrido ante los dictámenes conservadores del hermano —voz e ideas yéndose *en fade*.

Mira hacia el interior de su cacharrita de campaña.

«Lorenzo.»

Está llamando al ayudante, que permanece fuera de mi estudio. Debe apurarse con la botella.

«Ah», suspira Raúl.

El mayor de Servicios Médicos del MININT Antonio Pruna era el hombre que se hallaba al frente del CIMEQ, un cirujano aún joven y de resuelta ejecutividad que se ufanaba de contar entre sus pacientes al más célebre y buscado estafador del mundo, Robert Vesco —a quien se podía ver con frecuencia en sus pulidos pasillos de mármol seguido bajo la severa protección de un mastodonte cubano llamado Junco— o el actor francés Alain Delon.

«Los checos», me dijo Antonio Pruna a principios de 1990 cuando todo este relato en el que estamos enfrascados era todavía una historia caliente, por lo que me lo dijo dando palmadas mientras caminábamos, la última vez, por uno de aquellos pulimentados y solitarios y kilométricos y en penumbras pasillos de la clínica, tarde en la noche. «Toda la droga la están negociando con los checos. Por ahí la están sacando. Si a los yanquis se les ocurre nada más que hacer un sondeo en la escala de uno de esos aviones del vuelo regular a Praga, la que se va a armar.»

Las palmadas eran para interferir la capacidad de cualquier micrófono sobre cuya área estuviéramos nosotros ingresando sin advertirlo. Supuestamente se logra el mismo efecto de distorsión que con los intermitentes sobre el audio que puedan captar los micrófonos dentro de los automóviles.

Para entonces, estábamos en los prolegómenos de una fuga en balsa. Pruna estaría comisionado para las vituallas ligeras: comidas y medicina. Yo, la Zodiac y el motor.

«No se arma nada, Tony Pruna», decía yo. «No se arma nada.»

Esa inexcusable tendencia mía a considerar que todo se halla bajo control por todo el mundo.

«Lo que sería bueno, Tony Pruna, es que un paquete de ésos se abriera en vuelo y se esparciera hacia los conductos del aire acondicionado. Entonces sí que se arma, Tony Pruna.»

Esa otra tendencia permanente mía a jugar bromas con casi todas las cosas que puedan ocurrir o existir sobre la faz de la tierra y que muchos espíritus, digamos, intolerantes, no aceptan.

No hubo balsa. Pruna terminó sus días un poco después, cuando su hijo mayor, un esquizofrénico de 20 años de edad, lo convirtió en uno de los blancos de un ritual de puñaladas producido en su casa a medianoche y en el que también incluyó a la mamá y a un hermanito adolescente, dos que lograron sobrevivir, y fue Fidel Castro el que, después de mes y medio de agonía, determinó que lo desconectaran para que Pruna muriera en paz, agregando siempre Fidel la orden de que la familia Pruna siguiera recibiendo «el mismo tratamiento de dirigente que hasta ahora», es decir, que les mantuvieran automóvil, chofer y salario intacto del difunto.

Tenemos la conversación con William Ortiz, le digo la situación que se nos presenta esa tarde, que es la última vez que lo veo, y le digo que Tony va a salir de MC y que es un cambio para mejorarlo y que sería conveniente que lo saludara y que creo que por fin él, William Ortiz, va a sacudirse de Amadito Padrón y de toda esa morralla de subalternos de Tony. Además, existe el plan secreto de Tony, que ya está hablado, que es meternos en Angola y hacerlo con ciertos ajustes con los sudafricanos, y que es el verdadero plan y que es un plan maestro, y que la jugada es con Ochoa y con Patricio y con el coronel FAPLA (Fuerzas Armadas Populares de Liberación de Angola) José María, que es el ayudante del presidente angolano José Eduardo, y con el mismo José Eduardo Dos Santos, el Camarada Presidente de Angola. Pero, claro, nada de esta parte es pertinente que sea aún del conocimiento de William, a quien sólo le he dicho que Tony quiere darle otra oportunidad, *otra de hacerlo millonario*, y que esa oportunidad se llama Luanda, Angola. El enorme consorcio de importación de ropa y electrodomésticos que cubriría el África Austral, ahora que es un hecho el final de la guerra en Angola y la independencia de Namibia y el levantamiento del embargo internacional contra Sudáfrica. Queremos ser de los primeros en abrir la tienda en la región, y no tenemos que dirigirnos al lugar: ya estamos allí.

Entonces pregunto si tiene dinero, y él se sonríe con cierta tristeza y yo meto la mano en una gaveta del archivo y le doy, míos, de mi propiedad, doblados a la mitad, 1.800 dólares, en 18 billetes de a cien. ¿Quieres más? Y me dice que sí, pero que se los dé en un par de semanas porque viene con sus hijos de vacaciones. Le digo que se los lleve ahora y que cuánto quiere, 3.000, 5.000, y me dice que eso es suficiente, 3.000 será suficiente. Pero yo le digo que coja 5.000 y me dice que está bien pero que sea cuando él regrese y yo le digo que ahora, que se los lleve ahora, y él se niega y dice, hasta que venga.

África. El último negocio concebido había sido el de África, y yo era el que quería a William allí, en lo que había bautizado como Afrika Korps y que era la división comercial en la que Tony estaba trabajando hacía rato y que yo me había percatado que en realidad era una zona de refugio que él preparaba fuera del control cubano para poder zafar cuando se hiciera necesario y que en esas andanzas se involucraban Arnaldo y Patricio.

Tony me había preguntado hacia enero de 1989 si yo creía que William daría la talla en Luanda. Lo que él quería, dijo, era hacerlo millonario y ésta era, advirtió, la segunda vez que lo pretendía. Y yo lo había convencido de lo que él ya estaba convencido, que William era el hombre indicado para la posición Luanda, puesto que era ciudadano norteamericano con pasaporte y con un romanticismo incurable que lo hacía leal a nosotros hasta la muerte, o por lo menos hasta un poco cerca de la muerte, que era en última instancia todo lo que se requería para nuestro adelantado en África. Y William había ido a Nueva York a liquidar unos negocios pequeños que tenía en asociación con Havanatour —la empresa de viajes que era una pantalla de la Inteligencia cubana— y cuyas magras utilidades le servían para pagar los impuestos, y ahora estaba en La Habana por breves horas y parecía que eso —la división África de los negocios de Antonio de la Guardia— estaba en el aire.

Llamamos a Tony. Yo en una extensión.

—¿Qué dice el Pelotero?

—Cómo usted está, coronel Tony.

—Oye, Pelotero. Ahora sí que te necesito. ¿Cuándo tú piensas regresar?

—Se lo estaba diciendo aquí al Norber, coronel Tony, que en un par de semanitas aterrizo de nuevo.

—Entonces ven preparado para ejecutar.

—Cómo no. Con mucho gusto. Gracias, coronel. Muchas gracias.

—Oye, brother —intervengo yo— ¿tú vas a seguir en el gao? Para caerte ahorita.

En acción el lumpen que todos los cubanos llevamos dentro. Gao. Lengua carcelaria, de la más baja estofa, de barrio marginal. Aunque tiene todas las características de una transliteración del *house* inglés. Gao.

—Aquí me mantengo. Stand by en el gao —dijo Tony.

Innecesario agregar una palabra más para dejar por sentado que quedábamos citados en un rato —un par de horas era lo convencional— en su casa.

Tres teléfonos colgados en La Habana y unos 3 minutos de grabación nueva en los casetes de cintas audiofónicas del K-T, el servicio de espionaje telefónico.

Regreso a mi amigo.

William Ortiz.

Tony le había dado todas las oportunidades, los chorros de plata, los yates para que contrabandeara, y Amadito Padrón en su contra desde que comenzó a querer tareas más riesgosas puesto que el comercio no le parecía una actitud digna de un revolucionario y si Amadito no lo había sacado, era por mí, porque yo era una especie de protector de aquel gigante con tan buena arrancada en la pelota profesional pero que la pasión política por un universo ajeno e incomprensible convirtió en un corsario al servicio de Cuba, transportando decodificadores de televisión por cable y piezas de computadoras en una barcucha matriculada en Key West, mientras suspiraba por un puesto destacado en la lucha de clases a nivel internacional.

Y ahora estábamos en ese invento. Inventando el Afrika Korps.

Esto sigue pasando el 25 de mayo. Jueves.

Antes de que se retire, le digo a William que tenemos chequeo y que necesito me lo verifique. Más bien, que me ayude a verificarlo. Que me llame y me diga si hay cualquier mercancía en la tienda de dólares de su hotel. La cantidad de dólares del precio será la misma de los carros que lo sigan.

Yo calculaba el 2 de marzo como la fecha del inicio del chequeo. Es el día de mi cumpleaños y Patricio de la Guardia me había preparado una ruidosa reunión con todos los viejos amigos y todo había sido filmado supuestamente en secreto desde un *van* parqueado sin rubores frente a la casa de Patricio pero ésta había sido una operación independiente de contramedida de la Seguridad porque en realidad el operativo que habría de conducirnos al abismo o al cadalso comenzó el 15 de marzo por una orden que nosotros durante un tiempo pensamos que procedía directamente del Comandante en Jefe Fidel Castro. Ese día en las oficinas del Departamento Uno de la Dirección General de Contrainteligencia, conocido como «el Château», por el edificio del antiguo hotel donde se hallaban sus oficinas, habían sido cursadas las disposiciones y a partir de ahí habíamos aparecido en las computadoras de Inmigración y Extranjería. No podíamos salir del país, ni Tony, ni Amadito, ni Arnaldo, ni yo.

Al final William llamó y dijo que no había nada, la tienda estaba vacía. Yo nunca sabré si me estaba diciendo la verdad.

Entonces, Amadito.

Se presenta en mi casa. Amado Padrón Trujillo.

—Dime, tonton macute —digo.

Amado levanta las cejas en señal de preocupación. Luego, en gesto típico, se ajusta la abotonadura de su camisa blanca de mangas cortas, para que parezca más holgada frente al estómago, un estómago que en su caso ya es prominente, y dice:

—Oye, tonton macute. Oye bien esto. Tenemos tremendo gardeo a presión.

Los *tontons-macoutes* eran la facinerosa pero brutal guardia pretoriana del extinto Papa Doc, de Haití. Se guardaba una gran distancia y nos diferenciábamos —entre otras cosas— porque no practicábamos el vudú y porque todos teníamos grado universitario. La concepción tonton macutiana era uno de nuestros juegos. Ser tonton macute. Nos divertíamos. Desde el empacho de nuestros espléndidos uniformes de poliéster verde olivo, esta tropa de blancos bien alimentados y en la que eran blancos nacarados hasta sus numerosos mulatos y negros, con el poderoso armamento individual de Brownies High Power canadienses de estreno y las Escorpiones automáticas de procedencia checoslovaca y las botas Corcoram, resultaba divertida la comparación con una turba de famélicos asesinos haitianos que dos siglos después aún parecen purgar las culpas ante los ojos del mundo occidental por todos los colonos galos que tuvieron a bien decapitar y previamente castraron y sus mujeres e hijas que puntualmente violaron y por todo el ron de caña que se bebieron cuando decidieron abandonar la esclavitud y sublevarse ante el asombro e incomprensión incluso de sus congéneres libres fraternos e iguales que hacían la otra revolución en París.

También era una época que el pueblo vecino estaba de moda entre nosotros. Había ocurrido que el oceanólogo francés Jacques Yves Cousteau se presentó en la bahía habanera a bordo del buque de exploración científica Calipso y trajo consigo su último documental sobre Haití, una pieza de cinematografía en verdad sobrecogedora sobre el hambre de una nación y de mares vacíos y tierras deslavadas y erosionadas hasta la roca e improductivas para siempre. Fidel estaba impresionado con esa visión obtenida a través del casete entregado en sus propias manos por el hombre que inventó la actividad subacuática y la impresión se había trasladado de manera automática, o digamos natural, a los primeros escalones de su nomenclatura.[5]

—Oye, ¿qué coño es esto, tú? Pero... ¿y este gardeo?

Amadito Padrón se manifestaba en una extraña forma de alteración, contenida quizá porque su conducta se veía acompañada también por un estado depresivo.

—Sí, señor. Nos tienen cercados —dije.

—Pero... ¿qué es esto, tú? ¿Por qué es esto?

CAPÍTULO 5

Historia de los «O»

Amado Padrón se presentaba para tratar tres asuntos, los tres de su propia cosecha. El primero en relación con la realidad que comenzaba a circundarnos y su proposición de que yo viera a Gabriel García Márquez para solicitarle algún tipo de ayuda, puesto que Amadito veía con reservas el futuro inmediato. Por supuesto, le dije que sí. Y, por supuesto, me dispuse a no tratarle nunca el tema al colombiano. Amado sencillamente estaba muy alterado, nada que ver con la sedición o con un movimiento armado para deponer a Fidel Castro, pero estaba alterado, y de la manera más rápida que la Seguridad se iba a enterar de la solicitud de protección a García Márquez, o que estuviera listo para armar un escándalo internacional en caso de cualquier eventualidad, era que yo hablara con él. Toda la casa de protocolo número 6, que había sido designada a perpetuidad a García Márquez, estaba sembrada de técnica —los dichosos micrófonos—, y García Márquez lo sabía. Me lo comentó, en ocasiones.

—Está buena esa idea, *Amadillo* —dije—. Déjame ver cómo me empato con Gabo. Déjame ver cómo se lo digo.

Además, conmigo no se podía contar para hacer algo en MC a espaldas de Tony, era un principio, y también estaba esa historia que Amadito no conocía pero que Tony y yo sí dominábamos, entre los pocos en el mundo, y por la cual resultaba del todo imposible el *approach* a García Márquez y era la historia que explicaba por qué el célebre escritor se hallaba sometido al control de su también célebre amigo Fidel Castro y era el expediente mediante el cual se le chantajeaba y era la historia que Abrantes le había exigido a Tony que no se divulgara y que a su vez Tony me había exigido a mí lo mismo.

—Oye, tonton macute, ¿tú estás haciendo ejercicio?

—Un poco, Norbertus, un poco —me responde Amado Padrón.

Aunque con lentitud, está cada vez más gordo y con carnes más blandas.

Está sudando copiosamente, aún en mi oficina refrigerada.

—Oye, porque se te ve más delgado, te estás afinando —le digo.

Éste es el material que dentro de 49 días va a ser fácil abatir para los seis proyectiles de AK-47 con que lo van a servir, y después del estruendo de la descarga y antes de que se apague ese estruendo se va a escuchar como palmadas sobre lona tendida, el golpe de los proyectiles al hallar el pecho abombado de Amadito, y Amado Padrón Trujillo, literalmente, se va a derrumbar como un saco de 100 libras de azúcar que pierde el centro de gravedad, una caída de majestuosidad inhibida debido al aflojamiento del volumen y con esta misma camisa blanca ennegrecida repentinamente por un manto de sangre y botando humo.

Ahora suda. Se ajusta, en gesto típico, la abotonadura de la camisa sobre su abdomen.

—Oye, Norbertus, dime una cosa. Yo quiero saber si Eusebio es un caso tuyo.

—¿El cura? ¿Eusebio Fernández?

—Sí, señor.

—¿Tú quieres saber si es un caso mío, como el Pelotero?

—Sí. Como el Pelotero.

—No —digo yo

—¿Entonces me lo puedo echar?

Ah, guerra de Amadito contra Eusebio.

—Hazlo polvo —digo.

Era evidente que el personaje tenía sus días contados como oficial de MC. Se le había asignado el nombre de guerra en consecuencia por su pasado de seminarista. Yo lo había conocido en París en 1987. Él trabajaba allí en un negocio de contratación de músicos cubanos para que actuaran por cantidades irrisorias en los cafetuchos parisienses —una de las corporaciones del mayor del MININT Max Marambio, de origen chileno, al que solíamos llamar por el sobrenombre «Guatón» —aunque Eusebio siempre procurando establecer vínculos con la Iglesia. Pero a finales del mismo año, tuvo que recoger los matules con toda premura y regresar a La Habana. Eusebio decía que lo había «echado *pa'lante*» —denunciado como oficial operativo de la DGI— el mayor Florentino Azpillaga, «el tránsfuga», que había desertado desde Praga y puesto rumbo a los Estados Unidos, y que por motivo de la tal denuncia de Florentino Azpillaga, la CIA lo había querido liquidar en París y lo habían tirado delante de un automóvil para que lo aplastara el tráfico de los Campos Elíseos, y que, alegaba, había estado trabajando de lo mejor con Guatón que lo había rescatado para el trabajo de Inteligencia contra la Iglesia, puesto que era el tipo indicado porque tenía aquel pasado, de cuando fue el último seminarista de Cuba después que la Iglesia entró en guerra con Fidel y estaba en el seminario de Camagüey, una ciudad al este de la isla, y era el único y último seminarista hacia 1963, cuando fue llamado por los superiores, que le explicaron brevemente que el seminario acababa de cerrar sus puertas, razón por la cual ya él no era seminarista, y que le entregaban una moneda de 20 centavos para que pudiera traspasar con algún recurso económico los portones coloniales del seminario, y que al ser traspasados lo conducirían a la vida de ciudadano común, en Dios pero común, y que no había hábitos para Eusebio, olvídese de eso, hijo mío.

Entonces le preguntó al primer individuo que se encontró en una parada de ómnibus que si con aquella moneda, 20 centavos, podía ir a algún lado, por lo que recibió la brutal respuesta ciudadana de váyase usted a joder a casa del carajo.

Luego decía, orgulloso, que Seguridad del Estado era quien único se había ocupado de él, por lo que se había puesto a su servicio, y entre otras tareas se proponía hacer una imprenta para los curas, es decir, poner bajo control de la Seguridad a través suyo la imprenta de la Iglesia Católica en Cuba, pero también había fracasado en el empeño, porque Eusebio consideró que no había recibido la comprensión necesaria del máximo dirigente del Partido para la atención a la esfera religiosa, Luis Felipe Carneado, un habilidoso policía procedente de la vieja guardia comunista que antes había ocupado la jefatura de la Agencia de Noticias Prensa Latina y que era considerado a todos los niveles de la dirección cubana como un genio en el tratamiento de los asuntos religiosos y que gozaba de igual prestigio ante las autoridades eclesiásticas pero que, era evidente, no pasaba a Eusebio y no estaba dispuesto a gastar en él las monedas designadas por el Partido para los asuntos bilaterales con la Nunciatura.

Entonces yo lo había conocido en París mientras cumplía un

contrato para Guatón, el que luego me había dicho que se habían prescindido de los servicios de Eusebio, lo cual no era exactamente la historia de contraespionaje anterior y de empujones de la CIA para ser aplastado por el voluminoso tráfico a la sombra del Arco del Triunfo y que me había contado el propio Eusebio pero que de todas maneras sirvió como argumento de base para que yo se lo dijera a Tony, ya que Tony estaba enemistado con Guatón, y entre ellos dos, Tony y Guatón, les encantaba la competencia y robarse oficiales y hacerse bastante daño pero un Guatón al que antes yo le había preguntado si no tenía inconvenientes respecto al caso Eusebio, de que se lo diera a Tony, y me había dicho que ninguno (por lo cual no me fue difícil intuir entonces que Eusebio era una criatura problemática, bastaba con mirar la sonrisa y el beneplácito con que Guatón lo dejaba partir, como si soltara un cáncer) y entonces Eusebio, nombre de guerra «El Cura», no había requerido de mucho tiempo de embrollos y de malos entendidos para ser un oficial caído en desgracia con Amado Padrón, que era lo último que podía pasar en MC, una guerra con Amadito. Con el único que le había fracasado una ofensiva, era conmigo. Y ya eso estaba en el pasado. Estaba enterrado. Pero al que siempre le había agradecido que me introdujera en los artificios y conocimiento de «I Want To Know What Love Is» de Foreigner y que ahora me pregunta si Eusebio era mío y yo le digo:

—Hazlo polvo.
—No es tuyo.
—¿Como el Pelotero?
—Como el Pelotero.
—No.

Increíble que Amadito estuviera en eso. El mundo se derrumbaba alrededor y él aún con ánimos para las guerras internas de «MC».

La tercera cosa fue que tenía un maletín que contenía tres Rolex de platino y dos de oro macizo y un Omega también de oro y unos 30.000 dólares en efectivo y otros 20.000 pesos cubanos. Quería saber si yo se lo podía guardar.

Hecho. No hay problema.

El maletín y el caso Eusebio.

Pasamos al asunto del chequeo, una conversación sobre el tema.

Se convirtió en una obsesión, en una presencia permanente aunque no siempre divisible, o visible, a 70 metros de la espalda de uno, del maletero de tu carro, los «kajoteros», como se llamaba a la gente del K-J, con todos sus disfraces, sus chapas cambiables automáticamente desde la cabina del Lada, los pequeños artilugios que sustituían sobre la marcha para disfrazar la presencia del Lada en el lapso de una sola jornada de persecución, antenas, limpiaparabrisas, neblineros, ya que todos los Ladas son iguales, y los yesos de brazos entablillados, las pelucas, espejuelos, bigotes con el que se investían los kajoteros, siempre sobre la marcha, sostenida, simétrica, incansable, detrás de ti. Pero uno sabía que estaban ahí. Aunque la calle estuviera vacía, aunque uno no los detectara en régimen visual, uno sabía que estaban ahí, y es algo que te queda para siempre, como una cicatriz. Es un tratamiento intravenoso, te nutre el cuerpo, y no importa que 10 o 15 años después estés en una ciudad extranjera, porque dondequiera que un carro se te repita por el retrovisor, ya tú sabes cuál es la situación.

—A dondequiera que voy, ahí los tengo —dijo Amado.

—¿Tú estás seguro? ¿Seguro que son ellos?

—Son ellos —dijo Amado.

—¿Ya le hiciste la prueba del indicador?

La prueba del indicador era de mi invención. Yo le ponía el indicador a la izquierda y giraba en esa dirección, acercándome a la izquierda, y los veía saltar detrás de mí, ocultos tras los carros que pudieran dejar de por medio, y ya venían repitiendo mi maniobra con el indicador puesto a la izquierda, y ahí mismo yo giraba a la derecha y entonces ahí los embarcaba y ellos doblaban detrás de mí pero con el indicador todavía puesto a la izquierda, casi siempre les fallaba eso, porque yo era el que tenía la iniciativa. Tú siempre, cuando tienes chequeo, eres el que tienes la iniciativa de los movimientos inesperados, para joder, para quemarlos y ellos se desesperan mucho, porque ellos confunden una cosa con la otra, porque ellos siempre a la larga te dicen que los profesionales, cuando descubren el chequeo, *se pasan con ficha* para no evidenciar al propio chequeo que uno los ha descubierto y poder mantener el papel de inocencia, pero como se trata en este caso de los políticos, siempre los políticos se fajan contra el chequeo, porque es una forma, quizá inicial, de rebelión, y entonces estos servicios omnipotentes y omnipresentes creados precisamente sobre la base ideológica que son para luchar contra un enemigo imperialista, etc., se quiebran cuando demuestran su verdadera naturaleza, que es ponerse a perseguir a los ciudadanos de su propio país —y lo que más ofende, a los revolucionarios.

CAPÍTULO 6

Los uno

Los viejos búfalos (como nosotros) saben (o deben saber) que el clima habla, que el clima anuncia. Razonable cuestión de orgullo hubiese sido descubrir las señales del tiempo, pues para algo se acumula esa cantidad de experiencia paciendo y bufando en la pradera, y debió servir —al menos— para que nos diéramos cuenta de los peligros que acechaban. Es esencial en el código de supervivencia. Otear el horizonte. Creer en los presagios, confiar en ellos. El sofoco y la opresión acompañantes de las condiciones meteorológicas que se cernieron sobre territorio cubano en vísperas del verano de 1989, justificarían el aserto. El clima habla. Demasiado sopor, demasiada opresión. Para entonces, toda la suerte del grupo está sellada. Se han tomado las previsiones sobre cada uno de nosotros y, para empezar, chequeo.

Es lo que estoy pensando después que William Ortiz se va, y le sigo dando vueltas a la cosa en la cabeza hasta que llega Amadito, y mantuve esa letanía mientras conducía rumbo a casa de Tony. «Vesco», me va a decir él dentro de poco. No presentimos lo que nos pueda ocurrir, pues estamos sacando a flote toda la historia posible, y esto es un síntoma. Creemos que la historia es un talismán y estamos equivocados, que la historia personal nos respalda y es un error fatal, y yo se lo digo a Tony.

—Oye, para lo único que sirve todo esto es para que nos hayan conocido.

—Vesco, Norber —dice Tony, y luego dice:

—Y Musculito, tú.

Es una de las operaciones más sensibles.

Musculito era el seudónimo de Eugenio Rolando Martínez, uno de los cinco plomeros de Watergate y un nombre legendario de la CIA en las infiltraciones marítimas en Cuba de los sesenta y que había cautivado a Bill Moyers en 1976 para la escena final de su documental *The CIA's Secret Army*, que era el mejor producto que se podía servir a Carter para decapitar a la CIA y acabar de liquidar el apoyo a los cubanos de Miami. Musculito —aseguraba Tony— era en verdad un agente cubano, y Tony me lo había confesado con gran misterio, y Musculito había estado preguntando por Tony en Miami, porque Tony había sido el artífice de un traslado clandestino de Musculito a La Habana desde Jamaica después que éste cumpliera la condena por Watergate, puesto que Fidel lo quería ver. La operación había sido una de las más audaces y Abrantes había recibido a Musculito y lo había llevado ante la presencia del Comandante.

—Ésas son mentiras tuyas, Tony.

—Bueno. Tú sabes. No hay peor ciego que el que no quiere ver.

—¿Un hombre nuestro en Watergate?

—En Watergate. En la CIA. Y en la Casa Blanca.

—¿Tú sabes lo que eso significa, Tony?

—Significa que estamos influyendo en política exterior.

—No, Tony. Significa que estamos hundidos hasta aquí en una conspiración. Hasta aquí —insistí con la palma de mi mano derecha, plana y horizontal como un cuchillo, a ras del cuello—. Y que Fidel va a ser eterno. No titubea. ¿Y si lo hizo para que cogieran mansita a esa gente allá adentro?

—Yo lo exfiltré en balsa de una playa de Jamaica. José Luis y El Lingo esperaban en uno de los yates de Fidel, «El Pájaro Azul», y Abrantes lo esperaba en el muelle de Tropas Especiales,[6] donde lo recogió para llevárselo directo al Comandante.

José Luis era el coronel José Luis Padrón, uno de los mejores amigos de Tony. Estuvo al frente de las relaciones con los Estados Unidos desde la época de Jimmy Carter, hasta principio de los ochenta. Lingo —condensación veloz (aunque sin perder su pesadez) de Lingote— era el seudónimo del coronel Carlos Blanco Sales, reputado en el apagado susurro de los salones de la Seguridad cubana como el oficial con más trampas puestas a la CIA que la CIA hubiera caído en ellas.

No puede pasarnos nada, Norber, decía Tony.

* * *

Pero nadie parece darse cuenta aunque seamos esas criaturas. Nadie percibe que el sol se apaga. Puede decirse (y nunca van a perder la apuesta) que somos los mejores en el negocio de cambiar la correlación de fuerzas, el mejor grupo, y que no tenemos competencia en el área de las misiones especiales y que es muy difícil localizar en toda la historia de la Revolución Cubana otro grupo de tarea con la experiencia del nuestro, que es, en el conjunto de las cosas, lo que nos permite reconocernos a nosotros mismos como búfalos viejos, viejos y sabichosos, muy taimados, que tal parece que sólo nos preocupa tener el hocico aplastado contra la tierra, como ventosas, absorbiendo nuestras hierbillas, cuando en verdad en lo que estamos es a la espera del menor ruido, movimiento furtivo o centelleo metálico en el horizonte, para armar la estampida.

Tenga en cuenta los *scores*.

Dos de nosotros clasificamos entre la flor y la nata de los servicios especiales a escala mundial, los hombres que hicimos posible que los propios Estados Unidos y el MOSSAD israelí consideraran a la Inteligencia cubana como una organización de respeto y verdaderamente profesional y que contribuimos decisivamente a superar la paradoja del país pobre con política exterior de superpotencia basándonos en la simple ecuación de tener a Fidel Castro gobernando y nosotros con luz verde para meter de contrabando hombres en cualquier lugar del planeta donde se pudiera armar o ya existiera un conflicto.

Un expediente acumulativo del conjunto de nuestras misiones cumplidas habla de asesinatos, guerrillas en Venezuela, Nicaragua, Colombia, Santo Domingo, Bolivia y El Salvador, el tutelaje cubano de Robert Vesco, establecimiento de santuarios y centros secretos de entrenamiento internacionales para movimientos guerrilleros, planes de voladura del canal de Panamá (planes aún vigentes, *cuidado*) y voladura (efectuada) del Puente de Oro en El Salvador, sabotajes a puertos y refinerías centroamericanas (Ilopango), guerras regulares y campañas de contrainsurgencia en Angola (que incluyó el traslado más grande de un contingente militar desde América hasta África en toda la historia, justa venganza, y probablemente el mayor desplazamiento trasatlántico de tropas de la guerra fría, comparable por números a Vietnam y Afganistán, *con la salvedad de que salimos invictos*) y Nicaragua, traslado de unos mil millones de dólares de Beirut a La Habana (que es la mayor fortuna nunca antes trasladada sobre el Atlántico como tesoros físicos a no ser en dirección contraria por la Flota de Indias), exfiltración e infiltración de importantes agentes de la CIA (entre Jamaica o la Florida hacia o desde La Habana, caso Musculito hasta donde uno sepa), lavados de cientos de millones de dólares producidos por acciones de secuestros, reuniones y negociaciones a nivel de la ONU, pactos con el Ejército Sudafricano, actuación de combate en Vietnam, asaltos a embajadas, fusilamientos, batallas victoriosas en el desierto de Ogadén, tráfico de armas, quiebra del equilibrio en el Chile de Salvador Allende, intentos de controlar las rutas del narcotráfico, contactos con el zar de las drogas, Pablo Escobar, y con el más peligroso terrorista del mundo, el venezolano Carlos, entrenamientos del argentino Gorriarán y del dominicano Caamaño, enterramientos de armas en el Caribe, planes de contingencia que comprendían hacerles la guerra a todos los objetivos políticos y militares norteamericanos en Europa, América Latina, los Estados Unidos, planes de *rendez-vous* (encuentros en alta mar), desembarcos de guerrillas, infiltraciones marítimas y aéreas, lanzamientos aéreos de armamentos, el planeamiento exquisito, hasta sus últimos detalles, del secuestro de Fulgencio Batista, el antiguo dictador cubano residente en Portugal, trasiego de dinero, armas, mercancías y tecnología entre los Estados Unidos y Cuba. En fin. El borde delantero de la Revolución Cubana. El expediente invencible. Ser Dios.

No, no es fácil romper esos récords. Pero en el que uno de nuestros admirados —pese a todas las diferencias de orden ideológico— rangers no dudaría en llamar *our troop finest hour*, y nosotros en el despreciable castellano de ataduras culinarias que nos ha sido legado *la hora del cuajo*, no tuvimos la capacidad de ver. Ninguno. No nos hagan caso si alguno quiere demostrar lo contrario. Había que explicar —con palabras de Tony y ciertos aportes míos— que erigimos una montaña de senos y de nalgas y hundidos en los húmedos charquillos de fluidos vaginales particulares que nos embriagaba, ninguno tuvo el tino de percibir un olor cercano, el de la pólvora.

El coronel Antonio de la Guardia cultiva orquídeas mientras están decidiendo su suerte en palacio. Es el más imaginativo de todos nosotros, y el de mayor preparación física e intelectual. El mejor. Pero él insiste en podar gajos y en estudiar el incremento de oscuridad y humedad del único orquideario de propiedad privada del país, que es ése suyo. Allí adentro, tijera en mano, deja vagar su mente y se complace escuchando en forma continua un rosario de canciones del extinguido cuarteto norteamericano de rock The Mamas and The Papas procedente de su pequeño pero costoso reproductor de casetes. No hay forma de que tome conciencia de que su cabeza está adquiriendo cada vez un precio más barato.

El general de brigada Patricio de la Guardia retozará en breve —está a punto de regresar de Angola— con María Isabel Ferrer, su nueva esposa, sobre una cama de aromáticas maderas de las selvas de Mayombe, aunque quizá sea entonces el único que se percate de que algo raro ocurre al otro lado de la ventana de la casa contigua con ese aparato de aire acondicionado que permanece encendido sin reposo en una zona residencial del oeste habanero —Miramar—, habitualmente apacible, poblada por profesionales y funcionarios gubernamentales de cierto nivel que suelen observar con celo las normas de uso restringido de fluido eléctrico (se trata de favorecer la campaña de ahorro de combustible promulgada por las máximas instancias revolucionarias). Patricio de la Guardia es, en definitiva, el que nos ha endilgado la categoría búfalo (nos ha bautizado a todos), y es en verdad uno de ellos, un viejo búfalo —aunque muy bien acompañado de mozuela de carnes duras—, y sabichoso, porque no acaba de aceptar la idea de ese aparato BK 1500 que los vecinos nunca apagan. Demasiado el silencio tras esas persianas entornadas, piensa. Demasiado tiempo esa máquina trabajando sin reposo.

El general de división Arnaldo Ochoa tampoco acepta, de inicio, las evidencias de una persecución implacable. Se mantiene en el (para él) noble ejercicio de llevarse a la cama, de dos en dos casi siempre, a todas las mujeres de La Habana que tan fácilmente se le rinden, y saltar con prestancia de cualquier lecho en que se encuentre hacia su puesto de mando en el Ejército Occidental donde se empeña ahora en dos objetivos fundamentales, el de mantener la vitalidad de los cientos de blindados que le están regresando —victoriosos, por cierto—, de la guerra que acaba de librar en Angola, y que debe dislocar en las áreas de su reserva, y el plan de ceba masiva acelerada de puercos y ganado vacuno con el que piensa elevar drásticamente el consumo de proteína de su aguerrida tropa.

El intelectual del grupo que —por supuesto— soy yo, Norberto Fuentes, pero que no soy manso tampoco, con dos condecoraciones militares ganadas en combate, se dedica a concebir una colección de obras literarias que lo llevarán sin duda hasta el Nobel (es lo que piensa, seriamente) y no sabe aún si debe rechazarlo (para seguir la rima de Sartre) o aceptarlo, y se está preguntando cómo lograr el suministro de los equipamientos electrodomésticos que cada vez se requieren con mayor entusiasmo en la casa de su mujer y de sus dos amantes. Pero es el único alertado sobre la persecución, así que puede aceptar a regañadientes el calificativo de paranoico. En realidad, puede ser que ellos tengan razón. Que sean innecesarias las precauciones. El resumen probable de la situación es que la alarma procede sólo de la mentalidad fantasiosa del intelectual del grupo. Estábamos diciendo que la situación se hallaba bajo control, y estuvimos diciendo eso mientras Arnaldo Ochoa se limitaba a mirarnos con su aire de superioridad y, a ratos, evidente desprecio, hasta que Alcibíades se apareció con el extraño recado.

Jueves, mayo 25.
05:15 PM.
La pérgola de las conspiraciones.
—Vesco—, dice Tony—, Robert Vesco.
Y luego dice:
—¿Y Musculito, tú?
Un personaje. Un peje gordo.
—El día que la historia del mundo cambió —le digo.
—Sí, señor —dice Tony.
—El día en que el pasado cambiará —digo.
—Sí, señor —dice Tony.
Es nuestro viejo código de referencia para el caso.
Operación Caribe. Tony y Musculito y Abrantes y Fidel y Nixon y Watergate involucrados. Uh, mucho.
—No puede pasarnos nada, Norber —dice Tony.
De nuevo va a caer la tarde. Pronto el ocaso. De nuevo, Tony y yo.
Aún con los perros retozando afuera, Tony no se siente cómodo en la pérgola y quiere ir afuera para tener control de lo que pasa, dominar afuera, desde el jardín exterior, el paisaje. La vieja lección, ley primigenia de las escuelas de inteligencia: ten siempre el dominio de la puerta, de los accesos, de las entradas. Hago una última, ligera referencia a Ochoa y me reservo la conversación que había sostenido con él, apenas dos horas atrás. Yo no acabo de comprender que Tony le está haciendo resistencia

al cumplido con el mulato. Y como no lo comprendo, no me percato de lo más sencillo del mundo y es que Tony está respondiendo a órdenes estrictas. Y esas órdenes estrictas no pueden emanar de otra instancia que no sea José Abrantes Fernández. Es la única persona que puede competir conmigo a nivel emocional y político ante Antonio de la Guardia. Amado Padrón no cuenta para eso, por el bajo nivel social del que procede, y pese a ser blanco y gordo, incluso buen tipo de hombre blanco, lo tratamos con el cierto desdén racista que suele recibir en la Revolución Cubana todo aquel que venga de las posiciones más bajas, los plebeyos del comunismo.

Rocky, el pastor color amarillo y negro, el viejito, marcha delante. *Gringo* lo sigue.

—*Gringo*—dice Tony.

Gringo ha tenido la experiencia acuática puesto que no tiene ni ocho semanas cuando en Key Largo le hacen abordar una lancha. William Ortiz esperó las 7 semanas para destetarlo, y en el camino *Gringo* conoció mal tiempo y los efectos de la navegación en la corriente del Golfo a bordo de un buque desvencijado, y desde que arriban a la Marina Hemingway, eran los únicos de su clase en Cuba y no podían haber dado con mejor amo para que los alimentara y entendiera, un tipo en su género que respondía a las mismas características de fortaleza sin musculaturas exhibicionistas, resistente, ágil, frugal, y leales en su justo sentido, tampoco sin exageraciones. Era una hermosa naturaleza viva la de Tony con sus jeans recortados y su pullover de ejercicios y sus sandalias ortopédicas, o sus favoritas, las sandalias Ho Chi Minh de mete-dedos pero de fabricación yanqui gracias a las factorías del Dr. School; Tony avanzando en aquel jardín bajo el sol de la tarde luego de una sesión de ejercicios con sus orquídeas y acompañado de aquellas dos bestias en su silenciosa escolta y luego los paños y las orquídeas, y Tony convirtiéndoseme, de repente, en un personaje de Nabokov y no de Forsyth.

Entramos en la parte mafiosa del diálogo, Tony me saca lo de Vesco, luego lo de Musculito.

Yo *creo* saber lo que está pasando. Dónde comenzó a dibujarse la sombra de las preocupaciones. Tony viene teniendo tropiezos desde que elude ajusticiar a Rafael del Pino, que era el general de aviación que desertó a Key West en 1987 y después se había mofado de lo que llamaba «toda aquella trova de Varadero del año 87» cuando Raúl Castro dictaba listas interminables de enemigos de la Revolución que debían ser ajusticiados en el exterior y Raúl llamando a Carlos Aldana preguntándole si no faltaba nadie en la lista y yo yendo con el mayor Carlos Cadelo de un lado para otro de Varadero después de la publicación de dos de mis libros —fue un año de alta productividad literaria del compañero Fuentes— y Fidel repartiendo uno de ellos porque estaba muy contento con su contenido porque había el relato de un alzado contrarrevolucionario llamado Tondike que resistía un asedio de 11 días de las tropas revolucionarias dentro de un cañaveral incendiado y aunque era un contrarrevolucionario y «un negro asesino» (sic) desarrollaba una técnica de resistencia al fuego dentro de un cañaveral consistente en hundirse en la tierra como una serpiente y aguantar, y Fidel creía que los mandos militares de lucha irregular debían entrar en conocimiento de mi crónica, que ésa era una de las razones que me llevaba al recorrido porque Fidel me había pedido que le dedicara ese libro a una porción de dirigentes, pero la razón de mayor ánimo que me llevaba de una residencia veraniega de la cúpula dirigente a otra en aquel verano, sangriento al menos en sus pronósticos, era acompañar al mayor Cadelo, que había sido el verdadero artífice de la guerra en Angola motivo por el cual y producto seguramente de las tensiones inherentes a tan difícil misión había contraído la lamentable enfermedad de la impotencia transitoria y luego había desarrollado una porosidad inusitada en el glande la cual lo obligaba a orinar como una regadera, pero con el que me hallaba a gusto recorriendo las estaciones del reparto de mi libro entre los dirigentes de veraneo en Varadero y participando yo del trasiego de listas que se cursaba entre toda esa dirigencia cubana de 1987, en el convencimiento de que al final serían entregadas tales listas al coronel Antonio de la Guardia que ya debía estar preparado y en máxima disposición combativa e impuesto para dar inicio a las operaciones de limpieza, razón por la cual Aldana, a principios de 1989, un año después de los listados de Varadero, me reprochara que Tony no mataba nada, ni Tony ni el MININT; todos estaban locos por muertos, y Aldana averiguando si era que Tony se había negado a matar a Del Pino —tenían esa sospecha— y yo bastante ofendido porque alguien pudiera poner en entredicho la capacidad ejecutiva *de ejecución* de mi hermano Tony.

Pero él no entiende la situación. Menciona a Vesco y a Musculito como escudo. Nada le puede pasar. Tiene lógica. Es un razonamiento. Estamos en el poder. Estamos confiados, tranquilo, tú. ¡Tenemos el poder! No nos va a pasar nada, no puede pasarnos, no podía ser, Norber. En ese momento Antonio de la Guardia es el jefe del Departamento MC del Ministerio del Interior y es uno de los pocos hombres con acceso a grandes cantidades de divisas —el uso le ha puesto el nombre de moneda convertible— y tiene un grupo de *hit men* a su disposición, los killers. Patricio de la Guardia está al frente de la misión del Ministerio del Interior en Angola que es un país en guerra y es uno de los hombres que decide la situación del África Austral, lo cual incluye un país como África del Sur que es un país con, seguro, armas nucleares. Arnaldo Ochoa acaba de llegar de Angola precisamente, y hasta diciembre era uno de los únicos dos héroes de la República de Cuba. Norberto Fuentes era el escritor del grupo, con una vieja historia de disidente pero siempre mantenido dentro de las fronteras de la Revolución y que había accedido al grupo por sus características de aventurero. No en balde escribía un libro sobre Hemingway cada vez que se le presentaba la oportunidad y se había apropiado del personaje dentro de las fronteras cubanas. Y Fidel.

Tenemos a Fidel. Las acciones, las tareas revolucionarias.

Nos están escuchando.

Hay un back-up de toda la conversación final sobre Ochoa en la pérgola de las conspiraciones, que se logra sin muchos ruidos parásitos pese a que nos hallábamos al aire libre gracias a que nos hemos colocado para suerte de los kajoteros debajo de la hojita de parra donde ellos mismos, los kajoteros, colocaron la técnica, y tienen el material, puesto que todo ha sido grabado, pero de todas maneras los escuchas van en blanco porque nunca hablamos nada en concreto.

Otro micrófono nos seguía perfectamente desde la casa de enfrente, que era de un empleado del Ministerio de Educación, un tal Toledo, una especie de criado, que residía en esa casa, que era donde Tony, con su fino olfato para las persecuciones, me había querido siempre a mí como inquilino y como único vecino suyo; Tony desesperaba porque me mudara «hacia esa posición», pero Raúl Castro, con su fino olfato para la persecución, se había negado. Bien, allí estaba la brigada del K-J, que siguió el encuentro de los «O», que es el código radial de los kajoteros con su jefatura para identificar a los objetivos, pero después comenzó aquello a llenarse de gente, hombres de Tony, y entonces tuvieron mucha actividad, y tenía la suficiente cobertura del área, y resulta que uno de esos muchachos del control, al que de inmediato me le hago familiar al otro lado de la calle, conoce por primera vez un extraño y opresivo sentimiento de culpa, al descubrirme. «El Norber», se dice, la sangre agolpada en las sienes.

Entonces llega Amadito Padrón y ninguno de los dos mencionamos que acabamos de vernos, lo cual es un error porque no le permite a Tony actualizarse con el comportamiento de su principal subordinado, pero yo estoy atrapado en la contradicción aprendida desde muy temprano de que, entre hombres, no es aceptable estar corriendo con chismes, y es así como hay un aspecto para el cual Tony no sabe que debe prepararse, y Amado aprovecha un descuido de Tony con *Gringo* para pedirme que tampoco informe a Tony lo del maletín que contenía tres Rolex de platino y dos de oro macizo y un Omega también de oro y unos 30.000 dólares en efectivo y otros 20.000 pesos cubanos, y llega Neo y llega Willy Pineda y hacen bromas con el trabajo que se les ha terminado y llega Alex, y me dice que se ha conseguido una reproductora de casetes Pioneer cuadrofónica para su Lada y hago otro aparte con Amadito y digo que luego vamos a buscar el maletín.

Hacia las 8:00 PM, en su oficina de la calle 66, a unos 3 kilómetros de la casa de Tony, Amado me entregó —para custodia temporal— su maletín de cuero color beige. Abrió la tapa y me mostró el contenido, los relojes, los fajos de billetes, algunas joyas. Cerró la tapa y me advirtió que la cerradura no tenía combinación. «Espérate», me dijo. Estaba riendo con picardía. Abrió una gaveta de su buró. «Mira», dijo. Era una fotografía Polaroid.

Una muchacha más bien robusta, pero de formas adecuadas (nada que ver con las señoras de Rubens, por favor), alta, de pelo corto, de una piel rosada aunque de color probablemente blanqueado por el efecto del flash, aparecía de pie, descalza, con una cama de hotel aún arreglada a sus espaldas y sonriendo nerviosa, y sin atinar dónde colocar sus brazos que colgaban inquietos a los lados mientras mostraba, con toda seguridad por primera vez en su vida, y ante la incertidumbre eterna que puede resultar de una fotografía, la desnudez de unos gruesos pezones en las puntas de aquellas tetas de tamaño regular y la súbita oscuridad del buche de sus vellos púbicos que se apiñaban bajo su abdomen y en los que yo creí descubrir, de soslayo, el brillo de unas minúsculas gotas de rocío.

—Está buena, Amadito. Está buenísima —dije para complacer al amigo. Sonrió, satisfecho.

Yo no la conocía pero hacía rato que Amado me hablaba de ella. Una estudiante de medicina. Parecía apenada en la escena y que no le era fácil posar ante la cámara barata de Amado Padrón.

—Qué jodedora, Amadito —dije—. Mira como se ríe.

Voy, al final, de regreso hacia la casa de Eva María Mariam y voy preocupado por lo que había visto en casa de Tony. El ambiente era de tropa en disolución y era cada vez mayor mi convencimiento de que Tony iba a dejar fuera a Arnaldo. La imagen, que se me va a quedar en la memoria como en *stop motion*, es el grupo recostado a la cerca del jardín exterior de Tony, y las sombras, y *Gringo* multiplicándose en sus nerviosos movimientos como reflejos de plata y la luna ocultándose a tramos tras los islotes formados por los cúmulos estratos y *Rocky* no visible y los automóviles parqueados en aquella acera y las hierbas de enfrente, de la casa de enfrente, y el destello opaco en las ventanas y el sonido de sonajero entre los setos, y en ese final, cuando yo salgo de la oficina de Amadito, lo que tengo atrás es medio batallón de kajoteros.

CAPÍTULO 7

El Griego

«¿Cómo es que le dicen?»
Raúl Castro está en su kilométrico despacho de las Fuerzas Armadas, con el pedestal del globo terráqueo a la derecha y una mesa de conferencias clase Kremlin frente a su buró negro de ministro.
«¿Cómo es que le dicen estos hijos de puta?»
Los hijos de puta somos nosotros. Es el calificativo que repentinamente se nos ha endilgado. Aunque en realidad de quien único se está hablando ahora es de mí. Es una especie de plural mayestático para referirse al viejo y leal compañero de hasta hace apenas unos 11 segundos.
«Griego», responde el general de cuerpo Abelardo Colomé Ibarra. «Le dicen Griego.»
Un subordinado de Colomé Ibarra, un hombre lechoso, de piel deslavada, sonrisa reprimida y una cabellera rubia meticulosamente recortada y peinada, así como de meticuloso afeitado, se pronuncia una vez más con su imperceptible sonrisa de estar delante de los jefes máximos y ensayando ahora con mayor denuedo aún el reforzamiento represivo sobre la sonrisa propia, dice:
«El Mando aún no ha podido establecer los orígenes, compañero Ministro.»
No lo tomen a broma. Él no sólo persigue nombretes. Con grados de teniente coronel, ha ingresado al despacho junto a Colomé Ibarra, su jefe. Se llama Eduardo Delgado Rodríguez y no lo conozco todavía, pero es el hombre encargado de perseguirme y de acumular todas las

informaciones que hagan posible que, en el futuro cercano, me partan el cuello. Me persigue a mí y a Ochoa y a Tony y a Amadito Padrón y a José Abrantes Fernández.

«El Griego», dice Raúl Castro.

Colomé Ibarra asiente.

Eduardo Delgado Izquierdo asiente.

El Griego. Excelente solución de nomenclatura producida por la imaginación de Antonio de la Guardia para llamar al único general en la historia que es el vencedor de dos campañas africanas consecutivas pero mulato. Un mestizo cubano resulta el príncipe invicto de los desiertos africanos. La apreciación intelectual del grupo está contenida en el nombre. Cuando un criollo de inequívoca cepa, un mulato mujeriego criado entre las talanqueras cagadas de la tierra roja de los corrales de una granja de ganado cebú al oriente de la isla de Cuba y que con el decursar de los años y a las puertas de Jijiga donde en su reconquista tiene que dejar tendidos los cadáveres de 3.000 bravos combatientes somalos, se gana el apelativo de la «Estrella Roja del Ogadén», que es incluso una designación aceptada por el mando soviético aliado, merece a su vez un nombre de cierta prosapia filosófica para un uso rápido, fácil y adecuado entre sus más queridos amigos. El Griego.

«Me llama la atención ese nombre», dice Raúl Castro.

Los tres están de pie, alrededor del buró, sobre el que yacen las dos hojas mecanografiadas a un solo espacio del informe sobre mi llamada a Ochoa del miércoles 24 de mayo y su visita al otro día, jueves 25 de los corrientes, a mi casa y el señalamiento de que hablamos en los bajos del edificio en un área de escasa saturación de técnica microfónica.

SEGUNDA PARTE

LA BANDA DE LOS DOS

* Tony —y también su hermano Patricio, como veremos más adelante (p. 150)— exageraban. La cantidad exacta llevada por los Montoneros a La Habana fue 46 millones de dólares. Durante todo el tiempo que ese dinero estuviera depositado en Cuba, Fidel le garantizó a Firmenichi que recibiría un 10 por ciento de interés anual.

CAPÍTULO 1

SIRVO A FIDEL

La siguiente información procede de un borrador preparado en conjunto con Tony y que de forma maquinal, inconsciente saqué del disco duro de la computadora a prima noche de aquel domingo 28 de mayo. Era la relación con la que debíamos comenzar la acumulación de material para un libro.[7] La Acumulación Originaria de los Brothers. Teníamos este plan, que era el número uno. El dos era un catálogo de sus pinturas porque la presentación anterior era de Félix Beltrán, considerado en Cuba hasta el momento de su deserción en México como una especie de Miguel Ángel del diseño gráfico y que era lo mejor que podía conseguir Tony para el aval de su obra pictórica pero al Félix poner pies en polvorosa en capital extranjera obligó a Tony a recoger los 5.000 ejemplares aún olorosos a tinta fresca de su precioso catálogo de pastas rojas y guardarlo en un closet, si bien tuvo el valor de no destruirlo. El plan tres era una aventura (él quería decir *una novela*) como *Islas en el Golfo* para que él la ilustrara. Pero un libro del tamaño de un Atlas y con sus marinas impresas a color. El libro de Hemingway con su episodio de La Habana y la persecución en la cayería del Norte de Camagüey de los submarinistas alemanes y el tozudo protagonista hemingwayano que es Thomas Hudson, que era pintor y que era guerrero, y con el cual nos podíamos identificar con satisfacción porque no se trataba del viejo Santiago, desafortunado y lleno de huesos, y quejumbroso como las cuadernas de un galeón, mezcla del Quijote en sus estadíos filosóficos y de bebedor de cerveza Hatuey. *Islas en el Golfo* y Thomas Hudson habían estado en el inicio de nuestra amistad, el único ejemplar que circulaba en La Habana de 1971, perteneciente a la biblioteca de la Unión de Escritores, y del que yo me había apropiado y se lo presté a Tony y después logré recuperarlo y aún hoy anda dando tropezones entre mis bártulos abandonados y mis libros.

(Lista de misiones del coronel Antonio de la Guardia según la primera reconstrucción):

Tony fue el oficial más condecorado de Tropas Especiales y el que más misiones cumplió. Las misiones consideradas como más importantes:

El lavado de casi 300 millones de dólares* resultado de los secuestros hechos por los Montoneros [la agrupación terrorista argentina], lavado que se realizara en Suiza entre los años 1974 y 1975 si la memoria no engaña [...] Esta operación fue ordenada por Fidel, Mario Firmenichi [el terrorista argentino, líder de los Montoneros] y Abrantes, participando con Tony [en la operación de lavado de dinero], Max Marambio.

Traslado de miles de millones de dólares [probablemente *sólo mil millones*, o una cantidad aproximada] en oro, joyas, piedras preciosas, etc. desde el Líbano para Cuba producto de una operación que hiciera el Frente Democrático Palestino cuando a mediados de los años setenta asaltaron una docena de bancos establecidos en el Líbano. Joyas y piedras preciosas que se lavaron en Checoslovaquia a través del Banco Nacional de Cuba y el banco checo.

Estuvo al frente del contingente que salió para Chile en 1971 cuando [Salvador] Allende fue elegido presidente, participando como jefe del Grupo de Tropas Especiales que le aseguró la visita a Fidel en todo el norte de Chile. Quedó responsabilizado por Fidel de que a Mario García Incháustegui, embajador de Cuba en Chile, no le pasara nada durante su estancia como embajador. Tenía también la responsabilidad de hacer el estudio militar de Santiago de Chile y de los planes de introducción clandestina del armamento que se les entregaba a los partidos de la Unidad Popular.

Fue el Jefe del primer grupo de oficiales de Tropas Especiales que salió para Costa Rica para preparar las condiciones de garantizar el desembarco del armamento necesario para abrir [en Nicaragua] el Frente Sur junto a[l comandante] Edén Pastora. Organizó y ejecutó la toma del punto fronterizo de Peñas Blancas [entre Nicaragua y Costa Rica], acción que le dio inicio a la guerra en Nicaragua. Siendo el primer cubano en entrar a Managua y tomar la jefatura del Ejto. [Ejército] y la casa de[l dictador acabado de deponer, Anastasio] Somoza.

Por desobedecer órdenes de Fidel en cuanto a la distribución de armamento y municiones entre las diferentes facciones que componían el Frente Sandinista fue relevado del mando de los cubanos, quedando como asesor de Edén.

Fue Jefe del destacamento de Tropas Especiales que partió para Jamaica a finales de 1975 hasta que [su hermano] Patricio regresó de Angola en febrero de 1976, que lo relevó del mando, quedando él como segundo y asesor del jefe del Ejto. Jamaicano Brigadier *Green*[?] y del Jefe de la CIM [contrainteligencia militar] Capt. [capitán] *Carl March*[?]

Fue jefe de la seguridad de Fidel en Jamaica cuando la visita de éste en 1978 ó 1979.

Organizó todas las primeras infiltraciones de armas en Salvador y Guatemala durante los años 1981 y 1982-1983, además de otras operaciones de menor cuantía en cayos de Belice para el EGP [Ejército Guerrillero de los Pobres, una agrupación de Guatemala].

Participó como Jefe del Grupo especial creado para secuestrar a[l exdictador cubano] Fulgencio Batista, muriendo éste [Batista, de un infarto] la noche antes de que se realizara la acción.[8]

Fue jefe de Información y de la sección Naval de la Dirección de Operaciones Especiales hasta que fue trasladado a solicitud de[l coronel MININT] José Luis Padrón como vicepresidente del CIMEQ [una de las corporaciones de pantalla tuteladas por el Ministerio del Interior para operar con dólares] y jefe del Dpto. [Departamento] MC de la Inteligencia.

Cumplió tareas encomendadas por Fidel como enlace con el FBI y el Dpto. de Estado de los EE. UU. junto a [José Luis] Padrón.

Otro sin número [sic] de operaciones que es difícil recordar [y] que algún día si tenemos suerte trataremos de escribir. Seguro que Papillón [«Mariposa», el seudónimo de Henri Charrière, también título de su novela autobiográfica, *Papillon*] se quedará chiquito. Será un best-séller.

* * *

Así que Tony creyó necesario hacia mayo/junio de 1987 que fuéramos «situando en blanco y negro» los principales hitos de su «carrera como ranger». Los objetivos finales nunca estuvieron claros. Pero de alguna manera quería establecer su historia. Pero este planteamiento inicial no tuvo desarrollo. Sólo el dictado de unas líneas. En una ocasión anterior, se había desatado la fiebre autobiográfica porque en sus oídos aún no se apagaban los retumbos de una guerra. A su regreso de Nicaragua, en 1979, me entregó un maletín ejecutivo de color beige que, dijo, se hallaba repleto de documentos *altamente sensibles* de la campaña acabada de vencer y que era la documentación con la que supuestamente se garantizaba la producción de un thriller. Un maletín que estuvo dando tumbos durante años por mi casa, con sus copias de cifrados, las notas de exploración de Tony mientras observaba la guardia somocista del cuartel de Peñas Blancas, facturas de hoteles de Costa Rica y Panamá, tarjetas de presentación de A. de la Guardia y M. Montañez como exploradores submarinos de una supuesta compañía turística panameña, otras tarjetas como cineastas y fotógrafos submarinos de los Estados Unidos y otras como ingenieros de prospección submarina, mapas militares de la frontera Costa Rica-Nicaragua y un casete de audio TDK de 90 minutos en el que se repetía hasta el infinito la versión en español de «Chiquitica» interpretada por el grupo sueco Abba.

Pero decidió ahorrarse el caso de Musculito en esta primera visión. Tiene que haberlo considerado excesivamente sensible y peligroso en la reflexión inicial, como para sacarlo de los muros de su memoria. De eso *no se podía hablar nunca*, me aclaraba Tony en los buenos tiempos, despatarrado en una de mis poltronas, allí, a hablar y a reírse, con el único y exclusivo estímulo de los buenos cafés de la casa del Brother. Conmigo. «¡Y mucho menos en un escrito!», exclamaba. Curioso que eludiera también los vínculos con el caso de Vesco en Cuba. El párrafo de «Por desobedecer órdenes de Fidel... fui relevado del mando de los cubanos...», es ahora la pieza más preciosa del texto, puesto que reivindicaría una especie de rebeldía latente contra Fidel desde una época anterior a la Causa Número 1. El diferendo Tony/Fidel establecido desde aquella mañana de trabajo literario en la que Tony y yo gastamos unas 500 palabras de la lengua castellana para ir llenando el proyecto que yo di en llamar entonces (y hasta el olvido) *Llamadme Antonio*. El episodio de marras quedó pendiente de aprobación para el futuro en aquella primera y única sesión de dictado bajo mi techo. El uso indiscriminado de mayúsculas y/o minúsculas así como los usos arbitrarios (o total olvido) de los signos de puntuación requeridos por Antonio de la Guardia en el momento del dictado se respetaban en todos los casos. La tercera persona empleada en la versión original —y exigida entonces por

Tony, en la creencia de que eso era una conducta marxista, o al menos, que le permitía eludir un exceso de personalismo— habría sido sustituida por la procedente primera persona del singular en una versión avanzada, según mis planes como autor del libro *Llamadme Antonio*.

CAPÍTULO 2

CONTEO REGRESIVO COMENZANDO

El sábado fueron a buscar a William Ortiz pero nunca lo supimos. Era una de las primeras acciones directas producidas por «La Comisión». El domingo *llamaron* a Ochoa. Otra decisión ignorada por nosotros y tomada por los mismos hombres alrededor de la misma mesa. La Comisión.

Era lógico que al menos inicialmente no supiéramos de la existencia de tal mecanismo puesto que había sido creado, precisamente, para disponer de nuestro control. Era un enemigo invisible, intangible, *la cosa* hacia la que no contábamos con ninguna posibilidad de defensa verdadera, y ninguna pista que nos permitiera definirla, al menos ver sus contornos. Sólo la percepción. Aunque todavía una percepción dormida.

Existía oficialmente desde el martes 23. Pero en realidad venían actuando desde unas dos semanas antes, en una fecha que puede situarse —casi que con absoluta certeza— entre el lunes 8 y miércoles 10 de mayo, y se estaba reuniendo en el extenso despacho de Raúl Castro, en el cuarto piso del Ministerio de las Fuerzas Armadas Revolucionarias, que era un lugar que yo conocía muy bien y que se hallaba dominado por una esfera de la tierra, del tamaño de un hombre, a un costado del buró de robusta madera negra del Ministro, y en la que tres cintas rojas trazaban, desde atrás de los Urales, la trayectoria en línea recta que habrían de seguir en su vuelo cósmico e imperturbable hasta Washington, Nueva York y Houston, los cohetes balísticos intercontinentales que Moscú ordenaba lanzar. Los martillos del golpe nuclear. Otras cuatro cintas, éstas de color azul, surgían en La Habana y avanzaban hacia Angola, Nicaragua, Etiopía y Congo, que eran las regiones del mundo donde Cuba tenía abiertos sus frentes y dislocadas (al menos en aquella, que era mi época), sus principales misiones militares —léase «tropas», es decir, miles de hombres armados, cohetería, blindados, aviación de combate, y hasta pequeños, silenciosos cementerios con tumbas caleadas de un blanco deslavado y poroso.[9]

Una comisión dedicada a ir pisándonos los talones, mañana, tarde y noche, y bajo cualquier condición del tiempo, es una señal que nos llega con retraso de algunos días, y además, de cualquier manera, no se le presta gran importancia. El conducto regular mío de este período, Alcibíades Hidalgo, comenta algo pero sin muchos matices. Después, con mayor gravedad, el coronel Filiberto Castiñeiras, «Felo», uno de los principales cargos del Ministerio del Interior —jefe de la Ayudantía del Viceministro Primero—, con su aspecto de intelectual obligado a ganarse la vida como boxeador, de anchas espaldas y un impertérrito silencio de siglos, opta por —literalmente— jugarse la vida y hacerme llegar la información que debe rebotar en Tony y Patricio, sus viejos camaradas de las guerras y de los primeros tiempos de Tropas Especiales. De modo que ya es algo que mencionamos el jueves 8 de junio, hacia las 11:00 AM, aunque todavía en un marasmo de vaguedades. Estoy persuadido de que es la primera y última vez que Antonio de la Guardia Font, y quizá su hermano mellizo, Patricio, escucharon una referencia, y fue en esa conversación, virtualmente clandestina, que tuvimos en mi casa —Janis Joplin a todo volumen, como interferencia.

La observación permanente sobre las tres casas en que yo podía pernoctar, es decir, donde tenía mi esposa o cualquiera de mis mujercitas (había otra, además de Eva María Mariam —después hablamos), y mis movimientos condujo a esas dos de sus primeras acciones —una con William Ortiz, sin mayores consecuencias porque el hombre ya no estaba en La Habana, y otra, mucho más complicada, con Arnaldo Ochoa, que sí estaba. Pese a todo, desde entonces, la decisión de no tocarme era firme, no inmiscuirme para nada en el proceso. Sólo trabajar la información que se generaba en mi entorno, que podía —y solía— ser abundante. Fueron a buscar a William Ortiz porque la conversación desde mi casa de él, Tony y yo despertó las sospechas. Muchas sospechas sobre el Pelotero. (Digo sobre él, porque sobre nosotros no hacía falta acumular una prueba más, casi que comenzaban a sobrar elementos de inculpación, puesto que todas las sospechas del mundo ya nos caían por oficio.)

Comenzaron a empatar. Empataron hechos con informes. Informes con datos aislados. Datos aislados con recuerdos. Recuerdos con especulaciones. Especulaciones con corazonadas. Corazonadas con hechos.

Apareció el expediente del «Caribean Express», aún amarrado a uno de los muelles de la Marina Hemingway. William Ortiz era el hombre del negocio. Él lo había traído de Miami. *Con toda razón el Comandante había dado marcha atrás con el asunto.* Siempre le pareció que era una provocación, una trampa de los americanos. Así que William Ortiz, conocido por el Pelotero, era el contacto. Al menos había sido utilizado. Estaba por definir si a sabiendas o a ciegas. Vayan a buscarlo. Y saquen ese barco de la Marina Hemingway. Llévenselo para el sur. Para Pinar del Río. Escóndanlo por un puerto, por allá abajo.

Una mulata vieja, en bata de casa, de piernas varicosas, que fuma —con mirada ausente— un tabaco mal torcido, es la encargada de informar sobre William Ortiz a los tres policías de civil que se aproximan, diríase que de puntillas, en el Lada azul oscuro, con la planta abierta y el ruido de estática perfectamente audible, a su casucha de pobre mujer cubana que por fin ha logrado casar a su hija con un «potentado» —la mejor definición que ella encuentra para el señor que desde su juventud vive en el extranjero y que se codea con la gente grande del gobierno.

Ese cubano hace como dos días que regresó a Miami.

El automóvil, no identificado por ninguna clase de rótulo, se ha detenido a menos de un pie del muro amarillo, con la boca del desagüe al nivel de la calle de la que surge una manta de agua blanda y oscura, ya que hoy es el único día en el que las ordenanzas sanitarias del país permiten verter hacia la calle el agua remanente de la limpieza a fondo del interior de las casas y que es la acción que los cubanos de toda edad, credo y raza conocen como baldear, desprendimiento lexical probable de este uso sabático nacional de los baldes, y que es el muro en el que ella apoya sus gruesos codos mientras chupa —más que fumar— con denuedo la barata panetela obtenida por el sistema de racionamiento y que le ha costado la calderilla que es 15 centavos de peso y que le hace halar el tabaco, en húmeda combustión, hacia sus labios con desespero próximo a la frustración para mantener vivo el anillo de fuego que consume, a duras penas, su aldaba.

—No, mijos.

—¿Que se fue?

—Sí, mijo. Él viene a veces. Pero después se va, mijo. Dice que ése es su trabajo. Estar yéndose. A cada rato.

Es de un lento reaccionar la señora —«compañera», la han llamado los policías— pero ella no necesita más celeridad para la conducción de las sencillas problemáticas de su vida cotidiana. Con esa velocidad de reacción le es suficiente. Además, desde que vio doblar el automóvil de estreno color azul oscuro por la esquina, ella supo quiénes eran. Creyó que su acertada premonición era obra de los santos del panteón Yoruba, que siempre la habían protegido con prestancia y sin dobleces y que lo último con que la habían favorecido era arrimándole aquel hombre poderoso y bueno a su hija y que ahora le avisaban con toda claridad que tenía a la policía en el portal.

—¿Usted no sabe si él regresa, compañera?

—Ay, mijos. Eso es muy difícil. Yo no sabría decirles. Él lo mismo viene mañana que dentro de un mes.

—Entonces, no lo sabe.

—No lo sé, mijos. No lo sé.

—Bien. Bien. Está bien. Bueno, compañera.

—¿De parte de quién le digo, mijos? Cuando venga, ¿de parte de quién le digo que vinieron a buscarlo?

—Dígale que de unos compañeros. Dígale eso, compañera.

El Lada se retira bajo las miradas de los vecinos de la estrecha callejuela llamada El Pasaje en el que unas cincuenta chabolas idénticas, de la acera izquierda, se enfrentan, con sus fachadas hurañas y reticentes, a otras cincuenta chabolas idénticas, de la acera derecha, y de todos los brocales de los muros manando, pesada, el agua, y hay un Mercury Monterrey del 56, sedán de cuatro puertas, de techo oxidado y sin su motor V-8 que extrajeron para una reparación capital que nunca concluyó, con la tapa del capó abierta y sostenida por una tabla, que el Lada de la policía política esquiva en su lenta retirada, por la derecha, y un Studebaker Commander, año 51, verde *acqua*, que es una reproducción a escala de la visión que los hombres tenían de los OVNIS cuando no se habían descubierto los yacimientos de hielo en la Luna y nadie podía concebir que los argentinos y granjeros de Nuevo México secuestrados por naves siderales no eran más que testigos bobos de experimentos solapados del Pentágono que por supuesto nunca se creyeron en los directorios de inteligencia militar del Kremlin, pero que es una pieza que sobrevive a la memoria futurística de los hombres que crearon y diseñaron al gusto ignorante de principios de los cincuenta cuando los OVNIS procedentes de la más remota galaxia, los torpedos de la Segunda Guerra Mundial y este modelo de Studebaker disponían de la misma aerodinámica, porque todavía anda, todavía se le pone la llave y arranca, y que se encuentra a la izquierda, al final del pasaje y que es también esquivado por el Lada de la policía política, con las bandas de rodamiento de sus neumáticos siseando sobre los charcos del baldeo de todo un vecindario habanero, y antes de ingresar, a la izquierda, en Avenida 26, lo último que deja ver, instalada en medio del maletero, es su emblemática antena Yaesu, y así termina el acontecimiento más grande de la historia para un segmento de La Habana con un largo no mayor de 100 metros, que si lo recortáramos de la ciudad a su alrededor, el lugar donde se acomodaría sin fricciones es las afueras de Nairobi, Kenya.

El asunto de Arnaldo es el domingo. Cae preso por primera vez. La conversación entre él y yo en los bajos de mi edificio acelera los acontecimientos. Los acelera para todo el mundo. Pero así no era como Fidel quería las cosas. Pero ya Arnaldo sabe. No porque hayan podido grabarnos, puesto que les ganamos ese tanto. Sino porque para Fidel —y Raúl también, por cierto— es innecesaria la grabación: tienen cabal conciencia de que yo he alertado a Arnaldo Ochoa.

La información sobre este primer arresto no llega a nadie. Los corresponsales extranjeros acreditados en La Habana, como siempre, están a la espera de la llamada de cualquiera de los oficiales de la Seguridad del Estado que «los atiende» para que les digan si hay una noticia, y dónde se encuentra ésta si la hubiese, y cómo enfocarla. La plaza Habana, con sus sedosas mulatas que se pueden comprar tan fáciles por el tiempo que dure la asignación e intercambiar, y desechar las viejas para obtener las nuevas, y con los salarios que se cuadruplican cada mes en el mercado negro y con las antiguas mansiones de la burguesía criolla que el Gobierno les pone a su disposición, y con ese vértigo formidable que se obtiene de palpar *la-historia-sobre-la-marcha* al asistir, un par de veces al año, a ocasionales conferencias de prensa o de recepciones «en Palacio» en las que un mítico Fidel Castro siempre a punto de enfrentarse en el holocausto imperecedero de una guerra contra los Estados Unidos, está a la mano y hasta se retrata con uno, e, incluso —oh elixir de los elixires— te promete una entrevista, es el escenario codiciado para que te envíen y, por supuesto, después de instalado allí, es algo que no debe echarse por la borda con una imprudencia de corresponsal advenedizo. Es decir, no publiques nada que pueda ofender a los cubanos y te declaren *persona non grata*. Basta dejarse guiar por los oficiales de Prensa Extranjera del MINREX (Ministerio de Relaciones Exteriores). No fallan.

Y es así como, el lunes 29 de mayo de 1989, ningún corresponsal acreditado tuvo conocimiento de que el general de División Arnaldo Ochoa Sánchez, Héroe de la República de Cuba, que apenas cinco meses atrás regresaba de librar una guerra victoriosa contra Suráfrica, había sido llamado a las 00:09 AM del día anterior por el general de Ejército Raúl Castro Ruz, ministro de las Fuerzas Armadas Revolucionarias y número dos del país, para arrestarlo y someterlo, él personalmente, a interrogatorio. Al menos, no existe un solo cable despachado desde La Habana para las centrales de las agencias con ese contenido. Se quedaron sin saberlo en París, Londres, México, Moscú, Pekín, Madrid, Roma, Buenos Aires, Tokio. Enmudecidas. Apagadas. Silencio radial de las respetables Reuter, AFP, TASS, XinJua, EFE, etc. Sin novedad en el frente para todas ellas. Y los pobrecitos de AP y UPI en Ciudad México, regularmente pegados a los monitores y teletipos de las trasmisiones de sus colegas desde La Habana para preparar sus refritos con destino a Washington, Nueva York y Miami de la situación en territorio cubano, a donde no se les permite aterrizar desde los sesenta, que también se quedan fuera del juego. Las campanillas de los teletipos aún no doblan por Cuba.[10]

Comprensible no obstante que una veintena de corresponsales acreditados (aunque al parecer sólo preocupados por incrementar sus ahorros con el muy favorable cambio que obtienen en el mercado negro de La Habana pero nunca movilizados por un atisbo de noticia para sus clientes, y pensar en una exclusiva, mucho menos) no olfatearan la información de mayor relevancia producida en treinta años por Fidel Castro y su revolución después de la victoria sobre Batista —enero de 1959— o de la batalla de Playa Girón (Bahía de Cochinos) —abril de 1961— (la crisis de octubre o de los misiles de 1962 tiene otros dos productores: Nikita S. Jruschov y John F. Kennedy), si nosotros mismos nos hallábamos en un inaceptable limbo —inaceptable para los cánones profesionales que supuestamente nos acreditaban.

Pero la intensa arrancada del caso parecía haber amainado, y hasta cesado por completo, para el viernes. Aunque había dos o tres cosas de las que no teníamos conocimiento y que estaban caminando por el subsuelo, nuestro subsuelo, como salamandras de fuego en la corriente subterránea, y que habían sido disparados desde mi casa —los extraños negocios del Pelotero y Ochoa alertado.

Una tarde estaba Antonio de la Guardia en la puerta del Departamento MC y estaba con Carlos Aldana y conmigo, y Carlos Aldana señaló hacia algún lugar del calcinante firmamento —era el mediodía— y dijo cerrando uno de los ojos, para protegerse de la luz solar, allá arriba tienes un satélite estacionario de la CIA, vigilando todo lo que entra y sale de esta oficina. Eran los días orgullosos en los que se suponía que el hipotético satélite de la CIA recogía imágenes de superagentes que entraban y salían de MC y no en lo que después se describió como una extraña sucursal de una casa de entrega a domicilio de exquisitos productos de importación para altos dirigentes y los socios de Tony y el principal establecimiento de avanzada de Pablo Escobar en el Golfo de México.

Antonio de la Guardia con chequeo del K-J y con balizas electrónicas debajo del carro para facilitar su ubicación y seguimiento era algo impensado por el momento.

Pero, a la hora de quemarlo, no será suficiente que Tony y su grupo resultaran el arquetipo ideal de la concepción del mismo Fidel Castro de lo que debía ser cada buró del MININT, específicamente de la DGI, donde una sola de esas oficinas es (o era) capaz de reportarle a los Estados Unidos más daño que los cuatro enemigos inveterados que cree tener ese país, y ésa era la concepción estratégica del Comandante, la tarea asignada, una sola oficina del MININT, dice el Comandante, tiene que saber y estar en capacidad de crearle más complicaciones y *más mortandad a los americanos* (sic) que los cuatro fantasmas que ellos mismos enarbolan por la televisión y en el Congreso, más que Irán, Irak, Libia y Corea. Más que los cuatro juntos.

Ah, implementación de los recuerdos. ¿La dulce memoria que rebobina los acontecimientos y los devuelve cuando se requieren? ¿Destellos de intuición para que te pongas en guardia? ¿O los argumentos de los que se derivan las pruebas concluyentes de tu culpa?

* * *

Lunes, abril 17.
08:00 PM.
Palacio de la Revolución.

La reunión es con Carlos Aldana, el secretario ideológico del Comité Central del Partido Comunista de Cuba. Es un jabao de pelo malo, y portentoso bigote, y un tipo muy simpático, y habilidoso para moverse en los entresijos del poder y que muchas veces uno se engañaba creyéndolo como uno de los mejores amigos que se tenía la dicha de conocer, y que gustaba firmar ciertos documentos bajo su clave de guerra favorita, «El Jabao», y que —desde luego— estaba casado con una mujer blanca y esbelta, de piel lechosa y cierto cansancio existencial.

Había dos o tres gestos que lo hacían ante mis ojos una excelente persona: los cargamentos quincenales de películas pornográficas que le solicitaba a Tony a través mío —«películas mexicanas» era la palabra clave para solicitárselas a William Ortiz en Miami—, y especialmente porque era, después de Fidel, la única persona con la que se podía hablar de literatura en el Secretariado del Partido, y el hecho de que él se sintiera cómodo en mi presencia porque percibía que nunca significaría un peligro para él, puesto que yo no aspiraba al poder, era el elemento definitivo. Si no quería cargos, era suficiente para que mantuviéramos una excelente relación.

—Dime, Charles —dije.

—Brother —me dijo—. Hay un par de asuntos.

No era un par. Un poco más de dos.

Primero lanzó una larga diatriba contra el Ministerio del Interior y *ese equipito* de los killers de Tony que estaba demostrando ser tan inepto, porque no acababan de arrojar resultados. La lista priorizada de ejecuciones encabezada por Rafael del Pino, el general de la aviación de combate cubana que desertó en 1987, seguida por Jonas Malheiro Savimbi, el líder de las guerrillas angolanas que ofrecían resistencia a las tropas cubanas, y por Esteban Ventura Novo, un antiguo coronel de la policía batistiana residente en Miami, se mantenía incólume. Eran hombres muertos que seguían caminando.

A continuación solicitó un mínimo de 450.000 dólares para organizar una cadena de salas de video públicas. Tony, dijo, seguramente *se sensibilizaría* con el proyecto.

El próximo plan era una planta de televisión al estilo del canal Bravo del sistema de televisión por cable de los Estados Unidos. Era un proyecto a mediano plazo y quería que Tony lo tuviera en cuenta. *Que se fuera sensibilizando con la idea.*

Por último, un asunto personal.

Muy delicado.

Él era una figura pública y esto lo inhibía de aparecerse como cualquier otro cristiano —o ciudadano, mejor dicho—, en un hotel para alquilar una habitación y consumar cualquiera de las conquistas amorosas que se pueden producir en el trayecto diario del acontecer político. En fin, sin darle muchas vueltas a la cosa. ¿No sería bueno que Tony le amueblara un apartamento, una especie de refugio secreto, para el reposo del guerrero, y que le diera la llave y que nadie supiera que ése era su santuario, y de ser posible que le habilitara un pequeño refrigerador con algunas bebidas, y quizá algunos quesitos, y un televisor y una reproductora de casetes, y que todo quedara como un secreto entre hermanos, estos hermanos que éramos nosotros, Tony el Siciliano, Norber el Brother, y él, que era Charles —o también eventualmente Karl, por emparentarlo de alguna manera con el viejo Marx—, Charles el Jabao?

—Claro, Charles. Te entiendo. Te copio claro y fuerte. Y no creo que sea difícil. Déjame eso a mí. Mañana yo lo hablo con Tony.

El mulato nos las estaba poniendo en las manos, mansito. Un tibio apartamentito equipado con todos los recursos occidentales para el retozo de Aldana con unas muchachas, era más de lo que hubiéramos podido pedir para tener bajo control al Secretario Ideológico del Partido y el hombre de más confianza *entonces* de Raúl Castro y que se pasaba la vida en el Mercedes de Fidel.

A esta altura del diálogo, el mulato no sabía que estaba a punto de convertirse en el protagonista de secuencias interminables de fotografías pornográficas.

Cambio de tema. Había que cogerlo en caliente.

—Coño, Charles, a propósito.

Su necesidad de dinero —cuantiosas cantidades de divisas— y de un sinnúmero de *gadgets*, me venían de perilla para la exposición que me proponía desarrollar. El asunto era que estaban involucrando a Tony, para suplir las exigencias de todas las instancias del Gobierno y el Partido, con gente muy extraña de Miami y, bien, yo había hablado con

Tony varias veces en los últimos meses (lo cual era rigurosamente cierto) para que le planteara a Abrantes su traslado.

Excelente abordaje de mi parte. De pronto Aldana veía cómo se quedaba sin películas mexicanas, videoclubs, canal Bravo y apartamento.

Pero supo reponerse, después de hacer un mohín de disgusto, que fue perceptible aún debajo de su espeso bigote, porque dijo:

—Tú tienes toda la razón. Pero el problema es que ésos son los riesgos de Tony. Los riesgos que la Revolución le ha pedido que asuma, tanto fuera del país, y fuera de nuestras posiciones, como dentro de la Revolución. Nadie va a ser mejor que él en esa tarea. Y por eso está ahí.

—¿Tú has visto alguna vez a los *men*?

—¿Qué? ¿Qué cosa? ¿Los men? ¿Qué es eso?

—Son los lancheros, los que le traen las cosas a Tony desde Miami.

—¿Men?

—Sí. Es el nombre que se les ha puesto en MC. Porque ellos siempre te usan el vocativo ése en inglés, al final de sus oraciones. Y les sirve también para exclamar. ¿Tú no los has visto en las películas? Igualito, Charles. Hablan igualito, men.

—¿Qué pasa con esa gente?

—No, no es lo que pasa con esa gente. Es lo que pueda pasar con Tony. Y yo estoy muy preocupado, Carlos. Porque toda esa gente es marimba.

—Marimba.

—Marimba es marihuana, Carlos. Toda esa gente se dedica a la marimba. A la droga. Entonces, cuando los viajes de su verdadero negocio está flojo, se ponen a tirar la mercancía de Tony para acá. Tony se va a embarcar con esa gente.

Aldana levantó lentamente la mirada desde las dos manos que estuvo contemplando mientras yo me explicaba y me miró desde algún lugar remoto de lo que debían ser los vectores de lo que él, obviamente, consideraría que era su muy superior inteligencia, y fue la misma mirada compasiva del omnipresente maestro que cree adecuado perdonar al más tontito de sus discípulos. Y habló. Lentamente.

—Norberto, ¿y si no es con esos bandidos, con quién vamos a traer la tecnología de punta que necesitamos? ¿Los millonarios que fondean sus yates en las dársenas de Miami?

Oh, Tony no tiene ningún problema, pensé.

—Tiene que ser esa gente —siguió Aldana con un discurso que ya me era innecesario escuchar porque había obtenido desde el primer intento la nota que yo estaba buscando.

Tony no tenía problemas.

—No te metas en eso, Norberto.

Ningún problema el Siciliano.

Habíamos cenado allí, en su inmenso despacho del Comité Central, lo cual era frecuente entre nosotros. Entraba un camarero de bata blanca empujando su carretilla de room-service y tendía un elegante mantel sobre la mesa redonda de conferencias aledaña al buró de trabajo de Aldana que había sido la misma, exacta oficina de Antonio Pérez Herrero, el anterior secretario ideológico del Partido, al que Aldana le había serruchado el piso desde su posición como jefe de Despacho de Raúl Castro, no sólo arrebatándole la posición, sino que había logrado que Pérez Herrero terminara al frente de una brigada rastrojera de cubanos que talaban bosques en las selvas de Mayombe, Angola, y al que virtualmente obligaron a que se llevara a territorio tan desesperante e inhóspito a uno de sus hijos, que era un veinteañero esquizofrénico, que terminó por supuesto suicidándose con la Makarof de su padre, con un pequeño tiempo aún disponible para decirle al padre lo usual en los esquizofrénicos suicidas a quienes la acción de la muerte regala esos últimos segundos de aliento: *Papá, no dejes que me muera*, y luego Aldana sigue con su obsesión y lo empuja aún más hacia el Oriente, hacia un deslucido puesto como embajador en Etiopía.

El camarero desplegaba servilletas, cubiertos, copas, levantaba las tapas de plata y sacaba del hornillo portátil el asado de ternera, regaba la salsa de champiñón a discreción y nos deseaba buen apetito. Pero según las normas lingüísticas cubanas: «Que les aproveche, compañeros.»

Para la sobremesa hay café y tabaco y los temas ya mencionados, necesidad de cometer algunos asesinatos, los videoclubs, una estación de televisión y un refugio para los desfogues amorosos del dirigente partidario.

Después Aldana se dirige al servicio de su exclusivo uso, dentro del mismo despacho, para una ceremonia íntima que conozco por sus incansables repeticiones ante mí. Cepillarse cuidadosamente los dientes con abundancia de pasta y espuma, costumbre que él maneja con mano maestra para que apenas le salpique el espeso bigote, y luego extraer el puente movible con el que suple toda la dentadura inferior derecha perdida sin remedio en la época en que, evidentemente, no hacía uso de esta costumbre. Del cepillado.

La prótesis es extraída con el objeto de ser sometida también a un cuidadoso trabajo de pasta dentrífica y cepillo. Tiene la pequeña prótesis de acero níquel en la mano izquierda y la pone en el lavabo bajo el efecto de un poderoso chorro de agua cuando levanta la mirada del artilugio y me mira y dice:

—No te metas en eso, Norberto.

—No, yo no me meto —comienzo a murmurar. Y me pregunto exactamente lo mismo: «¿Para qué coño yo tengo que meterme en nada de esto?» Y, para mi rápido procesamiento: «¿Este mulato habrá percibido algún punto de ruptura mío con Tony?» O lo que es peor: «Se va a creer que estoy apendejado.»

Había un antecedente negativo que era cuando yo había echado al piso toda una operación con Robert Vesco orientada por Fidel, y que había sido una actividad muy prometedora. Aldana, entonces, fue el único que de alguna manera se percató de mi sabotaje, porque me lo dijo. Aunque nunca pasó de ahí. La deuda está vigente. Quiero decir, que dondequiera que él se encuentre ahora, y si tiene oportunidad de leer esto, que sepa cuál es el estado de nuestras cuentas pendientes y que estoy consciente de que le debo una.

—Tiene que ser con esos bandidos. No hay otra posibilidad para obtener tecnología de punta. Búscame el yate de un millonario de Miami para ese trasiego, y entonces elimina a los bandidos. Mientras tanto, hay que joderse con esos piratas. ¿Cómo tú dices que se llaman? Los *men* esos. Tiene que ser esa gente.

Insistí, aunque en forma oblicua, en un aspecto, en el realmente escabroso.

—Lo que me preocupa es que son marimberos —dije, con una sopesada dulzura—. Eso es lo que me preocupa. La marimba.

Carlos Aldana Escalante, secretario ideológico del Comité Central del Partido Comunista de Cuba y miembro efectivo de su Secretariado y a cargo también de su secretaría de Relaciones Internacionales y aspirante a Ministro del Interior y catalogado como «el tercer hombre del país» —es decir, sólo debajo de Fidel y Raúl en la cadena de mando—, terminada su labor con la prótesis e instalada ésta de nuevo en su cavidad bucal, me miró, sonriente, satisfecho y entonces se encogió de hombros.

Era toda su respuesta. Todo lo que tenía que decir.

Cambiamos el escenario de conversación entre el Secretario Ideológico del Partido y el reconocido cronista de la Revolución hacia unos sofás dispuestos en herradura alrededor de una mesa de mimbre cerca de la entrada del despacho. Ninguno de los dos lo podíamos saber entonces, pero la próxima vez que nos habríamos de sentar allí, yo sería una especie de reo y Aldana, en presencia de Alcibíades Hidalgo y de un teniente coronel de la Contrainteligencia Militar, estaría sometiéndome a la violencia de un interrogatorio.

En la estancia, desde la pared, dominaba un colorido cuadro de Tony, de riachuelos, pescadores, campesinos, matas de plátanos y nubes moteadas y un cielo azul pastel y un venado que escapa por una esquina. Yo había convencido a Tony de que hiciera el regalo. Aldana también tenía cierto mérito porque una disposición interna del Comité Central prohibía la colocación de adornos o fotografías que no fueran consideradas por la comisión encargada de esos menesteres. Era la segunda violación de esta clase cometida por Aldana en sus años de Comité Central. Tenía un retrato de José Martí, el prócer cubano del siglo pasado, en una zona no autorizada de un panel frente a su buró.

Pero, en términos generales, se lograba un estupendo efecto de comodidad y condiciones favorables de trabajo y para conciliábulos en todas las instancias del Comité Central, el costoso mobiliario, los cuadros de los principales autores cubanos, René Portocarrero, Tomás Sánchez, Wifredo Lam, Mendive, los libros bien colocados en espaciosos estantes, y el televisor en el que se servía toda la programación por cable de los Estados Unidos sobre una mesa satélite. Y era loable que, con el deliberado propósito de controlar la adulonería de los funcionarios, se prohibieran los retratos de Fidel bajo esos techos de las seis plantas del Palacio de la Revolución. Y de paso, en el bando, se prescribiera cualquier otra clase de retratos de jefes revolucionarios. Los únicos detalles políticos que podían a duras penas localizarse eran, quizá, la pequeña réplica de un sputnik regalada por algún «homólogo dirigente soviético» o un objeto de artesanía rusa o checa, una matriushka, por ejemplo, que adquiría carácter político por su procedencia del campo socialista.

La situación era inalterable. Sólida. Era más que evidente. Tony no tenía ninguna clase de problema.

Ningún problema el Siciliano.

—Ningún problema, Siciliano —le contaba después.

—Humm —calculaba Tony.

Ése había sido el resultado de la reunión con Aldana. Cielo despejado. Al menos para Tony. Tranquilo, tú. Quieto en base.

Entonces, procurando que Tony se divirtiera, me ponía a inventar un discurso en el clásico estilo científico marxista, la tónica escolástica un tanto pedante en la que Aldana caía con frecuencia, inevitable en un hombre de su extracción que de pronto necesita todos los medios a su alcance para poder expresarse. Nada tonto el compañero. No se dejen llevar por mis bromas. El anónimo cadete de dentadura estropeada de una escuela de oficiales de infantería que sin ninguna advertencia ni preparación previa se tropieza en el camino con libros de Mailer y Cela y con películas de Scorsese (y menos mal, para su salud mental, que aún estaba lejos de Camus) convertido en el tercer hombre del país.

Mi imitación de Aldana para consumo de Tony:

—Compañeros men: Éstas son condiciones que sólo se dan en determinados estadios de la lucha de clases. Es lo que podríamos tratar de analizar bajo la luz de la causalidad y la casualidad.

Tony sonríe.

Sigo con mi perorata.

—Tomemos, por ejemplo, compañeros marimberos, para explicar el fenómeno, un huevo.

Etc.

Había un último tema. Larga sobremesa con Aldana. Un tema candente: las emisiones de televisión para Cuba que la USIA intentaba emprender desde un viejo globo cautivo de la Marina que habría de dislocarse en Cayo Cudjoe, en el extremo sur de la Florida. Fidel estaba empeñado en bombardear la instalación y «tumbar el *zepelín*, reventar ese globito» (sic) desde el que se elevarían las poderosas antenas trasmisoras orientadas hacia la isla. Eso era en franco territorio de los Estados Unidos. Viejo sueño del Comandante: que se le crearan «las condiciones propicias para ser el primero» en producir un bombardeo bajo cielo yanqui y que «ellos sufran en su propia casa lo mismo» que él en la Sierra Maestra cuando era sometido al castigo de los B-26 batistianos. Los planes de contingencia estaban elaborados. Se hablaba entonces del supuesto contenido de la trasmisión inaugural: unos *tapes* tomados secretamente por la CIA de José Abrantes solazándose en la piscina de un exclusivo hotel de Cancún en compañía de la princesa cubana de los ejercicios aeróbicos por televisión: una chiquilla llamada Rebeca Martínez. La trasmisión por satélite resultaba inadecuada para los patrocinadores norteamericanos pese a lo expedita que ésta hubiese resultado. Ningún televisor de uso en Cuba, Krim-205 (transistorizado) y Rubin 216 (de bombillos), soviéticos, y Caribe (transistorizado) cubano, disponía del artefacto para recibir señales de satélite. Aldana estuvo haciéndome algunos dictados. Quería que yo elaborara un texto sobre los presupuestos éticos que nos asistían para efectuar un raid de bombardeo en la Florida. La base fundamental del argumento era la soberanía de Cuba en juego. Si ellos introducían una señal televisiva en Cuba, estaban *invadiendo nuestro territorio, violando su soberanía*. Tuve pregunta. Una inquietud: ¿Por qué no se asumía la misma actitud con las emisoras de radio de Miami que eran habitualmente escuchadas en La Habana como programación local? ¿El argumento Aldana?, que no era lo mismo, puesto que nosotros también metíamos «señales de radio nuestras allá», y la radio es algo de empleo universal y no conoce fronteras. Pero no la imagen televisiva. Además, argumento de Aldana, *no tenemos los medios para meterles una imagen televisiva nuestra allá*. Por lo pronto la única solución que tenemos para ripostar «la invasión por imagen» es una oleada de Mig-23 atacando el territorio de los Estados Unidos. Otra tarea que se me iba a encargar era apelar a los buenos oficios de mis amigos «los escritores norteamericanos» para que hicieran «causa común con nuestros reclamos». Apenas unos dos años después de esta conversación, cuando Televisión Martí inició sus trasmisiones desde estudios en Washington y Miami y las antenas repetidoras del viejo globo cautivo de la Marina en Cayo Cudjoe se activaron, el Gobierno cubano logró interferir la imagen y hacerla inservible mediante unos trasmisores colocados por perímetros en todas las principales ciudades del país. No obstante, al final, la operación quirúrgica resultó innecesaria.

Uno subía por la calle 270 y doblaba en la curva y ahí estaba la puerta nicaragüense labrada que él se llevó del búnker de Somoza en Managua y conservó para esta casa, la última que tuvo —y luego estaba la terraza con los dos columpios sujetos al techo por pernos de hierros y estaba la pérgola de las conspiraciones y el refugio uno. Y el coronel Antonio de la Guardia se encontraba allí cuando, a unos 14 kilómetros de distancia y en ausencia suya, fue juzgado sumariamente, juicios secretos, una modalidad de los códigos de conducta de la Revolución Cubana nunca mencionados.

Cuidaba de sus orquídeas y cantaba.

La luz del sol cae de plano sobre nosotros y vamos, rumbo al orquideario, pisando la sombra que se protege bajo nuestros propios pasos y en todas partes, cada vez que tenga un *chance*, vas a descubrir a Tony mirando hacia las vías de acceso.

La acción, por supuesto, está limitada al perímetro que alcanza su vista.

Dividido entre los dos poderes esenciales, la mafia y el Partido, el coronel Antonio de la Guardia parecía estar en el aire y no darse cuenta que el próximo proyecto de Fidel Castro, su jefe, era matarlo —al menos ése iba a ser su objetivo al final— mientras escuchaba el agua servida electrónicamente caer sobre las hojas moradas de sus orquídeas, de sus helechos, de sus malangas, el mismo ruido que escuchaban los dos «socitos» —Tony y yo— aquel 1.º de enero de 1987, en ese orquideario, y él diciendo, sé mi amigo, luego de que yo le pidiera el relato de cómo había liquidado a Aldo Vera en San Juan, Puerto Rico, y me dijo, tú tienes toda mi confianza, y agregaba que la confianza no es pensar que el amigo va a actuar en los límites que uno impone sino apoyarlo en todos sus momentos, los momentos de debilidad —*jodidos*, dijo—, especialmente. Entonces le dije que quería hacer algo por él y me había dicho, de nuevo, sé mi amigo, y yo le había respondido, no, si yo soy tu amigo. Sé mi amigo, eso es todo. Luego le había preguntado, y qué tú piensas de un tipo al que te mandan a matar, uno que te vas a echar, y Antonio de la Guardia me dijo: que ya está muerto, y yo le dije, tú no me entiendes, yo lo que quiero saber es lo que tú piensas de lo que tienes que hacer y qué piensas de ese hombre. Qué tú piensas de él.

Que ya está muerto.

Aldo Vera, un infatigable contrarrevolucionario señalado como uno de los responsables del estallido, por una bomba, de un avión de Cubana acabado de despegar del aeropuerto de Barbados el 6 de octubre de 1976, que costó la vida de sus 73 ocupantes, provocó que todas las miradas en el Gobierno cubano se posaran en Tony, y no le quitaron la atención de arriba hasta que Tony se las agenció para que un militante («el artillero») de Los Macheteros, el grupo revolucionario boricua, desde el asiento trasero de una moto, acelerada a tope por otro («el conductor»), desenfundara su Magnum y le vaciara el pecho a Aldo Vera con cinco impecables disparos por la espalda, acción a plena luz del día en San Juan que luego Tony se encargaría de reivindicar en La Habana como de la ejecución de su propia mano, y no como uno de sus coordinadores.[11]

El agua en aspersión electrónica, cayendo sobre las hojas de las orquídeas y de los helechos y de las malangas, es el sonido que estamos escuchando de nuevo en este último domingo de mayo de 1989.

¿Pero entonces, qué es más fuerte, muchacho, el Partido o la mafia?

Sonríe.

Un tipo muy bonito, de buena piel, al que siempre ves pulcramente afeitado y con su estómago plano —encomiable para un cincuentón— y la sólida musculatura apenas perceptible bajo el uniforme de servicio o de su indumentaria de jeans y camisas de cuadros, pero que se revela con vigor cuando lo ves en shorts y camiseta.

Sonríe, y tranquilo, aunque la tensión, de alguna manera, comienza a ser tangible en el ambiente. Más para mí que para Tony. En un principio, creo que su despreocupación obedece a la genética del más valiente, luego me voy por una variante más adecuada a mi experiencia y personalidad: que él nunca estuvo preparado para ser el perseguido.

Entonces creo entender. El estado de alerta máxima y la mirada rápida, felina, de Tony, dirigida a todo su entorno, es su disciplina, su mirada de siempre, una rutina. Es más el gesto mecánico de un Tony acostumbrado a desplazarse en el extranjero. No la de un perseguido político en Cuba.

Pero es alguien a su vez que no comprende. Las palabras de Abrantes de que se esté tranquilo, de que nada va a pasar, y la tradición sostenida de la Revolución Cubana de nunca castigar a sus hombres con la muerte —dos o tres años de ostracismo es, con regularidad, suficiente— acaban de perder toda validez. ¿Cómo puede entender Tony, Abrantes, yo mismo y hasta Fidel Castro que por fin la Revolución Cubana ha alcanzado su verdadero punto de no retorno?

Su adiestramiento. Eso también conspira contra él. Véanlo ese día del verano de 1979, que él gusta tanto recordar. El entonces mayor de Tropas Especiales Antonio de la Guardia llegaba a los accesos del cuartel somocista de Peñas Altas, próximo a la frontera con Costa Rica, y observaba la guardia exterior y hacia donde dirigía sus movimientos y la forma en que desplazaban su patrullaje y Antonio de la Guardia, que en ese momento no era un mayor del MININT sino un voluntario español llamado «Gustavo», iba pasando a una libretita de notas sus cálculos y observaciones y lo que estaba observando era esa guardia exterior y, una vez más en circunstancias semejantes, le asombraba como siempre el silencio del enemigo, y concentrado en su objetivo no atinaba a distinguir el silencio de sus palabras, ni el significado de todos sus gestos, del hombre que no entiende, no atina a aceptar que está siendo observado, y Antonio de la Guardia sabía qué debía estudiar, determinar como principio básico a través de la exploración y de sus prismáticos, el estudio de la situación operativa del portón de acceso al cuartel somocista de Peñas Blancas, y que era una disciplina que tenía sus diferencias entre los mundos militar y de inteligencia. Tenía que medir al enemigo, sus fuerzas, los vecinos, las condiciones meteorológicas y el terreno, hombres adentro, es decir, fuerzas con las que cuentan ellos y las propias, vías de acceso, vías de escape, armamento, y él se viró hacia uno de sus ayudantes cubanos, un tal «Salchicha», Fernando Fernández, y le dijo, no se dan cuenta, nunca se dan cuenta cuando los van a madurar. Era su larga experiencia en emboscadas y en golpes de mano. Una vez se lo había contado a su amigo Norberto Fuentes en el orquideario, la emoción que sentía cuando preparaba estas operaciones y cómo estaba violando aquella intimidad, y aquella violencia. Y este recordar de la escena inicial de *Por quién doblan las campanas* es para decir que nunca se dan cuenta. No lo supieron. En la primavera de 1989 no se daban cuenta. Véanlo cómo se comporta, el concepto, con un enemigo anónimo y fugaz de Fidel Castro, apenas una visión distorsionada por la lentilla de acercamiento de la mira telescópica de un fusil belga. Fidel mata y luego tiene aquel debate por el relato del Che de cómo él mata, apunta con el fusil en la noche de la primera emboscada del Ejército Rebelde y el guardia que cae fulminado por el disparo del jefe de la Revolución. Es el primer fogonazo y se congela en la historia de la literatura cubana y Fidel Castro no se lo perdona nunca al argentino, que describa el episodio de él, líder cubano como no ha habido otro, cuando le vuela la tapa de los sesos con un disparo de su fusil para matar rinocerontes en marcha frontal al soldado que se despoja del casco, al término de su breve pero excelente trabajo profesional de puntería, la delectación y perfeccionamiento que se busca afinando la mirada para colocar la cruz de fuego en el objetivo —la cabeza del infeliz—, antes de halar el gatillo.[12]

Inconcebible, fuera de ajuste, que Tony no se diera cuenta al convertirse él mismo en objetivo, inexperiencia de los observadores cuando les toca su turno. Para eso hay que tener algo especial a flor de piel, que te avise, que te diga, *chequeo*, y uno les pregunta si se han dado cuenta, y dicen, no, no se han dado cuenta, nunca se dan cuenta.

Aunque no se trataba, en efecto, de que lo pudieran matar, porque era la situación a la que se estuvo enfrentando desde los sesenta, sino de que no supiera que la situación era distinta.

Bien, pues, lo último de la jornada fue preguntarle por las llamadas de los últimos días de Abrantes, del 27, y Tony me dijo que lo estaba citando para una reunión, que tenían algo que parlotear, querían saber cómo era el negocio de los yates y Tony le dijo cómo era que lo hacían, traer los yates de Miami, y dijo que toda esa gente del Alto Mando eran tremendos pendejos —su referencia principal era el general de División Luis Barreiros Caramés, el jefe de la DGI, un joven blanco y aburguesado, un rostro pálido—, y luego Tony la emprendía contra el general Orlandito, el jefe de despacho de Abrantes, una especie de florecita delgada y adusta y de gruesas gafas de intelectual con pocos fondos, a los que habían ascendido hacía poco, y en el caso de Luis Barreiros, era uno al que yo había estropeado una operación de adulonería con el ministro Raúl Castro, jodido completo, cuando el único hijo varón de Raúl Castro, Alejandro, estuvo en peligro de perder el ojo derecho porque en Angola se colocó muy cerca del disparo de un lanzacohetes antitanque RPG-7 y lo alcanzó el rebufo, que le dio de lleno en la pupila y Abrantes le dio la orden a Tony de que pusiera todas sus antenas parabólicas y todos los sistemas de búsqueda en función de localizar la última y más refinada información de la medicina occidental para salvarle la visión al muchacho, todo lo que se hallara al respecto, todo eso, se decía, por la monería de estar mandando hijos a la guerra para dar el ejemplo y cuando Tony tuvo disponible en pocas horas toda la información necesaria, yo le dije, dásela tú mismo a Alcibíades y que el Conejo se la dé a Raúl de parte tuya, y ésa era una que Barreiros no me perdonaba.

Eran habituales esas reuniones de Abrantes con Tony pero en esos días se sucedieron con mayor frecuencia.

Tony me dijo que el Veintisiete lo había citado para una reunión. Había algo que parlotear. Abrantes quería saber cómo era el negocio de los yates, y Tony le dijo cómo era ese negocio, cómo era que lo hacían. Traer los yates de Miami. *Traer*. Era uno de los temas recurrentes de aquel inicio del verano de 1989. Los yates traídos de Miami. Y una de las situaciones recurrentes. Cada dos o tres días, una llamada urgente del Z-27 para el coronel De la Guardia. El Ministro solicitaba que el Coronel se presentara con la mayor brevedad en el Ministerio. Aunque había un evidente formalismo en estas llamadas al coronel Antonio de la Guardia para que se presentara en el despacho del Ministro puesto que Abrantes y Tony jugaban todas las tardes en la cancha de Tropas Especiales una modalidad de squash llamada «front-tenis cubano», una versión del juego en la que se usa pelota de tenis y medidas diferentes a las del squash clásico, y constituían una pareja coordinada, Abrantes en la posición de atrás, zaguero, en la que se desempeñaba notablemente, y Tony como delantero y también con un empeño excelente. Zaguero. Extraña palabra.

Esos yates robados de sus marinas en Miami para que sus dueños cobraran el seguro y Tony los comprara a los «transportistas» por la décima parte de su valor real y lo vendiera a su vez por un precio razonable a las empresas estatales de turismo cubanas, era lo que Tony llamaba negocios triangulares perfectos. El precio «razonable» de Tony en estos casos era no menos de seis veces lo que él le pagaba a sus diligentes ladrones de las marinas miamenses. Y ésas son las embarcaciones con las que aún Cuba mantiene la lujosísima flota estatal de servicio turístico. Cambio de canal. Faltaba algo. Una cuestión.

—¿Tú no has detectado el chequeo?

Se encoge de hombros. Sonríe. Otra vez sonriendo. Su maravillosa sonrisa en el rostro apacible de un hombre irresponsable.

—¿Viste las orquídeas, Norbertus?

Antonio de la Guardia cultivaba orquídeas y el Comandante en Jefe Fidel Castro dejaba vagar su cerebro por los vericuetos de un diseño. Cuidaba orquídeas cuando fue juzgado en secreto. Del diseño a la muerte, Fidel montándose en la oposición. Pero Tony no supo hasta mucho después que ya estaba *enfardelado*, como decían los cubanos, y lo maravilloso de pasar del diseño a la acción material, todos ellos pasándose la vida concibiendo las cosas. Fidel Castro dándole vueltas a su tubo inhalador nasal de Vicks, y Tony regando flores, aunque el genio filosófico de todos aquellos inventos y maldades, Fidel, tiene estas ideas y tiene su concepción estratégica, siempre, del contragolpe, actuar a la riposta y nunca a la ofensiva, óiganlo bien, siempre a la defensiva, que es el arte de un táctico genial y un rastrojero estratega, siempre con cuatro o cinco posibles ganancias ante cada situación, la misma enseñanza del narco es la de sus confrontaciones militares con los Estados Unidos de América, que se las ha ganado todas, y siempre ha tenido a los Estados Unidos de América al borde de la guerra y ha sabido cómo torearlo.

Así que el refugio se alzaba bajo paños negros en el patio de su casa y era el sitio donde muy pocos tenían acceso y desde donde obviamente habría interés en colocar todos los micrófonos de escucha, el refugio de las orquídeas. Éste era el lugar donde se encontraba cuando fue proclamada su muerte. Estaba con sus sandalias y su pullover y se escuchaba el sisear de las sifas de agua y canturreaba alguna balada, que era el máximo estado de felicidad para este guerrero. Sus orquídeas y helechos trasplantados de Soroa y el siseo acompasado del agua y el recuerdo de una canción. Pero siempre el silencio, y los oficiales de la escucha van a grabar kilómetros de *tape* en los que sólo se escucha el agua siseando y un lejano silbido o murmullo de Antonio. Pero la mayor parte del tiempo es el silencio y la grabadora no registra sus cejas levantadas.

Estaba ante una dulce orquídea de las tantas de su lujurioso invernadero de 10 metros de largo por 5 de ancho y en el que también crecían helechos —algo inusual en un cubano de su condición que había sido llamado un matarife. Estaba con su habitual pullover de camuflaje, sin mangas, que alternaba en ocasiones con uno también desmangado en el que la palabra PLAYHOUSE impresa en gruesos caracteres blancos sobre la tela cruzaba de hombro a hombro y en el que lucía un enorme 86 y un short de gimnasta plateado y sandalias ortopédicas de madera y estaba en su soliloquio habitual y levantando las cejas y echando agua aquí y allá y manteniendo las orquídeas con suficiente humedad.

Era el patio en el que había una pérgola con una mesa de aluminio y sillas y la pérgola era de columnas de hierro y tablas en el techo para que creciera a su alrededor una enredadera de campanas y una mesa de cristal donde habitualmente colocaba sus pies desnudos y ése era el lugar donde se podía originar una conspiración y con un pequeño sofá de mimbre y cojines en el que se sentaban dos con cierta dificultad pero que era donde a Tony le gustaba andar descalzo.

Tenía estas orquídeas de la casa de sus padres en Soroa y los helechos y había colocado telas metálicas negras y telas tomadas de las casas de tabaco para atenuar el golpe del sol cubano de plano y había organizado un excelente sistema de riego con mangueritas que echaban agua espasmódicamente pero de esto sí no se podía decir que la procedencia era Soroa. Luego habían venido las semillas extranjeras de muchos de sus viajes en cumplimiento de misiones; siempre hacía o procuraba hacer un alto para comprar semillas de orquídeas. Tenía el dinero para hacerlo puesto que había caja abierta para las misiones especiales, y si no, se rastreaba en las viejas mansiones señoriales que éste es un proceder de una muy sostenida y acendrada costumbre de la Revolución Cubana y que uno de los subordinados de Antonio de la Guardia —puesto que era el jefe de un grupo de comandos, o de rangers, como a él le gustaba que se le reconociera—, Rolando Castañeda Izquierdo, alias «Roli», llamaba la recompensa del corsario y que en un inicio se componía de los robos que le hicieron a la burguesía cubana.

Desde luego que era algo que tenía que ver con el mar y con los hombres de mar y con la sangre española y de la que este grupo quizá fuera el último resultado de esos mares, la última historia de piratería y corsarios y abordaje.

En cuanto a su propio patio, Tony había organizado un sistema de vigilancia con el campesino del fondo de su casa, que se llamaba Rafael, y con el que —en un mal momento, ya superado— se estuvo disputando una mata de plátanos, guerra por unos racimos que colgaban de uno u otro lado y que exactamente un día antes de «asesinarlo», puesto que Tony dijo que resolvía el problema, optó —para empezar— por ofrecerle la máquina reproductora de videocasetes, el campesino Rafael que vivía en una de las casas más desvencijadas de las abandonadas por la burguesía criolla y al que, en vez de separarle la cabeza del torso con una ráfaga de UZI 9 mm con silenciador, Antonio de la Guardia le había cubierto sus necesidades por los próximos 50 años de equipos de video y televisores en colores.

—El Patrick ya llegó, Tony. ¿Ya tú lo viste, no?

—Pasó por aquí —dijo Tony—. Yo no estaba.

Ahora el semblante sí se le ensombrecía.

Problemas entre hermanos.

Patricio, concluida su misión de casi tres años en Angola, había regresado el viernes. Su hermano mellizo y uno de sus dos mejores amigos, yo (el otro «mejor amigo» era Ochoa), todavía estábamos —48 horas después— por darle un abrazo.

—Vamos a verlo mañana —dije, con toda la dulzura que me era posible.

Antonio de la Guardia asintió.

—Mañana —dijo.

Cambio de tema. Ligero rodamiento de la aguja en el dial.

—Oye, ¿y por fin cuándo vamos a casa de Gabo? El tipo está esperando por el cabrón cuadro.

Uno de esos trabajos primitivistas preciosos de Tony, al estilo de los artistas de la comuna del archipiélago de Solentiname, aunque carente de toda tristeza y acendrada derrota y de ese pulso y mirada aborigen de sus artistas, lo contrario en Tony, donde todo se expresa con la alegría deportiva de sus coloridos pescadorcitos que pescan por el placer de pescar los tornasolados pececillos que a su vez son pescados por el placer de dejarse pescar de los briosos riachuelos que atraviesan la tierra de labra donde los minuciosos y fornidos campesinos labran la generosa y fértil tierra por la alegría de obtener los dorados y jugosos frutos que florecen por el puro objetivo de florecer y que son lienzos en los que ni una sola espada española y ni una sola incursión de depredadores mayas proyecta su sombra opresiva sobre los contornos y donde los colores son expresión del juego que debió ser la vida.

Era un estilo trabajado por Tony desde mucho antes de su primera contemplación del Gran Lago de Nicaragua o Cocibolca como veterano asesor de Edén Pastora —el comandante «Cero» de los sandinistas—, y de que Fidel le ordenara convertirse a la ciudadanía nicaragüense para ocupar en propiedad y con todos los derechos legales la jefatura de los Ejércitos de Montaña.

Era uno de los cuadros que yo estaba negociando para que Tony se lo regalara a Gabriel García Márquez con el objeto de que lo colgara en una de las desoladas paredes de su casa habanera.[13] Tenía dos propósitos, acercar a mis dos amigos con la intención meditada de beneficiar a uno de ellos: a Tony. En La Habana primaveral de 1989, si no podías conseguir la amistad de Fidel Castro, con la de García Márquez podías ir tirando. De paso, convocaba la gratitud de Gabo hacia mí, su gracejo y tenue reciprocidad, al comprobar el desvelo mío por atenderlo, preocupándome de iluminar al menos una pared de la estancia que se le asignaba en la Revolución Cubana, porque eso era lo que ocurría con los cuadros de Antonio de la Guardia, que iluminaban y que eran la victoria del azul, y un ejército de frutas y de flores y de manantiales y de guijarros lavados por el agua cristalina de los arroyos que brotan en la montaña y de los soles que se multiplican como en un horizonte de Van Gogh, pero soles buenos, apacibles, que surgen para la luz y no la locura, saciaban la mirada de los elegidos que se asomaron a estos paisajes y hubiesen (como ocurrió, en rigor) dulcificado aquella antigua casa de un fabricante de jabones desalojado de Cuba y transmutada en una especie de fortín, aunque con las defensas dispuestas hacia adentro, gracias a la habilidad de los ingenieros del K-J que habían colocado la técnica microfónica y televisiva, porque una cosa era Gabo amigo del Comandante y otra la vigilancia que siempre ha de tenerse con estos personajes.

Por último, quedaba el beneficio probable de una sonrisa aprobatoria del Comandante al reparar en el cuadro y saber por boca del propio Gabo que yo me ocupaba de hacerle más grata la estadía cubana. El Comandante debía saber que no se hallaba solo en su empeño de cortejar a favor de la Revolución al Premio Nobel de Literatura de 1982.

De cualquier manera debía ser cuidadoso para que Tony no se percatara en profundidad de que yo estaba aceptando, de hecho, que Gabo era ya mucho más relevante que él dentro de la Revolución, no herir su susceptibilidad, puesto que si alguien había sido amigo y compañero y si a alguien le correspondía ese lugar al lado de Fidel, no era este extranjero enfundado en su liqui-liqui de lujo y con un «expediente de comprobación» abierto por la Seguridad cubana; su compañero de batalla y de muy difíciles y muy jodidas situaciones de la Revolución, batallas verdaderas quiero decir, con balas y el fuego flamígero de las trazadoras y mordiendo los arrecifes, como cuando esperaban juntos los desembarcos de los teams de infiltración CIA por las costas bajas y la noche impenetrable de Pinar del Río, era Tony. Un bravo. Valiente entre los valientes. Mi hermano, cará.

Pero me las arreglaba para que Tony recibiera la impresión de que yo quería introducirlo con Gabo como parte de una especie de conspiración «suave» en la que íbamos a recoger información paralela sobre la conducta de Fidel y el *entourage* latinoamericano de Gabo, que regularmente se hallaba revoloteando sobre La Habana. No estaba mal como empeño aislado de inteligencia: obtener esa información.

—Hay que ver al Gabo —dijo Tony a mi requerimiento de que le lleváramos uno de sus cuadros.

Una de sus costumbres: soltar una oración afirmativa sobre algún asunto del que probablemente no tuviese la más remota idea de su naturaleza. Una de las variantes de la actitud que yo llamaba «el piloto automático».

—¿Y al Patrick? —pregunté.
—El Patrick —dijo.
Tony se detuvo.
Me miró en silencio. Una mirada ausente, emitida desde algún punto remoto, inaccesible, de sus sistemas de alerta.
—¿Tú sigues con chequeo?
—*Yep* —dije.
El inglés cortante y duro de los oestes era la única lengua aceptable en nuestra situación.
Innecesario añadir algo más.[14]
—¿*Yep*?
—*Yep* —dije.
—Estás hecho un caballo—dijo Tony—. Un caballón. Norbertus.

Muy importante estar hecho un caballo, mucho mejor un caballón, aunque la sinecura de Tony estaba siendo trasmitida desde un cerebro, el suyo, que trabaja ya por completo en el régimen de piloto automático severo.

—Tim McCoy —dijo, con absoluta propiedad del tema—. Estás hecho un Tim MacCoy.

—Un caballón —acepté—. Un Tim McCoy. Un Hopalong Cassidy. Un Tarzán.

Tim McCoy. Era uno de los héroes de los primeros western y nosotros lo invocábamos en las postrimerías históricas del comunismo. Tony me estaba llamando así para suavizar una conversación cada vez más críptica, como abriendo una válvula para dejar escapar presión. Mucha la tensión ambiental.

Resultaba obligatorio y era parte del código que en nuestras conversaciones corriera el aire fresco de las bromas y las coloridas expresiones que sabíamos localizar muy bien en la compleja urdimbre de nuestras culturas, de las culturas de sólo tres o cuatro de nosotros, pero que eran amplias y suficientes como para abastecer a los que nos rodeaban y en las que se daba cabida a casi todos las lecturas y/u objetos sobre los cuales hubiésemos establecido contacto visual probablemente desde nuestras adolescencias de los años cincuenta habaneros y en la cual sin que se produjera ninguna clase de estridencias ni de ruidos en el sistema podías ver a Tarzán, con su cuchillo comando de degollar gorilas traidores a la cintura y su coquetona *trusita* amarilla con pespuntes negros de piel de leopardo tapándole los huevos, un Tarzán que se ha sentado a contemplar con su capacidad intelectual intacta pese a las humedades y los siseos de la selva, un Van Gogh —que era, con Hemingway, nuestro modelo supremo de artista, aunque conservando ambas orejas—, o las tetitas morenas de cualquiera de las modelos de Gauguin, el colonizador, Tarzán nuestro de cada día, que estaba viendo el *Café de Noche* de Vincent Van Gogh y entiende el concepto a través del cual lo viera el propio pintor cuando le dijo a su hermano Theo, creo que fue a Theo, que en mi cuadro *Café de Noche* he tratado de decir que el café es un lugar donde uno puede arruinarse, volverse loco, cometer un delito. En fin, he tratado —con contrastes de rosa tierno, de rojo sangre y heces de vino, de dulces verdes Luis XV y Veronés contrastantes con los verde-amarillos y los duros verde-azules, en una atmósfera de caldera infernal, de pálido azufre— de expresar algo parecido a la potencia de las tinieblas de un matadero, ah, Café de Nuit de Van Gogh, visto por Tarzán el Hombre Mono a través de la imaginación disparada y sin consuelo de los dos o tres verdaderos aristócratas de las fuerzas élites cubanas, la cultura diversificada que nos permitía decir, con absoluta propiedad y dominio de conocimientos, que las tres grandes obras de la civilización occidental, son (en orden cronológico): la *Ilíada*, *La Gioconda* y *Scarface*, pero todo menos tener que dispararse el *Ulises* de Joyce, y una pena (por ausente) que no haya tinieblas en Cuba, y por los años que corrían entonces, tampoco mucho café.

CAPÍTULO 3

El leve rubor de tus mejillas
al contacto de mi mano según los archivos

La noche comenzaba a caer en La Habana como caen las noches en La Habana cuando es el final de la primavera o el comienzo del verano y si una borrasca de cúmulos potentes, hacia las cuatro de la tarde, ha limpiado la atmósfera. Caen serenas, lentas, con la lentitud de una procesión, y el sol, en su eterna majestuosidad, se oculta tras un borde nítidamente visible en el horizonte del mar frente a la ciudad y que es una superficie imposible de abarcar de una sola mirada y en el que aún se puede distinguir el movimiento de sus corrientes y los brincos de la espuma en los sitios en que el agua plomiza de la superficie se agita y rompe.

Tenía tiempo. La indecisión por la cama en que habría de pernoctar se resolvió a favor del campamento de arriba: mi apartamento en el piso 13 del edificio de los generales. Apenas tenía conciencia de no estar actuando por el libro —y de estar violando, de hecho, casi todos los preceptos de usos y costumbres del buen agente. Nunca visitaba a Tony el fin de semana, y acababa de salir de su casa. Hacía meses que no dormía en el edificio, y hacia allá me estaba dirigiendo. Pero al menos en esto último hice bien. Fue una pequeña intuición que me dijo: ve para tu casa. Quería trabajar un poco en mi libro angolano y donde único tenía una computadora era en el edificio de los generales. Pero eso significaba enfrentar, al menos, la mirada interrogadora de Lourdes —mi esposa, ¿se acuerdan?— al verme llegar a mi casa un domingo por la noche.

Aunque aún no lo sabía, cualquier situación incómoda de un

matrimonio en el que aún no hay convicción ni consenso de disolución, iba a ser superada por las expectativas creadas a partir de las 9, cuando Alcibíades se presentara en mi estudio, acabado de llegar del Comité Central, y me dijera que hacía 20 minutos se había tomado la decisión de sacar a Tony de la jefatura de MC.

Mala cosa esa decisión a estas horas de un domingo.

La noche y La Habana.

Hago desplazarse mi Lada 2107 color rojo amaranto a 80 kilómetros por hora sobre el pavimento de la Quinta Avenida, de Miramar, mientras escucho un casete que yo mismo he grabado del primer cidí de The Travelin Wylburys y que es la música que me estoy proporcionando yo mismo como fondo para mis pensamientos y para ver el escenario que se desplaza en mi entorno y entonces pensar en Tony y en Gabo, y en mí y en Tony, y en Gabo otra vez, y sin saber aún que a Tony lo han relevado —o están a punto de relevarlo— del mando y que Ochoa está preso.

Tomada la decisión de dirigirme al campamento de arriba.

Ni me entretengo en observar si tengo cola. Me cuento a mí mismo el chiste de que cuando uno escucha la penúltima pieza de ese cidí, que es «Margarita», no queda espacio bajo la bóveda craneana para la preocupación de contrachequearse.

La historia que explica por qué el célebre escritor Gabriel García Márquez se halla sometido al control de su también célebre amigo Fidel Castro y que debía ocultarse del conocimiento de Amado Padrón, para evitar todo ruido, es un episodio lo suficientemente sórdido —de algunos de sus mejores amigos en Cuba comprometidos en la búsqueda de información sobre lo que ellos llamaban «oscuros deslices» del escritor colombiano» para que se decida eludirse del presente relato. La orden «emanaba» del propio Comandante en Jefe. Quería saber en qué «vuelta» estaba el hombre. El chileno Max Marambio, mejor conocido como «Guatón» que había sido el jefe del GAP (Grupo de Amigos del Presidente), la escolta a principios de los setenta del posteriormente depuesto presidente chileno Salvador Allende, se encargaba del «primer escalón de vigilancia». Marambio, al que Cuba le había reciclado sus grados y lo había investido como mayor del MININT, informaba acuciosamente sobre cualquiera de las actividades de García Márquez, aunque su objetivo fundamental —según se la había asignado— era ilustrar sobre asuntos de implicaciones eróticas. Esta información era seguida a su vez de cerca por el general de División José Abrantes Fernández, ministro del Interior, que no confiaba un ápice en la gestión como chivato de Guatón pero que tampoco le hacía saber que a través de su todopoderosa organización de registro —todos los camareros, todos los maleteros, todas las sirvientas, todos los carpeteros, de todas las instalaciones hoteleras, que a su vez se hallaban saturadas de técnica, más todos los funcionarios de los «sectores» ideológicos y culturales del país— estaba acumulando información sobre García Márquez, el que a su vez, infeliz colombiano, consideraba a Abrantes como su mejor amigo en Cuba, desconocedor de la opinión de Abrantes de que García Márquez no era de confiar y que además tenía el coraje de escamotearle el cúmulo de información completo al propio Fidel Castro, para hacer uso con posterioridad de acuerdo con las conveniencias, siempre de acuerdo con las conveniencias. «Pepe» Abrantes no estaba haciendo otra cosa que activar un mecanismo y continuar acumulando kilómetros de *tapes* para los expedientes de comprobación sobre personal extranjero.

Debe explicarse algo antes de continuar. Una salvedad.

Cuando se dice que el Gobierno cubano posee grabaciones de video y/o de audio de todos los objetivos de su interés, se está diciendo enfáticamente que son *todos*. Por oficio, García Márquez es grabado en cualesquiera de las instancias que se localice y desde cualesquiera de los inmuebles posibles, pero en su caso, más que por acumular información útil sobre el colombiano, por el placer del chisme, y porque Fidel Castro es un insaciable consumidor de estas porquerías. No de la imagen y mucho menos la imagen sexual, que él más bien tiende a rechazar, así como cualquier otra reproducción de cualquier otro objetivo pero que sea obtenida a través de una cámara, ya sea de cine, video o foto fija, así como el desnudo expuesto sobre las tablas de un escenario, sino su necesidad de estar informado de todo lo que le rodee, una apetencia carente de límites.

Está bien. Graben lo que puedan —la imagen (y, de ser posible, el sonido, el sonido, ¡por Dios!, que lo importante es saber qué coño se está hablando).

En el caso de los diplomáticos norteamericanos agrupados bajo esa especie de embajada encubierta (re)inaugurada el 1.º de septiembre de

1977, en épocas de Jimmy Carter, y denominada Sección de Intereses de los Estados Unidos de América (SINA, para los profesionales y entendidos), ubicada en el mismo edificio que una vez fue el de su auténtica embajada, la información actualizada y acumulada es sorprendente. Para empezar, los distinguidos diplomáticos —y repetimos que todos—, *todos sin excepción*, si fueron asignados para servir en Cuba con sus parejas, deben saber que sobre ellos existen miles de horas de grabaciones de video, desnudos y fornicando, el monto de duración de las grabaciones dependiendo de la rapidez o de las maromas que hayan empleado en la realización de sus actos —y que si fueron infieles, o son homosexuales, están cogidos. Si son homosexuales o cometieron adulterio, por supuesto que ya se les tiraron y les enseñaron las fotografías y ya ellos habrán elegido entre la lealtad a su país o pagar por el silencio.

CAPÍTULO 4

En estado latente

(Esto es un instrumento de conocimiento de los instrumentos de conocimiento al uso en la plaza.)

Los más sensibles videos se conservan en los archivos secretos de la contrainteligencia cubana, en «Villa Marista» —como es conocida popularmente desde los sesenta la sede principal de Seguridad del Estado, por haberse establecido en las asépticas instalaciones de una escuela de la orden de los Hermanos Maristas.

«Villa» es un lugar sombrío y en silencio en una calle de dos vías, Camagüey, al fondo de una vieja barriada del suroeste de La Habana, La Víbora, poblada por descendientes de comerciantes españoles.

A la austeridad de una escuela católica al servicio de la pequeña burguesía cubana y a sus cercas de barras negras de acero colado, sólo hubo que añadírsele las torretas de vigilancia con reflectores, para limitar el acceso exterior. Adentro, para la conservación de la documentación acumulada durante más de 30 años y que está escrita en millones de papeles, o reproducida en toneladas de película o fotos, o grabadas en cintas (audio o video), las obras han sido más costosas, enhebradas, profundas. Se han ido cavando nuevos sótanos, naves subterráneas, pasadizos secretos y se les ha equipado con sistemas de aire acondicionado —que en el léxico de los últimos años ha derivado en ambientadores o reguladores de temperatura, quizá para alejarlos de la concepción en extremo burguesa del confort, y porque queda claro que, en este caso, sólo es para el uso de refrigerar películas.[15]

Los nichos blandos donde eventualmente han de ser colocadas las cargas de explosivos que deben convertir en un inmenso cráter estas cuatro manzanas de edificaciones y un terreno de pelota y otro de campo y pista, son inspeccionados con regularidad para saber, con certeza, que ni un pedazo de papel del tamaño de un confeti pueda caer en manos enemigas.

Nueva salvedad. Existen otros tributarios de los videotapes del K-J. Uno, los sótanos del Ministerio del Interior, en la Plaza de la Revolución, donde se ha ganado espacio para conservar los documentos y *tapes* que pierden vigencia en Villa Marista. Un edificio a medio hacer por Batista cuando triunfó la Revolución en 1959 —originalmente destinado para una dependencia llamada Tribunal de Cuentas— y reconocido por la prensa mundial desde fines de los sesenta por el retrato de Che Guevara que ocupa los nueve pisos de su fachada pero del que fue necesario quemar las poblaciones de ratas que anidaron entre sus cimientos en más de 20 bidones de combustible de 55 galones llenos casi hasta los bordes de estos especímenes —entre los muertos a palos o por envenenamiento o los capturados vivos y agarrados por la cola y lanzados al brocal de fuego—, cuando el Ministerio del Interior ocupó la instalación en 1966. Candela, durante semanas. Y aquellas masas de ratones conmoviéndose como alimento parcial junto con la gasolina de las pardas fogatas. Y la crepitación. Y los chirridos. Más de 20 bidones.

Dos, las bóvedas de cada dirección de la Contrainteligencia suelen conservar su propia reserva de videos, más fotografías y microfilmes de sus casos —o de los principales expedientes de su interés en el pasado pero que puedan adquirir vigencia, casi siempre porque quedó algún cabo suelto, o porque se estime no procedente cerrar el caso definitivamente.

Y tres, los videos que Fidel se lleva para su casa. Son muy pocos, en verdad. No dispone de una gran videoteca de casos secretos de la Revolución Cubana, ni puede decirse que sea un *voyeurista* —todo lo contrario. Pero hay determinadas personas, determinadas situaciones, de las que él decide convertirse en su supremo custodio. Cosas del interés del Comandante.

Falta por decir que el principal material que se acumula en Villa Marista es (son), en realidad, los procesados, y no esas tonterías de papeles o cintas magnetofónicas. Nombre exacto. La gente es aquí *procesada*. Y luego del procesamiento, el paredón, o los largos años de cárcel. Material asimismo destructible, o destinado a igual conversión en confeti, humo, disolución. Los sólidos, anchos muros de concreto de los edificios de tres pisos de celdas tapiadas incorporados por la Revolución a la obra original de los Hermanos Maristas, construidos para evitar un asalto desde el exterior, obligarían en caso de contingencia a meter racimos de granadas en las celdas para deshacerse de los procesados. En caso de que la 82 División Aerotransportada se presente en la vecindad, ya saben. Operación Flit.

Este andamiaje carcelario inexpugnable es fruto del exclusivo diseño de arquitectos e ingenieros cubanos, sin que haya sido necesario nunca el asesoramiento soviético. Mi amigo el general Boris, asesor principal del KGB, no tiene nada que ver con el asunto. Por lo menos, en esto, es inocente.

Sobre el cliente principal del K-J:

El rechazo a la imagen como complemento de la información y su preferencia por la elaboración cerebral de los datos, es el único rasgo femenino que pudiera reconocerse en la personalidad de Fidel Castro. Muestra de una conducta árida, seca y del convencimiento de algunos cofrades —no más de tres— de que nunca ha estado enamorado. Establece una relación parecida entre el desnudo femenino y la muerte. Los fusilamientos apenas los ve. Si acaso los hace correr unos segundos por la reproductora del comedor de su casa, al recibir el *tape* a la mañana siguiente de las noches de fusilamiento, casete que se le coloca sobre la mesa junto con un resumen de los principales cables internacionales, el parte diario de la Seguridad y el desayuno. Cuando dispara, que es siempre a matar —los cuentos me los ha hecho *él a mí*— mira el cadáver de soslayo, su único interés es comprobar que ha caído. Le cedió a su hermano una mujer para que la desposara, a Vilma Espín, y dicen que en su *performance* entre las sábanas es de los peores en Occidente, «un mal palo del carajo», según comentario de una legendaria modelo cubana de los cincuenta, Norka. Estaban los guardias apostados detrás de las cortinas. Ella podía ver las botas tras los paños. Cuando recibe los informes, regularmente pone de lado las fotografías, y exige que se le cuente el escenario y atiende con fruición.[16] Cuba, como debe desprenderse de todo lo que aquí se dice, es uno de los países que dispone de más información gráfica acumulada —e involuntaria, como se desprende también. Pero no es algo que él se inhiba de ver, ni que lo abandone al solaz de los brutales campesinos de su *entourage* de seguridad, ya que de vez en cuando se deja caer por la pendiente de la tentación. Y no es que rechace —digamos que por cuestión moral o de principios—, la imagen pornográfica, sino que se siente contrariado ante los desnudos, por muy artísticos —y por tanto, respetables— que puedan ser. Carlos Aldana se me quejaba de que Fidel hubiera mandado a sacar de las carteleras la obra *El lobo, el bosque y el hombre nuevo* del escritor Senel Paz porque una de las actrices ejecutaba un desnudo en escena, y porque Fidel *le había jurado* —la forma más absoluta y terminante del compromiso— que mientras él estuviera vivo no iba a permitir desnudos en Cuba. Todo esto para terminar poco después, en el ocaso de esa vejez suya, en el acto de mandar a reunir en La Habana a oscuros personajes como Alfredo Esquivel, «Chino», o Max Lesnick, «el Polaco», que fueron sus compañeros de Universidad o de sus orígenes en el Partido Ortodoxo o en las bandas de los años cuarenta y que fueron desplazados como enemigos a muerte hacia Miami en los inicios de la Revolución, con el objeto de que le cuenten los viejos chismes de alcoba, de 30 años atrás, de otros antiguos compañeros o amigos o conocidos. El Fundador del Primer Estado Socialista de América a la escucha de las historias galantes de unas criaturas que ahora son unos ancianos si no están difuntos, divirtiéndose como sólo puede divertirse un hombre que perdió el contacto con el resto de la humanidad en un punto del tiempo que ya ni él mismo sabe dónde estuvo. El Chino Esquivel, de vuelta, pone a la venta en el restaurante de Miami más concurrido por la contrarrevolución, el Versalles, de la calle 8, la caja de puros Cohíba que Fidel acaba de autografiarle en el Palacio de la Revolución, en La Habana. Pide 2.000 dólares en la primera audiencia. Nadie compra. Unos toques para terminar aquí. El capitán Antonio Yibre Artiga, el ayudante personal de Fidel en la Sierra Maestra cuando la lucha contra Batista (1957-1958), solía recordar con sus amigos en los primeros días del triunfo revolucionario cómo su jefe se bajaba los pantalones aún sin darle tiempo a que él abandonara la estancia en la que acababa de hacer pasar a «Deborah» —nombre de guerra de Vilma Espín— la emisaria de los luchadores clandestinos de Santiago de Cuba. Vilma / «Deborah» en la penumbra de un refugio guerrillero de la Sierra Maestra y Yibre aún presente en esa habitación camuflada de la Comandancia de La Plata y Fidel diciéndole al oído, mientras lo empujaba suavemente afuera: «Ven ahorita, que esto es sacar y meter. Pero no te vayas lejos, por si viene la aviación.» Cuando se escuchaba el ronronear lejano de los B-26, había que ir acercándose a algún refugio. La aviación, por supuesto, era la de Batista. Y si llegaban, era para bombardear. Repartiendo caramelos. 4 bombas de 500 libras por vuelo. Cargas frescas. Abastecidos aún sin problemas en la Base Naval de Guantánamo. ¿El destino de Yibre? Estuvo propuesto en marzo del 59 como Ministro de Transportes, 3 meses después del triunfo de los rebeldes sobre Batista, pero *le pusieron bola negra* —como llaman los cubanos a la acción de vetar. Desde que llegaron los rebeldes a la capital, en enero del 59, se lo quitaron de al lado a Fidel, y pasó por un tiempo a la Seguridad, y luego lo disolvieron en tiempo y espacio, Yibre en el olvido. Pero puede ser aún consultado en Cuba, una insuperable fuente de referencia, aunque siempre escamoteada a los historiadores. Vilma en penumbras y Fidel dejando caer los pantalones y sacando a Yibre de la estancia mientras le susurra que le avise si vienen los aviones y agregando: «Mantenme lejos a Celia.» Celia. Celia Sánchez. El lirio de la Revolución. Como se sabe, una relación cuasimatrimonial duradera de Fidel en la guerrilla fue Celia, mas ella no tenía nada que ver con lo que se entiende regularmente como imagen sexual voluptuosa y/o atractiva. Celia era una lesbiana dura y equívoca como alambre. Cuando, entre 1959-1960, hubo un momento en que algunos íntimos de la pareja guerrillera abogaron por la consumación de un matrimonio oficial —pareciera un acto de justicia histórica—, Fidel le echó la culpa al Partido. Fidel —*fue lo que él dijo*—, dadas las circunstancias del momento, eran los inicios —al unísono— de la confrontación con los Estados Unidos y de su larga y beneficiosa colaboración con la URSS, decidió consultar con esa fuerza emergente a la que estaba abriéndole casi todas las posiciones clave del poder revolucionario: los comunistas. Planteada la situación a los compañeros del Secretariado del viejo Partido Socialista Popular, ellos se opusieron a la celebración de tales nupcias por «el origen de clase pequeñoburgués» de Celia, hija de un médico de medianos recursos de una villa del oriente cubano, Manzanillo, hundida en el olvido que es el olvido de los siglos. Los compañeros del Partido no lo consideran conveniente por ahora, Celia. Aunque sin osar una sola referencia a un lesbianismo legendario de chica tozuda de andar al trote por las llanuras del Cauto, fusta en mano, revólver a la cintura y dentadura quemada por los mismos trabucos de Trinidad y Hermanos que fuman los macheteros de las colonias cañeras. Es decir, empleando ese argumento de que «los compañeros del Partido» se oponían a la boda, salió del apuro con Celia, a la que convirtió de paso en una enfebrecida anticomunista, que era lo que él necesitaba para abrir con ella uno de sus frentes distantes y para que fueran a confesársele y ponerse bajo su abrigo las huestes derechistas remanentes que él quería mantener bajo control pero no encarcelarlos y, por otro lado, desde luego, sin que hasta el día de hoy probablemente ninguno de aquellos trasnochados y municipales capitanes del proletariado cubano, hechos para el combate al socaire del general Batista, pero que jamás le cogieron las señas al Comandante, supieran por qué Celia se convirtió en su Flagelo. Concluyamos: Que Fidel tienda a rechazar la imagen obtenida por medios mecánicos o electrónicos no es óbice para considerarlo como hombre de ideas abstractas, todo lo contrario. Te va a ser muy difícil oírlo hablar de libertad o de existencia o de lógica o de cosmogonía o de cualquier objeto o concepto que signifique ocupar su pensamiento en ideas intangibles. No está para eso. Está para la táctica. Para la batalla inmediata. Ahí sí que no lo puedes joder.

Así que el producto final, una grabación de video, puede aterrizar eventualmente en la bandeja del desayuno del Comandante. Un casete del antiguo formato Betamax que los cubanos, a escala de todo el país, han sido incapaces de reemplazar por el VHS porque apostaron todos sus recursos desde finales de los setenta al formato cuya superioridad proclamaba SONY.

Algo estalla casi siempre frente al lente, un cerebro, una vena del cuello, cuando la cinta corre y nos trasmite el espectáculo, y si la cámara no está montada en un trípode, la escena brinca en las manos del anónimo camarógrafo, hasta que se recupera, porque enseguida se acostumbra —son profesionales— y reajusta el foco y todo el desangramiento o el desplome que aguantan las sogas, se hace nítido en la pantalla, que es entonces cuando entra en foco el jefe del pelotón que va a aplicar el tiro de gracia en una cabeza que oscilará como un balón.

Ésas son «las noches».

Se producen con una regularidad trimestral *en épocas normales*, es decir, cuando no hay mucha convulsión social o influjo de actividad contrarrevolucionaria proveniente de Miami, que son las etapas de sobresalto del proceso que se producen con una regularidad propia, muy elástica en términos de su medición en tiempo, casi siempre por años, y en correspondencia con la situación de Fidel Castro y sus relaciones internacionales. Por ejemplo, el episodio de la «flotilla de la libertad» que llevó 125.000 cubanos del puerto de Mariel a Key West entre abril y septiembre de 1980, tuvo una secuela de asaltos a embajadas y sabotajes y la correspondiente activación del paredón. Pero en este caso para ejecutar a «elementos *claramente definibles* como contrarrevolucionarios». En las épocas normales, pues, se ejecutan supuestamente sólo delincuentes comunes. El procedimiento es que Fidel, como Presidente del Consejo de Estado, firme la sentencia y entonces se espera a que tenga firmada tres o cuatro, para disponer de *un paquete* y entonces es cuando la Fiscalía General de la República «coordina» con el Ministerio del Interior, y del Ministerio del Interior llaman al coronel José Rodríguez, conocido como Teíto, el jefe de la Brigada Especial de la Policía, y le dicen: «Prepara a los muchachos. Mañana tienen función. Un paquete de cuatro.» La ejecución es en los fosos de la vieja fortaleza española de La Cabaña, al este de la bahía habanera. Desde la colonia hasta nuestros días, lo mismo con garrote vil que con sus sólidos paredones como muros de contención de las andanadas de proyectiles y del eco de las descargas, es difícil que ningún otro emplazamiento en América pueda reclamar igual récord de sentencias complementadas. No tiene bandera. Por sus bóvedas de muerte han pasado mulatos contrabandistas de hojas de tabaco, mercenarios de Lousiana, patriotas y poetas criollos, espías del Tercer Reich, oficiales batistianos, agentes de la CIA, negros asesinos del barrio habanero de Atarés, contrarrevolucionarios confesos y sobre los que no ha existido ni una sola prueba pero que un Tribunal Revolucionario condena a muerte por convicción —y toda esa pelambrera de hombres que han constituido una parte de la aventura cubana, a veces valientes, a veces orinados y defecados y anegados en lágrimas, y que pueden gritar Viva Cristo Rey o clamar por la presencia de su madre, y que caen ovillados y boquean sobre la hierba enrojecida cuando se corta la soga para pasarlos a las cajas. Ahora matan los hombres de Teíto. Desde la derecha, el primero que aparece es Manolo, el jefe del pelotón. Sigue uno al que le dicen el Ruso, después viene Manolo el Flaco y después uno al que le dicen el Pinto, porque es de piel rojiza —lo que los cubanos llaman colorado—, y entonces el que le dicen Charles Bronson, que es el de mayor estatura y por el que se define la formación y sigue en la línea, a su izquierda, Roberto Carreras, que venía de la Policía motorizada, y

Francisquito (o Frank) el Fotógrafo. Todos blancos, bien alimentados, bañados, vestidos de limpio, con esos uniformes de camisas azules ceñidas a sus musculaturas envidiablemente definidas, y manipulando con despreocupada destreza como juguetes en sus anchas manos los AK-47 de asalto con los que, con sostenida y abrumadora frecuencia, le apuntan a un negro que acaban de amarrar al poste y que no pronuncia una palabra mientras panea con su mirada amarillenta, muy despacio, sobre el *line-up* de los límpidos blanquitos que se lo van a echar, a servir completo, mientras él se babea, jadeando, y no puede contener una emisión convulsiva y espumeante de saliva, el asesino de una vieja cetrina y estúpida de un barrio llamado El Diezmero que se decía que escondía el dinero en una cueva de alacranes debajo de una tabla del piso. Esta especie de guerra civil no declarada, en la que suelen caer con harta frecuencia unos negros enormes y una que otra libélula equivocada, ocasional, algún blanquito flacucho, avanzando hacia el poste, porque en un rapto de celos emasculó con el filo de una lata y dejó desangrar a su marido de galera, también tiene horas señaladas. Nueve de la noche. En La Habana de hace dos siglos el puerto se cerraba por su estrecha boca con una gruesa cadena que debía evitar el acceso de naves piratas y un puntual cañonazo anunciaba la maniobra de encadenar la bahía que era la llave del Golfo y punto de congregación de las Flotas que llevaban el oro recogido de América hacia España. Las cadenas fueron retiradas desde el siglo pasado pero el disparo de una salva de cañón a las nueve de la noche se mantiene como una de las tradiciones habaneras. La salva proviene de un veterano Howitzer emplazado, precisamente, en uno de los parapetos de La Cabaña. En las noches de fusilamiento de la Revolución Cubana, el retumbo sirve para apagar, al menos, el bramido de una de las descargas. El capitán Manolo, segundo de Teíto en la Brigada Especial y jefe habitual del pelotón, se convirtió en un maestro de la sincronización con el primero de los fusilados. Al unísono con el cañonazo, salía el muerto sin que nadie al pie de las murallas se enterara.

Comienza la ceremonia. Ya he escogido la media docena de discos compactos. La tanda es Gene Vincent, *The Memphis Record* y el Chuk Berry del concierto por su 60 Aniversario —con Keith Richards.

La cajetilla de cigarros negros Montecristo recién abierta, la fosforera y el mismo cenicero de los últimos 15 años están colocados a la derecha.

El sector derecho a disposición de la fuma.

El néctar negro de los dioses blancos se organiza molecularmente, a fuego lento, dentro de la cafetera. El aparato de aire acondicionado Toshiba de 2.5 toneladas tiene mis órdenes de que pasemos a la fase Groenlandia. Dejo la puerta entreabierta para escuchar la cafetera. Lourdes, sombra inquisidora, es visible cuando pasa un par de veces por el pasillo. No se decide a entrar.

Computadora despierta. Cursor *blinqueando*. Entonces, frotarse las manos y aplaudir un par de veces y —siempre ocurre— querer uno morirse. Estaba en el episodio de las campanas de Camacupa, un poblado de Angola en el que asistí a la sustitución de un jefe de brigada de Lucha Contra Bandidos. El helicóptero estuvo descendiendo en cerrados círculos sobre la pista de tierra roja y encharcada de Camacupa. El teniente coronel Rafael Rosa Mompié, que era el asesor cubano, y el primer teniente Marques da Silva, el nuevo jefe angolano de brigada, aguardaban por nosotros y eran visibles a través de la escotilla. Era una visión que se empañaba desde adentro del Mi-8 de los dos oficiales que esperaban con las manos en la cintura. Habían traído un transportador blindado BTR-152 y los dos jeeps Gaz-69 de cuatro puertas del Estado Mayor de la brigada. El BTR se mantendría en la pista, para protección del Mi-8. El tañido se hizo perceptible. Y el campanario de ladrillos fue visible en la bruma del altiplano, sobre los techos de las casas portuguesas de Camacupa. El teniente coronel Rafael Rosa Mompié informa. Las campanas llamaban porque «los kwachas» —combatientes de la fuerza enemiga UNITA— habían secuestrado al cura de Camacupa. Hicimos bien en haber volado y no usar la carretera Kuito Bié-Camacupa. Dos muchachos angolanos procedentes de Bié acababan de contactar una mina con una moto Jawa. A uno le vació la mitad del estómago, aún agonizaba; al otro, la mandíbula y una pierna. La mina era anticarro. Raro, dijo el teniente coronel Rafael Rosa Mompié. Una moto no tiene peso suficiente para activar un ingenio anticarro. A no ser, calculó, que la presión fuera ejercida por la velocidad de la Jawa. El teniente coronel Rafael Rosa Mompié vestía con su uniforme FAPLA y con un chaleco de combate sin mangas y con un AKM de culatín plegable y con una ajustada pechera de magazines. Estaba sin afeitarse y sus manos eran terrosas, y a uno no le pareció que fuera un hombre feliz.

Alguien tocando. La sombra de Lourdes pasa por el pasillo rumbo a la puerta de entrada del apartamento.

—Tu amigo está ahí. Pasa —dice Lourdes.

El viejo Alc en el umbral del estudio. Acaban de destituir a Tony. Me apunta con el índice, admonitorio, para decírmelo. Pasaba por su apartamento, para echarse algo en el estómago, y de ahí seguir para Aldabó, hacia mi campamento de abajo, cuando vio mi Lada en la valla de parqueo, que se hallaba contigua a la suya. Alcibíades se deja caer, ligero, en una de las dos butacas italianas de cuero negro dispuestas para mis amigos en una esquina. Tony fuera de MC. Era parte del resultado de una reunión *en el cuarto piso del MINFAR* —el despacho de Raúl Castro en el Ministerio de las Fuerzas Armadas Revolucionarias. Reunión toda la tarde un domingo.

Los rostros eran sombríos, describió Alcibíades.

—¿Quiénes? —pregunté con un ademán.

Alcibíades empleó el mismo recurso para responder. Levantó el índice.

El uno, me dije. Fidel.

Luego levantó el anular sin engatillar el índice. El mismo símbolo de la victoria en una de las manitas de Churchill, pero con otro significado.

El dos, me dije. Raúl.

Entonces aligeró la mano como soltando un puñado de arena. Quería decir que el resto del personal no era de la misma ralea. Oficialitos de la Contrainteligencia y personal de segunda categoría.

Asentí.

—Está malo el ambiente. Malo —dijo.

—¿Él ya lo sabe?

—¿Quién? ¿Tony?

—Sí.

—No lo creo —dijo.

—¿Tú quieres que le avise?

No respondió de inmediato.

—Alguien debe hacerlo —dijo.

Comencé las maniobras de apagar la computadora.

—Y es tu amigo —agregó Alcibíades.

Era una reflexión y no creo que en principio quisiera pronunciarla en voz alta. Pero lo hizo —y con tonos sorpresivamente graves.

Entonces rectificó. Y el tono cambió de nuevo. Fue dulce y meditativo cuando dijo:

—Es *nuestro* amigo. Nuestro.

Noche de fiesta. Jubileo total y absoluto de los amateurs del primer día. Abandono de cualesquiera de las sacrosantas normas de hábitos y costumbres y olvido rampante de las tácticas de chequeos y contrachequeos. Así que otra vez la casa de Tony.

Puedo recordar sólo un par de ocasiones, un *barbecue* de langostas la noche de un sábado, y otra ocasión parecida, algún domingo, en que yo hubiese efectuado allí un aterrizaje nocturno en estos dos días tan vacíos de todo significado político. Por otra parte, era usual, salvo en épocas de movilizaciones militares por anuncios de inminentes ataques norteamericanos, que, en las tres décadas precedentes de la Revolución, sábado y domingo fueran zonas muertas de la causa, un aproximado de 96 días del año, debido entre otras cosas a que no había donde meterse que no fuera el sofá frente al aparato de televisión, por lo que se convertía en una especie de sopor angustioso para las gentes que vivían en el constante procesar de la Revolución y con la exigua programación de los únicos dos canales contribuyendo, aunque en los últimos años se les veía ir a la playa con mayor frecuencia y en correspondencia directa con el incremento en la venta de automóviles a particulares, aunque también últimamente estaban en la onda al nivel máximo del Gobierno y del Partido de volver a cerrar Santa María del Mar, la mejor playa del este habanero, *dejarla* sólo para extranjeros, parecido a como estaba antes del triunfo de la Revolución, sólo para ricos, cercada con alambradas, garitas policíacas y patrullaje con perros para los negros. Como quiera que la guerra que inspiraba todos los eslóganes revolucionarios en realidad no existía, esto creaba una especie de extraña distensión con el convencimiento que se comenzaba a adquirir de que en ningún campo verdadero de batalla se descansa los *week-ends*. Entonces, el invento del sábado largo (de trabajo), y domingo de preparación para la defensa. Milicianos, a marchar.

La laxitud, el sopor, la molicie, el aburrimiento subyacente en un país en permanente pie de guerra, durante 30 años, contra un enemigo al final inexistente, nunca se revelaba con mayor claridad que en el fin de semana, un enemigo que no pensaba en ti, ni siquiera cuando le pellizcabas las costillas, a partírselas.

Levanté el teléfono.

—Yo estuve con él. Ahorita —dije.

Alcibíades señaló hacia sí mismo con el pulgar y luego hizo girar la cabeza sobre el eje de su cuello, enfático Alc.

Que no le dijera a Tony que él estaba conmigo. Que ni lo mencionara.

—Déjame ver si no se ha ido de su casa —dije.

Tony no deja correr completo el primer timbrazo. Está al lado del teléfono.

—Ordene —dice.

La voz clara, definida, la voz con sus usuales timbres de ingenuidad, una voz ausente de toda carga de desconfianza. El tipo entero.

—Dígame —insiste.

—Brother —digo.

Sólo tres palabras cruzadas entre él y yo. Ordene. Dígame. Brother. Me sobran para comprender que ya Tony lo sabe todo.

CAPÍTULO 5

LA VISIÓN DEL IGUAL

Patricio de la Guardia establece las peripecias de su hermano. Este documento fue escrito por él en prisión. Puede ofrecer para los neófitos de las operaciones especiales un incomprensible aire de nostalgia. No porque se trate de un prisionero deseoso de espacios abiertos sino porque está preso por los mismos episodios que constituyen esta extraña forma del recuerdo, de la añoranza. Patricio comienza este tipo de correspondencia dos meses después de que Tony y yo, el domingo 28 de mayo, acordáramos verlo al día siguiente. Está preso y debe seguir estándolo por los próximos 30 años. Casi todas estas cartas van dirigidas a Mario de la Guardia, un tercer hermano de ellos, con el que habían cortado las relaciones desde 1960. Un millonario de Atlanta, Georgia, según la descripción que les escuché (las pocas veces que mereció una mención), y siempre como alguien remoto y extraño y desventurado, a quien recordaban con la misma insensible piedad que a un muerto. Sin embargo la carta escogida para esta sección no está dirigida a ningún miembro de la prehistoria familiar, ninguno de esos rostros ya apenas reconocibles en la periferia remota de la sangre, y a ninguno de los personajes de Miami o cualquier esquina del exilio cubano en los Estados Unidos, sino a su sobrino Antonio, el hijo de Tony, desde luego. Carta rescatada porque resulta la más competente. Está escogida por ofrecer una visión rápida y definitiva de los asuntos que nos ocupan, que fue en su momento la subversión absoluta y arrolladora y en expansión de América Latina y la injerencia en los Estados Unidos. Fácil entender que en el presente material, él tiene otro objetivo, diferente al de cortejar al hermano prodigio, que es el de ilustrar a su sobrino Antonio de los aleccionadores episodios —como hombre disciplinado al servicio de Fidel, y laborioso y audaz— de su padre; y además, va a desplegar información altamente sensible porque no piensa que su mensaje llegue a rebasar las fronteras de la familia, no ya la isla. Así que no es Patricio restableciendo contactos. Es él ilustrando.

> [4 de marzo de 1991,
> Guanajay]
> Ahora [...] narro las operaciones en que [Tony] participó, esto sin contar la compra de armas en los EUA durante la dictadura de Batista [para suministrar a las fuerzas revolucionarias], la lucha contra bandidos [operaciones de contrainsurgencia en el Escambray, región central de Cuba, a principios de los sesenta], contra piratas [infiltraciones marítimas de la CIA, en los sesenta], Playa Girón [la batalla perdida por la administración Kennedy y la CIA en Bahía de Cochinos, en abril de 1961], etc.
> Comenzamos la primera actividad operativa allá por el[los] año[s] 1963-1964 con el primer grupo de la Juventud Comunista venezolana, que vino a entrenarse a Cuba en guerra irregular (guerrilla) y lucha urbana, presidida por Tirso Pinto; eran unos 24 venezolanos a los que nos sumamos Tony, Jorgito Puente y yo. En este grupo venían dos venezolanas, la Valentina y la Negra. El grupo, después de un año de preparación regresó clandestinamente a Venezuela y a nosotros tres nos suspendieron la salida [hacia Venezuela] a última hora, para suerte nuestra, pues esta primera guerrilla fue prácticamente aniquilada.
> Después fuimos designados para organizar la primera unidad de Tropas Especiales, en Seboruco, allá por San Diego, Pinar del Río, con muchachos que seleccionamos de entre los batallones de LCB [Lucha Contra Bandidos]. Este primer embrión de Tropas Especiales se denominó Grupo de Operaciones Especiales (GOE), y [Tony] era Jefe de Estado Mayor (segundo jefe). Y yo[,] Jefe de Operaciones y Preparación Combativa. Estábamos subordinados a Ramiro Valdés [el entonces todopoderoso ministro del Interior]. Allí estuvimos preparándonos hasta que llegó el primer contingente que se preparaba para salir para el Congo-Brazzaville, con [el comandante, hoy general de Brigada] Kindelán; allá iban Agapio, Coqui, Watusi y demás negros [cubanos todos] que después estuvieron en Angola conmigo. Eso fue allá por el año 1965. De ahí salimos para el Wajay [al suroeste de La Habana], al Bon [apócope de batallón muy al uso en la Cuba de los sesenta] de

Exploración del EG (Estado Mayor General) y los soviéticos nos prepararon como paracaidistas en la especialidad de diversionista [¿debe decir diversionismo?], eso allá por los años 1965-1966. En junio o julio del 66 después de regresar yo de los [Juegos] Centroamericanos de Puerto Rico [a los que asiste como un supuesto «funcionario» del instituto de deportes cubano, en realidad al frente de una pequeña tropa de choque que, ante los ojos más cándidos, debía proteger a los atletas cubanos de «cualquier provocación orquestada por elementos contrarrevolucionarios», pero cuyo verdadero objetivo es evitar deserciones de la propia delegación], fuimos subordinados a Abrantes [entonces el segundo en la cadena de mandos del Ministerio del Interior], y el GOE fue desintegrado, quedando sólo una pequeña compañía para cuidar los pozos de petróleo de Guanabo. Ramiro Valdés nos mandó a presentarnos a Tony y a mí a Abrantes, y se nos planteó la tarea de sumarnos como instructores de Preparación Combativa Especial a una nueva Unidad de Tropas Especiales, que se iba a crear en Jaimanitas [al oeste de La Habana], compuesta por hombres que no tenían experiencia operativa irregular de ningún tipo. Allí volvimos para el Bon de Exploración del EG a pasar otro curso de paracaidismo de casi cinco meses. Cuando salimos de allí me nombraron Jefe de Preparación Combativa e Instructor, junto con Tony y [Antonio] Tenjido[;] entre los tres teníamos que impartir clases de táctica irregular, demolición submarina, infiltración marítima y aérea, paracaidismo, tiro, topografía y navegación. Éramos hombres orquesta, pues la preparación de los oficiales y tropa era muy pobre. Nosotros no entendíamos por qué se había desintegrado el GOE, en vez de haberlo utilizado aprovechando la preparación y experiencia que tenían.

Después conocimos el porqué de aquella inconcebible decisión, y ésta se debió a las pugnas internas entre Ramiro Valdés y Abrantes, teniendo ya Abrantes para esa época el apoyo ilimitado de Fidel, y así fue perdiendo Ramiro su poder como ministro del Interior, hasta que fuera sustituido en 1967 [por el comandante Sergio del Valle]. Imagínate el trabajo que pasamos siendo hombres de Ramiro subordinados a Abrantes, de jefes del GOE pasamos a ser instructores de una tropa que no sabía ni tirar. Teniendo siempre la bota de Abrantes y sus cúmbilas [asociados][17] puesta arriba de nosotros. Poco a poco y dando siempre el ejemplo, y siendo siempre los mejores en todo lo que hacíamos, fuimos ascendiendo, como decíamos, «a pinga y cojones», contra marea.

En 1966 se ejecuta la primera infiltración marítima en Venezuela, donde se infiltra Arnaldo Ochoa al frente de un grupo de cubanos en Chichiribichi, operación que casi fracasa por falta de preparación de los que tenían que maniobrar las pequeñas Boston Whaler que se habían ocupado a los grupos contrarrevolucionarios en años anteriores. Nosotros no participamos pues estábamos en aquellos primeros meses tratando de darle alguna preparación a aquella tropa de incapaces y preparando las condiciones para salir para el curso de paracaidismo.

En 1968 nos integran al grupo de guatemaltecos que dirigían Rolando Morán y César Monte. Seguimos con la responsabilidad de la preparación especial de este grupo, eran unos 24 guatemaltecos más Tony y yo, que éramos sus instructores; a este grupo se le suma Newton Briones después de la muerte [en combate] de su hermano en [la playa de] Machurucutu [Venezuela]. Con este grupo nos estuvimos preparando hasta que en 1969 se decide entrarlos [en Guatemala] clandestinamente [quiere decir, diseminados entre los puestos fronterizos y las aduanas de los aeropuertos] y suspenden la operación de infiltración marítima.

En 1967 llega el grupo [venezolano] de Baltasar Ojeda y nos designan sus instructores. Con ellos estamos hasta que los mueven para los Petis[18] para pasar a entrenar al grupo de [cubanos bajo el mando del comandante Raúl Menéndez] Tomassevich, el cual se infiltra el 8 de mayo de[l] 67 por Machurucutu [Venezuela], siendo la operación un fracaso, debido también a la falta de preparación de la balsa [que debía dar apoyo de fuego al grupo de desembarco] de Briones. Debido a este fracaso y al escándalo que se creó, se suspenden las operaciones del grupo de Baltasar Ojeda, y es entonces que nos llega el grupo de guatemaltecos de Rolando Morán, del cual te hablé más arriba. Con los guatemaltecos estuvimos todo el año 68 en la preparación de éstos.

En 1969 nos llega el grupo de sobrevivientes bolivianos [que habían participado con el Che Guevara en su postrer aventura] con Inti [Peredo]; este grupo estuvo preparándose con nosotros casi seis meses. Ya para esta fecha [Tony] era J' [jefe de] Información de Tropas Especiales y en 1970 se le designa como J' del grupo responsable de secuestrar a[l ex dictador cubano, Fulgencio] Batista, pasa un curso de [actividad] ilegal y sale para España a hacer el estudio de la situación operativa, está varios meses preparando el operativo y ya cuando se va a ejecutar la operación[,] Batista muere de un infarto la noche anterior al operativo. Regresa [Tony] para Cuba en septiembre del 71 y sale para Chile con el primer grupo operativo de Tropas Especiales, responsabilizado con la seguridad del embajador y el estudio de las unidades militares chilenas y su situación operativa así como la introducción clandestina de armamento. Cuando la visita de Fidel a Chile sale como J' del grupo operativo que tiene la responsabilidad de garantizarle la seguridad [a Fidel] en el norte del país desde Stgo. de Chile hasta Iquique. Regresa a Cuba en octubre del 72 y se le responsabiliza con planificar, organizar y ejecutar la infiltración [en las costas de República Dominicana] de[l coronel Francisco] Caamaño y su grupo, la cual realiza con éxito.[19]

[...] es posible que algunas fechas de aquí en adelante, o mejor dicho, desde el año 1970 hasta la fecha en que nos meten presos [el 12 de junio de 1989] se me confundan en tiempo, pero [Tony] cumplió tantas [misiones, tareas] y de manera tan seguida, una detrás de las otras, que a mí también se me mezclan las fechas, pues yo también estaba dando carreras de un lado para el otro, eran los años en que lo veíamos todo con un romanticismo tan ingenuo, e incluso infantil, que unos años atrás sentado con [Tony] en Luanda y recordando aquellos tiempos, nos parecía increíble que nunca nos hubiéramos sentado a pensar con nuestras cabezas muchas de las cosas que hacíamos. Veíamos a Fidel y sobre todo al Che, como seres sobrenaturales. Por eso [...] digo que [se debe] leer mucho, leer a diferentes pensadores y filósofos para que después [se puedan] hacer apreciaciones que salgan de [la] cabeza [de cada cual] y no de la de un falso profeta, cosas que ni [Tony] ni yo hicimos hasta pasados muchos años.

Después de regresar de la operación de Caamaño[, Tony] va a Chile varias veces para trabajar con los compañeros del MIR, en la preparación de sus grupos armados, esto lo hace junto a Miguel Enríquez, Pascal Allende, la Chica Verónica, Mario Melo, etc. En 1974-1975 a él le dan la misión de ejecutar la limpieza de más de cien millones de dólares que venían del secuestro de acaudalados argentinos, operación que acababan de realizar los Montoneros al secuestrar, si mi memoria no me traiciona, al dueño de los mataderos y frigoríficos, o sea, al Rey de la carne fresca de Argentina. [Mario] Firmenich [«El Pepe», líder máximo de los Montoneros] le pidió a Fidel que le ayudara a limpiar este dinero, depositándolo en bancos suizos y de otros países, pues ellos habían tenido dificultades al hacerlo, siéndole detenidos dos miembros de su organización en Suiza al tratar de depositar cierta cantidad de este dinero. Con [Tony] participa el Guatón [Max Marambio, el mayor del MININT de origen chileno], logrando después de pasar grandes sustos en el Líbano y Suiza, depositar varios millones de dólares en diferentes bancos suizos con la fachada de ser chilenos. [Otros pueden estar] más actualizados que yo en esta operación pues creo que yo andaba dando tumbos por Vietnam por aquella época.

Sale de esta operación y entonces le dan la misión de hacer contacto con Naif Hawatme y Abu Leila del Frente Democrático Palestino para ayudarlos a traer a Cuba miles de lingotes de oro, piedras preciosas, joyas, piezas de museo, con un valor de varios miles de millones de dólares, operación que realiza con éxito, sacando el botín resultado del asalto a los bancos del Líbano cuando la gran revuelta sucedida allí creo que en 1975, 76 ó 77 (estoy perdido en estas fechas ver a [nombre sugerido por Patricio borrado en la presente edición]. Todo este botín se sacó del Líbano para Siria y de allí para Cuba en valijas diplomáticas, en cientos de ellas. Después todas las Joyas fueron lavadas en Checoslovaquia, al igual que las monedas de oro y con valor numismático, operación que duró 5 o 6 años.[20]

En diciembre de 1975 parte con [el actual general de Brigada] Francis y [el teniente coronel Michael Montañez] Maico para Jamaica con un destacamento de 150 hombres para apoyar al recién electo presidente Michael Manley. Va al frente del destacamento y del grupo de asesores, que trabajaron en las fuerzas armadas jamaicanas hasta que en febrero de 1976 llego yo de Angola y queda él como segundo mío y se dedica él con Maico a asesorar la CIM (Contrainteligencia Militar) jamaicana y hacer estudios de situación operativa desde la costa norte de Montego Bay hasta Negrill, para futuras operaciones y para preparar las condiciones para la visita de Fidel en 1978. Cuando esta visita[,] se le designa J' del grupo de avanzada y coordinación con las fuerzas armadas jamaicanas, tarea que realiza con éxito.

En 1976 ó 1977 es designado también para realizar la exfiltración desde Jamaica para Cuba[,] y después volverlo a infiltrar en Jamaica a través de las costas[,] de uno de los cubanos procesados en el caso Watergate con el que Fidel quería entrevistarse, creo que éste tenía el *seudónimo* [sic] de Musculito [uno de los cinco famosos plomeros de Watergate: Eugenio Rolando Martínez]. Maico [...] podría ampliar muchísimo en esta operación tan delicada pues desde el principio estuvo al lado de [Tony]. Esta operación se hizo con todo éxito.

A partir de aquí Fidel empieza a darle a él y a[l entonces coronel y miembro del Alto Mando del Ministerio del Interior, José Luis] Padrón tareas operativas con las autoridades de EU, del Dpto. de Estado y del FBI. Esto hasta el año 1979, en que se le nombra J' del grupo operativo que salió para Costa Rica para organizar las operaciones en el sur de Nicaragua. Van subordinados a él, Renán, Juanito, Pino y Salchicha. Organiza, planifica y ejecuta la primera operación de envergadura en el sur de Nicaragua con la toma de Peñas Blancas (creo que se llama así) con Edén Pastora. Organiza y dirige toda la infiltración del armamento y municiones que venían de Cuba, y es sustituido meses después por no hacerle caso a las indicaciones que Fidel le enviaba en cuanto a la distribución de los envíos y el gasto de municiones. Entra en Managua en la punta de la vanguardia de la columna y el resto [...] lo puede contar [nombre sugerido por Patricio borrado en el momento de la edición] que lo conoce más que yo, pues para esa fecha a mí me tenían atrabancado [atrapado] en la Escuela Superior de Guerra. Regresa [Tony] a Cuba a fines de 1980, ya yo soy J' de las Tropas Especiales y él sigue [como] J' Información y de las Operaciones Especiales. Se decide que organice y que comience a ejecutar a la mayor brevedad la infiltración de armamento en Salvador y Guatemala [para la guerra que Cuba alentó en Centroamérica desde fines de los setenta], lo que hace brillantemente, teniendo que viajar continuamente a Nicaragua.

Participamos juntos en el rescate de las cuatro monjas secuestradas en la Embajada del Vaticano en Miramar. Asalta la Embajada como J' del primer subgrupo.

Cuando yo soy designado J' del Estado Mayor Conjunto del MININT, él pide traslado de Tropas o el retiro, pues ya estaba cansado o como otros comenzaba a pensar con su cabeza, y [entonces] Padrón lo solicita para que trabaje con él en el [debería decir *la*, por tratarse de una Corporación] CIMEQ como Vicepresidente.

Con esto [puede] ver[se] que [Tony]es un héroe y [...]

La acumulación Originaria de los Brothers. Nos cantábamos y nos celebrábamos a nosotros mismos. Lo que antecede es Patricio. Puede sumarse como el segundo fichero relativo al plan de escritura número uno acordado con su hermano mellizo, el coronel Antonio de la Guardia. Habría que dar solución al problema de la persona. El uso de la tercera persona como expresión razonable de modestia revolucionaria debía mantenerse en el texto. Era el compromiso inicial con Tony. Al menos, el borrador en tercera persona. De cualquier manera un grave problema, prácticamente insoluble, era previsible para el futuro inmediato, y era la imposibilidad conceptual de asumir un texto en tercera persona para un libro que estaba siendo concebido bajo el título de *Llamadme Antonio*.

Aunque un documento preparado por Patricio sobre Tony se produce naturalmente en tercera persona puesto que Tony no es otra cosa que eso en tales páginas. El primer hombre que es la tercera persona.

A su vez, esa tercera voz que es él, Patricio, se funde como parte del viejo documento que un día pareció redimir mi existencia como escritor, al menos delante de ellos dos. Yo, el tercer mellizo. Yo, el más brother del mundo.

Como ya se ha descrito, el primero de estos documentos fue sacado de forma maquinal, inconsciente, del disco duro de mi computadora a prima noche del domingo 28 de mayo, cuando la críptica información que se estaba recibiendo y el sólido nudo que se cerraba en el estómago, indicaban con certeza que Tony se hallaba a un paso del abismo.

Sugerencia agregada. Debe sacarse el máximo provecho de la lectura de esta carta de Patricio y la relación de unas cuantas de las misiones especiales cumplidas por su hermano Antonio (y por él también), puesto que ese documento es único en su clase en la historia de la Revolución Cubana. Junto con otras tres o cuatro de sus cartas carcelarias del período 1991-1992, constituye un material sin precedentes sobre las operaciones secretas cubanas. Saquen todo el provecho posible ya que, ni siquiera produciéndose la eventualidad de la desaparición de Fidel Castro y la captura de los archivos de Seguridad del Estado, van a encontrar una sola hoja comprometedora. En primer lugar, porque él nunca ha dictado a ninguno de sus secretarios una orden de ejecución o la autorización para un desembarco de guerrillas o el secuestro de un diplomático yanqui en América Central. Esos papeles, desde luego, no existen. Fidel Castro ha ganado sus batallas primordiales secreteando al oído de sus Antonios de la Guardia.

Sólo sobrevive la documentación útil para comprometer a sus objetivos, es decir, a los demás. Pero si se descubriese algún documento inconveniente, algún papel o *tape* que reclame una explicación, si eso existiese, ya fue localizado y extinguida hasta su última molécula en el fuego a presión de los incineradores.

Primero, la aventura, luego, este despliegue de ignominia, que es la prisión de máxima seguridad de Guanajay (y, posteriormente, «La Condesa»), en la que Fidel te manda guardar, y Guanajay con un destacamento en composición probable de una compañía (10 vehículos) de transportadores blindados anfibios BTR-60PB, con sólo uno de ellos visible en el área de entrada y con la misión, al menor amago de rescate por fuerzas aerotransportadas o tropas de tierra, de barrer con Patricio y los otros 16 reclusos del «área especial», todos los cuales —es el supuesto— han sido reciclados (involuntariamente, por lo pronto) como la más preciada golosina para la contrarrevolución y los yanquis —si lograran hacerse de ellos. El supuesto es lo que Fidel calcule, siempre adelantándose al enemigo y a lo que el enemigo pueda concebir, siempre en ventaja, ganando un buen trecho de kilómetros y de semanas con las medidas represivas que considere pertinentes. 10 vehículos BTR-60PB de tracción en las ocho ruedas artillados cada uno con dos ametralladoras coaxiales, una KPV de 14.5 mm —equivalente soviético de la calibre 50 yanqui— y otra PKT de 7.62 mm, no es juego eso. Esas trazadoras pasándote cerca del lomo y el retumbar de su cadencia de fuego, no es juego.

El sorpresivo sonido electrónico de la torreta cónica artillada en bruscos giros haciéndose escuchar en el espaciado día de cada seis semanas en que al prisionero se le concede «visita familiar» se establece como parte de la misión asignada a los cubanitos que tripulan estas formidables máquinas de guerra soviéticas: es la advertencia, el mensaje de que Guanajay es una fortaleza inexpugnable, para que los familiares de los presos lo rieguen luego por toda la ciudad. No sólo que ninguno de los reclusos podrá salir vivo de allí, sino que nadie sobrevivirá al intento de rescatarlos.

Patricio sediento, claro, de hallarse bajo el sol y con el salitre estallando contra la proa y espumeando en un mar fuerza 4, lo cual sería razonable en un preso, máxime uno de su calidad, que aún puede creer que habrá para él una segunda oportunidad, y una tarde para saciar su destino, curarse con la dulce sal de la aventura.

Pero el propósito no es hablar de un Patricio prisionero, ansioso del mar, que se pudre inexplicablemente para él —no ducho aún en las artes del estalinismo tardío—, en una cárcel de las que (de muchas maneras) ayudó a llenar apenas unos años atrás. En la presente relación espacio-tiempo, hacia donde queremos avanzar (o retroceder) es hacia la mejor parte de la historia, al recuerdo festivo de la aventura, al momento en que estos aristócratas asimilados a la Revolución están en la plenitud de su capacidad de riesgo y han encontrado una fuerza a la cual, por fin, subordinarse, por fin la han hallado: Fidel Castro. Estos dos muchachos, *enfants terribles*, malcriadísimos, de las academias militares para ricos — de las que en Cuba había sólo dos (más otras tres, de clase media)— y que creyeron que la vida era ese juego incansable de jimaguas hijos de la burguesía y que hubiesen dilapidado alegremente, agotado en un santiamén la fortuna familiar se vieron, sin que nunca antes lo hubiesen calculado, con tareas, y esto los llevó al conocimiento de una experiencia totalmente desconocida bajo las bóvedas del Miramar Yatch Club: la de sentir orgullo por ellos mismos, el legítimo orgullo de unos niños bien, herederos de la aristocracia criolla que por primera vez logran algo con sus propias manos y el disfrute anexo que se obtiene de hallarse en ese engranaje entre retórico y militar que se prodiga intempestivamente a lo largo de la isla y que la sacude y que la llama a despertar de un largo letargo en el que, en verdad, nunca ha estado, y ser vanguardia y ser *nachardi* (jefe, en ruso, aunque cubanizada su pronunciación), nachardi grande, de lo que en la redacción del *Pravda* no se hubiesen ruborizado por calificar como el destacamento de acero del proletariado cubano, y ausentes, lejanos, nunca recuperables ni como ecos de la memoria el *lawn* del Vedado Tenis o la fastuosa casa de remos de aquel Miramar Yatch Club de sus ensueños, ahora tan absurdos como ajenos y donde la baja intensidad de las acciones que reclamaban no alcanza ni para levantar cuatro o cinco segundos de recuerdos. La blanca pelotita saltando sobre la *net*.

No había letargo ninguno. Sólo que ése era el país y todo su futuro y todas sus esperanzas. Esa mierda todavía, imagínense. Unos campesinos desharrapados blandiendo sus machetes en los campos de corte de caña y los fastuosos hoteles de La Habana y una planta de procesamiento de níquel cobalto y todo lo otro que se gestaba allí como país en vías de desarrollo, apropiada, tranquilamente. Gracias a que derrotamos a la contrarrevolución, y a la brigada de la CIA en Playa Girón, y todo cualquier otro portador de una idea o proyecto de restauración republicana, pudimos luego invadir África, o desplegar tanques en las alturas de Golán, y cambiar para siempre el escenario de las montañas y de las ciudadelas de la política latinoamericana, y lo hicimos con los mismos croupiers de los casinos y los mismos macheteros y los mismos jefes de turno de las plantas de procesamiento de níquel cobalto, sólo que a ese personal no se le dio tiempo de llegar a las manos de la mafia o de la Frederick Snare Corporation o caer en los cañaverales y los hicimos artilleros o conductores de tanques T-62 y pilotos de cazabombarderos Mig-23 y asesinos profesionales dispuestos a volar la cabeza de cualquiera que el Alto Mando señalara.

Nos ahorramos tener que restablecer ese paraje que habría de ser como después fue Formosa.

Pasión de un país que se embriaga de sí mismo, de su propia exaltación, de esa isla larga, desdichada y pobre según Hemingway en el verano de sus balbuceos existencialistas —Cuba en sus pupilas cansadas— y que alcanza sin ninguna preparación previa el estatus de nación más favorecida de la historia contemporánea, de casi la mitad final completa del siglo XX y que es el territorio donde los mellizos se labran su reputación de ser sus mejores hombres.

En cuanto a la felicidad, tema elusivo, aténganse al pronunciamiento de una de aquellas luminarias de la dialéctica, uno de esos señoritos filósofos que se daban en Alemania por arrobas como limones bajo el sol, y con el bozo espumeante de la buena cerveza de barrica, Hegel creo, de que los períodos de felicidad y prosperidad y paz de los pueblos son las páginas en blanco de la Historia.

Desde luego que, si te hallaras amarrado al poste de ejecuciones y miraras como se levantan las bocas de esos seis fusiles de asalto que te apuntan a la cabeza, y al cuello y al pecho, dado que eres parte —en vivo y en directo— de una de esas páginas nutridamente escritas del devenir humano y tienes aún capacidad mental suficiente como para recordar la concepción hegeliana de la dialéctica histórica, es entendible que pienses, como mínimo, que Hegel es un hijo de la gran puta y que lo fue toda su vida, ese Jorge Guillermo Federico Hegel es maricón, pero si vas a decirlo mientras te conducen al poste o cuando te están amarrando a la superficie pegajosa de los restos de grasa y piel y sangre de los otros hombres que ya pasaron por aquello, y la chamusquina del algodón crudo de sus uniformes nuevos de presos, entregados sin equívocos el día antes para que tú sepas ya en el estadio que te hallas, dilo bajito, para ti solo, no quiebres la disciplina ya establecida de años y años de funcionamiento de los paredones en Cuba, que es gritar Viva Cristo Rey o un abajo Fidel Castro (menos frecuente, y casi siempre tímido, como última manifestación de los reos), porque si dices que Hegel es un hijo de puta, lo menos que va a ocurrir es que detengan la ejecución para que desembuches quién es el Jeguel ése que tú dices que te embarcó y que no aparece en ninguna de las actas del sumario, y óiganme lo que les digo, cuando ya estás en ese trance, no se te ocurra demorarlo con nada porque para lo único que sirve es para alargar una agonía sin soluciones, y acaben esto, caballeros. No vale la pena, ni siquiera, entender lo que va a ocurrir cuando esos seis hombres que te están encentrando la tabla del pecho en sus miras, escuchen de su jefe la voz de fuego, que tú sí no vas a oír porque tampoco vas a escuchar el bramido de la descarga y porque no habrá memoria en ti para registrarla, y el corazón se te abomba e inflexiona, y una respiración descontrolada y pesada antecede a algo que ya objetivamente carece de su existencia, de la tuya. Te fuiste. Estás desconectado. Y no tienes idea del baboso rastro de tus sesos regados por doquier ni de la viscosidad de la sangre que has derramado a tus pies.

«...en una cárcel de las que (de muchas maneras) ayudó a llenar...» La frase queda olvidada en la urdimbre de un párrafo, y la idea colgada en la memoria y al final pasa como buena, pero tal parecería que uno quiere eludir el bulto y no comprometerse, y eso es lo que califica si uno abandona la frase y la deja sólo para vestir a Patricio y sus episodios, que deviene una apreciación injusta por lograr algo que parece adecuado desde el punto de vista de que subraya una paradoja, pero debe decirse en primer lugar que el autor también estaba del lado de ese bando de los que llenaban cárceles y que él ayudó a fabricar esa misma tenaza que efectivamente después lo atrapó por su mismo cuello.

Aunque Patricio, en verdad, tiene su origen en las virtudes que se forjan en las tropas de combate, por lo que es conveniente, acertado remedar la frase y explicar por qué. El general Patricio viene de la Dirección General de Operaciones Especiales, no del aparato represivo. Viene de unas auténticas fuerzas de élite, y en el caso de los dos, Antonio y Patricio, *los jimagüitas*, ellos trasmiten a esas tropas una cultura diferente, muy distinta a la de los campesinos de las regiones montañosas de Cuba devenidos magníficos guerreros sobre el material rodante soviético y que son unos obstinados comedores de carne de cerdo, los trozos como guarnición de los llamados «buques», los platos soperos empantanados de arroz blanco como montañas sobre las que se han escanciado pesados cazos de frijoles negros, todo revuelto a conveniencia y bañado en grasa, e insaciables tomadores de cerveza, que luego dormitan boquiabiertos, las cabezas en acomodo, recostadas a las escotillas levantadas del T-62, y con las moscas rondándoles los gruesos dedos grasosos, y la fuma sin apagar. Vikingo. Búfalos. Profetas. Ranger. Ballesta. Everest. Mocasín. Stuka. Palabras que parecen nuevas, que nunca nadie las había utilizado antes, pero que se escuchan cada vez con mayor propiedad y con todo aplomo en el lenguaje de las tropas revolucionarias cubanas gracias a que Antonio o Patricio de la Guardia las han pronunciado con todo el fervor de quienes atesoran un sistema de identificación que es abstracto y silente hasta que aparece el objeto y la situación que merecen ser nombrados en rigor. La misma experiencia de Cirilo y Metodio, si es verdad que estos hermanos —supuestamente equipados con un hornillo, un ábaco, dos barricas de vino y una rueda de queso de cabra— inventaron, refugiados en un monasterio costero de Solun, el alfabeto eslavo. El mismo que trece siglos después aparecerá estampado sobre el acero pavonado del selector de fuego de nuestros flamígeros AK-47, ideales para el fuego de manguera: AVTOMAT KALASHNIKOVA KARABIN.

Así que Patricio viene de las tropas y ésa es una oportunidad de que entre luz en la espesura biográfica de esta criatura y una oportunidad de ser diferente. Bueno, empezó su desempeño como jefe del Alto Mando del Ministerio del Interior (MININT) trasladándose de urgencia a Bayamo, en la región oriental de la isla, donde un cuatrero, un mulato sin camisa y descalzo y con el pantalón amarrado a la cintura por una soga y los hombros bruñidos por el sol y la sangre reseca corriéndole como capas de pintura hacia el ombligo, que acababan de arrestar en el momento que le cercenaba el cuarto pernil a un torete vivo, pareció enloquecer en la misma unidad de la Policía y enarbolando el ennegrecido machete con el que descuartizaba las reses en las llanuras de Bayamo y que a nadie se le ocurrió arrebatarle, la emprendió contra sus captores, partiendo clavículas y zajando pechos y abriendo músculos como frutas de masa blanca pero instantáneo enrojecimiento y haciendo saltar por los aires la mano del capitán que aún sostenía, sin que hubiese tenido tiempo para amartillar, la Makarov de reglamento, y así escapó, en las estrechas callejuelas coloniales de Bayamo, y sin soltar su machete, que blandía como una bandera, y con su rastro de sangre en el aire —y hasta el día de hoy. Descuartizar reses vivas y dejarlas desangrarse por los cuatro grandes boquetes era, en realidad, un método iniciado en La Habana como una jugarreta de los cuatreros contra la Policía Nacional Revolucionaria. «Gracia» le llaman los cubanos a ese tipo de broma gruesa o regularmente inaceptable desde algún punto de vista. La gracia —mediante la cual se comenzaba a mostrar un síndrome de desconcertante crueldad de los cubanos, hasta entonces inédito—, la comenzaron los habaneros especialmente con los costosísimos sementales canadienses importados por Fidel para sus planes de desarrollo ganadero, y a los que solían dejar un cartel colgado del cuello que decía: «Parado por gomas», es decir, un vehículo inutilizado por falta de los neumáticos. El más importante y más pesado y más costoso y más publicitado de todos, un poderoso ejemplar de semental llamado Rosafé

Signet, que había sido trasladado en avión desde Montreal en compañía de prestigiosos veterinarios cubanos, tuvo mejor suerte puesto que conoció el sacrificio en una etapa anterior a la de los descuartizamientos en vivo. Sencillamente, Rosafé Signet sucumbió producto de certera puñalada a su voluminoso y rumiante miocardio y como producto de una romería de unas familias campesinas a las que les sobraba el ron y la cerveza, pero les faltaba un poco de carne para echar en las brasas y que vivían cerca del refrigerado establo con música indirecta y crujiente pienso anegado con miel de torula. Establo en el cual no se hallaba Rosafé Signet cuando apareció el guardia en su recorrido habitual. Fidel estuvo impuesto de la situación al rato, el MININT inició la operación «Quebec» y en menos de seis horas los perros rastreadores encontraban el enterramiento de huesos. Parecía, a la caída del sol, el escenario de un descubrimiento arqueológico. Unos huesos enormes, de sólido y todavía fresco calcio canadiense. Ocurrió en 1970. Los alegres matarifes de aquel domingo de juerga todavía están presos. Fiscalía y Seguridad del Estado estimaron que la pérdida sufrida por el Comandante en Jefe debía hallar un equivalente de castigo a infligir en la persona de los perpetradores y que el hecho de que fueran unos borrachines no los iba a salvar ni de un solo día de condena.

Y —no había concluido la huida el descuartizador de reses y desmembrador de agentes del orden—, cuando el cuerpo de policías de Bayamo tuvo que sufrir, casi que de inmediato, la otra embestida, la del general de Brigada Patricio de la Guardia, despachado desde La Habana en vuelo de 3 horas de turborreactor Yak-40, un Patricio que ingresó en el recinto policial, los brazos como un pulpo, arrancando las charreteras de todos los que se encontraba a su paso e informándoles que estaban degradados y expulsados deshonrosamente «de las filas del Ministerio». Los policías argumentaban que no habían ultimado al hombre porque luego había que vérselas con Fiscalía y no había forma de que Fiscalía aceptara explicaciones de detenidos golpeados o muertos. «Pues conmigo» —*el argumento Patricio*— «no existe explicación para no salir en defensa de un compañero por temor a enfrentar cualquiera que sea la consecuencia».

Ése fue el inicio, un descuartizador de toros vivos.

Lo que se quiere decir es que ésas eran las dualidades del MININT y de sus hombres, y que la contradicción insuperable entre reprimir y alcanzar el absoluto revolucionario de una institución revolucionaria como el MININT se registraba con mayor encono, fuerza, desgarramiento entre los viejos, avezados revolucionarios que constituían sus filas, todos unos asesinos probados, todos por lo menos con un muerto en su haber, pero todos necesitados de un porqué y hasta de un aplauso, un porqué del tamaño de una montaña y que les bendijera, aunque fuera a posteriori, el haber apretado el gatillo de la pistola con la que apuntaron a una nuca u oprimieron un costillaje. En nombre del pueblo. En nombre de la Revolución.

* * *

Esperé a que Alcibíades se retirara de mi estudio para llamar de nuevo a Tony, y con una voz de fastidio, a la que Tony por el contrario respondió con vivacidad y calor, le dije que yo creía innecesario ir de nuevo a verlo. Pero Tony, cosa rara, insistió.

—No. Llégate. Llégate —dijo.

Alarmante que Tony, un domingo por la noche, me dijera que fuera a verlo.

—¿Estás muy solo y muy triste? —dije, aunque sin enfatizar el tono de pregunta de mi cuestionamiento. Un *performance* clásico en nuestra conducta ante la posibilidad de escucha amiga.

—Muy solo y muy triste, Norbertus.

—Desesperado.

—El más desesperado del mundo, Norbertus.

Era una forma de nuestra habla particular, útil para intentar reconocer una situación, en este caso saber con esa expresión melosa y apropiada de una novela rosa, si mi presencia delante de él se tornaba insoslayable. Tomábamos en cuenta la posibilidad de una intervención de escucha. Lo hacíamos siempre, incluso en épocas de sin novedad en el frente y sólido asentamiento nuestro en el poder. En realidad, el uso procedía de ese período idílico. Estábamos convencidos (y entrenados para ello) de que la escucha no tenía nada que ver con la CIA, y lo asumíamos como un mal menor e inevitable del proceso. Era parte del fuego amigo al que se nos sometía con regularidad.

Mal menor e inevitable del proceso porque nuestra lucha era contra el país más poderoso del mundo, el que disponía de recursos ilimitados para intentar destruirnos, y no se podían escatimar esfuerzos en el control de la situación. ¿Entendieron?

—¿Y no te interrumpo un palito, brother?

—No me interrumpes nada. Ven para acá.

—¿Seguro que no?

—Ninguna interrupción. Ya eché todos los palitos que iba a echar este mes.

La expresión había sobrevivido por lo menos durante dos buenos siglos cubanos aunque ya en las fronteras remotas de nuestras generaciones se había dulcificado. *Echar un palo* significaba fornicar, aunque sin esas resonancias cuasipecaminosas que se desprenden de una acción que se llame fornicar, mientras que, en cambio, echar un palo era una expresión fuerte, vigorosa, inevitablemente ofensiva y que procedía de la lengua de los esclavos cubanos que laboraban en las calderas de vapor de los ingenios azucareros y que solían invitar a sus parejas a echar un leño, un madero, en el cuarto de calderas, regularmente deshabitado y fuera de la vista de curiosos y que nosotros, cubanitos descendientes de aquellas cuadrillas de macheteros y de brutales capataces y de sacarócratas convertíamos, siglo y medio mediante, y amorosamente, en *un palito*.[21] Teníamos una ventaja a nuestro nivel generacional: que se nos estaba permitido y era hasta gracioso y adecuado que inquiriéramos, al menos entre buenos amigos, por el desenvolvimiento de sus relaciones de alcoba —aunque siempre dentro de los márgenes protectores de las entonaciones de una broma. Ni siquiera la generación anterior, la de nuestros padres, de muchas mayores consideraciones por la respetabilidad y el señorío (por un mayor, obvio apego al pasado), se arriesgaba a este uso del lenguaje entre sus cofrades.

—Oh —dije al saber que no interrumpía ninguna de sus funciones maritales del domingo. Hube de exagerar con ciertos aires operáticos la interjección Oh. Resultaba obligatorio y era parte del código que el aire fresco de las bromas definiera el *statu quo* de nuestras conversaciones.

—Oh —repitió Tony, sin mucho entusiasmo, como obligado.

—Entonces, ésta es una tarea para SuperNorbert —dije.

—La banda de los dos —dijo Tony, sorpresivamente—. Por algo somos la banda de los dos.

No entendí en un principio.

La banda de los dos era la fórmula que Gabriel García Márquez había acuñado para llamarnos.

—La banda de los dos —insistió.

Su tono ya era francamente fúnebre. El Sistema de Descifrado Rápido se disparó entonces en mi cerebro, que de pronto se iluminó como una ciudad, y me pasó de inmediato, de forma automática, a la fase de Alarma de Expectativa Máxima.

Tony me estaba diciendo que era un problema de la incumbencia de los dos, o que sólo se podía resolver mediante la actuación de los dos. Pero que, de cualquier manera, era un asunto grave. Muy grave.

TERCERA PARTE

ALIARSE A LOS QUE PIERDEN

CAPÍTULO 1

Si Vivian decide por ti

La noche anterior, después de la segunda conversación por teléfono con Tony, me senté frente a la computadora y —no me pregunten por qué, ya que carezco de respuesta racional— me puse a sacar todos los ficheros que yo mantenía en remojo en el disco duro que consideré en ese momento *innaccrochables* que era la denominación procedente de las legendarias disputas entre Gertrude Stein y Hemingway en el París de los años veinte para calificar un objeto inadecuado de mostrar y que yo estaba utilizando esa noche para mi propio y secreto consumo y que había cubanizado hasta el hueso al convertirla en la palabra inacrochable, sin ninguna repetición de consonantes, y que cuando, además de inadecuado de mostrar, era potencialmente peligroso, yo había decidido llamarle inacrochable con cojones. Transferidos mis siete u ocho ficheros inacrochables y mis dos o tres ficheros inacrochables con cojones en un par de disquetes gemelos, me los eché al bolsillo. Entonces, en una hoja pequeña, de agenda, hice unas anotaciones bajo el encabezamiento *Operación 31/12/58*.

El teléfono me detuvo cruzando el umbral y resignado a encontrarme con la mirada inquisidora de Lourdes y con la carga de pena que yo iba a experimentar de inmediato cuando el encuentro con esa mirada ocurriera. El teléfono otra vez. Tony.

—Oká. No vengas hoy. Nos vemos por la mañana.
—¿Paso a buscarte?
—¿Buscarme?
—Para ir a casa del Patrick.

—Ya el Patrick estuvo por aquí. Un minuto después de tú irte.
No respondo.
—Mejor nos vemos en su casa.
—En casa del Patrick.
—Como a las diez —dice.
—Como a las diez —digo.
—Mejor así —dice.

Eliminada visita a casa de Tony. Se mantiene la segunda parte del plan. Dirigirme a casa de Juan Carlos Capote, el genio de las computadoras del Departamento MC y una especie de protegido mío, uno de los pocos protegidos o ahijados políticos de que he dispuesto en mi existencia, servicial y fuerte y cuyo frecuente estado de irritabilidad me hacía tratarlo como una granada despojada de la anilla y el hecho de que hubiese sido baterista de un grupo de rock semiclandestino me lo convertían en el tipo de muchachón con el oficio que yo siempre quise para mí. El mensaje era para él. (*Sólo para sus ojos.*)

Ficheros transferidos y mensaje anotado para Juan Carlos.
Todo previsto.

La operación recibía el nombre de una fecha significativa entre cubanos, el 31 de diciembre de 1958, último día de la tiranía de Fulgencio Batista y en el que se produjo la desbandada de sus principales seguidores. Desbandada. Ésa era la palabra. O no lo era. Una auténtica y desmoralizante desbandada sólo debía tener lugar en el campo de ocurrencias del enemigo y no de la fuerza propia. Retirada Estratégica Controlada era la clasificación a la que nos acogíamos.

Operación 31/12/58

JuanCa: *estamos cogidos.*
Necesito:

1. Que vayas a casa por la mañana a borrarme COMPLETO el disco duro
2. Que me saques de MerBar todos los toners que puedas para el printer
3. Organizar retirada

Quería que Juan Carlos, de ser posible, me dejara ese disco duro liso y pulido como una superficie de nácar. Él mismo me había metido los diablos en el cuerpo hablándome de un tal Peter Norton que había registrado el disco duro de la computadora de Oliver North y le había sacado todo lo que éste había pretendido borrar con un programa del mismo Peter Norton que a su vez había inventado un programa de restauración de ficheros borrados. MerBar era una de las empresas comerciales creadas por Antonio de la Guardia y que era una de las sucursales comerciales adscritas al Departamento MC y que era donde Tony concentraba todos sus negocios de computadoras y —¡fundamental! (al menos para mí)— donde tenía sus almacenes. Organizar la retirada significaba comprar papel, casetes de video y de audio vírgenes, efectos de oficina, comida, cajas de Chivas Regal, latas de café y cartones de cigarros de exportación. Todo por containers si fuera necesario. Tener reservas para 100 años, mínimo.

No había problemas con el dinero. Una saca de nylon rojo en la que se hallaban varios cientos de miles de dólares, depositada por mí mismo y por tal razón, para mis estándares, a buen recaudo, en una tabla de un clóset de mi casa, respaldaba cualquier necesidad.

Juan Carlos estaba avisado desde días antes de que las cosas se complicaban.

Contempló mis requerimientos anotados en la pequeña hoja y luego de que yo hiciera el ademán con el índice de sellarme los labios y, gesto maquinal, mirar hacia el techo, donde siempre suponíamos que estaban los micrófonos.

—No tenemos mucho tiempo, Juanca —dije.

Juan Carlos, rápido y de pocas palabras y terco como un raíl de línea de ferrocarril del que han hecho un nudo, asintió, luego de soltar un breve «Ujum».

Le entregué los disquetes.

—Guarda esto por ahí. En lugares separados. Los dos tienen lo mismo.

Guardar quería decir esconder.

Detrás de Juan Carlos, procedente de las tres reducidas habitaciones del estrecho apartamento, habían ido apareciendo en la penumbra de la sala, la mujer de Juan Carlos, la mamá de Juan Carlos, y una muchacha de pelo negro, ensortijado, cuyos últimos rizos flotaban sobre su nuca en ligero temblor, y una naricita ligeramente respingada, y una mirada altanera y bulliciosa y una sonrisa que no llegaba a ser maliciosa ni despectiva pero que era las dos cosas, además de provocativa, y que era la hermana mayor de Juan Carlos. Mayor por unos meses y sin que ninguno de los dos pasara de los 21 años.

Vivian.

Acordado el cumplimiento de la Operación 31/12/58, y no teniendo más que tratar, Juan Carlos, en compañía de su mujer, se retira hacia su habitación. Su señora madre ya ha desaparecido. Cierro la puerta tras de mí, sonriente, y de pronto ligeramente excitado por una perspectiva que no estaba planeada para esa noche. Titubeo un solo instante, contrariado, cuando recuerdo que en este apartamento, en un tercer piso junto con otros 20 apartamentos frente al Malecón de La Habana, no hay teléfono. Pero Vivian, en un gesto de auténtica camaradería y casi que ausente de todo objetivo erótico, lo cual aumenta la carga emocional del procedimiento porque establece en todas sus coordenadas que actúa con la naturalidad de que tú eres mi hombre y yo soy tu mujer, mete la mano en el bolsillo izquierdo de mi camisa, donde sabe que yo pongo mis cigarros, y saca la cajetilla, y luego busca la fosforera en el bolsillo izquierdo del jean, con lo complicado que resulta maniobrar dentro de los bolsillos de un Levi's, sobre todo cuando lo registras desde enfrente. Prende el cigarro, me coge de la mano y me conduce, como a un escolar, a su habitación. Nuestra habitación. Yo sé por qué ella está actuando con esa determinación y es porque yo he cerrado la puerta de acceso al apartamento. Así que no existe para ella la menor duda de dónde yo he decidido pernoctar. Entre las piernas de quién.

Juan Carlos se ha detenido frente a su habitación, en el angosto pasillo, una mano en el pomo de la puerta. Hace caso omiso de la situación de aislamiento con el mundo exterior que Vivian y yo hemos establecido, una especie de campana de Faraday bajo techo a la que estamos acogidos.

—Yo no sé si nuestro amigo sabe que está muerto —dice.

—Pero no tenemos opción, Juanca —digo, la voz decidida y quizá hasta autoritaria, debido a que existen oraciones que nunca pueden pronunciarse en tonos ligeros—. Los socios, los brothers. Hay que joderse con ellos.

—Claro —acepta, desprovista la solitaria palabra de toda convicción.

—Estamos amarrados —digo—. Como los alpinistas.

—Sí —asiente. Creo percibir un dejo de compasión por mí. Es algo tan remoto e inverificable como la apagada humillación que provoca.

Se lo van a fumar completo, dice.

Ese amanecer, después de Vivian, yo tuve un sueño en África.

CAPÍTULO 2

Los internacionalistas

Más allá de la noche. Luanda.

Se escuchaban los disparos aislados, a veces largas, sostenidas ráfagas y estábamos golpeando las reservas. Un botellón. Etiqueta negra. María Isabel Ferrer y Eva María Mariam eran visibles a través de la puerta de cristal que separaba el comedor —donde ellas dos chachareaban— de la terraza cerrada del penthouse, donde Patricio y yo estábamos, con la botella infamante.

—Bueno el *escochito*, Patrick. Encojonado. *The good little scotch.*
—Bueno, bueno que está, Norber One.
—*Yeah. The good old little one.*
—El etiquetón negro.
—Uh. *Yeah*. Etiquetón negro en el África negra.
—Mira el tipo, Norber. Mira como levanta el sombrerito. Caminando y con monóculo el tipo.

El penthouse ocupaba el quinto piso de la Misión Especial del Ministerio del Interior de la República de Cuba en Angola (MEMCA), y estaba destinado al jefe de turno —y era donde yo, cada vez que aterrizaba en Luanda, me instalaba como huésped ilustre porque el susodicho penthouse ya estaba designado como parte de mi principado africano.

María Isabel y Eva María habían llenado de paños y frascos de pinturas de uña y pozuelos de (creo) agua una esquina de la mesa y parecían dispuestas a probar todas las tonalidades en las manos y los pies, pero con mayor detenimiento en los pies, sobre los que trabajaban en forma alterna, atrayendo una pierna y colocando sus plantas desnudas sobre un borde de la silla y apoyando la barbilla en la rodilla, y entonces contemplando la curiosa y espesa obra lograda sobre la uña de, por ejemplo, su pulgar y denegando o sometiendo a duda el resultado, y volviendo a acometer la misma operación previo levantamiento de la capa de pintura, aún húmeda y corriéndose, por la acción de un copo de algodón anegado en acetona.

Acabábamos de bañarnos, por turnos, y las dos muchachas llevaban sus batas de casa, de algodón estampado, escotadas y sólo sostenidas por los tirantes sobre los hombros, y en la frecuencia de sus movimientos, hacia delante, si tú estabas lo suficientemente cerca, en el rango de los 2 a los 4 metros, y en el ángulo visual adecuado (lo cual no era nuestra situación en ese momento porque había un tramo largo de comedor y un cristal de por medio), podías ver cómo se mostraban sus senos, enteros y furtivos, hasta la oscuridad de los pezones, y se veían completos porque eran redondos y tenues y de fácil atisbo dada la holgura del escote de algodón y sólo tenías que dejar la vista resbalar desde el borde dorado de sus hombros. Y cuando ellas regresaban hacia atrás, con la pierna recogida, y si te ayudaba la suerte, la visión era de los blumers hasta el elástico de la cintura y, en esporádica y obscena revelación, unos matojillos de vellos públicos que brotaban de las entrepiernas y trataban de escapar del blumer, como por debajo de una cerca.

Desde luego, era el clásico festín de muchachas cubanas, pero del que sólo podían tener conocimiento, abandonarse a la experiencia, en todo su esplendor, cuando se hallaban *en el exterior*, aunque ese exterior significara cumplimiento de misión en una ciudad abandonada por los rabiosos colonos portugueses y devastada por la guerra pero con un suministro sostenido de Avon o de Christian Dior. La elaboración de cosméticos no era el fuerte del bloque soviético, por cierto, y las cubanas escapaban con suerte gracias a unas viejas fábricas de los mismos Avon o de Revlon o de Chanel ocupadas por la Revolución, que se dieron a la tarea de soltar a la calle unos productos de bastante regular calidad llamados Perla. Satisfacer la demanda interna de pinturas de uña fue su tarea hasta que los estrategas del comercio exterior cubano se percataron de que las ganancias, o al menos los dividendos, serían mayores si se vendían en los ávidos mercados en orfandad de los países socialistas. Azúcar, níquel y pinturas de uña a cambio de petróleo y armamentos. Los antiguos centrales azucareros de la United Fruit o de capitalistas criollos como Julio Lobo y la planta de procesamiento de níquel cobalto erigida por la Frederick Snare Corporation en la bahía de Moa y los dulces, exquisitos laboratorios habaneros de Chanel, todos con las calderas a punto de explotar, trabajando para los países tributarios del CAME.[22]

«El trueque con las tribus eslavas», decíamos...

«Yo, azúcar. Tú, petróleo.»

«Un saco de azúcar. Dos barriles de petróleo.»

«¿Bien?»

«¿Jarochó?»

«Yo, pinturita de uñas. Tú, AK-47.»

«¿Jarochó? ¿Entender?»

Los productos: así le llaman las cubanas. Un espejo de mano y *los productos,* tales los elementos que resultan imprescindibles en los rituales del maquillaje y la manicura. De la acetona, en cambio, es innecesario hablar. La acetona se convirtió en la mercancía deficitaria por excelencia. Desapareció de las tiendas cubanas en diciembre de 1960. Y hasta el día de hoy. (La acetona, he aquí un elemento ideal para preparar explosivos y altamente inflamable, argüían los expertos en cuestiones de seguridad a nivel de corrillos callejeros. La guerra contra la acetona había comenzado.)

El Patrick y yo íbamos a golpear la reserva del etiquetón negro por tercera o cuarta vez y ya habíamos medido la distancia y sabíamos dónde estábamos, que era dislocados en el *staging point* Patrick-Luanda, que acabábamos de bautizar de ese modo y que era sólo para nosotros y para convocarnos antes de las batallas que nos resultara conveniente aceptar y dónde nos hallábamos era a una noche de distancia de Cuba, desde que levantabas la nariz y recogías el tren y el resto de los trapos al final de la pista del Aeropuerto Internacional «José Martí», La Habana, y cruzabas sobre la carretera de cuatro vías de acceso del aeropuerto y de las viejas casas terrosas del pueblo llamado Rancho Boyeros y te despedías de los últimos Ladas cubanos y los despintados ómnibus e iniciabas la solemne trepada, y seguíamos con los cuentos, entonces con Tony, porque se decidía que fuera el protagonista favorito de los últimos episodios, refrescada su imagen por los apuntes iniciales de *Llamadme Antonio* que había trasladado a Luanda, y se escuchaba el eco que hacían contra las paredes de la ciudad los últimos cargueros que aterrizarían esa noche en Luanda mientras el asado de María Isabel Ferrer bullía en una bandeja del horno. Las noches de Luanda cuando eres general.

Al otro día, desde los albores, lo que ibas a estar escuchando era el ronroneo inconfundible y obstinado de los transportes de tropas de factura soviética AN-26, llevando cubanos, con sus uniformes de camuflaje, sus escuetas mochilas y sus AK-47, casi siempre de culatín plegable, y para los que era una obligación retirarles el magazine antes de ingresar en la nave.

Las operaciones de Tony. El Twin.

El Patrick me estaba contando. Revisaba mi copia dura y comentaba.

«Coño, Patrick», yo decía. «Mira que hacemos cuentos.»

Eso fue una premonición. Decir eso fue un acto premonitorio. Pero no me percaté de su validez porque aún no había aprendido la lección sagrada.

«Norber», decía el Patrick. «Es nuestra historia. ¿Qué otra cosa tenemos?»

La lección sagrada dice que el único sistema de la inteligencia humana cuyas señales deben respetarse bajo cualquier condición del tiempo y de la existencia es el que proviene de la intuición. Pero ésa es una disciplina de aprendizaje muy lenta y es algo no accesible a todas las inteligencias y se requiere de muchas horas de vuelo para que acabe de ser parte del equipo interactivo de la conducta, de su dialéctica, y para eso tiene que habérsete secado la boca muchas veces sin comprender qué estímulos externos están proporcionando, en un rango de emisión no detectable, no comprensible, no capturable, las señales de peligro que han liberado los torrentes de adrenalina y noradrenalina que bloquean la secreción glandular, y saberte ya, de memoria, sin vacilar, y más que de memoria —que sea algo que te corra intravenoso como plomo líquido— y que sea un estado de conciencia en alerta permanente, de que nunca, antes de un combate, antes de que ordenen calar las bayonetas y sacar la cabeza de las trincheras, le enseñes la foto de tus hijos a tu mejor amigo y le digas que se ocupe de ellos en caso de que te pase algo, porque lo que estás haciendo, tú mismo, con esa lástima repentina —*lastimita*, le llaman los cubanos— que le profesas a los chamacos o a la mujer y, al final, a tu propia persona, es establecerte en tus vísperas, y ése es el día en que una bala tiene tu nombre y te van a descontar.

Por aquel entonces estaba teniendo lugar esa premonición a la que yo habría de bautizar —para exclusivo consumo de nosotros— Premonición «Mrachkovsky».

Era un personaje sacado de mis atiborrantes lecturas soviéticas.

Sergei Vitalievich Mrachkovsky.

Un bolchevique de la vieja guardia que Stalin le entregara a Andrei Vyshinsky, su implacable fiscal, para que lo despedazara en uno de los famosos procesos de Moscú, año 1938 según las actas. La Premonición «Mrachkovsky» es porque Mrachkovsky, más que producir una frase autocrítica de primer nivel —«Debemos tachar los servicios prestados en el pasado; el pasado ya no existe. Pero el presente no puede ser tachado. Yo soy un contrarrevolucionario»— nos estaba advirtiendo. Pero en vez de oírlo, yo lo puse a disposición de la conducta iconoclasta de los mellizos y mía, que era también una fórmula de proyectar dureza y de protegernos.

«El más autocrítico del mundo, Patrick», yo decía. «Sergei Vitalievich Mrachkovsky.»

«El más autocrítico», respondía Patricio.

Tenía que ver con el pasado. Con *nuestro* pasado, el que cada noche nos daba por recrear si no se había producido ningún acontecimiento en el día que fuera digno de comentar y que de inmediato se incorporaba como nuestro pasado más reciente.

El acontecimiento más recurrente, por cierto, estaba muy bueno. Uno bastante nuevo y emocionante de verdad y que todo el mundo deseaba escuchar. Aunque ya tenía más de un año, era el acontecimiento incorporado como pasado más reciente que, por esa época, ocupó toda nuestra atención —y con mayor interés y recreación desplegábamos. Fue el del sábado 5 de diciembre de 1987, cuando con el tren fijo del carguero Casa de producción española, a bordo del cual nos hallábamos —el Patrick, el coronel Miguel, el coronel Payret, el teniente coronel Maico, y otros tres o cuatro internacionalistas cubanos más—, arrastramos unos troncos de palma cortados y apilados que se hallaban al final de los 250 metros de la pista de tierra de N'Dalatando. Las palas del motor izquierdo se enredaron de inmediato en un maniguazo, que peinamos después de golpear los troncos y en el momento que, de todas maneras, despegamos, con el motor izquierdo ido y sin saber si aún conservábamos el tren para el aterrizaje, dos horas después, en Luanda, que fue cuando, a duras penas, logramos sobrevolar el peñón que se hallaba a medio kilómetro de la pista. Con el único motor de que disponíamos y que dejaba escuchar un angustioso silbido de metal en sus límites, exhausto, intentamos mantener la trepada, obligados, como estábamos, a ganar altura, por lo menos irnos por encima de los 2.500

metros, que era el alcance de los cohetes portátiles de conducción térmica de que disponía la fuerza enemiga UNITA, cuando, con la proa aún levantada, lo cual es una mala actitud para una máquina que no dispone de fuerzas en reserva, tuvimos que enfrentarnos a la realidad objetiva de que teníamos un cumulonimbo en formación exactamente arriba y delante de nosotros. El acontecimiento aumentó nuestro pasado en forma considerable y además, para ilustrarlo casi a la perfección, teníamos el *tape*, gracias a que Maico, el teniente coronel Michael Montañez, con toda tranquilidad y sus habituales nervios de acero, no abandonó su cámara mientras nuestro avión se proyectaba hacia el desastre y mientras sostenía por el cinturón al navegante del Casa, un joven sargento angolano que intentaba lanzarse al vacío. Maico puso un ojo en el visor y grabó el instante antes de morirnos. Comenzábamos a contar por primera vez para el recuento de nuestros recuerdos, con una grabación de video. La etiqueta, en el lomo del casete, de puño y letra de Maico, aún dice: «*N'Dalatando — Los rangers nunca mueren.*»

Están riéndose.

Patricio mira a través del cristal, hacia el comedor, y sonríe, gozoso, de sólo ver a María Isabel, su mujer, y a Eva María que ríen y yo también miro a través del cristal y también sonrío, al igual que Patricio, de ver a Eva María, mi mujer, y a María Isabel que ríen. Entonces contemplo a Patricio, enfundado en su opaco mono Adidas de gimnasta, y él no va a saber que lo estoy observando y que disfruto de su sonrisa y de su sosiego como nunca ninguna mujer podrá experimentarlo, porque no hay nada de él de lo que quiera apropiarme o que desee o que pueda proporcionarme ninguna clase de satisfacción física o material. Sólo saber que hemos compartido el pan y la muerte y que él es el general Patricio y que, a solas, estamos extinguiendo el contenido de una garrafa de scotch, y que me complace y colma mi vanidad (él no lo sabe todavía) que se refiera a mí como Norber One y que soy su Brother y que le traigo suerte.

Ése es el Norber One de esa noche en Luanda, un hombre de 44 años capaz de entender, no sólo que Angola es su última guerra, sino que, también, es la última de Fidel Castro. Pero incapaz de saber que Patricio es el último amigo que tendrá en su vida, el último sobre el que existirían todos los derechos y todos los deberes y, a su vez, como es también obligatorio y verdadero, ninguno de los derechos y ninguno de los deberes, y al que le puedes exigir todo, porque para algo es tu amigo, y al que nunca, desde luego, le exigirás nada, porque eso es lo último que se le hace a un amigo, y esa noche, aislado de los sopores del África austral mediante el aire acondicionado de una dependencia oficial cubana en el exterior, ni siquiera era capaz de vislumbrar un futuro muy cercano en el que la soledad y el convertirse en un alma inaccesible y remota sea la única compensación a no poder disponer, nunca más, de los viejos camaradas.

CAPÍTULO 3

FUERA DE ÁFRICA

Se lo van a fumar completo, dice.

El resultado de toda una noche de sus reflexiones. Se los van a fumar, a todos ustedes, completo, dice.

El plural de la nueva formulación de Juan Carlos no es humillante como se podía percibir la de la noche anterior pero tiene otras resonancias en la conciencia, más dispuesta a tirar las humillaciones en el almacén de los rápidos olvidos que a obviar las señales de peligro. Es una condición de la supervivencia. Cuando el pellejo está en juego, poco importa la larga lista que puedas haber acumulado de situaciones ofensivas y de indignidades.

Pero hay datos circulando y uno debe apurarse a bajar las barreras.

—¿Tú crees eso, Juanca?

La pregunta hecha como al descuido.

Uno trata de mantener su empaque y el tono sereno aunque indagatorio cuando en realidad lo que uno está es desesperado por huir, a como dé lugar y hacia donde sea.

Juan Carlos está desenroscando una cafetera italiana de tres tazas. Y asiente, lo cual es siempre una forma grave de decir sí.

—¿Tú crees? ¿De verdad?

Nuevo asentimiento.

Nuestros sistemas de alarma aún se resistían a despertarse pese a la masiva influencia de estímulos que se estaban recibiendo desde el exterior.

Este grupo de viejos revolucionarios, de veteranos de guerrilla y maestros de los servicios de Inteligencia se empeñaba en menospreciar lo que sabían, lo que se les estaba informando y en desconectarse del comando de su intuición, pese a que, desde afuera, todo indicaba que nos precipitábamos en una emboscada. Una ingenuidad de origen abstracto abatía las llamas del conocimiento de unos cerebros verdaderamente adiestrados para estos menesteres. Los profesionales que no aterrizaban en ninguna parte del mundo sin una Brownie High Power de 9 milímetros enfundada en la costosísima cartuchera Bianchi, devenían unos primos —la más baja estofa en la clasificación de los combatientes cubanos— que, para comenzar, iniciaban su desarme unilateral cuando rechazaban la información que se les suministraba, y que a esas alturas del juego entendían que debían ser como una secta fatalista que se precipitaba hacia su designio de muerte e ignominia, nuestra risueña levitación hacia el cadalso.

La cafetera lista. Ha sido cargada de café y el café, como es la costumbre nacional, ha sido sólidamente apisonado en su embudo a pesar de las advertencias en sentido contrario de todos los fabricantes de cafeteras italianas, que prescriben el método. El artilugio ha vuelto a ser enroscado. Juan Carlos, con sus dos poderosas manazas, en un inapelable movimiento de tranque, debe prácticamente haber soldado las dos piezas que ahora constituyen el objeto de nuestra inconsciente adoración y que permanece sentado sobre el fuego azulado del hornillo de gas.

—Lo van a descojonar por una razón —dice—. La razón más simple del mundo.

Yo no me imagino qué razón puede ser esa que Juan Carlos cree vislumbrar.

—Yo no me imagino qué razón puede ser ésa —digo.

Estoy bajando las defensas. Quizá excesivamente ante el único discípulo probable de mi existencia.

—Yo sé que no, yo sé que no te lo imaginas, porque no quieres perder.

Juan Carlos se está desarrollando. Está yendo mucho más allá de lo que yo podía calcular y de lo que me hubiese gustado permitirle.

—El problema tuyo es ése, que no quieres perder. Pero el de Tony es que ya tiene demasiadas cosas en las manos.

—Demasiadas cosas —repite.

Ya estaba entendiendo. Por eso las evidencias de emboscada se aceptan con lentitud, con reticencia, y, puestas en balanza, las humillaciones gustan más.

Ah. Entendido.

Ya.

Lo que no puedes aceptar es la pérdida del poder. Juanca se anotaba un punto.

El gorgoteo. La cafetera vibra y hay una siseante emisión de vapor y los efectos de una fuerza de empuje interna parecen meter el hombro, desde abajo, para levantar la tapa niquelada.

La ceremonia de servir el café, al no ser presidida por una mujer, se resuelve con rapidez y sin gracia, compactada por los movimientos de maniobra de Juan Carlos.

—Tiene azúcar —dice. La taza, en una de sus manos y frente a mis ojos.

El despertar en aquel recinto era difícil siempre para mí, el descubrir invariablemente a Juan Carlos, como si bloqueara la puerta de la habitación de enfrente, el darme de bruces con él, cuando mi costumbre de compararlo con un oso peludo podía adquirir el plomo absoluto de la verdad revelada, moreno, fuerte, ex oficial del Ministerio del Interior y baterista de un grupo de rock y genio de las computadoras de MC, era el oso inmenso de pelambrera negra que me clavaba su mirada de piedra mientras yo cerraba la puerta detrás de la hermana, aún arrebujada en una sábana y aún desnuda y aún abatida por una serena molicie mientras yo cerraba esa puerta y la contemplación de uno de sus breves pies desnudos y la larga pierna fuera de las sábanas era objeto de mi escrutinio ascendente hasta, desde luego, llegar a las blancas y protuberantes nalgas y destapadas y siempre, en ella, mostrándose en un gesto de apertura, de oferta, y yaciendo como yacía, sobre su brazo izquierdo, la imagen se apagó, en cámara lenta, como una gota de agua que atrajo sobre sí toda la luz de una mañana y que fue mostrada en una amplificación de uno por diez mil.

Entonces yo —por mi propio bien, desde luego— tratando de suavizar la situación y el Juanca, reconvenido él mismo, yéndose a la situación de hermano menor, ayudará con alguna propuesta blanda, hacer ese café que ya ha hecho, o algo por el estilo, y como si él me hubiese acabado de abrir la puerta de entrada de su casa y yo no hubiese salido del cuarto de su joven y preciosa hermana, la frágil pieza de porcelana —de obligado, cuidadoso trato— que yo venía de acabar de hollar, de profanar sus vellos púbicos y gozar de cada uno de los milímetros de su piel, de insistir en su culito con la lengua, con los dedos o con el resto del instrumental y de haberme extasiado entre aquellos dulces anillos de su recto, de agarre perfecto, un oscuro hoyuelo hundido entre dos nalgas que ya he descrito como protuberantes, y cuya reticente elasticidad sometía a prueba mientras la asía firmemente, con mis dos manos, por las caderas y mordisqueando su nuca, y era una muchacha de olores primaverales y de vellos rubios y sedosos, vellos milimétricos que se electrificaban aún dormida —pero sonriente, agradecida— cuando yo la acariciaba con la palma de la mano.

«¿Hay cafecito, Juanca?», era la primera pregunta de rigor.

Primera respuesta, también de rigor:

«Vamos a ver.»

«¿Leche?»

«Vamos a ver.»

«¿Tú vas a ver?»

«Voy a ver.»

Juan Carlos y yo sabíamos hablar claro, ésa era la virtud, y un poco después de la mañana del 28 de enero de 1989 —yo estaba acabado de llegar de lo que (hasta ahora) es mi último viaje a Angola— en que había visto por primera vez la espalda de Vivian, apenas vislumbrada al paso, debajo de su bata de casa, que al descender, limpio y vaporoso el algodón estampado, se amontonaba sobre sus glúteos, de blanquita cubana moldeada por ósmosis con negras esteatopigias, de esclavitud, que se hicieron cubanas en las plantaciones de caña, y que fue la muchacha que me colocó como una de sus prioridades existenciales desde que abrió la puerta y ofreció, como era de rigor, café y comenzó a revolotear por mis alrededores, y dijo que enseguida me llamaba a Juan Carlos y preguntó de inmediato si podíamos dejarla en Primera Avenida y 18, en la escuela de idiomas donde trabajaba y que después, en el camino, seguramente probando mis posibilidades, mencionó El Tocororo, el restaurante más exclusivo de La Habana, y casi que se invitó ella misma, y luego de que se apeara en su escuela y yo le dijera a Juan Carlos: «¿Qué pasa si me empato con tu hermana?», tuve elementos para evaluar la situación.

Nada.

Loud and clear. La respuesta de Juan Carlos era previsible.

Nada.

Después hubo una reconsideración. Lo único que no quería era «una mariconada», es decir, en términos redondamente cubanos, que no le hiciera un daño de consideración a la muchacha, algo que en los códigos de conducta anteriores al triunfo revolucionario se hubiese entendido rápidamente como desflorarla fuera del matrimonio o dejarla embarazada, pero que a finales de la década de los ochenta se convertía más bien en un ejercicio obligado de retórica, un sonido sin ninguna clase de furia, vacío de todo significado.

Y otra cosa, se apresuró a decirme.

Más importante que nada. No quería verme lavando los blumers de su hermana, tal y como un feliz y complacido marido anterior de ella solía hacer un par de veces a la semana.

Estaba mejor esa cláusula. Era una advertencia sobre un temperamento.

Implacable pequeña maestra de inglés.

Por lo pronto, cuatro meses y un día después de aquella pregunta, estaba el único representante de la familia Fuentes incorporado, como uno más, en los alrededores de la tibia cocina, tomando su cafecito, en compañía de los cinco miembros de la familia Capote, que ya se habían levantado. Conseguí que Vivian me alcanzara un vaso de leche de la reserva familiar, luego de una ligera actuación que solía repetirse.

—¿No tienes leche ahí?
—Déjame ver.
—Mira a ver, anda.
—Voy a ver.
—Yo no sé si hay —interviene Juan Carlos, a quien ya le había hecho la solicitud.

Otro clásico *performance* del proceso. Si los cubanos no obtenemos una negativa firme y concluyente a la primera solicitud, seguimos pidiendo. Los cubanos —déjenme explicarles— hace como 30 años que no tenemos reparo en meter los tenedores en un plato ajeno, y abrimos los refrigeradores, buscamos en los estantes, también debajo de las camas y efectuamos la pesquisa completa de lo que queremos obtener con toda naturalidad y entre amigos, y es algo que va más allá de la promiscuidad en que vive un 90 % de la población desde los años sesenta, y algo peor que la pérdida del sentido de la propiedad después de tantas nacionalizaciones, intervenciones y socializaciones. Las relaciones sociales de producción han perdido toda seriedad dado que el trabajo y sus resultados —tanto para el país como para sus productores— carecen de valor real, viviéndose como se ha vivido gracias a los suministros soviéticos y donde la amistad se ha convertido en el verdadero rasero o regulador de cualquier actividad social, política y económica —esta última para llamarle de alguna manera a la obtención de productos y medios de vida.[23]

La leche. Se hallaba a buen recaudo dentro de un habitualmente desolado refrigerador, pero que en las últimas semanas comenzaba a animarse con las pequeñas y multicolores raciones de carnes y quesos envasadas en los paquetes de aluminio y plásticos y los panecillos envueltos en nylon procedentes de la comisaría de Cubana de Aviación.

La ceremonia del café, esta vez sintetizada por Juan Carlos, y mi habitual petición de un vaso de leche fría, se producía asiduamente —cuando yo pernoctaba con los Capote— al pie de la cocina, que se hallaba detrás de un *counter* del reducido apartamento.

—¿Qué más tenemos ahí? —le pregunté a Vivian, sujetándola por una muñeca y en ademán —una broma, por supuesto— de retorcérsela.

—¿Dónde, muchacho? ¿Dónde?

Una Vivian sonriente y sin perder sus aplomos de fierecilla ingobernable, enfundada en su elegante uniforme azul, hurgó en mis bolsillos, en busca de los cigarrillos de exportación Montecristo. Permiso para encender cigarro, dijo con la mano sobre una visera imaginaria y con tonos pretendidamente militares, lo que aumentaba el nivel de picardía en todas sus acciones y la intensidad del desafío a que siempre me estaba queriendo someter. Juan Carlos —y ocasionalmente su mamá o su mujer— podían estar obligados, por la estrechez del lugar, a presenciar las escenitas de esporádica luna de miel, pero se las arreglaban —no se sabe cómo en aquellos escasos metros cuadrados— para no hacerse sentir y desaparecer de inmediato.

Muchas veces pensé que la actitud de Juan Carlos, su «dejar pasar», así como el permanente desafío de Vivian, eran atribuibles a una conducta generacional y que era específica de Cuba. Que Juan Carlos aceptara que yo, su amigo más cercano, tuviera a su hermana como la segunda amante de un escalafón de mujeres bajo mi patronazgo y disfrute, y usufructo, nunca ha sido algo aclarado, aunque pueda pensar que en última instancia fue la solución más inteligente adoptada por él con dos de las cuatro únicas personas de su círculo cerrado de afectos y no queriendo perder a ninguna de las dos, pero que no acababa de tragar. Y que Vivian lo aceptara, no ya ser amante oficial de un hombre casado, sino la segunda amante oficial de un hombre casado y con otra amante oficial y que de alguna manera ya estaba reconocida universalmente, al menos con ciertos derechos de antigüedad, sólo pude explicármelo por el enorme deseo de lucha del que Vivian hacía gala y porque realmente pensó alguna vez que podría doblegarme. El síndrome del marido anterior lavándote los blumers y no tú los calzoncillos, a veces puede ser muy perjudicial en el desenvolvimiento táctico estratégico de los sueños de rosa de una muchacha. Al final, conmigo, tuvo que conformarse con explorarme —actividad a la cual se dedicara con fruición— y decirle a las amigas que yo «hacía igual», es decir, que la llevaba a la cama todas las noches «sin ningún tipo de problema» —una necesidad apremiante de comparar la capacidad y resistencia sexual de un hombre en el inicio de su edad madura que trabaja sobre su cuerpo joven y ávido, con los mocetones de su experiencia habitual (aunque no tenían por qué saber que esto último se lograba, entre otros, como resultado del habilidoso despliegue de tres o cuatro trucos), pero se trataba también de comparar a los cotidianos ciudadanos de su entorno con un hombre del *poder*, de esa reducida capilla cuya existencia las autoridades y el Partido se empeñan siempre en negar, sobre todo ante las capas humildes y trabajadoras del pueblo, pero que es la cofradía de la que se cree atisbar sus fugaces y enigmáticos rostros desde los Ladas de caja quinta desplazando ondas subsónicas de trayecto hacia un lugar que (no puede ser otro) debe ser el olimpo invisible y nunca enteramente descrito de los elegidos.

Las piernas torneadas de Vivian, vestidas con pantimedias oscuras, le sentaban muy bien, junto con su uniforme de aeromoza; y la palidez de su rostro se acentuaba por la severidad del azul prusia del uniforme sobre el que, como en una danza de siluetas, los brazos de auténtica porcelana blanca, y desnudos desde la media manga, se movían —gracias probablemente a los contrastes de blanco sobre negro—, con cierta majestuosidad, y yo contemplaba, en secreto conocimiento para mi solo consumo, las pequeñas y elegantes manos con las que estuvo amasándome los testículos toda la noche, incluso dormida, y con las que ahora se valía para manejar los utensilios de su desayuno y dentro de dos horas, junto con estudiada sonrisa, para los ademanes de dar la bienvenida a bordo y acomodar a los 162 pasajeros del vuelo a Madrid. El pañuelo tricolor de cabeza colocado al descuido como una bufanda era el atractivo detalle final de su presencia en este mundo aquella mañana.

El claxon abajo. Dos toques. Un automóvil negro, sin rótulo, pero perteneciente a Cubana de Aviación, espera por ella. Es un Volga 24, el remedo soviético del Mercedes Benz, y se asigna para recoger tripulaciones por toda La Habana. En breve se producirá el descenso real, desde su apartamento, de Vivian, la muchacha que es la envidia del barrio, porque obtuvo una plaza de aeromoza, gracias a su dominio fluido del inglés, y porque es una de las pocas, en un perímetro de varios kilómetros a la redonda, con una docena de pantimedias en la gaveta, y además porque «sale» conmigo, es decir, paseamos juntos con frecuencia, y yo he sido identificado como «un tipo que es ministro o comandante y que se cree que es Dios», es decir, arrogante, poco dado a saludar al resto de los ciudadanos. En verdad, ella desesperaba por un poco de aventura y sobre todo por pertenecer a algo diferente al aula mal ventilada donde impartía sus clases sobre Shakespeare o Bacon y adentrarse a como diera lugar en uno de los estamentos de la hipotética aristocracia criolla, aunque fuese esa línea subalterna que es ser una aeromoza, y en la que se había enrolado pese a mi oposición porque para algo era una licenciada en Lengua y Literatura Inglesa y porque yo sabía todo lo que iba a ocurrir después, y de hecho ya estaba ocurriendo, que era estarme hablando de los capitanes de los Ill-62, sus nuevos ídolos.

Aventura y poder, quizá una ilusión.

Pero resultaba una combinación imposible de soslayar para una cubanita ansiosa de salirse de la tontería asfixiante en que, se daba cuenta, estaba condenada a vivir en eternidad, y un tipo que pese a sus aires irónicos de intelectual, jamás se le oye hablar de problemas existenciales y que ella ve a los duros de la Revolución reverenciarle, y cómo le hacen gracias, y él se mueve con naturalidad y hasta ganando distancia en el coto cerrado de la casta militar, y que entra y sale del país como tomar agua, un tipo que va de los dominios de la muerte a los de la inteligencia, y entonces a los del poder, y después a los del comercio, no está mal si se te posa con la lengua entre las piernas y te sorbe el clítoris y a veces lo tienes de uniforme de campaña, uno de esos atuendos de combate sorprendentes en su atractivo, con mangas recogidas en gruesos dobleces sobre el codo, y broches metálicos y el apellido en una banda sobre el bolsillo izquierdo de la chamarra, por lo que existe casi que la obligación de enamorarse, sobre todo si la posibilidad más próxima, otro intelectual que le había quedado cerca —es decir, con el que también se había acostado—, pero diferente por un largo tramo si lo conocías, era un cuarentón de apellido Rodríguez, flaco y dulzón, procedente de una familia de pobres de solemnidad, profesionales del hambre, de una aldea en las proximidades de La Habana pero que había saltado al estrellato internacional, gracias a una excepcional producción de canciones políticas y que miles de mujeres, de Madrid a Santiago de Chile, se extasiaban gritando su nombre, Silvio, Silvio, y coreaban sus canciones en los estadios a lleno completo en los que se presentaba, y al que, por lo menos dos generaciones de cubanas, habían decidido pasárselo por la vagina, y que —¡desde luego!—se llevaba muchas más mujeres a la cama que cualquiera de nosotros, infelices y comunes mortales, pero que no había manera de que hiciera vibrar a ninguna pese a sus aires melancólicos de perro apaleado que aún no aprende la lección de la fama y que cree necesario ser lo mismo modesto y humilde que un monumento de irascible soberbia.

Juan Carlos y yo acompañamos a Su Alteza Serenísima en su descenso a tierra, desde el cuarto piso, donde estaba el apartamento. El día empieza bien: con un elevador que, milagrosamente, trabaja. Entonces llegamos a la planta baja y nos aproximamos a la acera y yo miro hacia la zona de parqueo en busca de la segunda buena noticia y poder respirar tranquilamente al cerciorarme de que mi Lada color amaranto ha sobrevivido una noche más a la codicia de los cacos.

«Pe Cero, Veinticinco.»

Me estaban divisando. Acababan de divisarme. El carro 25, un Lada 1500 S, color crema, era desde el que se me estaba divisando y era el «móvil» del que disponían como avanzada de mi seguimiento porque no tenían punto de chequeo fijo frente al edificio donde se hallaba el apartamento de los Capote, entre otras razones porque yo apenas pernoctaba allí.

Las llamadas de alerta —para anunciar que el objetivo se halla en movimiento— deben hacerse a la jefatura —«Punto Cero»—, desde el punto de chequeo —regularmente ubicado frente a la residencia del objetivo y en la casa o apartamento de uno de los «vínculos útiles» del K-J— y siempre por teléfono para evitar que los puntos fijos de chequeo sean ubicados en el mapa por radiogoniometría, sobre todo en el caso de los diplomáticos de los Estados Unidos de América, supuestamente equipados con la última tecnología para rastrear con precisión «la cola» que no les abandona por toda la ciudad y los centros desde donde se imparten las órdenes. Aunque Fidel había decidido, por primera vez en la historia del K-J, que la Brigada 1 se desentendiera de los diplomáticos yanquis para volcarla por completo sobre nosotros, comenzaban a registrarse algunas incompetencias. Una, por lo menos en mi caso, era que podía dormir en cualquier cama y que carecía de un lugar de trabajo. Así que se les hacía obligatorio avanzarme un carro al pie de cualquier edificio, o en las cercanías de cualquier casa, donde se me ocurriera cobijarme, *y tenían que trasmitir por radio* para darle a la jefatura las coordenadas de mi seguimiento. La modalidad, necesariamente, tuvo que llamar la atención del *team* de radiocontrainteligencia de la Sección de Intereses de los Estados Unidos de América en La Habana. Como quiera que los cubanos estaban trasmitiendo *todo* por radio y ellos, los gringos de la SINA, no acertaban a detectar su cola habitual y que la situación se prolongara durante varias semanas, debe haberlos inclinado por la variante operativa de que los cubanos empleaban métodos de chequeo desconocidos y hasta el momento no detectables y no percatarse de que se estaba produciendo en sus narices el cambio de política más dramático del proceso cubano y que era merecedor de inmediato de una reconsideración de Inteligencia y diplomacia de los Estados Unidos de América, porque había algo mucho más que simbólico en el hecho de que Fidel hiciera virar la dirección de trabajo de la Brigada 1 del K-J, sacándosela de encima al personal norteamericano destacado en Cuba y lanzándola, como una jauría, sobre su propio dispositivo revolucionario. «Dejen tranquilos a esos bobos de la SINA, que no aciertan una, y ocúpense de Ochoa.»

Excepto cuando yo aterrizaba en casa de Eva María Mariam, donde disponían enfrente de un punto de chequeo fijo, en la casa de tejas rojas del coronel retirado de las fuerzas blindadas, Diosmediante Ballester, al otro lado de la desolada calle llamada Quintana, por la que transitaban más arañas que vehículos, o que hiciera noche en mi propio apartamento, con micrófonos instalados hasta en los inodoros, los kajoteros tenían que pasar la velada refugiados en sus vehículos o a la intemperie y continuar desarrollando a mis expensas un rencor sórdido y un desprecio incurable por los impredecibles lugares de mi vagar existencial, en los que yo pudiera dejarme caer. Siempre molestos conmigo por las vueltas que —ellos decían— yo daba, y la cantidad de gente que visitaba y las mujeres con las que me acostaba. Esto último, desde luego, era el fundamento básico de su irritación, y vector permanente de comentarios insultantes sobre mi persona.

«Indique, Veinticinco.»

«Cero Dos la Pluma.»

El Punto Cero solicita al carro 25 que informe la situación. El carro 25 informa que el objetivo está en movimiento. 02 es el indicativo de *en movimiento*. La pluma fue el indicativo con que estos hijos de puta me bautizaron. Fue una porción de lo que, tiempo después, llegaría a mi conocimiento. En fin, que yo estaba en movimiento, en realidad, que había salido del edificio y que ya estaba afuera. Regularmente —repito— éstas son comunicaciones desde el punto de chequeo al Punto Cero, pero en mi caso, aquella mañana, se habían visto obligados a sustituir el punto de chequeo con el carro 25.

Arriba, en el apartamento, se quedaban la mujer y la madre de Juan Carlos. Me despido de Vivian, y con un rápido beso en los labios y otro en la punta de la nariz, hago como si la dejara escapar, y entonces vuelvo a atraerla hacia mí, y tomándola autoritariamente por las caderas, para que tuviera bien presente todo el día laboral quién fue —por lo menos anoche— su dueño, y para que me vieran desde el Volga sus dos o tres compañeritas, que no pierden ni pie ni pisada de la escena, vuelvo a besarla, ahora con mayor largura. Mi *performance*, desde luego, es también para ellas. Para que vieran qué cuarentón más guapo y qué elegante con mis jeans Levi's y mi guayabera azul pálido, y mis Ray-Ban negros como un cuervo, y mi Rolex y pulso de pelo de elefante en la misma muñeca, la izquierda, y la derecha sin ningún adorno, y mi sonrisa tan jodedora y cómo manipulo a Vivian, a mi antojo. Miro, más burlón que desafiante, hacia el Volga, y hay un rostro severo, que es el del chofer, y las sonrisas de dos muchachas, y yo les digo a ustedes una cosa ahora, de toda mi experiencia cubana, antes y después de mi paso por los salones del poder y del conocimiento de todas las glorias de la Revolución, la experiencia más indeleble, la que se me mantiene inalterable y que más aprecio, es la de esta época en que no había una mujer que se me resistiera en La Habana y de las que yo disponía, cuando quisiera.

Observo a Vivian, mientras apresura el paso hacia el Volga 24. Estoy persuadido de que no va a mirar atrás, partiendo de la base de que las despedidas pierden sentido para un personal de tripulación aérea.

Fue la última visión de Vivian aquella mañana en que —aún no lo sabíamos, desde luego— habían llamado del Ministerio de las Fuerzas Armadas Revolucionarias a Arnaldo Ochoa y comenzaba nuestra destrucción, en metódico proceso.

Es decir, yo aún no había desembragado, al menos a nivel de la psique, de mi concentración mental en el culo de Vivian en el momento y en las proximidades del lugar del comienzo del fin de la Revolución Cubana.

Vivian se detiene antes de abrir la puerta, se toma todo su tiempo para girar el rostro hacia mí y, en la palma abierta de la mano izquierda, que ha besado fugazmente, soplar en la dirección en que yo me encuentro. Entonces, un velo de nostalgia en anticipación, como el reconocimiento de un destino inexorable, apareció de repente en su mirada, y, antes de volverse por completo y entrar en el automóvil, trató de sonreírme y de ser dulce y de estar en frecuencia. En *mi* frecuencia. Muchacha.

Hay un Lada, de color crema, desde el que somos perfectamente visibles.

«Punto Cero, Veinticinco.»

«Indique, Veinticinco.»

«Cero Tres la Pluma.»

03 quiere decir que el objetivo *está caminando.* Yo caminando hacia mi automóvil.

Tienen mi fototabla, o un juego de fotografías independientes, con todos los posibles ardides de lo que llaman «enmascaramiento», es decir, mis previsibles disfraces o intentos de cambio de personalidad, bigotes y barbas postizos, pelucas, espejuelos, y variaciones de mi rostro con pelo teñido, dibujados sobre una foto mía que ha sido tomada como base, y una pequeña biografía, que hace hincapié en lo que llaman «hábitos y costumbres» de —en este caso— *mi* conducta regular, que pueden haber recolectado durante años, y los nombres, direcciones y teléfonos de las personas que frecuento. Ellos a su vez, además de estar de civiles y armados con pistolas Makarov, llevan dentro del carro una parafernalia de disfraces de rápido cambio para actuar sobre una base igualmente mañosa del «enmascaramiento» —aunque los disfraces a disposición de los kajoteros, es comprensible, sólo sean de la cintura para arriba, porque es lo único visible en los carros—, como pelucas, camisas de corte, colores y estilo diferentes, batas de cirujano o de barbero, camisetas deportivas, bigotes, barbas, pelucas, moldes de yeso para aparentar brazos entablillados, espejuelos y gorras, y las placas de matrícula de automóviles con numeraciones de distintas series —de agarre por imán, que se instalan de un bofetón, en un santiamén—, y cámaras fotográficas con teleobjetivo desde los años sesenta, y a partir de 1987, con cámaras de video Sony, de 8 mm, casi siempre.

El Lada color crema del K-J está parqueado en la rampa de acceso de una cafetería, clausurada hace muchos años, en los bajos de un edificio de tres plantas, a unos 70 metros, en diagonal por mi izquierda.

Las llaves en manos del Juanca. Yo hacía siempre lo posible porque él manejara.

—Vamos a casa del Patrick, brother —digo—. Que Tony nos está esperando. Ah, por esto me pasé la noche recordando al Pat en Luanda.

«Punto Cero, Veinticinco.»

«Indique, Veinticinco.»

«La Pluma con un Cero Cincuenticinco. Del Patio.»

055 es una persona ajena al caso. Del patio quiere decir que es cubano. Yo caminando hacia mi autómovil en compañía de un cubano ajeno al caso.

Nos estamos instalando en el mejor Lada que nunca rodara por La Habana, aún fresco en su interior y con el techo y los cristales bañados de rocío, por la noche al descubierto, y uno sin obligación de usar los cintos de seguridad, porque esa ley prosperó poco en Cuba. Arranca al palo, es decir, apenas Juan Carlos hace girar la llave del encendido, pero no le dejo avanzar hasta que las agujas de la presión de aceite no hayan caminado un poco en su reloj y la aguja de la temperatura del motor no haya comenzado a cabecear. Es la actitud mínima que se requiere en los trópicos para la explotación óptima de un Lada, de la que uno se había hecho un profesional. Entonces me acomodo en mi asiento derecho, ventanilla abajo, y en un gesto de bien estudiada ingenuidad, para cualquiera que me esté observando, arreglo a mi conveniencia el espejo retrovisor y le digo a Juan Carlos que me lo deje.

—Déjame éste, Juanca —le digo sin apenas mover los labios.

Mi gesto es rápido y perfecto y he garantizado una visión en profundidad hacia mi retaguardia operativa. No tengo que denunciarme en el trayecto, moviendo y buscando en el retrovisor del techo o por el de la puerta del chofer, si tenemos cola. Un simple atisbo hacia la derecha, y me llevo todo el ruido que traigamos de arrastre.

«Punto Cero, Veinticinco.»

«Indique, Veinticinco.»

«Cero Cuatro la Pluma.»

04 es el automóvil. Quiere decir que ya estamos instalados en el auto, montados en el carro —según la *lingua* cubana. Hasta aquí —trasmisión de Cero Cuatro la Pluma—, todo hubiese sido materia del punto de chequeo fijo y se hubiese comunicado por teléfono al Punto Cero, que de inmediato hubiese pasado sus órdenes por radio a los carros. Según la terminología de los kajoteros, desde que el punto fijo —o el carro que suple su función— indica el objetivo en cero cuatro, el Punto Cero toma el mando de las acciones automáticamente, el que organiza el desplazamiento de sus carros —siempre numerados del 20 hacia arriba, para no confundirlos con algunos indicativos o numeraciones de calle— y el que comienza a marcar en planchetas, como control de tierra en los combates aéreos, o desde una cabina de radar, el trayecto del objetivo.

«A todas las Cero Cuatro que tienen la Pluma: a la viva», trasmite el Punto Cero. Todos los carros de mi chequeo en alerta.

«Veintisiete, Pecero.»

«Indique, Pecero», responde el carro 27.

«Veintisiete, tome el Dieciocho de la Pluma.»

Acaban de pasar el control de mi persecución al carro 27, ya que 18 es *tomar el control del objetivo*.

Como quiera que una brigada de chequeo regular se compone de tres carros y como me han adelantado uno como punto de chequeo, sólo hay dos agazapados en los alrededores para mí. De cualquier manera, el carro dislocado como punto de chequeo cesa *en esta actividad* y se suma de inmediato a la persecución.

«Veinticinco, Veintisiete. Dame una.»

El carro 27, que ha recibido la orden de iniciar mi seguimiento —o «caminarme» o «llevarme», *lingua* kajotera—, le pregunta al carro 25, que acaba de soltarme como punto de chequeo, cuál es el rumbo que yo he tomado. Es una solicitud de orientación, porque aún no me ha divisado. Dame una quiere decir eso. Dime por dónde cogió el tipo.

Yo estoy en el Lada 1 500-S, de mi propiedad, matrícula HO 3502, con el compañero Juan Carlos Capote al timón, y hemos doblado a la derecha por la calle de acceso a la Avenida del Puerto o Malecón, rumbo este, para avanzar unos 150 metros en esa dirección, hasta la Avenida de los Presidentes o Calle G, donde procedemos a circunvalar la rotonda que se halla en el lugar y dirigirnos en dirección por completo opuesta a la que traíamos, por la Avenida del Puerto, hacia el oeste.

A la izquierda, edificios, todos construidos en los cincuenta y todos requeridos de pintura y reparaciones. A la derecha, fundido sobre los arrecifes, el famoso muro del malecón habanero, con su grueso, exagerado empaque militar y ocasionalmente erosionado por el salitre; luego, la bóveda del cielo y el mar.

«Veintisiete, Veinticinco. La Pluma por Domingo a Chulo.»

Domingo es la Avenida del Puerto —o Malecón— y se designa Domingo porque es la primera calle de La Habana a partir del mar, y Chulo —hacia donde me dirijo— es la calle 12, de El Vedado, nombrada por uno de los significados por aproximación del número 12 en la charada china, es decir, proxeneta (cuyo verdadero número en este juego es el 13), y como quiera que nadie en Cuba llama así a los proxenetas, sino chulos, ése es el nombre de cobertura empleado oficialmente por los servicios de Contrainteligencia para llamar a la calle 12, una de las más viejas y tranquilas avenidas de El Vedado, y una de las primeras con cuatro vías, y que, comenzando en el Malecón, sube por las faldas de lo que fuera una empinada colina y desemboca directamente en las arcadas de entrada del lugar donde todos los cubanos ilustres, no importa cuán lejos hayan nacido, deben ser enterrados: el cementerio de Colón, nombrado así, desde luego, porque fue el lugar escogido —aunque finalmente no logrado— por España para la sepultura definitiva del Gran Almirante de la Mar Océana.[24]

En fin, que Juan Carlos y yo nos movíamos en dirección oeste.

Yo estoy hablando todas las boberías que se puedan imaginar sobre Roy Orbison, un cantante de la escuela legendaria y cuna del country-rock, la Sun Record Company, de Memphis, Tennessee, que se acaba de morir, luego de que las cosas le iban realmente bien por primera vez en su carrera y que hasta tenía a Bob Dylan y a George Harrison a sus pies y que es uno de mis principales objetos de disertación intelectual de las últimas semanas, desarrollar un homenaje permanente a Roy, pero también con el objeto de que el Juanca se ilustrara con lo que había de verdad y de permanente en la música desde el surgimiento del muchacho del rostro picado de acné procedente de Tupelo, Mississippi, con su guitarra de cuatro dólares, el superviviente por 42 años del parto de Gladys Presley de los mellizos muertos Jesse Garon y Elvis Aaron. Yo disertando sobre rock para el Juanca, mientras el Punto Cero recibe la comunicación del carro 27 de que me tiene visual, sin problema, y por lo que los planchetistas del Punto Cero proceden a mover sobre la plancheta el juguete imantado que simboliza mi Lada, al mismo tiempo que el carro 41 comunica al Punto Cero que también tiene visual, sin problema a Solo, *Cero Cuatro el Solo*, que es el indicativo con el que bautizan a Tony —solo de solitario, porque se halla en las antípodas remotas de los mellizos—, y que se dirige desde el otro extremo de la ciudad y, en dirección opuesta a la mía, hacia un punto en el este y el Punto Cero le pide un comprendido.

«Cuarentiuno, Pecero.»

«Indique, Pecero.»

«Cero Cuarentiséis, Cuarentiuno. Dame una.»

046 es *dame tu ubicación*. Se suele integrar con el Dame una, que ya conocemos, como si fuera un juego de cartas.

«Cero Seis a la Ochenticinco», responde el carro 41.

Tony se traslada por la Quinta Avenida a la altura de la calle 84, según el simple método de aumentar un número cuando se trabaja por arriba (o rojo), y un número menos cuando es por abajo (o azul).

Yo he abandonado Domingo y me he incorporado también a Cero Seis, la Quinta Avenida, aunque manteniéndome en dirección oeste, cuando el Punto Cero le ordena al carro 29 que tome el Dieciocho la Pluma, que asuma mi persecución, estando yo a la altura de Quinta Avenida y calle 24, es decir, Cero Seis a la Veinticinco, por lo que el carro 27 abandona automáticamente su presencia en mi cola y busca una paralela, en donde ha de mantenerse en *stand-by*, esperando para volverse a reincorporar, al igual que se encuentra el carro 25.

He terminado para Juan Carlos mi descripción de la cara de vieja matrona de burdel tejano de Roy Orbison y de la Cruz de Hierro con la que él mismo se había condecorado, como si fuera Rommel o el Kaiser Guillermo II, cuando le digo, sin argumentación previa:

—Siguen pegados.

Juan Carlos procede como un veterano. No se le mueve un músculo de la cara ni hace un solo movimiento con la cabeza para hacer un paneo de registro del retrovisor del techo al de su puerta. Aunque es la hora de tránsito más animado en la Quinta Avenida y traemos atrás los Mercedes y Volvos diplomáticos y un enjambre de Ladas y Moskovichs de personal cubano y los inevitables Chevrolet supervivientes de la década de los cincuenta, Juan Carlos es exacto al responderme.

—Un Ladita verde.

—Sí —digo— acaba de cambiarse por uno cremita, que dobló

después de que pasamos la calle 20.

—Pero no es japonés —dice.

—No —digo— no es japonés. Y eso es lo que me preocupa.

Ciertamente, si no querían anunciar su presencia con un chequeo japonés o demostrativo, era porque no había interés de advertirnos nada ni de meternos miedo para que nos pusiéramos a buen recaudo y no tener que usar la fuerza contra nosotros. No, señor. El interés era otro. Pero no había que devanarse los sesos porque no existían muchos otros. Más bien era *el* otro.

Estaba malo aquello. Uh. Bastante. Se estaba poniendo malo de verdad.

Cuando tú ves que estás bajo control y que, al unísono, te están cerrando todas las puertas, prepárate.

—Se está poniendo malo esto, Juanca —digo.

Juanca asiente, apenas perceptible su gesto, mientras se concentra en conducir.

—Malo de verdad —insisto.

Es así como, entre los distintos objetivos que la Brigada 1 del K-J sigue en La Habana esta mañana del lunes 29 de mayo de 1989, estoy yo, y por otra parte Tony también, por otra troika similar, aunque en dirección contraria, hasta que los dos, acercándonos desde ambos puntos de partida a la velocidad crucero aceptable en las calles de La Habana de 65 a 70 kilómetros por hora, convergemos frente a la casa de Patricio mientras nuestros jóvenes compañeros de la fuerza propia asignados en forma escalada desde el 15 de marzo para perseguirnos implacablemente, pero con órdenes terminantes de no dejarse descubrir, se verán obligados a permanecer fuera de nuestro reino y de nuestros cuchicheos y pequeñas conspiraciones, porque nos hemos detenido y porque ganamos la acera y un breve y legítimo espacio bajo el cielo libre, mientras ellos merodearán por los alrededores, un mar de atontados espermatozoides que han perdido la orientación, hormigas en bullidero, hasta que el Punto Cero indique que alguien se baje y trate de acercarse a los objetivos, caminando como un despreocupado transeúnte, para tratar de captar algo de lo que se está hablando.

Parqueamos casi al unísono. Tony con este mulatico flaco, llamado Ariel, que se ha agenciado de chofer, con su pullover suelto de *smile!* —el símbolo ☺ de uso internacional, estampado en amarillo en el pecho y espalda de la prenda, de un largo hasta casi las rodillas y que hace de

Tony el único alto oficial cubano que se desplaza con chofer civil y decidido aspecto de cantante de rap, y el cual Tony, por supuesto, tiene en una de sus nóminas fantasmas de sus empresas comerciales para eludir que las pesadas estructuras burocrático-militares del país se lo saquen de al lado.

Desde que nos apeamos se hizo más que palmaria la intensidad de la vigilancia y persecución, la gente del K-J surgiendo de sus carros a media cuadra de distancia, y las torpes posturas remediales que asumen cuando les enfocas la mirada y se la sostienes, y ellos se hacen los que buscan una dirección o se agachan para abrocharse un zapato —por muy profesionales que sean en este tipo de actividad, tienen tendencia a perder el control cuando tú los desafías.

En la acera frente a casa del Patrick, hay un entusiasmo —a escala reducida— de *première* en Hollywood. Los acólitos de los mellizos y algunos funcionarios desorientados —mendigantes del poder— vienen a presentar sus respetos al general Patricio, luego de tres años de misión internacionalista. El rumor es que el hombre viene para Tropas Especiales. Es decir, a hacerse cargo —*como jefe*— de esa unidad, la única fuerza verdaderamente de élite del país. Otros lo designan como Delegado de una provincia, quizá Matanzas o de la misma La Habana. Es uno de los principales cargos que el Ministerio del Interior puede ofrecer. Delegado de provincia. Pero de lo que nadie duda es que su candidatura para el Comité Central del Partido está garantizada en el próximo congreso.

Una cerca de alambre trenzado en cuadros, separa la casa —que en realidad es propiedad de los suegros de Patricio— de la acera; y hay un jardín de hierba nítidamente recortada y las flores del verano, que son por lo regular las resistentes flores para florecer en todas las estaciones como vicarias (*Vinca rosea*), en combinaciones magenta y rosa, y flores de ángel (*Angelonias*) y pentas (*Pentas lanceolatas*), y hay un jazmín trompeta (*Tecomaria capensis*) que comienza a trepar por una de las columnas que sostiene el techo del portal, y hay colas de gallito (*Trimeza Cipura martinicensis*) en los bordes de unos blancos canteros, en los que la tierra, húmeda y removida, aún está por sembrar.

Las puertas de la cerca y de la casa abiertas como la Roma que aprecian sus invasores; y Juan Carlos, todo discreción, se mantiene aparte cuando Tony se me aproxima, y Tony, siempre educado y meloso, saluda a Juan Carlos antes de sumirse en los aires conspirativos de la conversación conmigo, «*Juan Quinquín*», dice Tony, «Coronel», dice Juan Carlos, sin salir del carro, y Ariel, más meloso que su jefe y con mejor sonrisa que el símbolo estampado de su pullover, ha desaparecido de todo el entorno y probablemente ya esté husmeando, metido de cabeza, en el refrigerador de Patricio.

Adentro de la casa, a contraluz, recortados por la violencia de la claridad solar procedente del patio, cuyas enormes puertas plegables de cuatro hojas también estaban abiertas, se veía a Patricio, con sus jeans y su porte atlético, mientras departía con media docena de hombres, algunos de uniforme, que lo rodeaban, hasta que yo retuve por un brazo a Tony, aún entrando en la casa, y le dije que debíamos salir. Los pisos pulimentados y el césped brillante y tupido y las humeantes tazas de café que aparecían con pronta solicitud en este festín de hombres que se expresaban con anchas risotadas o con rápidos murmullos y que, por oficio, todos llevaban una pistola bajo la camisa, era obra de una cincuentona, aún de combate, llamada Isabel. Una mujer de origen campesino que había casado a su hija con una leyenda viva de la Revolución Cubana pronto iba a tener oportunidad de mostrar su gratitud, en poco menos de dos semanas.

La mujer del Patrick, María Isabel Ferrer, a quien sus padres llamaban «Maricha», Patricio y sus amigos, «Cucusa», y yo, «Cucu», apareció frente a nosotros, y tuvimos que demorarnos unos segundos con ella, por los saludos de rigor.

Salimos, estamos afuera.

Esa mañana Tony estaba con su uniforme verde olivo de mangas cortas y la Glock 19 a la cintura —no era día para la Heckler & Koch, aparentemente—, y con el pulso de pelo de elefante que había añadido a su atuendo. Con toda seguridad hasta ese momento no podrías señalar a otro oficial en activo del Ministerio del Interior o de las Fuerzas Armadas que se atreviera a llevar una prenda semejante. Yo, por supuesto, llevaba el mío, que a diferencia de todos los demás, que eran muy pocos de cualquier manera, quizá no más de una docena, que pudieran estar circulando por el país, me lo había bendecido Arnaldo Ochoa, una tarde de juegos y bromas en Luanda. Tony lo llevaba en la mano derecha, y el Rolex submarino en la izquierda. Yo llevaba los dos en la izquierda. La manilla metálica del Explorer II o del GMT cerrada con holgura, para que el reloj bailara en la muñeca, así como el pulso de pelo de elefante, que por su propia naturaleza tiende a abrirse y que, por la libertad en su diámetro interior, que yo le proporcionaba, siempre tendía a cruzar por encima del reloj, en una u otra dirección del brazo.

Algunos de los buscadores de gloria por ósmosis se mantenían en la acera, y gente que no conocíamos, dos o tres muchachones, de presencia inconfundible —la severidad de las miradas, el corte bajo del cabello, la firmeza del paso—, se hacían demasiado evidentes en su propósito. Me detuve con Tony a la sombra de un árbol, fuera —según mis cálculos— de la zona probable de influencia de los micrófonos direccionales que ya se habrían instalado en el jardín del que acabábamos de distanciarnos, pero sin saber que me estaba situando en la diagonal exacta de la cámara de video dispuesta desde el día antes en la torreta con aspilleras de la esquina, donde había una vieja estación de policía, aún en uso por la Revolución. El diseño de la torreta —y de sus tres compañeras, una en cada esquina de la edificación policíaca— parecía tomado de un juego de barajas, y no tenía otro valor que no fuera ornamental. Un ornamento de 3 metros de altura y aires feudales legado por Fulgencio Batista desde 1933 al bien comunal del pueblo cubano y empleado desde el 28 de mayo de 1989 como lugar de asignación para una cámara de video del K-J, con un poderoso zoom, montada por sujeción, desde arriba, a un eje de control a distancia. Sólo que la saturación de visitantes y una exasperante inquietud de movimiento del personal sobre el que se estaba trabajando —demasiados dados saltando sobre el tablero— limitaba el tiempo para escoger los «O» y enfocarlos con el lente y el micrófono, por lo que, sólo con ayuda de la casualidad, esa técnica no recogió cuando yo le dije a Tony que cuál había sido la gravedad del asunto la noche anterior. Ni siquiera nos grabaron el movimiento de los labios, para descifrar después en Laboratorio o en Edición.

—No —dice—. No había nada grave.

—Alc me dijo que no lo sabías. Se presentó anoche a la casa. Estaba asustado. Muy asustado.

—Enseguida fueron a decírmelo. Abrantes me lo mandó a decir.

—Yo pensé en algo grave.

—No, Norber. Tenía ganas de verte. Pero me puse a ver una película.

—Qué clase de irresponsable tú eres, muchacho —le digo.

Tony asiente, con una sonrisa. Parece, incluso, a punto de sonrojarse. Pero no logro determinar si su leve acceso de sonrojamiento se debe, lógico, a que no ha podido escapar a la intensidad de la ternura con la que me he expresado, o, más lógico aún, a que lo he reconocido como un irresponsable.

Dentro de los prodigios semánticos de la Revolución Cubana y después de que alcanzas el destilado último de la palabra irresponsable, te encuentras que no es empleada como reproche, todo lo contrario, puesto que define a los valientes. Se trata de alguien que no mide los riesgos, el famoso tipo que se pone a silbar antes del combate y porque nunca antes dos contenidos en apariencia ajenos puestos uno frente al otro se entienden como lo mismo: el irresponsable y el valiente.

—Así que la noche que te botan de MC, prendes el video y te pones a contemplar una película. Un *Alien*, seguro. Tú estás loco, Tonisio.

Exacto. La noche en que se entera de su salida de MC, se acomoda en su casa, abre el nylon de la caja de su entrega semanal de los videocasetes de estreno de Omnivideo y se pone a ver a la australiana Sigourney Weaver con su escopeta sideral en cualquier número de la secuela de los babosos *Aliens*.

—Bueno, pero no ha habido problemas con el dinero —dice.

El medio millón de dólares que tengo bajo mi custodia.

Le digo que ninguno. Ningún problema.

Él iba a iniciar el regreso rumbo a casa de Patricio mientras yo comenzaba una altanera observación sobre uno de los muchachones que, desde la acera de enfrente, desesperaba por acercarse, cuando le dije a Tony:

—De eso quería decirte una cosa.

Tony detuvo su gesto, en seco. Desde el par de metros de distancia que ya había ganado de vuelta a casa de Patricio, giró sobre sí mismo y me interrogó a esa distancia, con su mirada y una carga de severidad en el ceño, una mirada en la que sólo se expresaba angustia.

—No, no te preocupes, no pasa nada —dije.

Siguió un instante de silencio, de expectativa.

Entonces le dije que yo creía conveniente una maniobra. Que yo creía conveniente meter a Alcibíades en el asunto de guardar el dinero.

Tony pareció descansarse, un poco.

—¿Tú crees, Norber?

—Yo quiero sacar ese dinero de la casa, Tony. Mucha gente lo sabe. Y si no lo sabe, lo que tenemos atrás es tremendo gardeo. Así que yo no quiero que vean esa plata si hacen un registro secreto en la casa.

Tony no estaba convencido de la idea.

—No hay que decirle que es una cantidad grande, puedo decirle que son unos 30.000 dólares, *de nosotros*, y que hay un poco para él. Cinco o seis mil, que le podemos dar.

En realidad, mi conversación con Alcibíades ya había tenido lugar, y le había dicho eso mismo, nunca una cantidad grande, pero sí que se trataba de unos 30.000 dólares nuestros y que había una tercera parte para él. Por supuesto, estuvo de acuerdo. Me dijo, literalmente: «Ese dinero no se debe perder.»

—¿Tú sabes cuál es mi problema, Norber? —dijo Tony—, que yo no quiero meter gente débil en esto.

Comprendí de inmediato que Tony no iba a ceder.

—Alcibíades va a hablar enseguida —dijo Tony.

Quería decir, en nuestro muy comprensible lenguaje, que si al viejo Alc lo cogían preso, los bofetones habría que reservárselos para callarlo.

—¿Tú crees eso?

—Esto puede hacerle mucho daño. Él no es como nosotros. Enfrentemos esa realidad. El Conejo no sirve para esto, Norber.

Estaba equivocado. Pero no disponía de la información personal que yo sí manejaba y que me permitía creer que Alcibíades no sólo era duro, sino que podía llegar a ser despiadado.

—Mira, Tony, yo hago lo que tú me digas. O lo que acordemos. Pero piénsalo. Y después dame un voto de confianza. Concéntrate tú en lo tuyo, y déjame esto a mí.

Le expliqué que Alcibíades tenía la llave de un apartamento frente al suyo en el que aún no vivía nadie y que Alcibíades lo utilizaba como almacén mientras tanto y que yo podía pedirle la llave para guardar ahí la plata. Eran cuatro apartamentos en el último piso del edificio de los generales, el de Alc, el mío, y los otros dos aún *no asignados* (lenguaje oficial).

—¿Tú crees, Norber?

—Convencido y pico, Tonisio.

—Está bien, Norber.

Le dije algo que ya le había dicho, para su consumo, a Alcibíades.

—Es más, Tony, vamos a decirle que tú no sabes nada. Que ha sido una idea mía. Que esto es simplemente un negocio entre él y yo.

«Tony me pidió que te dijera esto, Alc», le había dicho al Jefe de Despacho del Segundo Secretario del Partido. «Que tienes una tajada de 15.000 dólares para ti. ¿Qué tú crees?»

«Que ese dinero no se debe perder.»

—Oká, Norbertus, como tú quieras. Pero no soy yo el que va a pensar en el asunto. Vas a ser tú. Y acuérdate de lo que te dije. Alc es flojito.

—Nadie que haya sido tuberculoso y haya estado confinado en un sanatorio, es flojito, Tony.

La información lo tomó por sorpresa, pero reaccionó con rapidez para justipreciar mi argumento y saber si la condición de antiguo tuberculoso convertía a alguien necesariamente en un kamikaze, y aún siguió sin convencerse, y aunque no fue brusco ni despectivo ni incluso irreverente en su respuesta, todo el asunto se reducía al terreno de su curiosidad, casi que del chisme:

—¿Verdad, Norber?

Aunque todavía me quedaba una enfermedad de Alcibíades en el arsenal, decidí que sacarla a flote era inútil, quemar cartuchos por gusto.

De cualquier manera, para entonces, ya Alcibíades estaba impuesto de la parte de la situación que yo había editado del conjunto de la realidad, y Alcibíades me había entregado la llave del apartamento de enfrente y a las pocas horas le informaba que el dinero estaba depositado allí pero que yo me iba a quedar con la llave, por si se presentaba la eventualidad de que Tony necesitara moverlo con urgencia pero la verdad fue que nunca lo saqué de mi casa. Bueno, yo lo que no quería era que me fueran a joder a Rommy y preservar la mayor cantidad posible de dinero. Rommy, de 7 años, era mi hija más pequeña (entonces), y resultado de mi matrimonio con Lourdes Curbelo. De hecho, el dinero de Tony estaba a salvo y cada vez que quisiera, se hallaba a la mano, pero estaba tomando mis precauciones, y no se trataba ahora de otra cosa que protegerme de quien yo consideraba el animal más peligroso de este grupo, Amadito Padrón.

Pasamos entonces al tema de la noche anterior, a su salida de MC.

—De aquí me voy a ver a Abrantes.

No parecía afligido ni excesivamente preocupado.

—Alc me lo dijo a mí. Y me pidió que te lo dijera. El Conejo. Pero ya tú lo sabías, ¿no?

—La onda me llegó enseguida.

—Pero bueno, era algo que estábamos esperando, ¿no?

—Sí. Era algo que estábamos esperando.

—Está la historia de Santiago, el general —dije.

—Está esa historia —dijo Tony.

La historia de Santiago, el general, que se presentaba en MC con las ínfulas distantes de los grandes dirigentes de la Historia y que esperaba a que Tony saliera de su oficina, para correr a sentarse en su silla, y la gente desconocida que se estaba introduciendo poco a poco en MC y la cantidad de veces que Clarito y que Manolito Abad y que el Chino Figueredo y que Yoyi el Rubio y que todos los antiguos compañeros de Tony —y todos ellos veteranos oficiales de Seguridad del Estado, maestros de primera categoría en las Artes Conspirativas, le habían dicho que lo iban a sustituir y que, además, tenía chequeo.

—Bueno, Brother, mira a ver si por fin te puedes retirar.

El viejo sueño.

—El botín está a salvo —dije—, así que podemos retirarnos.

Levantó las cejas en señal de admiración por el viejo sueño, que parecía inconmensurable y eternamente elusivo.

—Pero si no hay retiro, tú sabes que tú y yo somos la misma tropa. Por donde quiera que vayas a salir tú, quiero salir yo.

—Tú vas a ver, Norber.

—Estamos así, Tony, como este puño.

—Cerrados, Norber. Cerrados como una lata de leche —dijo.

—Mira a quién tienes ahí —dije.

Yo estaba observando, por encima de su hombro, como se nos acercaba, sonriente, con unas medias botas de color beige, un jean ajustado y una holgada camisa de cuadros azules, el general Patricio de la Guardia Font. Su rostro recordado en el primer ciclo de sueño de la noche anterior, el Pat de mi sopor.

Tony giró su cabeza y miró hacia atrás, y sonrió a su hermano mellizo, dulce y pícaro. Patricio me besó a mí primero. Patricio olía al sándalo de su colonia Drakal y lucía fuerte y animoso y de alguna manera exaltado. Entonces se volvió hacia su calmo hermano, reconociéndose una vez más desde los 50 años, 10 meses y 29 días de su existencia en conjunto y de contemplarse como en un espejo y entonces los dos hermanos se abrazaron, con un estrechón de soga. El Patrick me atrajo hacia ellos. Los tres hermanos se abrazaron.

El ambiente, fuera de ese montículo invencible que constituimos por unos segundos, era jodidísimo allí, de algo que a todas luces se escapaba de las manos. El regreso del ranger.

CAPÍTULO 4

El otro

A principios de los ochenta Gabriel García Márquez ganó notoriedad extraliteraria en Cuba. Mientras cumplía una misión asignada por el Comandante en Jefe, había demostrado ser un tipo de coraje. Había reservado su asiento de primera en Iberia y aterrizado en Madrid y se había dirigido a la Moncloa para decirle a Felipe González que era maricón. Ajustemos la frase. Que Fidel mandaba a decirle que él, Felipe, era un maricón. En eso se resumía la experiencia de García Márquez que tanta admiración causaba al más alto nivel de la nomenclatura cubana. En decirle al presidente español: «Oye, Felipe, dice Fidel que tú eres un maricón.» Como quiera que la escasa celebridad que he logrado acumular en mi carrera ha sido siempre extraliteraria, cualquier episodio de esta naturaleza me entusiasma y rápidamente me pongo a observar cómo se las arreglan otros para que el mecanismo extraliterario funcione. Es así como aprendo que el mecanismo de García Márquez como héroe de la nomenclatura cubana comienza a vislumbrarse en la tercera década revolucionaria, y el instrumento de que se sirve para el aumento de su gloria es la transportación de un par de mensajes de idéntica naturaleza ante sendas dignidades extranjeras. En efecto, no sólo a Felipe «lo tocan con limón», para decirlo en cubano. Omar Torrijos, el venerado general panameño, también tiene su cuota. También es acusado. Y también es el Comandante el que manda el recado —el hombre es una maldita fábrica de decirle maricón a todo el mundo, como podemos constatar. Y allá, ufano y directo, García Márquez va disparado a investir del epíteto fidelista al general Torrijos.

Se produce un torrencial aguacero a la vera del canal cuando se encuentra con su amigo y le informa: «Oiga, general, dice el Comandante que usted es un maricón.» Una diferencia con el presidente González. Gabo no tuteaba al general. Son cosas que debemos aprender en este territorio de la extraliteralidad.

Llegado al presente punto debo apresurarme en advertir al lector (¡una vez más!) que todo lo que aquí se expone se ajusta estrictamente a la verdad. No hay invento, por insólito que pueda parecerle la historia de un premio Nobel de Literatura sirviendo como mensajero de un altanero Fidel Castro y prodigando entre jefes de Estado su rabioso insulto. Hay testigos. Excepto Torrijos, está vivo y es localizable el resto del personal involucrado en la historia. El expediente Gabo.

Tuve las primeras noticias sobre sus misiones y sobre su decisiva participación en la política exterior de mi país (y de paso, en las de España y Panamá, y luego en la de Francia) en mis conversaciones de 1981 con Antonio Pérez Herrero, que era el Secretario Ideológico del Comité Central del Partido Comunista de Cuba antes de que Carlos Aldana le serruchara el piso y se le asignara un mejor empleo como administrador de los bosques de Mayombe, Angola, en virtud del cual debió ser despachado por una enorme boa constrictor o acribillado en una emboscada de las guerrillas antigubernamentales y luego reasignado como embajador en Etiopía, locos como estaban porque visitara las fronteras del conflicto etíope-eritreo y de ser posible que una mina lo desapareciera. Una revolución siempre sedienta de mártires. Pérez Herrero, desde luego, tenía un gran defecto como secretario ideológico: discutía todas las órdenes emanadas de la primera instancia. Pero en 1981 conservaba su pequeña parcela de poder y dirigía uno de los tumultuosos procesos de rehabilitación política de mi persona. Su expresión respecto a García Márquez en aquellos almuercitos nuestros del Comité Central era de admiración aunque con un cierto nivel de sospecha. «Un tipo valiente el Gabo este, el colombiano», me decía. «Fidel le dice que vaya y le diga maricón a Felipe González y él va y se lo dice. Así de fácil. Claro, lo que yo me pregunto es por qué lo hace. Que sepamos, no es militante. No está obligado a cumplir las tareas.» Unos almuerzos de rehabilitación aquellos en los que se sazonaban los postres con las menciones a Gabo, no sé si en el intento de situarlo como ejemplo, un tipo leal, que lleva mensajes a través del Atlántico y le dice maricón al presidente español pero que antes ha cruzado el Caribe para aterrizar en Panamá y decirle maricón al general Torrijos.

El nuevo estilo diplomático desarrollado había tenido sus antecedentes (y sus éxitos), como se ha dicho, con Torrijos. Fidel estaba disgustado porque Torrijos no acababa de restablecer las relaciones con Cuba. Torrijos le había prometido que las relaciones habrían de restablecerse con la mayor brevedad, pero que necesitaba su ritmo, que no lo presionara. Entonces pasó el tiempo y seguían las relaciones en el aire. Entonces Gabo fue a La Habana y trasladó parte de la emoción por la batalla que libraba Torrijos por el canal y entonces Fidel preguntó por sus relaciones. «Grabriel», dijo, «¿y cuándo son las relaciones con Cuba, cuándo vienen? Te voy a decir lo que pasa, Grabriel. Lo que pasa es que todos ellos se olvidan de Cuba».

Nunca ha logrado pronunciar Gabriel a derechas y tampoco se ha decidido por el más llano Gabo.

«Pero ve para allá y dile que es un maricón. Que digo yo, que es un maricón. Y que lo va a seguir siendo mientras no haga relaciones, que él me las prometió.»

Para determinar la fecha exacta de esta conversación de Fidel con Gabo basta buscar en los periódicos el anuncio de la decisión panameña de restablecer relaciones con Cuba. Fue una semana antes. El mensaje había dado resultado. Torrijos se estaba batiendo contra los yanquis y estaba pidiendo tiempo para no enrarecer su combate pero lo determinante para Fidel era que lo reconocieran y no que los panameños nacionalizaran el canal.

Raro que el tipo se está batiendo contra los yanquis en lucha desigual y que lo determinante para Fidel es que lo reconozcan, no que el tipo nacionalice el canal y más raro aún, como conozco después, es que en ambos casos, al recibir el mensaje, los dos tipos hayan palidecido — Torrijos primero y Felipe después. Pero Gabo era el héroe diplomático del momento a principios de los ochenta. En el Comité Central no se hablaba de otra cosa que de las exitosas misiones diplomáticas del colombiano. Esto ocurrió antes de que decidieran desinflar su aventura como presidente de Colombia.

Gabo insistía en postularse. Claro, debe haber comprendido que no era tan difícil ser presidente. Tal era la clase magistral que estaba recibiendo de su mentor. Bastaba con tildar de maricones a todos sus colegas. O que lo tildaran a uno. Pero La Habana no veía con buenos ojos el proyecto presidenciable de Gabo. Luis Suárez, el funcionario del Comité Central que «atendía» Colombia, me decía que había que desinflar el globo a toda costa. «El día que invirtamos la figura de Gabo en un proyecto, tiene que ser para ganar. Puede ser muy útil como mascarón de proa. Muy útil.» Yo no entendía dos cosas. Por qué tanta preocupación con que fuera presidente. Y por qué lo concebían sólo como mascarón de proa.

Bonita la expresión. Mascarón de proa.

Bien, pues, el caso Felipe González. Muy sencillo. Es la época en que Felipe hace algunas declaraciones en favor de unos prisioneros políticos cubanos que llevan más de 20 años tras las rejas, y hay una campaña internacional por su liberación, y los tipos ya están viejos y no significan un peligro para nadie y la imagen de la Revolución puede mejorarse con su liberación. Se trata de un poeta cubano semiparalítico, Armando Valladares, y de un fracasado guerrillero de origen gallego, Eloy Gutiérrez Menoyo. Pero también se trata de una mala época con Fidel. Está en la onda de las cárceles repletas. Y se indigna con Felipe. Es lo que le explica a Gabo. Está indignado con Felipe porque mira cómo se porta Felipe después de todo lo que he hecho por él. Felipe es un *malagradecido*. Además, se está metiendo en los asuntos internos de Cuba. Lo mismo está ocurriendo con Mitterrand y con Régis Debray. Se han sumado a la *campañita* contra Cuba. Entonces surge la nueva tarea. Gabo, vete a Madrid. Y dile a Felipe que es un maricón.

El propio Gabo me hizo el cuento. En 1983 había dos cubanos en Cartagena de Indias bajo el protectorado de Gabo. La poderosa delegación política cubana constituida por el poeta Eliseo Alberto, alias «Lichi» (que quizá se disponga a servir ahora de testigo de mi cuento), y por mí. El programa era muy sencillo: visita a los padres de Gabo, cena en un restaurante de la plaza vieja donde se encontraba la mujer y el hombre más lindos del mundo y vuelta para Bogotá. Recuerdo aquella casa de los padres de Gabo en Cartagena y las risotadas de Papa García y de Mamá Márquez al saber que yo había contraído matrimonio cinco veces. Ahora la risa sería acumulativa: tengo dos matrimonios más en mi haber. Siete en total. Esa noche nos instalamos en el restaurante italiano del hombre y la mujer más lindos del mundo que eran a su vez los corresponsales de *The New York Times* en Cartagena de Indias y éramos (Lichi y yo, al menos) muy pobres y muy felices y Gabo nos cuidaba como a dos hijos y él tenía las sienes plateadas y sonreía y el vino de ellos era bueno y mi scotch era mejor y la mujer y el hombre más lindos del mundo atendían nuestra mesa y entonces yo le pregunté a Gabo por la historia famosa.

—Y, oiga, Maestro, ¿es verdad que usted le dijo maricón a Felipe González, es decir, que le llevó el recado, es decir, ehhh... que le dijo maricón de parte del comandante?

—Oh, claro. Es verdad. Pero qué pendejada es ésa. ¿Quién te dijo eso?

—Tony Pérez.

Abrió los brazos para hacer el cuento. Luego entendí que estaba haciendo la mímica del gesto de Felipe cuando recibió el mensaje. Felipe se había asombrado, dijo Gabo. Se había asombrado y había abierto los brazos en señal de interrogación y había palidecido. Gabo había sido textual: «Oye, Felipe, dice Fidel que tú eres un maricón.» En su momento Torrijos también había palidecido. Aunque luego del mensaje *lead,* venía el cuerpo de demandas. Con Torrijos, relaciones, rápidas y plenas. Con Felipe, déjame a mí con mis presos. Mitterrand y Régis Debray eran otra cosa. Fidel prefería dejarlos para una nueva ocasión. Además, qué mella les iba a causar a aquellos franceses que les dijeran maricones. Para que el insulto te movilice, se supone, necesitas un mínimo de componente español en las venas. Y si es gallego, mucho mejor.

Una conmovedora *boutade* de Gabriel García Márquez es decir que él nunca olvida un hito de su pasado. Que es el hijo del telegrafista de Aracataca. La afirmación le sirve como carta de ciudadanía. Recuerda un pasado de pobreza. A nivel del Comité Central del Partido Comunista de Cuba, esto funcionaba muy bien. Bueno, uno de los principales argumentos de Raúl Castro, el hermano del Comandante y jefe del ejército, acerca de las virtudes de Gabriel García Márquez era su antigua pobreza. «Un compañero de origen muy humilde.»

«Sí», me decía Raúl, «y le dijo maricón a Felipe González y a Omar Torrijos».

Por esa época yo desconocía que otro alto dignatario recibió uno de los insultantes títulos fidelistas prodigados regularmente desde La Habana, pero en este caso, proferido por el propio Fidel, en persona, en vivo y en directo él. El caso de Nicolae Ceausescu la noche del sábado 27 de mayo de 1972 en los salones de su palacio de Bucarest y en el transcurso de los cuatro días de paseos del Comandante por su país en periplo por África y los países socialistas de Europa.

No le perdonaba a «Chauchesco» —en tal cosa fue convertido el nombre del líder del hermano pueblo socialista— su acercamiento a Occidente y —en especial— su recibimiento a Nixon en 1969 y su intento de establecer y dominar las relaciones con los yanquis.

Cuando esta pantomima de equívocos que fue la política del campo socialista se desarrollaba, Fidel creía que no le correspondía a Chauchesco el papel protagónico con los americanos y ya antes había llenado las planas de *Granma*[25] con insultos a Mao Tse Tung por recibir a Nixon en el Palacio del Pueblo de Pekín y lo había llamado el Gran Timonel recibiendo a Tigrito de Papel, esto en titulares desplegados a toda plana y con los tipos que los impresores cubanos llaman «letra de palo» debido a que, por su desmesura, no se encuentran revueltos entre los grasosos muelles y tuercas de ya nadie sabe qué maquinaria y que aparecen cuando se escarba en las viejas cajas de tabaco de los maestros linotipistas donde atesoran los remanentes de posguerra (cualquiera de las guerras) de tipos Garamond o Roman, y como quiera que el Comandante ha entrado al taller (ahora de *Granma*) por primera vez después de la crisis de octubre de 1962 (entonces de *Revolución*) cuando él mismo compuso el titular de la nación ha amanecido en pie de guerra y oyó por primera vez que cuando la gracia de la familia Garamond (nadie habló allí de gracia), no era de tamaño suficiente ni alcanzaba para lanzar al mundo a la deflagración nuclear, pues había que fabricar el tipo («los letrones», como describió el Comandante, sosteniendo entre sus manos un peso invisible, como una robusta vianda) y se impuso la fabricación y uso de la letra de palo, del mayor puntaje, a todas éstas sin saber que son los peores aliados del mundo, que te dejan, como se dice, colgado de la brocha y que a Ceausescu, al final, lo dejarán solo, pero que aquella noche de sábado de 1972 era el omnipotente amiguito de Nixon y los yacimientos de petróleo con las inversiones de diez mil millones de dólares en maquinarias y plantas extractoras y refinadoras colocadas encima aún no se habían secado porque después que el petróleo se ha secado no será ya más la persona que es ahora, el único dirigente de la Europa comunista que pone en crisis sus relaciones con los soviéticos y orquestando su magnífica recepción de palacio en honor del Robin Hood cubano cuando el mismo personaje lo encuadrilla. (Figura clásica del lenguaje carcelario cubano.

Aíslas a uno dentro de la galera con ayuda de cuatro o cinco compinches y lo rodeas para molerlo a golpes o violarlo o, en el mejor de los casos, asesinarle, y eso es encuadrillar. Tú sabes. La cuadrilla te encuadrilla.)

De pronto los cubanos, todos de 6 pies o más de estatura más el cubano traductor de español-rumano, se deshacen de unos espantados personajes llamados Ion Gheorghe y Emil Bodnaras e Ion Ionita y Bujor Almasan y George MaCovescu, todos con investiduras socialistas y grandes medallas, que son enviados fuera del salón con el resto del personal, camareros y músicos de la orquesta incluidos,[26] y dejan a solas al camarada presidente Ceausescu que comienza a palidecer cuando, sin aún saber que el encuadrillamiento existe, se percata de que está perfecta y brutalmente encuadrillado, en un círculo del que no se sale, en el que Arnaldo Ochoa, Flavio Bravo y José Naranjo, «Pepín», le cierran el paso y Fidel hala por las solapas a su traductor y se lo planta al lado por la derecha y con su largo y fino dedo de Émile Zola en *Yo acuso* apuntándole al entrecejo de Chauchesco le dijo: «¿Nunca nadie te ha dicho a ti que tú eres un maricón? Porque tú eres un maricón.»

Hora del traductor.

No sólo porque, hasta donde se tenga conocimiento de los procesos históricos, ésta es la primera vez que un traductor oficial de Gobierno se ve sometido a semejante trance, sino porque traducir apropiadamente que vuestra excelencia es un maricón con toda la carga semántica de rencoroso insulto que esto tiene en español, al menos entre cubanos, a un presidente de parte de otro, no es tarea fácil, máxime cuando lo que quiere subrayarse no es que su excelencia guste de los favores de sus conciudadanos del mismo sexo según apreciación de esta acá, la otra excelencia, sino de que es un maricón. Maricón. ¿Entienden? Chauchesco maricón. Un Chauchesco que sólo atinaba a asentir y sonreír tímidamente.

«¿Se lo dijiste, se lo dijiste?», preguntaba un airado Fidel que, mientras clavaba su mirada en su anfitrión, zarandeaba por las solapas al traductor.

«Y dile, además, que nosotros sí que no creemos en Drácula ni un coño de su madre.»

Muy distinto al Fidel que dos semanas después estaba en Moscú diciéndoles a los personeros del Kremlin que él creía necesario hacerse una autocrítica por todo lo que había hablado *públicamente* en contra de los soviéticos antes de la invasión a Praga del 68. Pero los soviéticos le dijeron que él era una de las figuras más destacadas del movimiento comunista internacional y que en esas instancias las autocríticas estaban fuera de lugar y para lo único que servían era para dañar la imagen de los máximos representantes del proletariado universal, lo cual fue aceptado con todo beneplácito por la parte cubana, mas en un fugaz momento a solas con Ochoa —y Ochoa me lo contó, muchos años después—, mientras desandaban por Moscú, Fidel le dijo a su lugarteniente, coño, chico, me parece que estos cabrones nos han templado. Es decir, lo jodieron.

«Chauchesco maricón.»

Era un cuento que Fidel gustaba hacer cuando regresó a La Habana. Y después, cuando Nicolae Ceausescu fue a Cuba en los meses siguientes, se llevó a su hijo, un niñito tirándole en la cara a su Ministro de Defensa la camisa empapada de cerveza y sudor, y él yéndose de juerga con sus traductoras de rumano-español, haciéndose los bravucones en Tierra Santa.

«Así que haciéndose el guapo en la tierra de los guapos», comentaba Fidel al recibir los partes de cada uno de los movimientos de Chauchesco por sus predios nacionales.

Evidente que no había entendido qué cosa era ser un maricón en términos cubanos.

Ah, pero aquellas hijas de los pueblos eslavos en la última provincia del imperio romano, traductoras rumanas, como Rossana Podestá en 1956 como Helena de Troya, producidas en serie, para servir de guardia pretoriana de Nicolae en su único viaje al Caribe, no es que tradujeran los estoicos y acerados discursos del protocolo comunista, o dejaran de hacerlo (nadie prestó nunca atención a los discursos), era la miel, era la tersura, eran las pantorrillas, era Dios, que ellas eran Dios como debe ser Dios, unas hembras dóciles y tímidas, y porque si ellas no eran Dios, entonces dónde estaba Él, y qué eran esas criaturas sino ellas mismas el paraíso —contenido en su piel, adentro— cuando se desplazan en cierto modo torpes, sorprendidas de su propia voluptuosidad, como obligadas a llevar un gato metido en un saco, y después que tú las veías, ya no te quedaba la menor duda de cuál era tu destino, a cuál objetivo debías apostar todas las fichas de tu existencia, a qué debías dedicar todas tus energías, que era convertirte en el implacable dictador de Rumania, con tal de hacerte de ese séquito de traductoras, para que te entibiaran tu dura cama de dictador omnisciente y de paso las verijas.

También hay (al menos había en los ochenta) producción cinematográfica secreta de las bacanales del dirigente del hermano país en sus celebraciones cubanas. Las cámaras ocultas eran de película porque aún el video no era de uso corriente para casi nadie en el mundo.

CUARTA PARTE

LA BANDA DE LOS DOS — ALERTA ROJA

CAPÍTULO 1

Donde la casualidad no existe ni se perdona

Objeto de muerte. Es objeto de eso.

La información que se develará a continuación, aunque referida finalmente a un solo hombre, es uno de los pocos secretos auténticos de la Guerra Fría —si no es el último de ellos—, que ha conservado su tal *categoría de secretividad*, sin fisuras en sus cápsulas de blindajes, firmes en sus contrafuertes, durante 40 años, y nunca antes filtrado para su publicación, y que ha sido del exclusivo conocimiento y uso, hasta ahora, de no más de 100 hombres. Es decir, el lector está abocado a una verdadera experiencia de revelación. Es también una experiencia de contacto con la astucia en sus niveles más altos de presión adrenalínica y con la intuición. Pero la intuición en toda su capacidad de aclaración de los escenarios que están por desplegarse en el remoto horizonte y que se van a desplegar en la exacta e inconmovible situación en que han sido vislumbrados. Es decir, la del tipo que te describe el acontecimiento que no ha tenido aún lugar y que, cuando ocurre, se produce de la exacta forma que él te lo ha descrito.

Empecemos por el lunes 29 de mayo, la misma mañana en que Raúl Castro ha citado al general de División Arnaldo Tomás Ochoa Sánchez al cuarto piso del Ministerio de las Fuerzas Armadas Revolucionarias.

Circa 08:15 AM.

Una casa de dos plantas al oeste de La Habana con una lujuriante selva de matas trepadoras cubriendo sus paredes pero cuidadosamente podadas alrededor de ventanas y puertas, y el alto muro exterior, clásico de las casonas de la burguesía cubana aunque no precisamente en estas barriadas de la expansión habanera de fines de los cincuenta, donde prevalecieron los abiertos jardines de corte impoluto que descendían suavemente hasta la remota calle. Hacia el norte, a poco menos de dos kilómetros, la costa. Aún es posible, desde estos jardines, la visión de algún albatros o una pareja de gaviotas que arriesgan un viaje de exploración tierra adentro. La brisa remanente de la noche domina sobre el terreno y hay leves capas de neblina en disolución por el suave abatimiento de la brisa. El sol, en los próximos 15 minutos, en su implacable ascenso desde el este, disolverá la neblina que disuelve la brisa.

El sistema automático de regadío por aspersión, que comenzará a trabajar a las 09:00, aumentará las posibilidades de refrescamiento del microclima. El siseo regular del agua proyectada por las mariposas metálicas del sistema será lo único que se escuche a partir de esa hora en toda la estancia a menos que los carros aún no hayan salido.

Lugar silencioso y apartado para ser la residencia de un cubano. Nada por los alrededores. La brisa y quizá un albatros.

Silencio.

El hombre que gobierna la estancia y que decide, quizá con excesiva pulcritud, dónde va cada cosa, cada seto, cada mueble, dispone hoy de un día en apariencia desahogado, *sin mucho ajetreo* (esperar una llamada hacia el mediodía y dedicar la tarde al asunto, para él baladí, de inaugurar un hospital de maternidad llamado «Julio Trigo» —uno de los mártires revolucionarios—, nada excesivo. Está a punto de terminar su desayuno de frutas frescas, filete de pargo a la plancha y yogur de búfala. Y aún está de pantuflas y con su larga bata de casa, con las que procura, desde siempre, ocultar sus flacas pantorrillas, un molesto vector de complejos físicos que nunca ha superado. Es una bata de casa morada, debajo de la cual lleva además una camiseta blanca, de mangas, y, ocasionalmente, unos bastos calzoncillos de algodón, también blancos. Aunque prefiere, desde luego, la libertad de evitar los calzoncillos, incluso cuando tiene que vestirse para alguna ocasión importante.

Tiene, a su derecha, a una mujer —*muy tiposa*, dirían los cubanos—, ya en sus 40, con ropa regular de oficinista, no muy diferente de los vestidos que a esa hora pueden llevar otras cubanas, sobre todo en la ciudad de La Habana, para concurrir a sus empleos, aunque es ropa de marca, y es evidente que, por su propio porte físico, y por las confecciones a las que tiene acceso, debe hacer grandes esfuerzos de contención para no irse por encima de la media nacional.

La señora sostiene un tarro de miel pura de abeja, de la que, con una cucharilla de té, ha tomado, y repletado, en el ahuecado de la diminuta pala de plata, el producto que pesa ahora exactamente como una onza de oro y que es equivalente a la espesura de una grávida gota rumbo al mantel si no se hallara contenida por el cazo, y con la que pretende endulzar la poderosa ración de yogur de búfala mongola, elaborado en la exclusividad de sus propios pastos y criaderos, a pocos kilómetros de distancia, pero como aún no ha recibido autorización, ella mantiene la cucharilla en el sopeso del aire, y entonces le pregunta, con solicitud y extremosa en los deseos de servirle y de tener para con él hasta la más mínima atención, si quiere endulzar su yogur. Utiliza el «viejo», tan habitual, tan expresivo, tan tibio, de casi todas las mujeres cubanas hacia sus maridos, sin que para nombrarles de tal manera importe la edad o el tiempo juntos. Viejo en este caso quiere decir que hay pertenencia y que hay conocimiento absoluto, y se es viejo porque ha habido tiempo de reconocerse hasta en el último poro y porque hay un fragmento de vida por el que se ha transcurrido y en el que se han probado, y ése es el caso en que las cubanas llaman viejos a sus maridos. El caso de hoy por la mañana, cuando ella le dice:

—Viejo, ¿quieres miel?

Él, distraído, con anticuados espejuelos de armadura plástica, y con sus papeles. Pero hoy, a diferencia de otros días, necesita unos instantes para salir de su ensimismamiento, y apartar la vista para sonreírle a su mujer y entonces tener que decidir si un poquito, lo cual puede resolverse con un gesto de la mano, abriendo un espacio entre el índice y el pulgar, para determinar a tientas la cantidad, o si no quiere, ni siquiera, ese poquito.

Ella es una mujer alta, y es altiva, y aún aparece en la escena con la cucharita de miel en la mano, sostenida a mitad del camino entre los dos, y de la que comienza a caer un afilado hilo de miel que aún no toca el mantel.

Alta y altiva, pero lo primero que llama la atención es su nariz, que es perfecta para su tamaño y para ser la nariz de una mujer, y tiene los ojos claros como corresponde al fenotipo de las mujeres que siempre hicieron virar el cuello del hombre que hoy inaugura el hospital «Julio Trigo», y una abundante cabellera que desde fines de los sesenta no es enjuagada sino con los más costosos champúes europeos, y es de gestos moderados y suele llevar altas botas negras, muy costosas, que la hacen parecer una amazona, lo cual es comprensible puesto que ella viene de uno de los poblados rurales de las estribaciones de Sierra del Escambray, y su comportamiento es reservado y en el eterno anonimato, y el haberla preñado con cuatro muchachos y el haberla dispuesto a que sólo se ocupara de educarlos, hasta que alcanzaron la Universidad, y todo ese tiempo ella sin fisuras de conducta y con una obediencia carente de conflictos, es sin duda uno de los mayores logros personales de este hombre que a las 08:16 AM del lunes 29 de mayo de 1989 en su residencia del reparto Mañanima, al oeste de La Habana, aún no se decide a aceptar un sorbo de miel.

Muy pocas veces, en la intimidad de ambos, ella lo llama de otra manera que no sea viejo, el de la vida atesorada en común, el viejo de los tesoros.

Ahora ella decide llamarlo por su primer nombre, sabiendo que ese uso del apelativo, hecho además con un ligero —pero intencionado— cambio de tono, lo hará reaccionar, primero con un rápido pestañazo, sucedido de una mirada de consternación, para enseguida entender que no hay peligro y que está a solas, en la medida que allí se pueda estar a solas, con su mujer, en el comedor de su casa.

—Fidel —dice ella.

La soledad, desde luego, está limitada a los pocos metros cuadrados de ese comedor de mesa basta, gallega, dura y acogedora a la vez, en sus fuertes maderas, de las caobas serranas, porque un ejército agazapado detrás de esas paredes, permanece a la escucha y preparados para saltar, armas en mano, y rociando granadas de gases paralizantes, al primer requerimiento de este comensal de bata morada en la punta de la mesa.

08:17 AM en el reloj de la pared, frente a él.

Aún sin responderle a su mujer, deja los papeles sobre el mantel, y abandona el desayuno por unos tres minutos. Se acerca a uno de los ventanales y observa el jardín, al que parece dedicarle, por lo menos, dos de esos minutos, a la selva que tiene ahí, a la vez tan cercana y tan ajena, dos minutos, a su observación, al manto que cubre su casa de este a oeste —el sector del sol—, compuesto de la trepadora más noble, el cordón de seda (*Argyreia speciosa*), floreciendo sólo puchas blancas y creciendo tan rápidamente que no alcanza todo el espacio de que dispongas a su alrededor, y de coposos y robustos granos de oro, un arbusto de mucho ramaje, que crece a una altura de 3 a 5 pies, y de ipomeas blancas (*Porana paniculata*), que es fuerte e inmune a los insectos y que están dispuestas en los aleros de las ventanas y las puertas, para protegerles de los aguaceros, y del jazmín trompeta que se deja crecer en los muros alrededor de las columnas y que es el manto de crecimiento controlado que mantiene frescas y húmedas las paredes y que al afincarse con vigor sobre el suelo y florecer sus flores y expresarse con su animado verdor de mata de buena tierra resultan mejor que cualquier cobertor de camuflaje puesto que no marchitan y no dibujan siluetas de islotes de hierba amarillenta y no exigen reemplazo cada dos días, y con una profusión de casuarinas, un rumoroso bosque de casuarinas, excelente como camuflaje en los períodos alternativos en que se retiran las trepadoras, y de sólidas ceibas y coposos árboles de mango, ambas especies trasplantadas, y las palmeras, en los alrededores, de modo que desde el aire, si no traes un bombardero veterano como navegante o un buen censor de calor a tierra, no puedes determinar en un primer pase que ahí está la casa y que no es tierra en barbecho ni un pinar de crecimiento salvaje en las proximidades de una costa ni un mangal abandonado.

—Oye, cuando me respondas ya no quedará miel en esta cucharita.
—¿Ummm? Sí, vieja —dice él, desde la ventana.
—¿Cuánto? —pregunta ella.
—Un poquito —responde él.
—Un poquito —repite ella, Dalia.
Dalia Soto del Valle.
Una pequeña cucharilla de plata con su remanente de la miel obtenida de los culitos de las más esforzadas abejas cubanas es hundida en el poción de yogur de búfalas mongolas que se asienta, servido, en la impoluta copa de cristal del Comandante en Jefe.
—Un poquito nada más —dice él, Fidel.
Fidel Castro Ruz.

CAPÍTULO 2

VISIÓN NO PERMITIDA DE UN PAISAJE

Faltan escasos segundos para que uno de los dos oficiales encargados de la escolta, el coronel Cesáreo Rivero Crespo, un campesino blanco, de aspecto bonachón, de 50 años largos, y, pese a ser un cincuentón, fuerte, macizo, y con la agilidad de un peso completo que pelea esta noche para retener el título (de aspecto bonachón pero presto a convertirse en un asesino tan despiadado como útil si entiende que Fidel está en peligro); o el coronel José Delgado, «Joseíto», más bien chaparro, también blanco y fuerte, como un torete (no hacen otra cosa que comer carne y ejercitarse en el gimnasio, en el campo de obstáculos y en el campo de tiros, con el propósito de estar aptos para la matanza), que traen el informe de lo que llaman «situación operativa de la ruta» y una nueva camada de papeles, si es el caso, o la hoja contentiva de un *urgente*, porque se haya producido alguna noticia importante. Joseíto captará la importancia o gravedad verdadera «del matutino» porque él sabe —aunque no con estas palabras— que el Comandante, a despecho de todas las caracterizaciones de conducta que se le hacen *allá afuera*, deja de ser un astuto comunicador para proyectar bajo su techo toda la fuerza de su personalidad, de un temperamento tan explosivo como fácilmente deprimible.

El matutino son los papeles que se le entregan con el desayuno. Documentos de Gobierno y cables de noticias internacionales que prepara la guardia de su oficina por la madrugada, con el material que esté llegando a esas horas y se considere de importancia suficiente para que acompañe sus primeros alimentos, más el «encapsulado», un par de hojas, de noticias nacionales preparado por la guardia del Ministerio del

Interior, y otras dos o tres hojas con el Parte Nacional de la Seguridad del Estado.

Los carros, allá afuera, comienzan a moverse.

Todo parece agazapado. Es un recinto donde domina el silencio y en el que los hombres y las cosas no son distinguibles ni de un primer ni de un segundo vistazo y en el que, de cualquier modo, uno sabe, o presiente, que los hombres y las cosas se mueven a partir de señales secretas y que sus acciones son ejecutadas con precisión milimétrica.

Joseíto es el hombre.

—Con su permiso, Comandante —dirá, desde la puerta entreabierta de la cocina.

Fidel, que ha regresado a la mesa, asiente a la solicitud de su guardaespaldas. Es un gesto tan breve como significativo, porque él ha dejado de ser —como se diría en el lenguaje cinematográfico— *por corte*, un marido que desayuna con su mujer, para convertirse en el hombre que aún lleva las riendas del movimiento comunista internacional y que ha recibido el mandato de quebrar la espina dorsal de los Estados Unidos de América, el líder severo, distante y frío, el Comandante en Jefe.

Dalia entiende que, para ella, ha terminado el desayuno. Con sumisa discreción, que ella pretende ocultar bajo la inocente mentira de que algún asunto la reclama de repente en otro lugar de la casa, comienza su triste retirada. La de todos los días. *Con urgencia otro asunto*. Pobre mujer.

Con su uniforme de servicio sin insignias, la pistola soviética Stechkin a la cintura, y sin despojarse de la gorra reglamentaria, pese a hallarse bajo techo, el coronel se sitúa por la derecha del Comandante, para entregarle la hoja con dos párrafos mecanografiados de la situación operativa de la ruta e informarle que están hechas las coordinaciones para recibir la llamada del «ministro Raúl» aunque ellos se encuentren en el camino a la inauguración del hospital, es decir, empleando un sistema soviético de codificación automática, que era efectivo tanto por teléfono como por radio. Aunque un sistema de comunicaciones de reserva siempre se podía tener a mano. Pero este sistema alternativo resultaba complicado y se eludía. Había que tirar de los carros a la azotea del Edificio «A» del Ministerio del Interior, en la Plaza de la Revolución, donde captaban la señal y de donde la «bajaban» a la cuarta planta, la sede de la archisecreta Octava Dirección, también conocida como «Cifras», que elaboraba el mensaje y lo tiraba a su vez a la cuarta planta del Ministerio de las Fuerzas Armadas Revolucionarias. El síndrome se llamaba «Oxford». Era el nombre del barco de comunicaciones que los americanos fondearon a unas 3 millas frente al malecón habanero durante la década de los sesenta para registrar con minuciosidad todo lo que los cubanos trasmitían al éter. De aquí que las comunicaciones a través del hilo telefónico se hicieran tan preciadas para la dirigencia cubana. Luego, cuando el «Oxford» fue retirado del horizonte, Fidel *no se dejó engañar* (sic) y ordenó que se mantuvieran las mismas precauciones que se tenían con el «Oxford» como parte del paisaje al norte de La Habana. «No quiere decir que no están captando nuestras comunicaciones», tal fue la lógica fidelista. «Quiere decir que lo hacen desde otro lado, desde la Florida o desde satélites, porque su capacidad tecnológica se ha ensanchado.»

El coronel espera por los últimos detalles que, en breve, habrá de imponerle el Comandante. Su actitud, mientras espera, es con dificultad reconocible como marcial. Permanece de pie y se sujeta las dos manos debajo del abdomen y sabe guardar silencio y ser paciente mientras espera por una reacción de su jefe, pero ahí termina toda conexión visible con un edecán, amén de que su porte tampoco sirve de soporte, bajo de estatura y ya con unas coronas de calvicie, viejo que se está poniendo, aunque, si lo observas con detenimiento por un rato y tienes estamina suficiente para aguantarle la mirada, incluso si te sonríe, sabrás que si te acercas unos pasos más, tendrás que arreglártela con los últimos instantes de tu existencia, y que esa mirada de pantera al acoso y que esa musculatura contenida en su cuerpo de seis octavos, no tiene nada que ver con las ordenanzas tradicionales pero sí con el único tipo de hombres que puede constituirse en la guardia pretoriana de Fidel Castro, tipos compactados, de brazos velludos, de barbas cerradas y que nunca llegan a terminar, con libertad, una sonrisa.

—Un rato —dice el Comandante.

Unos 15 minutos, calcula Joseíto.

—Vamos a la oficina. Esperamos allí la llamada de Raúl.

A Palacio, descifra Joseíto.

—¿Está bien? —dice Fidel. En realidad, no pregunta al coronel si ya tiene las coordenadas. Quiere decir que ya ha terminado, por lo pronto, esta conversación. ¿Está bien?

—Correcto —dice Joseíto.

Con un exacto medimiento de cómo balancear su conducta entre la disciplina militar y el servilismo de los criados, el coronel se dirige a la puerta de la cocina. El exacto medimiento significa que no ha chocado los talones ni ha asumido la posición de firmes para girar sobre su propio eje e iniciar el desplazamiento de retirada. Ha aprobado con la cabeza y ha murmurado un «con su permiso» y eso ha sido suficiente. Tampoco se trata de convertir la casa del Comandante en una suerte de cuartel. Además de que son los pequeños y justificados lujos que se pueden permitir unos pocos como Joseíto o Cesáreo, después de 30 años de trabajo con el Comandante, bajo el mismo techo, en lo que se llama, más que obvia, ritualmente, «la casa».

Desde un teléfono de magneto, colocado discretamente dentro de un estante de la cocina, Joseíto pone la unidad en plena disposición de marcha.

Saliendo los carros de la exploración.

Desde la unidad de barracas y parqueo contiguos a la casa, a unos 150 metros de distancia (e invisibles para el exterior por una barrera de frondosos árboles), una flotilla de entreverados Mercedes (con personal de uniforme), Alfa-Romeo (algunos de uniforme, otros de civil) y Lada (civil), mas todos con armas largas disponibles en el piso, se posesionarán del tramo de la ciudad por el que habrá de desplazarse la caravana del Comandante, ojo avizor a cualquier asunto que deba reportarse y que signifique de inmediato cambiar hacia una de las rutas alternativas (y ya previstas) de desplazamiento.

—Nosotros listos en tres minutos —dice Joseíto.

Los impetuosos morros negros de tres pesados y anchos Mercedes-Benz (un 560 SEL blindado y con cristales negros, también blindados, y dos modelos 500 SEL), parecen surgir repentinamente de entre la vegetación, en su ahora prudente marcha desde los refugios de guardia y acercándose por las calles de acceso a sus sitios establecidos de posición de partida.

En mañanas invernales y de lenta condensación de la neblina, es un extraño escenario, húmedo, vegetal, de algo que sólo existía como posible en la imaginación, de naves que aguardan al acecho, como depredadores, y que surgen a la vista, desde las capas profundas de la tierra, como las cabezas de metal de unos quelonios, quebrando la superficie de una playa, de la que emergen, con sus redondas cabezas paleolíticas sobre las que se desmoronan los últimos grumos húmedos de ceniza.

Desplazándose, con lentitud, por los accesos pavimentados hacia las plazas de partida, muellean con un movimiento de bisontes, apenas perceptiblemente y hasta con gracia y con absoluto dominio de las fuerzas gravitacionales, obra de una suspensión neumática que absorbe las desigualdades del terreno y equilibra su propio peso, aunque imposibilitado de ocultar su presencia al oído de un verdadero cazador o ranger o asesino experto, por muy ajustado que se encuentre ese motor y lo bien que funcionen la suspensión por aire y todo el sistema de abajo —catalítico, silencioso, resonante y vibrador— y por limpia que sea la emisión, porque cuando todo ese tonelaje de volumen en silencio se concentra en aplastar una piedrecilla del camino, una semilla, una hoja seca, y uno escucha la seca y fugaz quebradura, ya sabe que después de esto —y de todas las cosas que existen sobre la tierra—, sólo con el peso de una montaña se puede lograr tal efecto de pulverización.

El 560 SEL sale primero, para colocarse frente a la puerta de la casa, con el empuje del brioso motor gasolinero de seis litros, y 12 cilindros en V, contenido a duras penas por el sistema de frenos ABS, del mismo que se utiliza en la industria aeronáutica. Un hombre llamado Castellano, que a veces responde por el mote de «el Gallego», es el chofer de turno, y el favorito del Comandante. (Tiene otro, moreno, de rostro afilado, ojos centelleantes, llamado «Angelito».) Ambos pertenecen a la vieja guardia del Comandante. Pero el Gallego es el que le ofrece más confianza. Silencioso, de pocos amigos, eficaz. Como los quiere el Comandante. Y ágil. De respuestas muy rápidas con el timón. Fue uno de los que se opuso con vehemencia al invento de conducirle de noche al Comandante con las luces apagadas, a 180 kilómetros por hora, incluso dentro de la ciudad, provisto de espejuelos infrarrojos. Se mantuvo el hábito de mantener el carro del Comandante apagado en el centro de la caravana, y guiarse por los indicadores traseros de un puntero o guía. Desde principio de los setenta no volvieron a encenderse, como norma, las luces del coche del jefe dentro de la caravana.

El primero que abre el portón blanco de la casa, y lo vuelve a cerrar de inmediato, en espera de la aparición del Comandante, es el coronel Joseíto.

El Mercedes 560 SEL delante de él —«el caballo», como le pueden llamar en ocasiones, con su legendario sistema de inyección directa SIS, que en esta clase de modelos viene doblado, por si se presenta cualquier falla o emergencia, entre el dos a trabajar automáticamente— no parecería estar con el motor encendido si no fuera por el tenue sudor producido por el aire acondicionado en las ventanillas.

El Gallego hace una revisión de instrumentos, con las mañas de un piloto de combate. Todas las agujas, en el lugar que tienen que estar. Los relojes de todos los sistemas computarizados —el ABS, el SIS, la suspensión—, en orden. El Gallego se mantiene a la espera, las manos sobre el timón. El coronel Joseíto se encargará de abrirle al Comandante —para lo que se requiere de cierto esfuerzo, no crean. (¿Han intentado alguna vez abrir con gesto ligero la portezuela de un Mercedes blindado?) Luego Joseíto se sentará al lado del Gallego y le dirá hacia dónde deben dirigirse y la ruta a seguir. No existe la posibilidad de que lo sepa antes. Tiene que estar el Comandante en su asiento y Joseíto (o Cesáreo) haber esperado a que se acomode y cerrado la puerta, y entonces Joseíto haberse sentado y cerrado su puerta, para que el Gallego (o el chofer de turno) sepa el lugar a donde se dirigen. El destino. «Andando», dirá Joseíto. Es lo primero que se dice.[27]

Mientras, los otros dos caballos, los modelos 500 SEL, con las ventanillas bajas y el arsenal de sus tripulaciones a la vista —la boca de los inequívocos AKS-74U de culatín plegable, con los que deben apuntar directamente al entrecejo de cualquiera que pretenda acercarse, a pie o en coche, a la caravana, siendo ésta toda la señal de aviso que están requeridos a desplegar para que te abran fuego—, se encamina hacia la zona de parqueo, donde esperarán a que el Comandante abra el portón blanco, eche una mirada abarcadora —como es su costumbre— hacia el escenario que esa mañana le depara dentro de la zona amurallada frente a la casa, y se introduzca en el coche. No volverá a ser visible hasta el arribo al punto de destino puesto que las ventanillas, además del blindaje y la impenetrable opacidad del grueso cristal, están separadas del exterior por cortinas, de un oscuro y sólido verde. No debe dejarse al azar que por algún juego de luces se vislumbre dónde está situada la cabeza del Comandante.

Bien, pues, dentro de 13 minutos tendremos el sol rumbo a la posición que debe estar ocupando a las 12 meridiano, en el cenit, y ejerciendo su castigo de verano sobre Cuba, duro sobre el lomo de la isla, y que los labriegos despojándose de sus sombreros para abanicarse un poco del aire ya de por sí hirviente en el sofoco de las colonias cañeras te

---

* Según la terminología oficial del Ministerio del Interior cubano, un grupo de sus agentes.

enseñaron a denominar con propiedad el castigo del sol.

Los motores de la flotilla de Mercedes, aunque ajustados con excelencia y trabajando en baja, y sus rodamientos sobre la calle pavimentada del acceso, cubrirán el espasmódico siseo del sistema de distribución de agua, que se mantendrá en sus funciones aspersivas hasta las 5 de la tarde, en el horario de verano, a menos que llueva, y se desconecte, también automáticamente, por efectos de la lluvia sobre los sensores del sistema.

Saliendo el Comandante.

CAPÍTULO 3

El cuadrante táctico, cuando te atrapan en él

Esta mañana del lunes 29 de mayo, el Comandante está abstraído en algún proceso de pensamiento, uno pero *de máximo consumo de energía*, y también, de alguna manera, está molesto. Joseíto se percata de que el jefe está cavilando y que tiene la máquina a todo vapor, por la vaguedad de sus órdenes o respuestas. Cuando mira de soslayo los papeles que de inmediato pone a la izquierda de la copa barrigona de la que ya han vaciado un abundante coctel de ostiones, Joseíto sabe que son informes sobre Ochoa y Tony de la Guardia y que proceden de diferentes oficinas del Gobierno, todas asociadas o bajo el control de Seguridad Personal o el Buró de Atentados de la Contrainteligencia. Pero lo que percibe Joseíto con mayor definición es la inquietud en los movimientos con que el Comandante ha hecho sus desplazamientos bajo techo esta mañana, y la tensión visible de los músculos faciales, sobre todo en la zona alta de los pómulos, y que el desenvolvimiento de tales elucubraciones está imprimiendo sobresalto en el carácter de su jefe, una totalidad de producto emocional que Joseíto llama estar «molesto». Preocupado sobremanera, lógico. El coronel Joseíto sabe para qué clase de jornada debe prepararse. Joseíto tendrá que bregar con un día huraño y frugal, de parlamentos crípticos del Comandante y, lo peor, de dieta reducida, puesto que el Comandante acostumbra ingerir pocos alimentos en el desarrollo de estas situaciones anímicas y, como es de suponer, es un día (o dos o tres) de hambre, que la escolta en pleno debe compartir. Él tiene que ser capaz de percibir, reconocer, antes que nadie tales molestias, para de inmediato procurar hacer la vida lo más amable posible en todo el perímetro cercano, no sólo por el bienestar del jefe, sino por el de él mismo, para evitar que lo coja en alguna falta, y entonces tener que aguantar a pie firme una reprimenda muchas veces despiadada, debido a cualquier imperfección de su trabajo, por lo que se apresura en darles a entender a sus subordinados más cercanos —las tripulaciones de los Mercedes, o los también llamados carros del apoyo de fuego— que el jefe «está hoy muy tenso», que está molesto, y que debe despejársele el camino de tribulaciones y para que no comience a clamar por Mainé, el anterior jefe de su grupo de Seguridad Personal, del que el mismo Fidel se deshizo (luego de una bien montada operación de descrédito organizada por Abrantes, su Ministro del Interior), pero la eficacia de cuyos servicios comenzó a añorar después, y a decir con harta frecuencia, ante cualquier pequeño descalabro, que si Mainé estuviera aquí, las cosas serían diferentes. El primero en ser advertido por Joseíto del estado de tensión, es el chofer. El Gallego debe evitar, por Dios, cualquier bacheo *improcedente* —es decir, que uno de los neumáticos caiga en uno de los tan frecuentes baches de las calles habaneras. La gente de atrás —el apoyo de fuego: los carros dos y tres—, también reciben su reprimenda con anticipación: un despliegue en exceso aparatoso de los fusileros al desembarcar de los dos Mercedes antes de completar el frenaje cuando arriben a cualquier lugar puede irritar al jefe, pero a su vez tienen que proceder de modo que el jefe se sienta protegido, por lo que el éxito exige de un enorme equilibrio en el despliegue de fuerza en sus alrededores. Ser visibles para que se mantenga confiado y a su vez no ser estridentes. «No armar mucha bulla tirando las puertas.»

Por esta vía nos llega la primera señal de aviso. Ésta es la forma en que nos llega la información de que esa mañana Fidel, a la hora del desayuno, estuvo revisando los informes que revelaban claramente los nexos de Ochoa con Tony y Patricio. Porque Joseíto hace el comentario, en la primera parada en el sótano del Palacio de la Revolución, y de alguna manera nos va a llegar. «Esa gente está en candela», es el comentario. En la escolta hay personal de Tropas Especiales, amigos nuestros. Y por ahí nos llega el dato. Es *el conducto*. Estamos en posesión de un reporte de la situación bastante confiable tres días después. El miércoles 31 de mayo.

Pero Joseíto cree ver dos vectores de conflicto cuando en verdad lo que se ha producido es la clásica relación de causa y efecto. Joseíto dice que hay problemas con nosotros porque conoce del informe que el Comandante estuvo revisando en el desayuno, porque fue él mismo, Joseíto, quien se lo puso al lado de los cubiertos, y había sido él mismo, Joseíto, el que lo había mandado a buscar al cuarto piso del MINFAR. Estaba todo claro en el encabezamiento.

> SOBRE: Vínculos del GD Arnaldo Tomás Ochoa Sánchez con el GB MININT Patricio de la Guardia Font y el Crnel. MININT Tony de la Guardia en la RPA.[28]

GD es general de División. GB es general de Brigada. Crnel. es coronel. RPA es República Popular de Angola.

Cuando Joseíto dice que hay «un nuevo problema con los yanquis», no es capaz de relacionarlo. No se hallaba entre sus posibilidades ver el asunto como un conjunto. Fidel había aparecido en el umbral de su mansión, que algún ricachón igual que él abandonara en 1959, antes de terminarse su construcción, y que fuera rediseñada y terminada de construir hacia finales de los años sesenta (refugio para golpe nuclear incluido), y realizó un primer comentario, quejumbroso y ya, de inicio, machacón. Dijo: «Si alguien aquí va a tallar con los yanquis, ése voy a ser yo.»

Ésta es la información que Tony ha recibido el miércoles antes de irnos a la casa del Gabo. Que estamos en candela y que si alguien va *a tallar* (negociar) con los yanquis es él, Fidel. El aviso llega a través de uno de los fusileros de Tropas Especiales que Abrantes ha agregado en los últimos meses a la escolta del Comandante. Tony no entiende.

—Tony —digo—, si el tipo está claro.

Claro no. Clarísimo. Allí, en la Revolución Cubana, todo termina y comienza en los yanquis.

Pero significaba, definitivamente, que los días estaban contados para nosotros...

—Entonces... —comenzó a decir Tony, con lentitud, porque apenas la idea había surgido en su cerebro, un vislumbre de conocimiento contenido que comenzaba a derramarse—. Entonces estamos hablando del abrazo con el enemigo.

—De eso mismo, brother. De eso mismo estamos hablando.

Claro que el problema era alejarnos del asunto, para poder maniobrar con nosotros, pero sin nuestro consentimiento, y de ser posible *sin nuestro conocimiento*, como unos cobayas en una caja de zapatos que alguien zarandea, y es de ese modo que entramos en contacto —ahora como sus víctimas— con el encapsulado de la justicia socialista, cuando no sabemos por qué nos van a partir los cojones, aunque ya podemos ir sabiendo que tal es el objeto, partirnos, y que ahora, lo que les falta, con vehemencia, es la causa, agenciarse de una de ellas, para endilgárnosla encima y acusarnos de esto o de lo otro, y todo esto, en su conjunto, es lo que se llama la luz larga del Comandante, es decir, que él ve lo que al común de los mortales, por su insignificancia humana, les está vedado, y que en realidad no es otra cosa que el dictado de su propia imaginación, y eso que él supuestamente *ve* —y por lo que te fusilará dentro de unas pocas madrugadas— es algo *que él piensa que puede pasar o que tú puedes hacerle,* porque cuando en justicia se actúa por anticipado, lo que estás enfrentando en forma permanente es la factibilidad de poner la guillotina en manos de un sicótico, por lo menos en el caso de Fidel, él está persuadido de que todo el mundo quiere «echárselo».

Pero él sabe, él intuye, porque son muchos los informes que ha pedido y que le están llegando, mucho en el sentido cubano de mucho, cuando la cosa trae ruido, mucho ruido, y es algo que abarca tu atención y que te angustia y que te pone a pensar, no importa que sólo sea el texto contenido en un par de hojas, aunque, para hablar con propiedad, debe uno estar refiriéndose a más de un vector de esa propiedad a la que estamos considerando como mucha. Dos informes como vectores es convincente en los sistemas conceptuales de medida cubanos y califican holgadamente como mucho informe, mucho ruido sobre nosotros que le estaba llegando al Comandante, y máxime en este caso cuando eran más de dos «los *engomes*» —nuestra forma más despectiva de llamar a los informes contra un compañero, modalidad cubana de chivatería por escrito— aunque desde luego, se le reportaba acuciosamente sobre asuntos que él mismo estaba levantando la paloma, vociferando sobre operaciones que él mismo ordenó que se hicieran en el más hermético silencio. Por lo menos pasaron informes sobre nosotros, para Fidel, a través de la oficina de Alcibíades en el Comité Central; del general de División Leopoldo Cintra Frías, «Polo», desde Angola; del despacho de Diocles Torralba, el ministro de Transportes; pero sobre todo de la Contrainteligencia Militar (CIM) y la agentura* de la Inteligencia cubana en Europa occidental. Un documento unificado es lo que puede desearse ahora, cuando la información comienza a ser abundante. Raúl se encargará del asunto. El último viaje de Tony.

Entonces Fidel, en el umbral de su mansión, miró hacia el dispositivo, que lo aguardaba, los Mercedes a punto de ponerse en marcha, tras él —apenas su carro tomara la posición de vanguardia—, y ya sabiendo que desde el complejo de casas del Comando de Seguridad Personal, también conocido como Grupo Operativo, contiguo a las barracas de la guarnición, que son las instalaciones a 150 metros al sureste de la mansión, el resto de la tropa estaba en marcha, y que el otro personal, el de la guarnición, se mantendría en el lugar, desde luego, puesto que su misión es la defensa de «la casa».

La misión *hoy* del Comando es dislocarse en los alrededores del hospital «Julio Trigo».

Vestidos de civil, pero con walkie-talkies japoneses y armamento personal —pistolas Makarov y ocasionalmente granadas de fragmentación y paralizantes (nada más efectivo en la eventualidad de tener que rescatar al Comandante y abrir una brecha en la multitud, que lanzar unos racimos de granadas contra ese «personal civil», como si fuera un muro)—, los hombres de una compañía del Comando que ha sido establecida desde temprano en una zona de compromiso, para confundirse dentro del público que pueda haber en el lugar o sus vecindades y/o que pueda acudir a los lugares de posible parada del Comandante. Otra sección, atletas de sólidos uniformes de campaña verde olivo y empuñando los AK-47 de paracaidistas, ya se halla sobre los GAZ-66A, los raudos camiones soviéticos, de nariz achatada, del Comando, que hoy puede estar organizado en composición de batallón, puesto que el Comandante va a desplazarse fuera de la Plaza de la Revolución e internarse en un área de alta densidad poblacional, es decir, uno de los humildes y populosos barrios del sureste de La Habana, y que es la sección que de inmediato se va a añadir en la cola, a unos 2 kilómetros de distancia de los Mercedes, y que es su primera reserva de combate, y que hoy tendrá un problema por delante cuando Joseíto les exija despliegue sin estridencias: porque la mayor parte de los efectos de paralización sobre el público siempre lo obtienen por el alarde de poder y armamentos y musculaturas que ofrecen, como si fueran (*que lo son*, cuidado, no obvie ese dato) una fuerza brutal y desmedida contenida apenas, por un hilo invisible, que es la conmiseración del Comandante para con la ciudadanía, y que los aguanta de no aplastar o deshacer entre sus fauces de acero a todas estas ancianitas o famélicos jovencitos o aturdidos trabajadores que son apilados como ganado bajo la tribuna o que por simple curiosidad se acercarán hacia al polo de irradiación de magnetismo que ejerce este hombre, su líder cotidiano desde hace 30 largos años.

Joseíto captó el roñoso soliloquio de: «Si alguien aquí va a tallar con los yanquis, ése voy a ser yo» mientras le mantenía abierta la portezuela trasera izquierda del Mercedes al Comandante, para que acabara de entrar.

—*Vá-mo-nos* —dijo un Fidel altanero pero también pensativo y separando las tres sílabas de la palabra como si cada una tuviera un peso específico.

De modo que el lunes 29 de mayo de 1989 no fue igual para todos los que tuvimos algo que comprometer en el desarrollo de los acontecimientos. El Comandante aún no se había instalado en su Mercedes Benz 560 SEL blindado cuando Tony, Patricio y yo nos estábamos abrazando en una soleada acera de la calle 62 y mientras que Raúl y Furry le indicaban un puesto a Ochoa para que tomara asiento en la larga mesa de conferencias frente al buró de Raúl en su oficina de la cuarta planta, del Ministerio de las Fuerzas Armadas Revolucionarias.

«Negro, carajo», dice Raúl a modo de recibimiento.

Es una fórmula de afecto.

Sin duda que Raúl Castro ha sido amable. Una buena forma de comenzar una conversación entre amigos. Entre viejos camaradas de la lucha en las montañas contra una dictadura. Entre unos hombres que se han reconocido a sí mismos como «piedras en el fango», que no existía un calificativo que les agradara más y en el que creían verse retratados en el transcurso de su misión terrena y que servía para encubrir en última instancia —bajo una aguerrida retórica de vanguardia— su condición de asesinos por necesidad.

QUINTA PARTE

LA EXPEDICIÓN AFRICANA

CAPÍTULO 1

No dejes ganar a tus negros

Raúl insiste.

«Así que estos hijos de puta le dicen Griego.»

De toda la masa de información que está llegándole sobre un grupo en el que se incluyen algunos de los hombres de Cuba más peligrosos o más competentes o más valientes o que con mayor bravura han cumplido sus misiones y para el cual está planeando fusilar a unos diez de ellos (*diez*, no han leído mal), en el dato que Raúl hace un obstinado anclaje es la insignificancia de llamar el Griego a Arnaldo Ochoa. Tiene sobre el buró el informe de que yo he alertado a Ochoa sobre la persecución a que estamos sometidos y que no existe transcripción exacta de los diálogos debido a la no saturación de técnica microfónica en el sector escogido por nosotros para conversar, lo cual significa, por otro lado, que estamos ya en fase, si no plenamente conspirativa, en la preconspirativa, puesto que no estamos empleando lenguaje abierto ni tampoco efectuamos diálogo en lugares bajo techo o cerrados. En efecto, la primera señal de que un personal no se haya bajo los influjos conspirativos o sediciosos, es su capacidad de emplear lenguaje abierto en lugar cerrado.

Tiene ese informe sobre el buró y tiene al recién ascendido general de Cuerpo Colomé Ibarra y al teniente coronel Delgado Izquierdo, que son los portadores del mensaje, frente a él. Los tres, de pie, alrededor del buró.

Abelardo Colomé Ibarra es el segundo hombre de las Fuerzas Armadas y jefe de todos sus servicios de información (de «Inteligencia

Militar» y/o «Contrainteligencia Militar», como es obligatorio llamarle en Cuba, al menos dentro de «los institutos armados») y es el único cubano con los grados de general de Cuerpo, que es sólo superado por *los techos* de Raúl, general de Ejército, y de Fidel, el Comandante en Jefe. Por su parte, Eduardo Delgado Izquierdo es el jefe del Departamento Uno de la Contrainteligencia Militar, conocida como la CIM y pronto, si logra al fin que fusilen a Ochoa, será protagonista de una carrera de ascensos meteóricos.

Colomé Ibarra y Delgado Izquierdo esperando órdenes y en discreto estado contemplativo del Ministro, ambos en posición de descansen, con las manos cruzadas al frente, y el Ministro mirando hacia el informe, las manos en la cintura, y la mente aún dislocada en el asunto de que estamos llamando Griego a uno de sus generales, hasta que, como despertando de un letargo, sacudiéndose la cabeza sobre el eje del cuello, dice:

«Yo creo que esto va a precipitar los acontecimientos. ¿Qué tú crees, Furry?»

Furry.[29] El compañero Furry.

Ése es un mote generalizado y de buen tono para llamar a Colomé Ibarra, aunque no fue, como muchos creen, un nombre surgido en los días de la guerrilla, cuando casi era imprescindible que los combatientes revolucionarios respondieran a un alias. Y no tiene significado en lengua castellana. No significa un carajo.

«Por lo menos Arnaldo ya sabe.»

«Está impuesto de la situación», dice Delgado Izquierdo.

Raúl lo observa, asintiendo.

«Es la apreciación nuestra», agrega Delgado Izquierdo.

El teniente coronel está superando la situación. El teniente coronel cree que ha logrado escurrir el bulto y que ha vencido realmente el peligroso escollo. Había olvidado, como era su invariable costumbre, deshacerse del Rolex GMT II que llevaba en la muñeca y del que se había agenciado en el mercado negro nicaragüense cuando fue enviado allí en 1986 con la misión de vigilar a Ochoa, entonces jefe de la misión militar cubana en Managua. Se lo sacaba de la muñeca y lo sustituía por el Poljot soviético de goma negra que para tal efecto llevaba en uno de sus bolsillos. Era uno de los vergonzantes usuarios cubanos de Rolex. Un adusto y cuartelario oficial intermedio —al que no le correspondía disfrutar del agradable peso en la muñeca de esta máquina de navegantes— debe disponer siempre en sus bolsillos de un Poljot intercambiable para presentarse ante su Ministro o ante el general de Cuerpo y aunque el Ministro lleve un modelo Super Presidente Champagne de macizo oro 18 que te puede dejar ciego momentáneamente si lo miras de frente cuando le da el reflejo de una luz, y Furry con una pieza más común, de acero níquel, aunque siempre un Rolex Quartz, pero suficiente para alguien que no tiene la menor idea de lo que significa, incluso en términos filosóficos, llevar en la muñeca una joya de esa naturaleza.

«Así que Arnaldo ya sabe en lo que estamos», dice Raúl.

Furry asiente. Eduardo asiente.

«¿Hoy es viernes?», pregunta Raúl.

«En efecto, compañero Ministro», responde Eduardo, que ha consultado el cronógrafo de su reloj. «Viernes 26 de mayo.»

Raúl se ha percatado del gesto de contrariedad de su subordinado y la rapidez con que ha bajado el brazo y cómo ha intentado ocultar su muñeca bajo el puño de la guerrera.

«Vamos a hacer una cosa, Furry», dice Raúl. «Vamos a tener que llamar al Negro. Tengo que consultarlo con Fidel. Pero ve creando las condiciones para el lunes. Que el Negro no lo sepa todavía. Vamos a reunirnos aquí mismo. Pero ten lista una casa de seguridad.»

Ha comenzado a hablar como si Eduardo no estuviera presente. Frente de Eduardo perlada de sudor. Guerrera de Eduardo anegándose.

«Vamos a hacer eso», dice Raúl.

El uso abusivo de *vamos* en las ordenanzas de Raúl a Furry es imposible de soslayar en la transcripción porque se trata del comportamiento de un lenguaje.

«Pero que el Negro no se entere.»

Negro era el mote de uso exclusivo de Raúl para llamar a Ochoa, que no era negro sino mestizo y que solía aceptar la denominación de buen talante, debido a que éste era el mote con el que su Ministro lo designaba y puesto que Ochoa disponía de la teoría según la cual el Ministro lo llamaba Negro porque el Ministro no tenía un verdadero negro que fuera general y que era aceptable su deseo de tener uno por la conveniencia política que esto implicaría. Mas, en la íntima potestad de nuestras descargas, Ochoa —que además de mestizo era muy terco—, solía comenzar a negar vigorosamente con la cabeza aún antes de que uno terminara de rebatirle el punto de que el Ministro lo llamaba Negro porque el Ministro no tenía un verdadero negro que fuera general, y se mantenía en su terca negativa aunque, y a pesar de que, uno le recordara la existencia, para empezar, de Víctor Schueg Colás —*el Negro Chué*, según la compactación lexical al uso—, que era general.

Descarga era la ocasión en que dos o tres de nosotros, amigos del primer nivel de abroquelamiento, que es la situación de amistad sin fisuras que también se reconoce como ser «pangas» —la máxima lavadura y pulimentación del «partner» de los oestes para poder emplearse en un habla castiza de uso corriente en Cuba— o «ecobios» — los infalibles hermanos de la santería—, nos reuníamos para, precisamente, soltar algunas ideas, es decir, conversar un poco de esto y de aquello. Pero donde casi nunca había nada en la olla, nada a rociar con sal puesto que la sal era las ideas. Y era el fuego. Y el alimento. Nada para echarse al estómago. Si acaso un poco de ron peleón, que no es usual, a la hora de mencionarlo, decir que se echa en el estómago sino al coleto.

Descarga sobre el Negro Chué.

Con el argumento de que el Negro Chué no era un negro que fuera general sino un general que era negro, Ochoa respondía que:

—Pero el Negro Chué no es un negro que es general.

—¿Y qué cojones es eso, Arnaldo? —preguntaba uno.

—Eso es un general que es negro, que no es lo mismo que un negro que es general.

Uno saca de la memoria, al voleo, todos los nombres que pueden extraerse de negros cubanos que sean generales. Un esfuerzo mental para seguir en el debate.

Que parezca que vas a escribir el segundo tomo de *Raíces*, pero con personal del patio.

—¿Y qué me dices de Kindelán? ¿Y Silvano Colás? ¿Y Moracén? ¿Y Calixto García? ¿Y Francis?

—Ninguno de ésos es ni general ni negro.

—¿Y entonces qué cojones son, Arnaldo?

—Inventos, muchacho. Ésos son inventos.

En propiedad, lo que Ochoa se proponía con esta clase de bromas era ayudar a esquivar el golpe de la cofradía de Furry sobre los abnegados y estoicos y esforzados y valientes y dulces en su trato generales negros de las Fuerzas Armadas Revolucionarias, que habían llevado sobre sus hombros todo el peso de las campañas guerrilleras cubanas en África

Grupo aún no en extinción en noviembre de 1986. Desde la izquierda, a una hora de vuelo de Luanda: el general José Abrantes (ministro del Interior), el mayor Carlos Cadelo (uno de los adelantados cubanos en África), un oficial de la escolta de Fidel; delante, Carlos Aldana (secretario ideológico del Partido Comunista), Norberto Fuentes, el general Pascual Martínez Gil (viceministro primero del Interior) y Fidel.

Betún de camuflaje, parcas y estupendos gorros de leñadores del Canadá, como el que el teniente instructor paracaidista Antonio de la Guardia se está ajustando. El Antonov calienta motores. En el aire a las 21. Saltando a las 21:10.

El lugar y los comensales según los identificara Antonio de la Guardia: La casa de campo, dice, es del coronel Perote. En realidad, es la hacienda del banquero Mario Conde. Desde la derecha: «El Tigre» Ferrer, nuestro hombre en Madrid; Perote, aceptado por Tony (al menos así Tony lo hace ver) como escolta de Franco y después atachée del Rey Juan Carlos y que en lo relativo a la compra de armamentos para los angolanos habrá de conducirlo hacia un hermano suyo —¡otro coronel Perote!— que es una especie de homólogo español del propio Tony, jefe de los grupos de operaciones especiales del Centro Superior de Información para la Defensa —la inteligencia española—. Imposible de definir en esta sobremesa, mientras disfruta de los habanos suministrados por «El Tigre» Ferrer, qué está buscando Perote con los cubanos, si venderle helicópteros Sykorsky, o si obtener información sobre los negocios de los etarras en La Habana para beneficio de su hermano. De igual manera es indescifrable la jugada de Tony con Perote, a quien *atiende,* tanto en La Habana como en Madrid, por órdenes directas del Alto Mando, es decir, de Fidel Castro. Seguimos: en la cabecera, con gafas, Hacha (¿o Acha?), el representante de Perote en La Habana, su hombre allí; de pie, alguien identificado como «El dueño de Alitalia»; Tony de la Guardia; el ayudante Jorge de Cárdenas; y alguien identificado como «Dueño de una sastrería». Un día de noviembre de

¿La Bohemia Inaccesible? Por lo pronto, esto es lo que tenemos en París: desde la izquieda, José Odriozola, uno de los más activos «cuadros» de la inteligencia en Europa Occidental; el coronel Antonio de la Guardia; Norberto Fuentes, un escritor que es presentado a los traficantes de armas como «el legendario comandante Andrés»; y el capitán Jorge de Cárdenas.

Costas de Jamaica y los claroscuros de una foto no autorizada por el mando. El embarque en camino. A estas horas Eugenio Rolando Martínez ya está siendo conducido por el propio Abrantes a la solitaria casa operativa de Tropas Especiales en las afueras de La Habana donde espera el Comandante. En la foto, Tony y Michael Montañez a bordo de la balsa desde la que exfiltraron a Martínez. Efectuaron el *rendez-vous* con el veloz *Pájaro Azul*, el yate de travesía hasta los muelles de Tropas Especiales.

Nuestro hombre en Managua [Circa] julio 18, 1979. Las columnas sandinistas a las puertas de la victoria. Edén Pastora aparece rodeado de fieles en los accesos de Managua. De espaldas a la cámara, un supuesto combatiente internacionalista español conocido como «Gustavo». En realidad, es un teniente coronel de las Tropas Especiales cubanas. Se llama Antonio de la Guardia y está atento a cada palabra del comandante Pastora. Es la orden de Fidel: «Ten un ojo puesto en la guardia somocista; el otro, en la plana mayor sandinista.»

Norberto Fuentes y Tony en Luanda, 1988.

Los príncipes de la diplomacia cubana. A fines de los años setenta, Fidel Castro solía esperarlos al pie de la escalerilla del avión cuando regresaban de Estados Unidos, luego de negociar con el State Department, el FBI o los líderes moderados del exilio. Serenos, chistosos, de maneras reposadas, cincuentones en excelentes condiciones físicas. Pero ninguno de los dos vacilaba en ejecutar con sus propias manos a cualquiera que —en Miami, San Juan o Nueva York— se atravesara en el camino, lo cual ocurrió más de una vez. Un camino que era cumplir las misiones de Fidel. Los atuendos deportivos y las suaves sonrisas completan el escenario de los vacacionistas en esta cabaña de uso exclusivo de los dirigentes del más alto nivel —o de invitados extranjeros de Fidel o Raúl Castro, como la actriz Geraldine Chaplin o el pintor Guayasamín en Varadero, un resort turístico a 100 millas al este de La Habana—. Buenos amigos. Antonio de la Guardia, José Luis Padrón. No saben que ésta es su última fotografía juntos. Circa, julio de 1988. Se acabaron los veranos. (Jorge de

Luanda, 1.º de enero de 1989.

El general de División Arnaldo Ochoa en la casa del Jefe de la Misión Militar de Cuba en Angola —entonces *su* casa—, enero 1 de 1989.

Arnaldo Ochoa y Norberto Fuentes en Luanda, diciembre 31 de 1988.

Patricio en el área de dislocación en Funda, al norte de Luanda del Regimiento Femenino de Artillería Antiaérea «Habana», 30 de diciembre de 1988.

Twins. Ellos mismos solicitan que se les llame así. Es una de las pequeñas dulces bromas que aceptan con agrado. «Los tuins.» Los mellizos más célebres de toda la historia de Cuba. Tienen una vida secreta y una leyenda que corre paralela con la noche.

Después del Zukhoi. Arnaldo me lleva a un hangar donde han develado un avión biplaza de fuego a tierra, que los soviéticos se empeñan en vender a los angolanos como el arma ideal para la lucha antiguerrillera. Está despojado de las gruesas lonas en que se preservara y Arnaldo y yo estamos solos en el hangar y él señala hacia el silencioso Zukhoi y me dice que tiene 10 años de retraso en relación con cualquier similar de igual propósito fabricado en Occidente. Luego caminamos por la soleada pista y Ochoa divisa un fotógrafo de la misión militar cubana y le ordena que nos tome esta fotografía. Norberto, Arnaldo, circa 08/2/88. Aereopuerto de Luanda, Angola.

Norberto Fuentes y el general de División Leopoldo Cintra Frías (Polo) en Ruacaná, Namibia, mientras participan en las primeras conversaciones con los sudafricanos.

Aeropuerto de Menongue, Angola, 14 de noviembre de 1981. Norberto Fuentes, el general de División Raúl Menéndez Tomassevich «Tomás» y Nalti, su mujer. (René David Osés)

(*Arriba*). Angola. En la «Línea Fidel Castro». Desde la izquierda, Jorge Risquet, con barba, miembro del Buró Político cubano, José Abrantes y Norberto Fuentes. Venimos de la Cumbre de los No Alineados, en Harare, y Fidel nos ha mandado a recorrer el Sur de Angola para explicarles a los internacionalistas cubanos que la intención es quedarnos allí combatiendo hasta el fin del apartheid.

(*Abajo*). A bordo de uno de los AN-26 de la flota cubana en Angola. Esta noble máquina, de dos turborreactores y alas en «T» (o sobre el fuselaje), es el caballo de tiro de la guerra cubana en el África Austral. Volando entre Moçámedes y Lubango. Los personajes somos, ahora, Carlos Lage, ayudante de Fidel Castro; Norberto Fuentes, con espeso mostacho; y Patricio de la Guardia, el único realmente marcial.

(*Arriba*), El prisionero capturado en Massongue, y pronto a morir. Alférez UNITA Agostinho José, Norberto Fuentes. (René David Osés).
(*Abajo*). El extranjero. Pálido guerrero venido desde muy lejos. Pero el banquito está armado por el Pacto de Varsovia. Escritor, dice. Pero no habla de literatura. Campo de recuperación de prisioneros UNITA, Kuito-Bié, Angola, noviembre 1981. Norberto Fuentes con AK-47, interrogador de la Segurança con Marakov. (René David Osés).

(*Arriba y Abajo*).   Norberto Fuentes, Raúl Castro, Pascual Martínez. En el estudio de NF, el 9 de febrero de 1988. Raúl instruye al viceministro Primero del Ministerio del Interior para que se le provea de documentación falsa y «enmascaramiento facial» al escritor, cuya participación en un negocio de compra de armamentos para Angola ha sido aprobada.

Norberto Fuentes, Lourdes Curbelo (mujer entonces de Norberto), Raúl Castro, Carlos Aldana, Estrella Cobas y Estrella Fuentes. Madrugada del 31 de marzo de 1986 en la casa de las aludidas compañeras Estrella, madre y hermana menor del compañero Norberto. El objeto de la burla de Raúl Castro se descubre rápidamente, por el rostro del aludido, en la fotografía. El Segundo Secretario del Partido entiende que su Secretario de Asuntos Ideológicos, Carlos Aldana, «es un mulato que se duerme con demasiada frecuencia».

La pluma y la espada, viejo sueño del poder. En comunión, bajo un mismo techo, el ministro cubano de Defensa, Raúl Castro, el premio Nobel de Literatura, Gabriel García Márquez, la mujer de García Márquez, Mercedes, y el compañero escritor, NF. En la antesala del despacho del ministro. Para el círculo cerrado de los conocedores, es el cuarto piso del Ministerio de las Fuerzas Armadas Revolucionarias. La Habana. Verano de 1987.

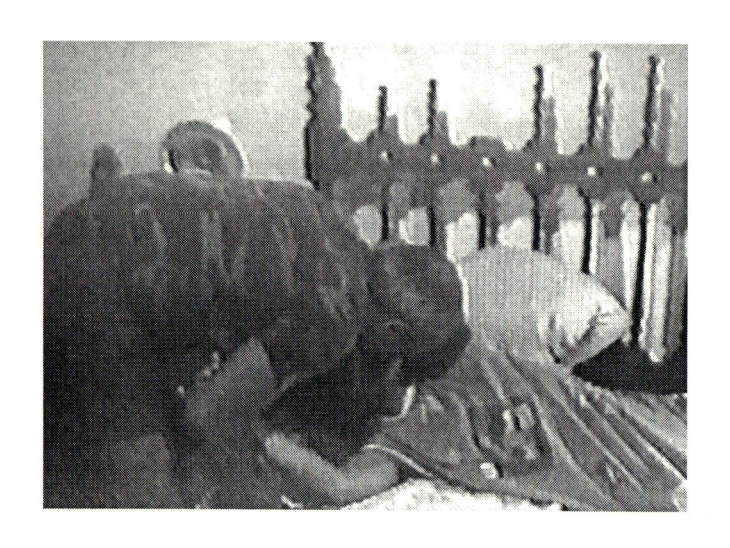

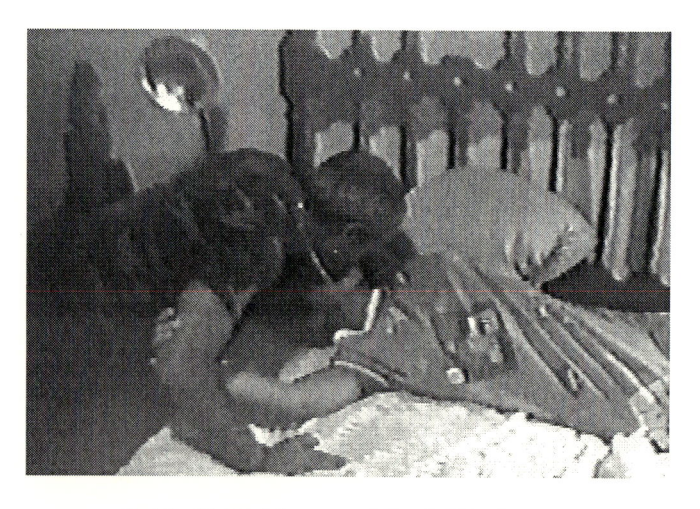

Patricio y María Isabel, en su casa de Luanda. Diciembre, 1988.

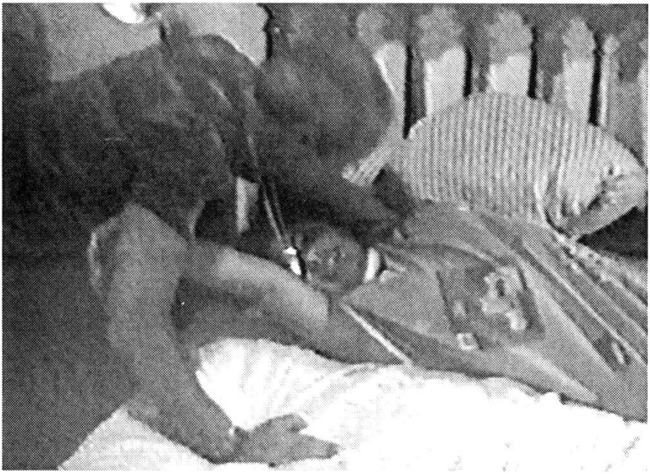

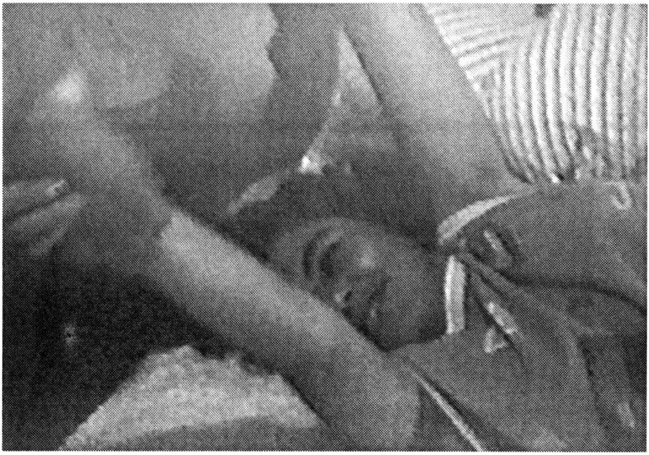

Buena compañía. Raúl Castro, Norberto Fuentes y Fidel. Una noche de parranda. La Habana, diciembre 15, 1986.

Antonio de la Guardia, el AKM 47 y su leyenda posible.

desde 1965, primero porque se procuraba sólo enviar negros a estas misiones bajo el argumento de que en caso de quedar alguno en el campo de batalla y su cadáver fuese recuperado por el enemigo, no se pudiera determinar su nacionalidad y se inculpara a Cuba de injerencia (el Mando cubano no contemplaba la eventualidad de prisioneros negros cubanos); y era como la inauguración de un lenguaje, de una nueva categoría de símbolos y la exploración de una tierra inédita de la Historia. El país sin descubrir que Shakespeare creyó descubrir en la muerte era, en verdad, los archipiélagos del regreso.

Los ejércitos del Tiempo volvían.

Negros cubanos de tropa que, a bordo de los legendarios Bristol Britannia 218 con escala técnica en Praga, donde muchos afortunados degustaron de su último acceso a los remedos checos de las walkirias, pero tan rubias como las auténticas mensajeras de Odín, diosecitas de categoría inferior de la mitología escandinava, pero tan dispuestas —nuestras dulces chiquitas— como ellas —walkirias escandinavas originales— a escanciar la cerveza y el hidromel en los vasos de los guerreros, y tan productoras de mulatos con sangre aria, eslava, o magyar, como las usuales cubanas que se encargaron del asunto durante los anteriores cinco siglos, y procedentes de una La Habana de pancartas rojas y ametralladoras antiaéreas de cuatro bocas en las avenidas de palmeras y lentos atardeceres, es el personal —los negros inmensos nuestros— que ingresa en el continente al amparo del sigilo, casi siempre a través de El Cairo; ejércitos de la noche y del clandestinaje, montados en el combate por el eficiente aparato subversivo cubano, y que a despecho de cualquier consideración política ulterior y del rencor que pueda provocar la presencia de Fidel Castro en un escenario de resonancias épicas, es una moraleja edificante el desembarco, armados hasta los dientes y con excelente entrenamiento, de los nietos de aquellos a los que una vez, en dirección contraria, hacia el levante, se les hizo cruzar el Atlántico como esclavos. Fidel en su escenario predilecto de los setenta, y que volverá a retomar en 1987, y en el que —en realidad—, está deshaciéndose «de un poco de negros» (sic) para maniobrar en favor de la conquista soviética de África y sobre todo para alejar a los chinos de ese festín de países inmaduros y desorientados que se están desgajando del mismo sistema colonial que escoge de entre los más brutales sargentos de rastreo de sus fuerzas nativas o algún ocasional y manipulable pastor de misión evangélica a sus primeros presidentes.

Cinco siglos de látigo y de interminables y sofocantes campos de caña para cortar a machete y ahora estos negros otra vez teniendo que pagar un precio de sangre y humillación por la pertenencia a la nacionalidad cubana y al final del camino otro altivo y duro hijo de un colono español mandando.

De cualquier manera, al único guerrillero cubano que se capturó vivo en cerca de 10 años de vivaqueo guerrillero entre La Habana y dos tercios del continente africano, fue un blanquito, Pedro Rodríguez Peralta, que en Guinea-Bissau salió el 18 de noviembre de 1969 a cazar un mono, para la cena, cuando lo sorprendió una patrulla portuguesa y se liaron a tiros, resultado del cual le arrancaron fragmentos del codo y de masa muscular del brazo derecho luego de descerrajarle su AK-47 con una ráfaga de proyectiles 5.56 mm de Galil, brazo atrofiado en el único combate de que se tenga noticia en la Historia de que un Galil le gana a un AK-47, y no hubo forma que pudiera reivindicar su pertenencia a ninguna de las tribus del área, por lo que consideró aconsejable, desde el primer instante, decir que sí, que era cubano, y capitán de sus Fuerzas Armadas, por más señas, y que se hallaba en la mejor disposición de cooperar. Ése fue el resultado de Pedro con una apacible guerrilla africana. Por comer mono.

Pedrito fue un invento, precisamente, de Furry. Viejos amigos de la lucha contra Batista. Furry había abogado ante Fidel para que lo dejaran ir como instructor de las guerrillas guineanas del PAIGC, de Amílcar Cabral, una tropita revolucionaria que —dentro de las limitaciones de los movimientos africanos— se batía bastante bien. No importaba que Pedrito fuera blanco. Nadie lo capturaría vivo. De eso Fidel podía estar seguro.

PAIGC eran las siglas de Partido Africano para la Independencia de Guinea-Bissau y Cabo Verde. Produjo un conflicto de relativa baja intensidad desde 1963. Fundado el 09/19/56 por el ingeniero agrónomo Amílcar Cabral, la organización alcanzó su mejor momento a partir de 1974, con el derrumbe en Portugal de la dictadura de Salazar. Con sus típicas armaduras de aro metálico y su porte de intelectual africano en París, que es un porte triste y de hambre de cinco días, Amílcar Cabral fue un obstinado organizador político. Contribuyó con Agostinho Neto a la creación en 1963 del MPLA (Movimiento Popular para la Liberación de Angola), que junto PAIGC y el FRELIMO (Frente de Liberación de Mozambique) de Samora Machel, fueron las tres organizaciones insurgentes de las colonias portuguesas en África agraciadas por la colaboración cubana, es decir, a las que se les abrieron las puertas de sus centros de entrenamiento en lucha irregular y se les proporcionó instructores en el terreno (el entonces capitán Rodríguez Peralta entre ellos), armamentos y dinero. A Jonas Savimbi, el hombre de la UNITA (Unión Nacional para la Independencia Total de Angola), los cubanos le dieron el esquinazo porque el carismático líder umbundo tuvo la mala pata de vincularse al Che Guevara desde el Congreso de la Unidad Africana de Dar Es-Salam de 1965. Esa amistad naciente fue suficiente para que Fidel lo descontara de su lista de suministros, aparte de ciertas sospechas que se alimentaron entre La Habana y el personal de Inteligencia cubano dislocado en África sobre reuniones furtivas entre el argentino y Savimbi y bromas de ellos dos a costa de las habilidades políticas de Fidel, casi todas sostenidas entre Dar Es-Salam y El Cairo y a bordo del avión en que se trasladaron a El Cairo, donde se sentaron juntos durante la travesía y cuchichearon en francés hasta el aterrizaje. Hijo del caboverdiano Juvenal Cabral y de la guineana Iva Pinhel, Amílcar Cabral tuvo la habilidad de cubrir bajo el manto organizativo del PAIGC todo el espectro de la oposición al colonialismo portugués, tanto en Guinea-Bissau como en Cabo Verde. Esto le permitió trasvasar hombres, recursos y experiencias entre los dos países. Además, como quiera que nueve de las 15 islas que constituyen Cabo Verde son inhabitables y con la presencia de actividad volcánica, y que por tal razón cualquier proyecto de insurgencia armada está descalificado de inicio, la guerrilla en el territorio de Guinea-Bissau les servía a los caboverdianos de respaldo. Asesinado el 20 de enero de 1973, a Amílcar Cabral se le segó de este modo la posibilidad de ver el ascenso de su partido al poder, partido que terminó por ser establecido enteramente como caboverdiano, al modificarse su nombre en 1975, como PAICV, al declararse la independencia en 1975, y convertirse además en el único partido político legalizado: Buen inicio para una dictadura del proletariado a la africana, dictadura instaurada en nombre de una clase en un territorio y época donde no podías señalar ni a un solo individuo que hubiese sido obrero o que se le hubiese esquilmado un centavo de plusvalía. De cualquier manera, en 1980, las esperanzas de unión con Guinea-Bissau terminaron definitivamente cuando João Vieira tomó el poder allí mediante un golpe de Estado y arrestó al presidente Luis Cabral —hermano de Arístides—, y que los caboverdianos entendieran que llegaba el momento de hacer valer su independencia y aprovechar la separación de su archipiélago con tierra firme. Pero ningún desempeño histórico tuvo tanta relevancia para Fidel Castro como la presencia en la geografía de Cabo Verde de un promontorio de tierra no cultivable llamado Isla Sal, y que hubiese caído graciosamente en las manos de la dirigencia revolucionaria caboverdiana; esta formidable instalación, base aérea de reserva de la OTAN, 500 kilómetros al oeste de Senegal y próxima a las principales rutas hacia los mares del sur y el norte, y considerada por la CIA como «importante estación de comunicaciones» e «importante base de reabastecimiento de buques y aviones», una isla de poca monta, 83.5 millas cuadradas, *pero* en las puertas de África, y bajo esas brumas atlánticas instaladas a perpetuidad sobre Sal, casi nunca visible hasta que desciendes por debajo de un techo de nubes que se mantiene flotando a unos 300 metros sobre el nivel del mar, y a la que Mussolini ya le había echado el ojo desde los años treinta y donde recibió autorización del gobierno colonial portugués en 1939 para construir con unos sencillos módulos prefabricados un aeropuerto de tránsito que serviciaría sus vuelos de Europa y Suramérica, adquirió de súbito importancia estratégica en los crecientes compromisos angolanos —y luego etíopes— de Fidel. Los sacrificios (discapacitación de un brazo y 6 años de prisión) del coronel Rodríguez Peralta junto a (y/o por) los combatientes del PAIGC fueron convenientemente utilizados por los cubanos a partir de noviembre de 1975, cuando tuvieron que trasladar sus contingentes de tropas hacia Angola y la posesión caboverdiana de Islas Sal era su única posibilidad de reabastecimiento de sus aviones después de 9 horas de vuelo desde Cuba.[30] El autor conserva un abundante metraje de video de sus aterrizajes y despegues en esta isla desolada y siempre oscurecida por un techo bajo de desperdicios volcánicos y el recuerdo del Illushin-62 declarado en emergencia mientras penetraba el brazo de una tormenta de arena que se desplazaba desde el remoto Sahara y nosotros obligados a alcanzar la posición 16 45N, 22 55O, que era Sal —y era la tierra de nuestra salvación.

Sal.

A ver si pegábamos el tren en esa pista veterana de la OTAN.

Este episodio de los cubanos en África comenzó a mediados de los sesenta, con una camada de negros —casi todos habaneros— dirigida por blancos, al frente de los cuales Fidel designó a un médico de escaso oficio, de aspecto más bien rechoncho, al que después que mataron el mismo Fidel lo puso como ejemplo para nuestros hijos. Dijo que nuestros hijos debían ser como él. Lo manda a matar y cuando lo consigue dos años después —el 9 de octubre de 1967—, y de vuelta al continente americano, porque en África se le escapó de las manos, Fidel nos suelta el numerito del parecido que nuestros chamacos (los *nuestros*) debían guardar con el tipo, un argentino poco amigo del aseo personal y al que no le gustaba la pelota y que en Valle Grande, Bolivia, antes de serrucharle las muñecas para dejar las manos en constancia, lo exhiben sobre un lavabo como un pescado descompuesto.

Enviado por Fidel al Alto Zaire, con el deliberado propósito de sacárselo de arriba, deshacerse «del argentino», «Che» acumuló allí un desastre bélico —antesala de su captura y muerte en Bolivia.

Uno de sus lugartenientes de la época de la guerra contra Batista, en la Cuba de 1958, el capitán Pablo Ribalta, un negro imponente, enorme, enarbolando en su diestra unos poderosos habanos torcidos por él mismo, tabaquero de oficio, y la pulcra y almidonada guayabera blanca cuando se hallaba de faena como embajador en Tangayica, o mejor aún, en las grandes ocasiones, con sus sólidos trajes de dril 100 blanco, fue movido de los festejos diplomáticos en Dar Es-Salam, por órdenes directas de Fidel, para también controlar las correrías del argentino. Con anterioridad, en 1958, el capitán Ribalta había hecho la campaña de la guerrilla cubana junto al Che por instrucciones del viejo Partido Comunista, en el que militaba, y ganó notoriedad en los pelotones de fusilamiento porque pateaba la cabeza después del tiro de gracia como la mejor fórmula de reconocer si los batistianos aún resollaban, ergo, estaban vivos y se ufanaba de lo que llamaba «puntería de puntera», la precisión, el tino de su golpe con la bota. Nombrado embajador en Dar Es-Salam hacia 1963, impuso allí la moda de los albos ropajes del trópico cubano entre las más altas dignidades del país, los que se deshicieron de inmediato de sus pesados atuendos de moños y vuelos multicolores, amén de que Ribalta aprovechó los conocimientos de peluquería de su mujer para que ella le hiciese el peinado a todas las señoras del Gobierno y del cuerpo diplomático acreditado y de paso, a tonos con los ungüentos y los aceites y el paso del peine caliente, sacarles toda la información disponible. Hasta que lo pusieron de nuevo en la cola del Che. Esta vez mediante un cifrado del Comandante. Que se moviera al lado opuesto del continente. «Fíjese que aquí no hay cercas.» Tal fue el *leitmotiv* ideológico que abrumó al Che Guevara en todo el transcurso de su campaña del Alto Zaire de 1965. Constaba de seis palabras en español. El negro Ribalta cada cierta cantidad de kilómetros de marcha de guerrilla repitiendo lo mismo. «Fíjese que aquí no hay cercas.» Eso quería decir claramente que si no había cercas, no había propiedad. Si no había propiedad, desde luego, no había entonces latifundios. Y si no había latifundios ni propiedad, entonces no había ningún campesino clamando por la reforma agraria. Proferido por Ribalta, eso quería decir además que un viejo comunista cubano que había mellado la puntera de sus botas contra los cráneos de los batistianos, opinaba que el argentino estaba embarcado en una aventura que terminaba en tumba. «Ni una sola veo. Fíjese que no hay ninguna.» Y si no había requerimiento alguno por todos aquellos parajes de una reforma agraria, era completamente innecesaria la presencia de un ejército revolucionario que se propusiera como objetivo el reparto de las tierras entre los desposeídos y, como se desprendía de la naturaleza de estas guerras revolucionarias, que los desposeídos le alcanzaran algunas viandas a su paso por las labranzas.

Un tipo irascible, con muy poco umbral para el humor y al que, en efecto, no le gustaba la pelota.

No le gustaba y si era necesario jugar algo, pues sólo se avenía por una partida de ajedrez. Al Che le parecía absurdo y digno de la más severa crítica el entusiasmo y el desgaste de energía que los cubanos dedicaban a querer aporrear una pequeña artimaña esférica, y la primitiva afluencia de adrenalina a la que sucumbían queriendo, procurando acertarle a la dichosa materia boluda, como una piedra entizada con vendaje blanco. Tuvo pocos seguidores, sin embargo, en el intento de *ajedrezar* al Ejército Rebelde, compuesto por tipos excesivamente rurales como para entender: vean ustedes, lo que viene a ser el terreno en el béisbol es este cartoncillo recortado y que suele guardarse doblado en dos hojas y cuadriculado como un crucigrama y es el juego que debe transcurrir más bien o esencialmente en silencio, silencioso, sin que puedas gritarle al umpire ni botar la pelota de un batazo por encima del center field. No hay center field en el ajedrez y, además, tienes que avisarle al adversario cuando lo tienes en jaque, porque eres un caballero, es un juego de caballeros, y no hay uso ni *chance* para las señas secretas, cuando le trasmites al corredor de primera que espere al toque de bola, tú entiendes, tú tocándote los huevos y pasándote después tres veces un dedo por el sobaco quiere decir que te robes la segunda apenas el pitcher inicie su lanzamiento, y ahí el Che, chupando lentamente su pipa de filósofo ensimismado sobre unas piezas que no se han movido en toda la tarde del tablero y sin saber nunca del sabor y la emisión de materia desgastada y chupada y macerada entre el paladar y la lengua y del jugo negro extraído a base de muela que uno suelta como una liberación del mundo, cuando escupe un buen pedazo de espeso y húmedo andullo sobre el terreno y suena como un sapo. (Plop.)

Después del fracaso del argentino, la decisión es sólo negros para África. Cumplimos nuestros compromisos con el movimiento revolucionario y de liberación nacional con negros de los barrios habaneros de La Lisa y del municipio de Guanabacoa y de la provincia de Matanzas y con los viejos guerrilleros de la época de la lucha contra Batista que nos queden en las plantillas de las Fuerzas Armadas.

Fue material social de desecho y algunos centenares menos de bocas que alimentar, de negros revoltosos y comilones, que de este modo no era necesario matar o enviar a las prisiones mientras de paso servían para mantener el fuego de la presencia cubana ante un puñado de atrabiliarios líderes revolucionarios africanos con estudios universitarios todos cursados en la Sorbona parisina o en la Universidad de los Pueblos «Patricio Lumumba» de Moscú (preferiblemente en la primera, desde luego). Pero hete aquí que, hacia 1975, las antiguas posesiones portuguesas de ultramar fueron liberándose, y los combatientes negros cubanos, que habían venido desde abajo —como humildes soldaditos—, hasta el generalato, eran los únicos que figuraban en la nómina de veteranos compañeros de los líderes de los movimientos revolucionarios africanos, *que estaban alcanzando el poder*. Y como quiera que ya estábamos hablando de poder, la discusión era otra, y entonces aparecieron los Furry y los suyos, gente de la misma pelambrera, locos por adueñarse del escenario y con un criterio perfectamente definido de que una cosa era la guerra y otra la paz y de que un personal que era bueno y maleable para el combate no era lo mismo para las negociaciones y la diplomacia y los asuntos de gobierno y que, en fin, había que sacudirse de esa turba de negros que en realidad, aunque resultara penoso admitirlo, no estaba capacitada para las nuevas tareas.

Angola, Mozambique y Guinea-Bissau cayeron en el saco. Más por el propio desgaste y caducidad del sistema colonial portugués que por la erosión que pudieran haberle causado las guerrillas, usualmente dislocadas en aldeas de las lejanas fronteras donde se asentaban para dejar pasar la abúlica existencia en igualdad de condiciones económicas que las otras aldeas desperdigadas por el resto de las planicies africanas, y cuya dinámica de combate era asaltar las *fazendas* de unos infelices labriegos portugueses para los que no había tierra disponible en su propio país, y a los que, por norma, decapitaban y castraban, bebés incluidos (no me jodan, que he visto las fotografías), y a los que resultaba en extremo difícil que los instructores cubanos llevaran a volar una línea de tren o asaltar un cuartelito del ejército una vez cada dos años por lo menos.

Entonces se produce la liberación de Angola.

Entonces se produce en Angola la situación de que el nombrado jefe de los cubanos, Abelardo Colomé Ibarra, y junto con él otros supuestos bravos combatientes cubanos, consideran la retirada estratégica de ese *país* (aún sin constituir del todo, por cierto, más que país lo que iba a ser liberado era un segmento de territorio de 11 veces el tamaño de Cuba o dos veces el de Texas, en los que al menos tres grupos tribales principales —umbundos, quimbundos y zairotas— se desangrarían en los enconos de pugnas ancestrales), es decir, Furry «se apendeja por completo», según versión ulterior de Arnaldo Ochoa. La gente de Tropas Especiales aún vivaquea al oeste de La Habana, a unos 13.000 kilómetros de distancia, pero aún no está en el aire a bordo de los Bristol Britannia 218 rumbo al África Austral, «los troposos», que ésos son blancos y negros y verdes y rojos, pero ninguno pendejo, y que dentro de pocos días lograrán detener el avance sudafricano por el sur y el de los zairotas por el norte, y ahora estamos en Luanda, circa noviembre 8 de 1975, el instante en que Furry descubre que está desguarnecido y que las fuerzas enemigas —los sudafricanos por el Sur, los zairotas y el FLNA por el norte, la UNITA por el este—, se reagrupaban sobre la misma Luanda, la dulce e iluminada capital angolana sobre la que aún no habían dispuesto de tiempo para desabastecer y emporcar hasta los cimientos y hacer astillas hasta la última vidriera, y todo el personal de Furry aconsejándole al oído de que es menester abordar los aviones del regreso, mientras haya *chance*, y Agostinho Neto, el camarada Presidente, dispuesto a ceder, para empezar, el petróleo de Cabinda, y un montón de gente en plan de rápida desmovilización cuando se alza la figura magnífica, revolucionaria, con sus gestos parsimoniosos y el viejo y deslavado uniforme verde olivo increíblemente pulcro y planchado por alguna mujercita de alguno de los kimbos cercanos y con su presencia de viejo negro cubano sabio y su vientre protuberante y el labio inferior como una raqueta de tenis y la calma sabiduría que remedaba la experiencia suprema de un Yogi Berra cuando actúa de *coach* de primera en el Yankee Stadium, del general Víctor Schueg Colás, «el Negro Chué», el príncipe de los combatientes internacionalistas cubanos, que se echa el AK-47 al hombro y convoca a todos sus negros angolanos y les dice, epa, qué passa, primos. Tanta luta y tanto sufrimiento do pobo. Nada pode ser em vão, primos. La luta continúa, primos. La victoria é certa. Epa.

Hubo suficientes y nerviosos trámites entre Angola y La Habana para impedir que llegaran las noticias de que Furry y los suyos eran blancos que habían palidecido más allá de lo permitido y a partir de entonces se produjo la guerra mediante la cual Schueg comenzaba a ser víctima del desalojo de todos los poderes y todas las glorias y de burla contenida cada vez que en los corrillos del Ministerio de las Fuerzas Armadas Revolucionarias se hablaba de él. Raúl Castro se sumaba a las insinuaciones, sin comprender sus orígenes, pero sobre una base preclara de racismo, pero no del racismo que puede avenirse naturalmente a un ser de pedregosa inferioridad como puede ser el hijo de un gallego de la quinta colada, sino del racismo que destilaba con regocijo y abundantes cargas de humillación hacia todos sus subordinados, sin que le importase tanto —a la hora de ejercerlo— el color como la cantidad de estrellas en las charreteras; porque ni siquiera de eso se tenía una absoluta certeza, de que se pudiera presentar como hijo del gallego Ángel Castro, por el solo hecho de que el gallego Ángel Castro lo había reconocido como suyo, puesto que ni siquiera eso estaba claro en los anales del juzgado cercano a la hacienda paterna de Birán, en el oriente de Cuba, de que si «el Chino» Raulito era un vástago de descendencia directa del viejo Ángel con la esforzada y laboriosa Lina Ruz, o el bastardo del cabrón *indiano* jefe del puesto de la Guardia Rural, un tipo cobrizo y achinado, al que llamaban, desde luego, «el Chino» Miraval, con Lina, sonrosada campesina cubana.

Un día se lo dije a Arnaldo:

«Tú estás equivocado en una cosa, Arnaldo», dije, con aires quizá excesivamente graves. «Si Raúl dice que tú eres negro, es porque tú eres lo más parecido que hay a un blanco.»

«Verdad», dijo Arnaldo.

Aprobada mi observación.

Raúl había decidido no ver más negros que Ochoa en sus dominios de las Fuerzas Armadas. Por lo menos eso era lo que expresaba. Ochoa era lo más cercano a un negro que creía encontrar, y el hecho, en primera instancia, se registraba como una batalla simpática a los ojos de Furry: le sacaba al Negro Chué, como potencial enemigo, de los flancos. El Negro sabía la historia de Luanda y eso era materia susceptible de ser acusación en cualquier momento.

Furry y Eduardo, en disposición de retirada, avanzan hacia la puerta del despacho que se halla como a 30 metros de distancia del buró y Furry, pizpireto, lleva su paso de soldadito de cuerdas y Eduardo lleva medias lunas grises de sudor en los sobacos de su guerrera y la espalda anegada como si hubiese salido de darse una ducha de completo uniforme y Furry echa una última mirada a su jefe, antes de girar a la derecha, donde está la puerta, y le dice adiós con una sonrisa y Raúl, que quedará a solas en su despacho, se está acomodando en su poltrona y poniendo los pies enfundados en sus lujosos botines Florsheim de media caña sobre el buró y se estira en la poltrona y arquea el cuello hasta que escucha el agradable traqueteo de sus vértebras, liberando presión, y, con la vista mantenida en un punto del techo, se pregunta en voz alta:

«¿Por qué estos hijos de puta le dirán Griego al Negro?»

Esa misma tarde, por teléfono, Raúl recibió la orden de Fidel de continuar con el caso de Ochoa. Fidel aprobó la reunión del lunes.

Fidel y Raúl usaron lenguaje figurado, como es requerido.

Fidel le dijo a Raúl que tenían que verse antes pero que, además de Furry, incluyera al general Ulises en la reunión. Raúl le preguntó si iban a hacerle juicio secreto. Fidel respondió que no, por lo que Raúl comprendió que su pregunta llegaba tarde, muy tarde. Ya Fidel lo había celebrado. Él a solas. Raúl tuvo un nuevo motivo de agravio con su hermano y supo que, una vez más, su hermano le había arrebatado la presea. De inmediato Fidel le dijo que tuviera lista una casa de seguridad. Está contemplada, dijo Raúl. Su tono fue tajante y rápido pero Fidel no se dio por aludido del tono. Sólo respondió que perfecto. Perfecto. Esa supuesta casa de seguridad pedida a Furry por Raúl y a Raúl por Fidel era en verdad una casa de reclusión que suele habilitarse para dirigentes que deben ser discretamente procesados hasta completar alguna investigación y decidir qué se hace con ellos. Muy bueno, dijo Fidel, que ya tuviera disponible la casa de seguridad. Perfecto.

CAPÍTULO 2

Lo que pasa cuando los cuarteles de invierno se extinguen

¿Rudo sargento de a caballo en el árbol genealógico?

Felipe Miraval Miraval (dos veces el mismo apellido), «el Chino», terminaría sus días hacia principios de 1986 como uno de los «ex militares» que extinguían condena en la prisión Combinado del Este, a unos 15 kilómetros —en esa dirección, *el este*— de La Habana, y mordisqueaban cualquier brizna de paja sacada de los colchones o astilla de madera o un lápiz o el nervio de una mata arrancada al paso en un fugaz tránsito por el patio, cualquier cosa que remedara un tabaco o un mondadientes (estuvieron años sin que ni siquiera sus familiares pudieran suministrarles la fuma). Había alcanzado los grados de coronel y se había destacado, desde principios de los cincuenta, en La Habana, más bien en operativos policíacos que en misiones militares, aunque era usual en Cuba que el Ejército supliera las actividades habituales de policía, con todos sus miembros —no sólo los oficiales— portando armas cortas y con la obligación de intervenir como agentes de la autoridad ante cualquier delito o alteración del orden público, y la misma Guardia Rural —de la que Miraval Miraval había surgido—, una especie de Real Policía Montada criolla, era el servicio de policía de las zonas rurales del país, aunque bajo el mando del Ejército y regido por una organización territorial de tipo militar, con puestos, tenencias, capitanías, regimientos, etc. No había fronteras precisas en las funciones pero Miraval Miraval fue capturado como criminal de guerra al triunfo de la Revolución. Según se hiciera correr por algunas instancias, había un supuesto. Supuestamente el haber sido el viejo sargento de la Guardia

Rural del puesto de Birán, movió los sentimientos de Raúl Castro para que se le perdonara de la pena de muerte que se le impuso por su *involucramiento* en el asesinato de un político llamado Pelayo Cuervo, ejecutado la noche del 13 de marzo de 1957 después del fracasado asalto al Palacio Presidencial por un comando revolucionario que había intentado «ajusticiar en su propia madriguera» a Batista. Mas había otro supuesto. O conveniencia. Que no convenía un Miraval Miraval vivo y que pudiera echar a perder en cualquier momento la pulcritud de la historia familiar de los Castro Ruz, ahora que sus dos más insignes representantes, Fidel y Raúl, iban a convertirse en iconos vivientes del país, y que por tal razón había que encontrarle una causa para despacharlo. Encontraron la causa: Pelayo Cuervo. Para entonces, sin embargo, habían cesado los fusilamientos debido al cada vez más elevado *rating* de desaprobación internacional que el baño de sangre estaba reportando. Miraval Miraval, desde su captura, compartió un fogueo hasta entonces sólo conocido (entre los jerarcas de un régimen) por Rudolph Hess, Walter Frank y Erich Raeden: pudrirse en una cárcel. Otro aporte singular de Fidel Castro y su proceso: que hasta el triunfo de la Revolución Cubana, una experiencia histórica reservada para los más altos oficiales nazis y confinada a Europa, es sacada de sus cauces y sometida, en territorio del Nuevo Mundo, a los equilibrios de la igualdad. Un sargentón de la Guardia Rural cubana, con el culo encallecido de dar montura por las guardarrayas cañeras de Birán, con su fino bigotillo de actor de película mexicana y su vientre cervecero, y jugador empedernido de gallos, se ve obligado a aprender entre los muros de prisión a pasar más de la mitad alta de su vida en el mismo instante en que, suponemos, Hess pone su monóculo de nazi octogenario en el área de alcance de su exhalación, con objeto de aclararlo por influjos de una nubecilla de su propio vaho. Desde luego que estos tres, entre los responsables del genocidio nazi, que fueron los únicos en recibir condenas a cadena perpetua en Nuremberg (más 11 de sus *kamerads* que no escaparon de la horca del patio de Spandau, y otros cuatro con condenas de 10 a 20 años, y los tres absueltos) tuvieron el beneficio mínimo de un juicio que duró 218 días. No es lo mismo un ejército alemán que uno cubano, evidentemente. Es decir, no es lo mismo un genocida alemán para el que se requiere un tribunal internacional constituido por las cuatro mayores potencias del mundo, si es pertinente juzgarlo, que un esbirro criollo. El mensaje subliminal final que Fidel pareció emitirnos es que nuestro pueblo produce muchos más criminales de guerra por kilómetros cuadrados de territorio que cualquier otro en la tierra, si no cómo se explica los centenares (o los miles, tranquilamente *miles*, ¿nunca sabremos la cifra exacta?) de estos señores fusilados en enero de 1959 luego de, no siempre, la pertinencia de algunos juicios contra reloj, más bien mítines políticos para celebración de los vencedores, o que en la noche de 1987, cuando Rudolph Hess decidiera suicidarse a los 93 años de edad, siendo el último de los condenados del Tribunal de Nuremberg que poblara una celda en Spandau, aún quedaran en las cárceles cubanas entre 400 y 500 oficiales batistianos que extinguían condenas interminables como resultado de —14 años después de la caída de Berlín— haber perdido una guerra. La rapidez expeditiva de los Tribunales Revolucionarios que decidió la suerte de miles de oficiales batistianos, que en el mejor de los casos sesionaban poco menos de un día y que terminaban contra la pared de un cementerio de pueblo o en una zanja —que en muchas ocasiones era aún obra de un bulldozer, para abrirla, mientras se desarrollaba, en el cuartel cercano, algunas de las sesiones del juicio— y en donde se colocaba el reo para que, bajo el impulso de la descarga de los garands de un pelotón dirigido casi siempre por el capitán del Ejército Rebelde que acababa de actuar como jefe del Tribunal, cayera directamente sobre los cadáveres de sus compañeros condenados en la sesión anterior y cubiertos apenas por una paletada de tierra y por el zumbido y excitación de las moscas abocadas a la dulzura de la carne muerta, fue un asunto aceptado finalmente por la opinión pública. Era, seguramente, una expeditura merecida para un cuerpo de oficiales que en una guerra de 2.500 bajas (como figura máxima aceptable), sumando los caídos *de ambos bandos*, produjo no obstante 16.666. (6 % más criminales de guerra prisioneros de por vida que los tres alemanes condenados a perpetuidad en Nuremberg por su responsabilidad en una guerra de 40 millones de muertos.)[31] Miraval Miraval, un viejito enfermo y con palabras apenas audibles y que venían, como si ya estuvieran extinguidas, desde los últimos estímulos eléctricos de una masa encefálica a punto de licuarse, ideas de una conciencia cada vez más remota, y teniendo como única cosa que lamentar el no haber podido disfrutar nunca más, desde enero de 1959, de un mondadientes y un tabaco al final de su almuerzo —prender una buena aldaba, después del café, y darte palillo entre las muelas, «eso sí era vida»—, y ahora con los finos labios temblorosos y rajados como cristal, fue uno de los cerca de 500 militares de Batista que sobrevivieron a los fusilamientos, en muchos casos masivos, que tuvieron lugar con el triunfo revolucionario. Esta tropa derrotada y cautiva incluyó por lo menos a un general, Eulogio Cantillo, con el que Fidel Castro planeaba una especie de golpe de Estado en diciembre de 1958, y que fuera liberado hacia 1960. Fidel aún como jefe de guerrillas en la Sierra Maestra, y Cantillo como jefe de las fuerzas del Ejército destacadas en la zona, conocieron el primero de enero que Batista había huido y que ese golpe de Estado ya no tendría lugar. Y treinta años después, hacia 1985, menos de dos centenares de pálidos ancianos —el remanente de aquel medio millar de supervivientes de los paredones— languidecían tras los barrotes del Combinado. Tenían un significado, pero nadie lo escuchaba. Que una vez que levantas un arma contra Fidel Castro, no puedes rendirla, nunca. Una postrera oportunidad de salir a pasear fuera del Combinado y a mirar fugazmente hacia las calles de La Habana y recibir una soda y un tabaco como premios fueron unas sesiones intensas de grabaciones y filmaciones organizadas por el Ministerio del Interior para que contaran sus memorias «en cámara», un intento revolucionario, que era el personal que se hallaba detrás de las cámaras, por almacenar información histórica sobre las cosas desde el «otro lado» de sus batallas contra Batista.[32] Por su parte, Miraval Miraval negó enfáticamente —hasta el día de su muerte en un camastro de la enfermería tras barrotes del Combinado, probablemente en diciembre de 1985— ninguna vinculación suya con el asesinato de Pelayo Cuervo. «Aunque les diría una cosa», advertía en tiempos mejores, «a cualquiera que hubiéramos capturado esa noche, después del asalto a Palacio, no hubiese visto la luz del sol más nunca». Sin embargo, cuando sus compañeros de prisión lo abordaban con el tema inevitable de la paternidad de Raúl Castro —¿o Raúl Miraval Ruz?—, probablemente como su única batalla de victoria indecisa sobre la fuerza original de la Revolución, nunca negó. Sólo una sonrisa cómplice, un gesto entre coqueto y socarrón. Y a veces, entre sus más cercanos socios, un guiño, un gesto aprobatorio y el comentario nostálgico de «Tremenda vieja ésa».

¿Rudo sargento de a caballo en el árbol genealógico? Felipe Miraval Miraval (dos veces el mismo apellido), que terminó sus días hacia principios de 1986 como uno de los «ex militares» que extinguían condena en la prisión Combinado del Este, a unos 15 kilómetros —en esa dirección, *el este*— de La Habana pudo hallarse *aviesamente atravesado* —y de hecho *se halla*— en la cronología íntima de la Revolución Cubana.

CAPÍTULO 3

Hombre Grande, Isla Pequeña

Años después (o años antes, según se contemple el punto de la narración en que uno se encuentre) compartí algunos episodios de zona de guerra con el coronel Pedro Rodríguez Peralta, el blanco a quien los nativos guineanos llamaban Hombre Grande pese a su estatura con el objeto de honrar a través suyo a un mítico comandante Castro que habitaba en su reino de las islas ignotas al otro lado del mar. Había regresado a La Habana gracias a los militares comunistas portugueses que lo liberaron y enviaron de vuelta, aunque eso sí, sin poder evitar que llevara su brazo derecho en andas, como un fardo, uno eterno, que él solía acunar, como un bebé. No comió mono pero tampoco cumplió la condena impuesta en Lisboa. En Cuba se le perdonaron —«pasaron por alto»— las sesiones de declaraciones excesivas a sus captores de noviembre de 1969 y se le dio un recibimiento de héroe. Mas una pequeña inconveniencia, que su mujer lo había abandonado, debió ser resuelta, al menos teóricamente, cuando se informó a través del aparato de circulación interna —los «políticos», el remedo cubano de los comisarios políticos soviéticos— que Pedrito no tendría mujer a su regreso pero que contaba con el amor de todo un pueblo. En 1975, recibió sus flamantes grados de coronel del Ministerio del Interior, se le nombró jefe de las Fuerzas de Guardafronteras (el todopoderoso *Coast Guard* cubano) y en diciembre de ese año, durante la celebración del primer congreso del Partido Comunista de Cuba, fue elegido miembro de su Comité Central, bajo una sonora ovación. Fue el momento culminante de su carrera como héroe revolucionario. Los problemas vinieron casi de inmediato, al inicio de ese quinquenio. Al parecer, la consigna del amor de todo el pueblo fue asumida por Pedrito como una posibilidad tangible, algo que, de hecho, debía armarse, debía ser *concretado*, puesto que rápidamente constituyó unas formidables bacanales con unas simpáticas muchachonas que si bien no eran todo el pueblo, eran por lo menos una bulliciosa representación de éste, mucho más numeroso en apariencia y de presencia notable por cuanto nuestro héroe no es un hombre de mucha estatura, si acaso unos 5 pies 6 pulgadas. Como es menester en Cuba revolucionaria, los informes llovieron y fueron a dar, en primer lugar —y como también era menester en aquellos años— a manos de José Abrantes y Fernández, el jefe de la Seguridad, que sabía discernir —*discriminar* era la palabra al uso— con muy buen tino cuál información debía alcanzar las finas manos del Comandante y cuál no. La decisión evidente de Abrantes fue que el(los) informe(s) de(sobre) Pedrito llegaran. Porque la gloria terminó de hoy para mañana. De modo que sus festines de desquite por los años de prisión portuguesa concluyeron con un Fidel Castro que comenzó a denominarlo como «este manco de mierda» durante algunos meses de 1978 y que lo sacara de la jefatura de Guardafronteras y de su silla en el encumbrado Comité Central amén de que se acabaran para siempre las ovaciones a su paso, aunque continuara cargando su brazo como si fuera un párvulo. Así lo conocí, acunándose el ala, una tarde de lluvia de marzo de 1982, en el portal de una casa portuguesa abandonada al borde de la solitaria carretera de Menongue a Cuchi, en ese pueblo angolano llamado Menongue, que estaba cercado por la UNITA, y a donde él acababa de llegar por aire, la única vía posible, para iniciar su proceso de rehabilitación. Era uno de los primeros casos en que la Revolución utilizaba cumplir misión en Angola como una especie de Legión Extranjera o cruce del Jordán. «Periodista», me dijo. «Pedrito», le respondí. Él sabía que yo era algo así como periodista —mucho más fácil de decir y de entender que «escritor»— y yo sabía que él era Rodríguez Peralta, así que decidimos desde el principio de nuestra amistad, ese primer día que nos vimos, ahorrarnos todos los protocolos. Ni un usted ni un lento *approach* de conocimiento. Ya éramos socios de toda confianza. Después participamos juntos en misiones de exploración aérea, a bordo de los helicópteros soviéticos Mi-8 con tripulación cubana, cuando la 36 Brigada FAPLA, con una asesoría de 20 cubanos, fue diezmada por una emboscada de la UNITA al sudeste de Menongue, en lo que llamábamos la profundidad de la provincia de Cuando-Cubango. Yo disfrutaba de su compañía y, en cierta medida, me infundía valor y confianza tener a mi lado un auténtico veterano de África a la vez que sentía orgullo por sus pequeñas deferencias conmigo, a las que yo respondía con delicados gestos de servicio, como si fuera la cosa más natural del mundo tener un socio inutilizado, y le ayudaba a montar su AK-47 de culatín plegable en el soporte de la ventanilla del helicóptero, o, en el momento oportuno, tenerle abierta una lata de sardinas o de carne prensada, todo esto como si fuera mi deber y como parte de mi misión de escritor enviado por la dirección revolucionaria a ganarme la experiencia de Angola. «Periodista», me decía, con un gesto apenas perceptible de aprobación. Era su máxima expresión de amistad y me era muy agradable escuchárselo. Yo podía responderle, regularmente, con un «Pedrito», en el mismo tono, al tenderle su lata de conserva, y los dos sentados en el piso del helicóptero, y no en los sillines metálicos, como dos vaqueros alrededor de una fogata, de regreso a casa —la base en Menongue— y con los cañones de los AK aún humeantes y al rojo luego del reparto de caramelos —el pase de fuego y metralla con 48 rockets desde las mazorcas de 24 en paralelo de los Mi-8 y de nuestro ametrallamiento desde cualquiera de sus 8 escotillas de fuego— sobre una base UNITA en las proximidades de Baixo-Longa, y luego estableciendo algún tipo de farsa, para aliviar tensión, como si me quejara por el disgusto de tener los dedos embarrados de grasa o alguna mermelada de las raciones militares. Tony no lo quería. Esta animosidad no tenía nada que ver con la lealtad e identificación de Tony con los intereses de Abrantes, que tampoco lo había querido, y que por tal razón lo lanzó al fuego de la ira del Comandante. Una vez Tony se me quejó de que Pedrito le había creado dificultades como jefe de Guardafronteras. Yo tuve a bien no mencionarle las batallas compartidas en Angola. Pero a partir de esa declaración tuve el cuidado de que no coincidieran bajo mi techo, aunque las relaciones con Pedrito comenzaron a distanciarse, no por nada en especial, sino porque él andaba por su rumbo y yo por el mío. Por razones muy diferentes entre sí, y después de este proceso que nos ocupa, a partir de junio de 1989 no tuve más oportunidad de ver —personalmente, quiero decir—, a Tony. En cambio, a Pedrito, tuve la posibilidad de verlo una vez. Más bien, de que *él me viera a mí*. A mediados de noviembre de 1989 coincidimos en una intersección de bastante tránsito al oeste de La Habana, en una barriada llamada

Almendares, cerca de un estadio de béisbol conocido por los habaneros como «La Tropical». La luz roja me detuvo, y él entró por mi izquierda, en su Lada de color azul ministro, y también se detuvo. Yo, a su derecha, detenido, en mi Lada rojo amaranto. Los dos con las ventanillas bajas puesto que en Cuba muy pocos tienen aire acondicionado en el coche, lo cual incluso, de disponerse de uno, es demostrativo de una actitud burguesa reprobable. La intensidad y la fijación y el sostenimiento de su mirada, a menos de 3 metros de distancia, hizo que yo iniciara un paneo leve de registro hacia las nueve, hacia él, aunque nunca con un movimiento brusco o definitivo o claro, y siempre procurando controlar el gesto de los músculos faciales. Con mi larga veteranía como objeto de persecuciones, sabía de antemano que 1) cuando tú sientes que te están observando con atención, es porque te están observando con atención, es decir, que *te están midiendo para partirte*, y que 2) nunca debes reaccionar ante las señales de aviso o premonición con gestos tan rápidos que luego no te permitan recoger cordel o que por la misma rapidez de tu acción te sorprendas en el sector de fuego del enemigo; y como quiera que ocultaba mis ojos tras los cristales oscuros de mis Ray-Ban, podía darme el lujo de hacer pasar por desapercibidos los movimientos de mi mirada y las probables intenciones que yo pudiera estar anidando. Él estaba de completo uniforme, verde olivo, de campaña, y sabía que traía su Makarov a la cintura. Y me miraba firmemente y como alarmado de verme suelto, en la calle, e intentaba incluso generar una cantidad de odio evidente y que yo la percibiera, y cuando me di cuenta cabalmente de quién era y de que un solo movimiento mío en falso podía provocar cualquier reacción de su parte, me las arreglé para adoptar una posición de suavidad y de serenidad y de no darme por aludido de su presencia y todo con absoluto distanciamiento y trasmitiéndole telepáticamente la idea fija de que no lo había reconocido, de que no me había percatado de su presencia, de manera que tampoco fuera a tomar mi tranquilidad de espíritu como una burla hacia él, hacia lo que él representaba o la investidura de su uniforme, y apenas me hicieron el cambio y tuve la verde delante y como quiera que él estaba concentrado en la mitad inferior de mi perfil y en la observación de la parte visible, desde su posición, de mi nuca, tiré la primera con gesto maestro y clavé el pie en el pedal del acelerador de mi fiel y noble Lada 2107 color rojo amaranto con gomas radiales Michelin y amortiguadores Pirelli, de gas de doble acción, y girando a la derecha en un maniobra sorpresiva e instantánea y permitiendo que el carro que estaba detrás de mí, en su marcha normal hacia delante, se le atravesara, abandoné la escena, e inmediatamente me desaparecí por la primera bocacalle que encontré, otra vez a mi derecha, no sin antes observar por el retrovisor cómo se había quedado mi viejo compañero de armas, bajo el semáforo, en un ademán de tomar a la derecha y con el coche que se le había apagado al tener que frenar abruptamente para no chocar con los dos o tres carros que le pasaron zumbando por la vía que yo había dejado libre por la derecha. Una maniobra en exceso hábil y rápida para que pudiera ser ejecutada por un minusválido de guerra y menos para ganarle a un chofer de Lada 2107 tan experto como el apuesto señor, de elegantes canas, Rolex en la muñeca y briosos Ray-Ban, que acababa de dejarlo —como se dice— en la estacada.

CAPÍTULO 4

Código *vs.* estrategia

Esto tiene que ver con el hecho de que la información no se reproduce, siendo en cambio una facultad de la experiencia, y en cierta medida de los recuerdos, que sí son capaces de reproducirse y autogenerarse —o, en especial, los recuerdos, de recrearse. El rechazo de las oleadas originales del exilio cubano a las oleadas que les siguieron, pisándoles los talones, sobre todo después de los acontecimientos identificados como la flotilla de la libertad del Mariel, de 1980, es explicable. Estos últimos participaron, hicieron la Revolución, al menos durante más tiempo que las avanzadas contrarrevolucionarias de 1959 y el resto de los años sesenta, que cortaron las fuentes de experiencia en fechas demasiado tempranas, para de inmediato sumirse en el letargo de un exilio cada vez más prolongado, y que en las proximidades de la vejez y el asentamiento de una incurable frustración, ven aparecer de pronto esos rostros, desde el otro lado de la corriente del Golfo, y unos 30 años después de que los despojaran de sus propiedades y de que les fusilaran a sus hijos o los dejaran pudrir en las galeras de La Cabaña o los campos de concentración de Manacas o Kilo 7 y de que se acostaran con sus mujeres, y ahora investidos como unos héroes, inescrutables y ruidosos, que vienen de regreso, con sus altas botas, y que se sacuden del polvo de las batallas, y que han recibido la bendición de Muamar El-Gadafi o le han arrebatado —en medio de una batalla en el Ogadén— el mando a un general soviético de la estatura de Vasily Petrov, el jefe del frente asiático y artífice de la guerra contra China, se presentan como los nuevos prototipos contrarrevolucionarios. Pero son los que hicieron el proceso, los que conocen los mecanismos y entre todos ellos se tratan de tú y contemplan aquel escenario de los años sesenta cubanos como el inevitable paisaje después de la batalla y como sólo pueden verlo los que vencieron y como nunca pueden verlo los que perdieron. Ustedes se fueron mientras nosotros hacíamos la Revolución. Ahora nosotros somos los que sabemos. Nosotros estábamos adentro. Desde adentro quisimos reformar el proceso, los que quisimos hacerlo —porque no fuimos todos, en realidad, los que tuvimos esas pretensiones reformistas. Tampoco estábamos en Miami ni en Union City, New Jersey, cuando nos propusimos cambiar. Lo último que ustedes vieron al salir de Cuba, fueron las ofensivas banderas rojas desplegadas en la torre de control del Aeropuerto Internacional «José Martí», de Rancho Boyeros, como si aquello, de repente, fuera Praga. En ese mismo instante cerraron la llave. Y se quedaron con una información cada vez más inútil aunque cada vez atesorada con mayor fruición, y aquella última imagen ya extinguiéndose fue su última visión de algo que ustedes creen que fue la patria. Lo que nosotros estamos ofreciendo es la experiencia que ustedes abandonaron desde su inicio. Al pie de la montaña, ustedes abandonaron el empeño. Nosotros nos echamos la mochila a la espalda, respiramos fuerte y comenzamos el ascenso. De ahí en adelante, fueron nuestros los dominios.[33]

Por eso, esta mañana, al filo de las 10:30, cuando Arnaldo Ochoa Sánchez, en un acto tan simple como breve, decide escurrir el bulto de las preguntas que su jefe, Raúl Castro le está haciendo, ninguno de ustedes, allá afuera, va a entender lo que ha ocurrido, y van a servir al mundo cuantas interpretaciones se les ocurra, excepto una, que es la única y verdadera. Esto es lo que va a dar combustible a la mayor cantidad posible de versiones y análisis nunca antes producido en el área de Dade County.[34]

Se trata realmente de un problema de interpretación, de ajustes, de rispideces.

Miami y cubanólogos y politólogos de todo el mundo estarán viendo la conspiración donde lo único que hay, en verdad, es un mulato cazurro que sólo hace negar con la cabeza y que no es capaz de entender que —lengua cubana en toda su intensidad— le están tirando un cabo, y que le están diciendo *no queremos joderte*. Y eso es todo lo que pasó, señoras y señores. Lo sentimos mucho, es lamentable, pero aquí todo lo que ha ocurrido es eso. El estratega que moviera los ejércitos en el Ogadén y en el sudeste angolano no fue capaz de llegar a un arreglo. Prefirió el silencio que establece el código. Los hombres no hablan. Cierto, no hablan cuando enfrentan a la policía, pero lo hacen hasta por los codos cuando están entre sus compañeros. Los compañeros no se guardan secretos. Y eso también es un código. *Y era algo que el mismo Ochoa exigía como un principio sagrado entre los suyos.* Además, ¿de qué coño tenía que callarse Ochoa si no era de él mismo? No se le estaba exigiendo que denunciara a ninguno de sus compañeros. Compañeros que, por otro lado, ya estaban soltando la lengua hacía rato, o estaban a punto de hacerlo. Su ayudante, el capitán Jorge Martínez, llevaba más de una semana en posesión de la Contrainteligencia Militar, y mañana, martes 30 de mayo, Patricio y Tony se sentarán frente a Furry, en su despacho del Ministerio de las Fuerzas Armadas Revolucionarias, en una tarde en la que ya han hecho el tránsito espiritual hacia la subordinación incondicional a las hordas de Raúl Castro, y van a cantar. Cantar de lo lindo, como se dice. Se le han planteado tres asuntos básicos a Ochoa. Para ninguno de los tres tenía respuesta, y él sabía que estaba cogido, atrapado. El primero (tirado en la conversación como preparación artillera), sus —digamos— divertimientos sexuales en Luanda, una zona de guerra, eran desde todo punto de vista reprobables. El segundo, entrenar y armar al grupo del terrorista Enrique Gorriarán Merlo, «el Pelao», para —a plena conciencia de Arnaldo— que orquestara el asalto al cuartel de La Tablada, en las afueras de Buenos Aires en enero de 1989, fue un operativo no autorizado y desmedido y hundió al liderazgo cubano en una controversia sórdida y estúpida de dos frentes, con el Gobierno argentino y con el movimiento revolucionario y la izquierda de ese país. Tercero —y más incomprensible de todos—, su empeño en establecer contactos y negociar con los carteles de la droga colombiana sin haber recibido jamás *el mandato* de que ejecutara en esa dirección. Ochoa niega. No pronuncia una palabra. Niega. Y conduce a la muerte a sus compañeros. Y éste es el meollo de todo el asunto que ustedes conocieron después como la Causa Número 1 de 1989. Todo lo que acontece y es importante y válido se encuentra aquí, en este párrafo, en sus 490 palabras.

De cualquier modo, hay algo vital y espléndido en la imagen de este hombre en uniforme de servicio de los generales de las FAR el lunes 29 de mayo de 1989 hacia las 10:30 de la mañana cuando, las pocas veces que lo hace, como rompiendo un cerco con golpes repentinos e inesperados, se alza con la firmeza de su voz y la estabilidad de sus gestos faciales, absolutamente bajo control, para decir, enfático, cualquier frase elusiva pero cargada de intenciones

—No, no. Yo no sé de qué ustedes me están hablando. ¿Gorriarán? ¿«El Pelao»? No. No recuerdo a nadie con ese nombre.[35]

Esto es desacato y es burla, pero también es suicidio.

—¿Argentino dicen ustedes?

> ...la vida del compañero Arnaldo Ochoa Sánchez es un vivo ejemplo de las cualidades y los méritos por los cuales hombres del más humilde origen se han convertido en dirigentes y jefes que cultivan auténticos rasgos de modestia y sencillez y gozan de la admiración, el respeto y el cariño de las masas.
>
> —FIDEL

Entonces (como se ha dicho) esa escena de Ochoa reunido con Raúl Castro, Furry y Ulises Rosales en el cuarto piso del Ministerio de las Fuerzas Armadas Revolucionarias (MINFAR) es lo que va a dar combustible histórico, material de discernimiento, argumentos y carga a una cantidad de personal cubano exiliado en Miami y, en una escala más seria, a cubanólogos y politólogos de todo el mundo. Combustible fresco, argumentos nuevos y excitantes en la abulia floridiana de la emigración mientras un flamenco de pálido rosa clavado con una sola pata en un remanso costero sacude el cuello y un pez de plata coletea atrapado en el pico.

Están incapacitados para hacer política porque no pueden olvidar el pasado. No saben cómo cargarlo. Dónde ponerlo. Cuando las humillaciones han sido tantas y tantos los empujones y los gritos y —asimismo— los cientos de toneladas de carne humana que se han podrido después de los paredones y las pequeñas industrias y las fincas ocupadas, se hace difícil el discernimiento, la paz de espíritu, la frialdad, la benevolencia, que te permita producir un poco de política inteligente. Fidel ha cumplido cabalmente el apotegma estalinista de exacerbar las contradicciones, y nadie en el país, absolutamente nadie, escapará del caldero de los tormentos en que hemos sido puestos a hervir.

Y, en Miami, estarán viendo la conspiración de Ochoa y (según algunos observadores) de sus seguidores, *los oficiales jóvenes* (¡¿?!), en la escena donde, en principio, lo que tenemos es a un mulato jodedor, o un jodedor cubano (como mejor les plazca), que niega tercamente con la cabeza haber metido en Angola más de una mujer en la cama. Quizá sea difícil entender cabalmente el término jodedor por el lector foráneo; es algo así como un personaje de la picaresca pero que mata. Es decir, en la concepción revolucionaria, que difiere de la prerrevolucionaria en que aquél era picaresca sin ambages, el jodedor (¿de nuevo tipo?) es un individuo con sus características, fundamentalmente mujeriego, no le teme al combate con una caja de 24 botellas de ron, se desempeña en un terreno de béisbol con habilidad y un *score* decente pero que, además, sabe cumplir con gracia y determinación las tareas que se le asignan por el Mando. Mata. Mata y sopla el humito del cañón, como merengue que se despeja, y guarda el *hierro*, la *fuca*, la *forifai* (de calibre 45, en inglés), el *timbre* —la pistola— debajo de la camisa, que es de mangas cortas, y sigue su camino, silbando. Además, el jodedor clásico es un desclasado y un pobre diablo que engaña y estafa para poder vivir. El jodedor revolucionario tiene otra condición, porque es un hombre del poder, y por lo menos tiene una barraca donde dormir y el plato de comida garantizado.

—Ese que dicen ahora sí creo haberlo oído mentar. ¿Pablo Escobar? Cómo no. Escobar. ¿El presidente de Colombia?

> En adversas y difíciles condiciones, el compañero Arnaldo Ochoa Sánchez ha cumplido con singular espíritu de sacrificio varias misiones internacionalistas, dando muestras de su firmeza ideológica, valentía y talento al servicio de la causa de la liberación nacional y el socialismo. Entre estas misiones figura su brillante actuación como jefe de las tropas cubanas en Etiopía, que secundaron la resistencia y el heroico combate de las fuerzas armadas y las masas etíopes contra la intervención extranjera.
>
> —FIDEL

—Eso que ustedes dicen, esas tortillas, no. Ustedes tienen una mala información. ¿En Luanda dicen ustedes? Óiganme, yo creo de verdad que los están desinformando. ¿Tortillitas yo?

Un acto de lesbianismo. Tal la referencia a la tortilla. En este caso, un hombre presencia el desarrollo de la cuestión.

...el otorgamiento del Título Honorífico de «Héroe de la República de Cuba» y la Orden «Máximo Gómez» de Primer Grado al General de División Arnaldo Ochoa... constituye un merecido reconocimiento a sus méritos y un estímulo para todos los luchadores, cuadros, militantes revolucionarios, para todo nuestro pueblo que ve sintetizadas sus propias virtudes de honestidad, desinterés, capacidad de sacrificio, pureza, espíritu de superación y heroísmo en sus hijos más abnegados y valerosos.

—Fidel

Esa conspiración que nunca llegó a cuajar porque, en realidad, nunca existió, y esas fiestas donde nos complotábamos y ese ambiente de nosotros exigiendo cambios, que es por entero descartable que se haya producido en la forma que muchos quieren verlo, va a generar no obstante, además de muchos artículos, y de sesudos libros investigativos que siempre quisieron ver el fin del régimen y no lo que se estaba organizando desde el inicio, que era una de las maniobras políticas usuales de Fidel Castro y sobre la que tuvo un absoluto y férreo control en todo su desarrollo, va a tener también, como contrapartida de las trasmisiones de sus videotapes por las cadenas oficiales de televisión (las únicas en el país, desde luego), una película y un volumen acompañante con la interpretación del exilio: *8-A La realidad invisible*, de Orlando Jiménez-Leal, en el que ambos, libro y película, evidencian demasiado que fueron hechos por outsiders. En ese mismo sentido, el esfuerzo es muy meritorio, porque se empeñan en entender algo que siempre se les escapa de las manos. Pasa lo siguiente: que cuando finalmente creen tener a Ochoa del lado de acá, puesto que en definitiva, entre otras cosas, ya está muerto, hay todavía espacio para un nuevo desaguisado histórico, uno mayor y de más perniciosas consecuencias de aceptarse toda la verdad, y es que estos presuntos héroes a duras penas asimilados por la contrarrevolución continúan siendo de muchas maneras material maleable de la Revolución, y se descubre con horror que siguen siendo unos revolucionarios en cumplimiento de tareas y que siguen siendo sus enemigos y que estuvieron aceptando las sanciones que se creyeron merecer y que, después de ciertos escarceos, han llegado a acuerdos. Y que nunca hubo conspiración. No son, no fueron, no serían, conspiradores. Aquí mismo se acabaron los héroes importados desde Cuba.

De inicio se le acepta y gusta, al menos en el interior de Cuba, porque es una figura militar y no un comerciante de Miami y al final el problema es que con quien está compitiendo es con Fidel. No es el ideal que buscamos, pero los líderes están hechos de esa naturaleza.

En algo se va a coincidir —un punto de resumen del orgullo y de las ambiciones nacionales—: en que Ochoa es un vencedor de las campañas cubanas en África y un cierto éxtasis se apodera también de los cubanos de Miami ante la altiva figura. Por un instante, todos olvidan sus muertos y el despojo de las propiedades, y es jodido y es peligroso porque se trata de un momento de recóndita intimidad que nadie logra confesar con enteroza, y es el joven y proteínico militar, que por un instante es un héroe cubano para todas las apetencias, y tres semanas más tarde, ante los suspiros de todas las mujeres, putas y no, de La Habana y el asombro de la población adulta probablemente completa, cuando Ochoa sea visto en la televisión declarando hasta con un dejo de infinita dulzura que de alguna manera está ansioso por enfrentar el pelotón de fusilamiento teniendo a Fidel en el pensamiento, en un Miami secreto y nunca antes explorado, la parte más escarnecida y desolada del país se estremece ante la compostura y serenidad de esta criatura, sangre de nuestra sangre.

Es extraño, pero pocos se percatan de que la vara de medir sigue siendo Fidel Castro. El caminar cansino del hombre que lo ha visto todo, el hablar lento y puntuado con «humms» de interrogación es su hechura, esa entonación de los campesinos de las provincias orientales para impartir conferencias en la Academia Voroshilov, el ser ese tipo de cubano que conduce victoriosamente dos guerras y que se ufana de dedicar su último pensamiento a Fidel, es su hechura. Eso es la Revolución Cubana. Eso es Fidel Castro. No obstante, dentro de la misma hoguera estallan y chisporrotean otras brasas.

Importante, crucial esa reunión del lunes 29 de mayo de 1989 en el cuarto piso —inexcusable registrarla hasta la saciedad y en la que es menester entregarles todos los elementos disponibles, para que no vuelen a ciegas— porque es el momento en que un país acaba de morir y en el que otro nace, el instante que define, de un golpe, todo el pasado y todo el futuro del alma de la nación. O Arnaldo seguía siendo el meritorio soldado de la Revolución que había cumplido las más difíciles y grandiosas tareas y que, motivado por su propia conducta, debía pasar a un discreto segundo plano y fuera del ejército, al menos durante un tiempo, o miraba —como miró—, paneando de izquierda a derecha, sobre los rostros de Ulises, de Furry y de Raúl, que se hallaban en ese orden detrás del buró, y les decía —como dijo—, con una voz ronca, glacial, y con el adecuado destello de desprecio y hasta de odio en sus negras pupilas incandescentes, y asintiendo, muy levemente:

—Yo creo que ustedes se han equivocado de hombre.

SEXTA PARTE

KEY LARGO Y TAREA

CAPÍTULO 1

Una isla en sí mismo

No era la primera vez que alguno de los más cercanos compañeros de Fidel Castro intentara hacerse con el control de su escolta. Otros, nunca escaparon al asombro.

Leoncito nunca escapó. Tampoco le dieron mucho tiempo.

Leoncito era el coronel Alberto León Lima, a quien conocí como jefe de logística —un servicio que en las Fuerzas Armadas cubanas es llamado «Retaguardia» y los funcionarios militares que le atienden «retaguardieros»— de las avanzadas nuestras en Menongue, la capital provincial de Cuando-Cubango, que era el territorio de Angola que los colonizadores portugueses llamaban Las tierras del Fin del Mundo. Era el combatiente más atildado y limpio que se podía localizar en los alrededores de aquella tropa cubana que como toda buena tropa cubana sólo necesitaba de dos días de marcha de campaña para lucir los uniformes más enfangados y las botas más macilentas y las barbas más cerradas y los dedos más grasosos y las miradas más terrosas, todo lo cual no era otra cosa que la base primigenia de las fuerzas de combate más tercamente indisciplinadas de la historia contemporánea, siempre en la frontera de la insubordinación, pero que a su vez le permitía granjearse las virtudes y provechos de la iniciativa individual. Leoncito no. Él desentonaba por aposición, al revés de que hubiesen puesto a marchar con una compañía de West Point el día de graduación a un guerrillero nuestro, con el AK-47 al hombro, agarrado por el cañón, como un bate de béisbol cuando te acercas a la caja de bateo. En la pulcritud de aluminio de su uniforme, sin una sola arruga, ni una sola maldita arruga,

Leoncito sólo se permitía el lujo de que una media pulgada de su pequeña regla de cálculo sobresaliera por encima de la solapa del bolsillo izquierdo de su guerrera, donde también se alineaban, en el perfecto orden de mayor a menor, tres bolígrafos de algunas de las casas comerciales europeas que vendían vituallas al ejército angolano. La regla de cálculo y el pelo lacio perfectamente recortado de Leoncito, en un corte al estilo de un ejecutivo y no como producto de una barbería militar, nos recordaba una dimensión de la guerra, su cierto sesgo comercial, que percibíamos como ajena a la gloria, y ciertamente desentonaba en los bosques angolanos por los que nos desplazábamos a la máxima velocidad de 80 kilómetros por hora de nuestros transportadores blindados BTR-152 de factura soviética y todos nosotros, aguerridos combatientes internacionalistas cubanos, con los culos cerrados como puños, en su nivel máximo de apriete, a la espera de ser los próximos en pisar una mina y ver la explosión de un estómago que libera el paquete de tripas y pedazos de costillas y de la columna vertebral, despedidos más allá del alcance de tus brazos cuando tratan de recoger algo que ya es inasible y que, sin dolor de ninguna especie, sin sonido alguno de la tan esperada mina anticarro de alivio por presión que acaba de agraciarte y que elevó un sonido bajo y seco que tú nunca escuchaste, determina el instante en que todo acaba, con el grotesco brocal de tus resbaladizas vísceras como última visión que se tiene cuando eras de la tripulación del BTR-152 y te mueres, a bordo de aquel beteerre que será una pieza de metal mohosa y retorcida al borde de un camino menos de un año después y el paso de una temporada de lluvia, noble máquina de guerra de la que ahora origina la alta fogata de humo negro que los neumáticos y el combustible derramado remanente alimentan y que marca el sitio exacto, a medio camino entre Menongue y Cuchi, donde el paso del transportador, al caer en el vado donde ocultaron la mina, aliviase el mecanismo de presión.

Leoncito fue el primer chofer que tuvo Fidel al principio de la Revolución. Su presencia de ánimo y su orgullo procedía de poder demostrar su participación en tan importante tarea, lo que lograba a plena satisfacción al extraer, de su crujiente billetera de cuero, de color beige, un billete cubano de un peso, y mostrar la cara del billete que ilustraba la entrada triunfal de la Columna Uno del Ejército Rebelde en La Habana el 8 de enero de 1959.[36] Leoncito señalaba una de las figuras del grabado producido en Checoslovaquia en 1961 que recreaba la columna de guerrilleros aclamada a su paso desfilando por una amplia avenida franqueada de acristalados rascacielos supuestamente habaneros y vuelan los pañuelitos y las florecitas y las banderitas y las aladas palomas de vuelo visiblemente estacionario en el minucioso grabado en el que ni uno solo de sus participantes deja de sonreír mientras contemplan arrobados a la figura hacia la que convergen, en el centro, con el índice elevado hacia algún seguramente glorioso sitio entre el cenit y el horizonte, Fidel Castro, montado sobre la torreta de su tanque, en el que también sobresale un en cierto sentido fálico cañonete procedente de la torreta, Fidel Castro ni puerilmente alegre y ni siquiera entusiasmado por el poder alcanzado, sino como corresponde con los patriotas de los billetes de a peso, que miran, entre graves y serenos, el futuro. Acaba de bajar de la Sierra Maestra, hace ocho días, y si mantiene la costumbre de no usar calzoncillos y de que las medias se le gasten dentro de las botas y si continúa espaciando las tardes de baño y con su diente frontal superior muerto y en estado de oscurecimiento, el guerrillero recibe de cualquier modo los beneficios históricos de un iluminador de la factoría checoslovaca de papel moneda: no trasladar hacia la historia insondable el húmedo y acre aliento a tabaco que porta el héroe y las estancas y perfectamente detectables desde 3 metros de distancia emanaciones de toda la mierda corrida que se le empotra en la base de los testículos.

No hay churre en las alegorías que entona el papel moneda. La mugre parece ser un departamento aislado y de poca aceptación incluso para los historiadores. Tampoco la mugre en los cojones del Comandante iba a ser algo que su tan codiciada televisión se atreviera a programar.[37]

—Ninguno de ustedes aparece en los billetes de a peso —decía un desafiante Leoncito, aún pulcro y hasta probablemente lampiño, en su retadora declaración ante un grupo de sus perplejos compañeros bajo el techo de uno de los almacenes la Sección de Retaguardia de la Asesoría Cubana de Lucha Contra Bandidos en la capital provincial Kuito-Bié, en el centro mismo de Angola, donde de vez en cuando nos agenciábamos unas cervecitas Cuca, de producción nacional angolana, y que nosotros nunca llamábamos Cuca a secas por su nombre oficial según el fabricante de Cuca sino que la solicitábamos por la completa terminología *Cuca du copo*, con el que repetíamos el eslogan comercial aún visible en las vallas de Luanda y de algunos poblados, cuando se disipaba la metralla y los últimos cascotes de los edificios se derrumbaban. Cuca du copo y nuestros pesados y silbantes camiones Zil-130 avanzando cargados de tropa, nosotros, y municiones.

—Esta que está aquí —decía un hombre que de pronto adquiría, en un almacén de raciones de combate, en el que predominaba el olor del betún de las botas soviéticas y de pescado seco y tasajo, la enorme estatura de los patriotas que ilustran y dan fe de solvencia en los billetes de toda la humanidad. Alberto León Lima era igual en ese sentido que el George Washington de los dólares o el José Martí de nuestros pesos republicanos.

—Éste soy yo. Este que está aquí. ¿Te fijaste?

El público del almacén asentía, en grave silencio, y hasta con cierto orgullo. No todos los días hay motivo de orgullo, por lo que era formidable para tres o cuatro tipejos de Retaguardia y un periodista —que tal era el público— disponer de tan insignie compañía para liquidar una estiba de Cucas du copo. Teníamos esa fortuna, y la fortuna de habernos robado las *cervejas* del almacén sueco del Alto Comisionado de la Cruz Roja Internacional, en las proximidades del aeropuerto. No habrá nunca una emisión de billetes con nuestras operaciones de secuestro de las reservas de cerveza del Alto Comisionado.

Desde luego, no había debajo del personaje que Leoncito reclamaba como su propia persona una cinta con una heráldica que dijera CORONEL ALBERTO LEÓN LIMA, PRIMER CHOFER DEL COMANDANTE EN JEFE. En verdad era muy difícil distinguirlo entre el grupo que constituía en fuga triangular, dominada por Fidel (éste sí perfectamente reconocible), el centro de la escena. Pero Leoncito afirmaba que una de aquellas cabecitas, del rebelde con el fusil en alto, era la suya. El anacronismo de que el vehículo sobre el que se desplazaban fuera un tanque y no el Wyllis del que Leoncito se ufanaba en ser un maestro de su conducción, quedaba sobreseído por el silencio de nuestra parte. Buenos amigos. Ésa era la característica fundamental no-leninista (y muy pronto sabremos que también no-fidelista) de la Revolución Cubana. Sus hombres sabían ser buenos amigos. Casi era lo único que se reclamaba. Ser buen amigo.

Estaba ahí. Era la figurita que reclamaba ser.

Leoncito en un estadio de felicidad que se desprendía de ser el timón del Comandante en Jefe y que tuvo una duración, sin embargo, de pocas semanas, dada su tendencia a expresarse en voz alta sobre un particular. No salía de su asombro de ser el chofer de Fidel. Uno de los tantos muchachos de las estribaciones de la Sierra Maestra que se habían sumado al Ejército Rebelde y que estaba a la mano cuando Fidel mandó a buscar algún personal que supiera manejar los Wyllis para que lo acompañara en su recorrido hasta La Habana.

«Y pensar que sea yo el que le está manejando a este hombre, caballeros», dijo Leoncito un par de veces.

Fue escuchado. Y debidamente anotado.

«Que sea yo el que tenga esa responsabilidad», reiteró.

Escucha infalible. Anotación de rigor.

«Que su vida esté en mis manos.»

Suficiente.

No entendió que el mundo había cambiado. Que una palabra de muy poco uso en Cuba, una palabra corta y áspera, que es rigor, ganaría espacio al conjuro de este hombre al que él había servido a lo largo de 1.000 kilómetros de carretera —y al cual continuaría sirviendo, hasta el final de sus días (de los de Leoncito, por supuesto) pero ya nunca más teniéndolo en la intimidad del asiento derecho— y que acababa de mandarle a decir a través de uno de los ayudantes que se presentara en Managua (un campamento en las afueras de La Habana) y se incorporara en el primer batallón de tanques, para que «ayudara allí a los compañeros en lo que se pudiera».

Despachar a Leoncito fue uno de los orígenes de Seguridad Personal. Después Fidel le dio cordel a la vieja dirigencia del Partido Socialista Popular (que era el nombre adoptado por los comunistas cubanos para eludir la grave repercusión de comunismo en sus estandartes). Les dijo que necesitaba hombres de toda la confianza para la protección de los líderes revolucionarios. De esa promoción surgieron los Joseítos y otros entonces jóvenes militantes que consagraron sus vidas (literalmente *las consagraron*) a Fidel. El más astuto y valiente de todos ellos, que rápidamente ocupó la jefatura de la escolta, fue Alfredo Gamonal, un duro auténtico, con una oscura historia de dirigente sindical de una tienda habanera llamada La Sortija y que ganara reputación de hombre decidido, como miembro de la tropa de choque del Partido. Lo llamaban para algunas faenas «delicadas», a las que se iba con unos trozos de cabillas envueltos en papel de periódico, en caso de que hubiese que *rajar* algún cráneo. Joseíto, en cambio, tenía un origen menos aguerrido: era un desempleado en un barrio marginal de La Habana, un barrio pobre llamado Arroyo Naranjo —que está tirado entre las palmas y cruzado por un par de riachuelos, sucios y viejos, al sureste de la capital— y que llegó al Partido a través de un primo suyo, tabaquero de oficio, llamado

Idelfonso Villa, al que llamaban «Pilla», el que ya era comunista. Joseíto venía de un pueblo aún más lejano, hacia el suroeste, que se llama Quemado de Güines, y era un muchacho chaparro —nunca hubo mucha comida para que echara cuerpo—, y muy callado. Se las arreglaron para buscarle un cuarto en la calle llamada San Agustín, esquina a Norte, y comenzó a colaborar «con la juventud», es decir, con una organización llamada Juventud Socialista. Después se consiguió *un trabajito* en una casona que llamaban «el Castillo del Holandés» y que supuestamente había pertenecido a un patriota cubano de principios de siglo, siempre de levita y leontina, llamado Juan Gualberto Gómez y donde vivía una sobrina o una nieta de Juan Gualberto que estaba *arrimada* —es decir, en unión consensual— con un mulato que fabricaba sandalias y ahí Joseíto comenzó a trabajar. Después un joven escuálido pero nervudo, un ex boxeador llamado Carlos Quintela Rodríguez, que se ganaba la vida como vendedor ambulante de flores y cuyo fugaz paso por las cuerdas (y la absoluta ausencia de dinero para una cirugía reconstructiva) le dejó una nariz quebrada por tres partes y un infatigable sentimiento de compasión por todos los hombres que caían, fue el encargado de darle la primera de sus misiones en favor del comunismo: repartir unas octavillas en contra de la invasión imperialista franco-británica del canal de Suez. Arroyo Naranjo era la más activa de las barriadas bajo la atención de la agrupación juvenil del Partido, y Quintela era su Secretario General. Entonces triunfa la Revolución. Desde mediados del año 1960, la dirección del Partido pide jóvenes para engrosar las filas de la Seguridad del Estado. Gente de toda la confianza, *que sólo podían proceder del Partido*. Quintela y Pilla, que estaban embriagados en las actividades políticas y de la toma del poder y reconociendo como un hecho el establecimiento del primer poder socialista de América, miraron hacia Joseíto y dijeron, tenemos un candidato. Un tipo callado y muy cerrado. Tiene que ser un buen policía. En efecto, en 1989 será uno de los pocos *históricos* en la Seguridad Personal de Fidel. Pero el mismo Fidel les había hecho un cuento semejante a las otras dos principales organizaciones revolucionarias de la lucha contra Batista, el Movimiento «26 de Julio» y el Directorio Revolucionario. Dijo que necesitaba muchachos nuevos, frescos, para la Seguridad del Estado. Primero, para la Seguridad del Estado, y después, de esa vendimia, su verdadera y mucho más estricta selección. Su escolta. Había empezado por algunos brutales pero obedientes campesinos de la Sierra Maestra, enrolados —el efecto mosca en papel engomado— en medida que el Ejército Rebelde ampliaba el territorio bajo su control, y del cual Cesáreo sería su mejor exponente 30 años después, cuando sea el lento coronel, de sonrisa forzada, sonrisa que nadie le pide pero que él considera como la mejor forma de comportamiento en un salón, y que es la sombra silente pero inabordable que protege cualquier desplazamiento del Comandante, el perro viejo, cansado, pero que se debe al único oficio que conoce, el oficio de la lealtad. No hay noticias de nadie valioso, en estas filas de refinadísima selección de guardaespaldas, proveniente del Movimiento «26 de Julio», aunque en realidad —a fines de 1959— era una organización que sólo existía en el recuerdo de algunos de sus integrantes y que se había desgastado en luchas intestinas y por retener unas parcelas de poder que nadie parecía dispuesto a acreditarle. El Directorio Revolucionario, sin embargo, produjo a José Abrantes, que es el mejor, y que cree llegado su momento hacia 1963 cuando Alfredo Gamonal muere. Un estruendoso accidente de tránsito en la época de los Oldsmobiles. Uno de los Olds 88, del lote de cincuenta adquirido en Nueva York en 1960, cuando Fidel se presentó en la ONU por primera vez. Un tramo de carretera entre Bayamo y Contramaestre, en el oriente del país. Una carretera vacía hacia la medianoche. Enrique Carreño al timón. Es uno de los choferes de la segunda hornada de tripulaciones de Fidel en el poder. Gamonal, a su derecha. Un carro que aparece de frente. Carreño inmutable con la luz larga, y el carro que viene de frente que le pide varias veces que baje, pero los potentes reflectores del carro usualmente colocado como guía de la caravana de Fidel Castro no pestañean, y Carreño que hace caso omiso a la solicitud. Hay una rastra apagada por la senda del Oldsmobile. Carreño viene a 140 kilómetros por hora porque está aprovechando la fresca —que es como los choferes profesionales llaman a esa hora en la Carretera Central de Cuba. Gamonal se había presentado en Santiago de Cuba en preparación de una visita del Comandante. Gamonal explorando, incansable. Este episodio es el origen de que sus compañeros contemplen la posibilidad de manejar con infrarrojos. La rastra está apagada y detenida. Se averió por la tarde y el chofer ha ido a Contramaestre, el pueblo cercano, a buscar ayuda. El hombre que viene de frente, molesto porque no responden a sus insistentes solicitudes de cambio de luces, decide castigar, a su manera, aunque nunca pensando que va a matar a un hombre, y pone también la larga y ya no la va a quitar hasta que le pase por al lado, unos instantes después de que supere por la izquierda un bulto oscuro. De inmediato, antes de la explosión, una suerte de chasquido. (Es lo único que recordará Enriquito Carreño, con apenas unos rasguños y un brazo fracturado.) Una rastra de la Empresa de Acopio de Frutas y Vegetales debajo de la cual se desliza el Oldsmobile. Pasarán unos cuatro días antes de que Gamonal termine su agonía y muera, y otros tres días antes de que Fidel llame al periódico *Noticias de Hoy* —conocido por todo el mundo en Cuba sólo como *Hoy* o el *Hoy*—, el reducto del comunismo cubano chapado a la antigua y que aún entonces se le dejaba publicar,[38] y que con voz dolida hable con un atento Blas Roca, el antiguo invencible e inconmovible (por algo se hacía llamar Blas *Roca*, ¿no?)[39] líder del proletariado cubano, y le diga que lo menos que puede hacer el periódico es publicar una biografía del capitán Alfredo Gamonal. «¿Qué esperan ustedes para hacerlo? Por lo menos publiquen una biografía de este hombre. Por lo menos eso.» Resultaba extraño este Fidel que reclamaba un cuarto de página en el *Hoy* como supremo homenaje al hombre en el que había depositado toda su confianza en los años más duros de la Revolución —la batalla de Bahía de Cochinos y la Crisis de Octubre de 1962 incluidas— para que le cuidara, y como si ese obituario hubiera podido alcanzar algún valor de permanencia, como si pudiera ofrecer alguna recompensa al espíritu de un antiguo camorrista sindical de cabeza astillada por el impacto de un Oldsmobile del año 1960 que se empotra debajo de la viga de contención de una rastra Mak, o tan extraño como la misma amistad y sólida comunión afectiva que establecieron estos dos hombres que no tenían que ver el uno con el otro, nada que ver, el aún joven Fidel, que ahora podemos recordar en las fotografías cada vez más gastadas de una batalla, gallardo, con sus grandes espejuelos de armadura plástica, y sobresaliendo de la cintura para arriba desde la torreta del tanque T-34 al que ha saltado desde un cañón autopropulsado SAU-100 y que avanzan en columna sobre una playa del entorno ecológico de Bahía de Cochinos el 19 de abril de 1961, la boina echada hacia atrás, la camisa abierta hasta la mitad del pecho, los bolsillos cargados de papeles y tabacos, y respaldado, atrás, por un hombre delgado y de fino bigotillo —cuidadosamente perfilado con las puntitas en curva de una tijerilla de cutículas, el tipo de bigote en línea conocido en La Habana desde los años treinta como «estilo y renovación»—, y con un rostro remotamente lombrosiano pero suavizado por un aire de oficinista de bajo salario que ni siquiera el uniforme de campaña logra revelarnos en toda su exacta dureza, Alfredo

Gamonal, limpio y atildado y con ese uniforme planchado y seriamente almidonado aún para usar en estas condiciones de campaña. La biografía de Gamonal fue una de las últimas miradas de Fidel hacia la vieja guardia, y estaba teñida de conmiseración. Fue la segunda y última vez que solicitara un servicio de Blas y su periódico. La primera había sido, exactamente, menos de un año antes, el 22 de noviembre de 1963. Fidel se había presentado en el despacho del viejo Blas en busca de la vieja sabiduría. Fidel decidió que aquel día no podía encontrar en toda la iglesia del comunismo cubano alguien mejor que Blas, para ayudarlo a orientarse con respecto al crimen perpetrado en Dallas, y por su convencimiento de que las culpas pronto habrían de caer sobre él (lo cual estaba ocurriendo, en efecto, desde pocos minutos después de que Lee Harvey Oswald —o los que fueran— apretara(n) el(los) gatillo(s)— y cómo sacárselas de arriba si ésa fuese la acusación, y, sobre todo, averiguar si los soviéticos estaban detrás de ese asesinato. ¿Quién había querido matar a Kennedy y por qué? *¿Quién ganaba con esa muerte?* ¿Y si esa regla de oro de los crímenes políticos —el verdadero rostro del asesino aparece con el verdadero beneficiario del asesinato— era aplicable en las actuales circunstancias? Nadie sabe aún que toda la obra y todas las glorias posibles acumuladas por el Partido Socialista Popular, y toda su herencia histórica y su legado de experiencia como conductor de las luchas y anhelos de la clase obrera cubana, tuvieron su canto de cisne, definitivo y sin regreso, hacia las 9:45 PM hora local de La Habana de ese fatídico día de noviembre, cuando Blas Roca abrió su boca de gruesos labios de mulatón de las provincias orientales, techado por un espeso y emblemático bigote, y dijo, con voz engolada, pedagógico: «Vivó dice, Fidel, que ésa fue la viuda de Diem.» Raúl Valdés-Vivó era la tercera persona presente en la reunión. Un cuarentón, enérgico, a quien se le reconocía un historial de temeridades en la lucha contra la policía batistiana y que fuera uno de los principales «cuadros juveniles» del Partido y que aquel día de la muerte de Kennedy, era el subdirector de *Hoy* y se hallaba, como de costumbre, con uniforme de milicias, botas y pistola, atuendo con el que había sustituido desde hacía dos años su guayabera de hilo blanco y el pantalón suelto de verano. «Hombre, claro, Fidel. ¿Por qué tienes que preocuparte tanto? Ésa es la loca esa. La viuda de Diem. *De Diem.*» Se refería a Ngo Dinh Diem, el presidente sudvietnamita, que también había sido asesinado poco antes, el 1.º de noviembre, y cuya viuda, una especie de modelo parisina de ascendencia asiática siempre enfundada con su mono satinado de paracaidista, el cuello protegido con la ruda bufanda de los ases de la aviación, había culpado a Kennedy del asesinato y jurado vengarse. «¿Quién tú dices, Blas?» «Madame Diem», aún tuvo la osadía de pronunciar Blas, aunque ya era una voz apagada y como que en solicitud de disculpa.[40] No se tiene noticia en el casi medio siglo de existencia de la Revolución Cubana que Fidel Castro se haya sentado delante del dirigente de una organización política —que además, de alguna manera le era ajena— y que, humilde y atento, como un escolar, estuviera allí para pedirle consejos.[41] Mas Blas, el viejo zapatero procedente en los años veinte de una villa costera llamada Manzanillo, tenía un destino, un lugar indefectible que ocupar en la historia de su país. Colocarse siempre en batallas diferidas, batallas que, de haber ocurrido, ocurrieron en el pasado. No puede ser de otra manera con los hombres de la escuela ortodoxa, y máxime cuando se enfrentan a mentalidades tan rápidas y exaltadas como la de Fidel Castro. Leal como pocos, Blas. Firme, obstinado y de voz pausada, global, con cada una de sus palabras emitidas después de cierta meditación, pero una voz que, a partir de la señora Diem, sirvió sólo para identificar a un tonto. Blas Roca no tuvo siquiera —no ya la inteligencia— sino la habilidad de saberle responder a Fidel y no ponerse a demostrar que sabía quiénes estaban detrás del asesinato. No supo especular, angustiarse, creerse en los límites de todas las pulsaciones humanas, situarse en la última de las barreras de polvo de asteroides de los confines de la Historia. Y ése fue el momento de máxima soledad política en la existencia de Fidel Castro y de desazón y de extraños augurios y cuando va a buscar el alivio y el consejo y el pensamiento acertado que se supone se encuentra en posesión de la vieja guardia partidaria, descubre, desconcertado que él también estaba respondiendo a los eslóganes de infalible conducción histórica de la que se autoproclamaba el Partido a través de sus instrumentos de propaganda, y rápidamente extrae su lección, su moraleja esmaltada a fuego rápido esa noche en el despacho que había pertenecido a «Pepín» Rivero cuando el hermoso edificio de seis plantas color marfil, frente al Capitolio de La Habana, era la facilidad del benemérito *El Diario de la Marina*, con el alto mural de Hipólito Hidalgo de Caviedes que contaba en el espacio de dos paredes del vestíbulo los 125 años de historia del periódico que había comenzado llamándose *El Noticioso y Lucero*.[42] La moraleja que obtuvo Fidel frente al mismo, imponente buró de caoba oscura detrás del que don Pepín había reinado y sobre el que ahora Blas amontonaba octavillas y sacudía las cenizas de su tabaco, no es que estuviera solo. Es que iba a estarlo para siempre. Ya nadie lo puede acompañar. Y mientras que a John Fitzgerald Kennedy le acaban de volar los sesos en Dallas, Fidel Castro ha alcanzado el punto de no retorno en La Habana debido a que un hombre de pocas luces apoyado por la autosuficiencia desmedida de ese pobre diablo de Valdés-Vivó, ha carecido de un poco de ambición. Blas ha elegido por un alarde de conocimientos espúreos en vez de sumarse a la tensión sicológica de consumo nuclear y al sistema de alerta máxima sobre el que Fidel estaba navegando. Al no entender, junto con Fidel, el nivel crítico de la situación, tal la ecuación que se estaba engranando evidentemente en su aparato mental porque tal era la situación que *él necesitaba*, no descubrió, por tanto, que ese disparo (o los disparos de Dallas) en realidad no estaban dirigidos a la cabeza de JFK sino hacia el mismo Fidel y que por tanto la Revolución atravesaba un peligro inminente y que hasta su propia extinción era palpable y que no se podía dejar de lado la posible implicación del Kremlin en este escabroso asunto, ese Kremlin que sigue respondiendo visceralmente a los estímulos del chovinismo de gran nación (unos hijos de putas esos soviéticos, Fidel, de verdad, no hay que confiar en ellos, y si quieres me llego por la embajada a ver qué les saco) y que, en fin, estaba claro que la muerte de Kennedy constituía en realidad el prolegómeno de la conjura internacional contra la Revolución Cubana y su abnegado pueblo, es decir, una nueva conjura contra ti, Fidel, y que al no ver ese escenario y al no alimentarlo, Blas no sólo cometía su suicidio político y de paso liquidaba a su esforzado y bravo Partido, sino que se inhibía de entrar en una nueva dimensión de la experiencia ejecutiva cubana, y amén de que se sacaba él mismo del mejor juego que nunca antes se había jugado en el país, y que se cerraba la puerta que pudo conducirlo quizá algún día, uno remoto e impredecible, en el que, entre risotadas y pequeños sorbos de coñac Napoleón, se le permitiría percatarse de la probabilidad de altísimo porcentaje de estar en presencia del verdadero autor intelectual del magnicidio de Dallas.

Una doctrina es básica para participar en el convite del Comandante, que es la de hallarse en el ombligo del mundo, o ni siquiera lo intenten.

«Chene.»

Ése era el apodo de Joseíto, que fue una especie de zapatero remendón o talabartero no colegiado de la casa de Juan Gualberto, cuando de la prosapia de una familia presidenciable de principios de siglo sólo quedaba el techo de una casona para albergar un tallercito de alpargatas. Chene. Joseíto. Fue (es) el último comunista en la guardia del Comandante.

Desde luego, había otra dimensión para estar junto al hombre. La de los criados que atienden el convite. Ésos no tienen que averiguar ni saber quién mata a los presidentes americanos. Todo lo contrario: mientras menos se interesen en política, mejor. La única política que tenían que saber es la del hambre pasada y que la Revolución los alimenta y los calza y les da una casa y los pone a viajar por todo el mundo y hace ingenieros o médicos de sus hijos. Es decir, pueden incrementar su sentido político hasta el nivel en que sus necesidades han sido satisfechas. Es el caso de Joseíto. No el de Carlos Quintela, uno de los que lo eligiera para la posición. Aunque venían de la misma hambre y de las mismas apetencias, cuando la Revolución cubrió sus necesidades y se dispuso a hartarlos, encontraron el desasosiego. Resultaron hombres frugales en ese sentido del plato de comida o del techo que los cobija (o que *debe* cobijarlos). Por consiguiente, la política que tuvieron y que fue armada de la experiencia de vivir en una cabaña sin agua corriente de un barrio marginal cubano amalgamada con las sesiones de adoctrinamiento de mala muerte que les daban los mensajeros del Partido y su cruda propaganda estalinista, vasos comunicantes entre el estómago vacío y las octavillas, y que se escanciaba tan dulce en los cerebros de estos muchachos de las fincas del odio, y que era el marxismo de las afueras de La Habana, entre palmas, mosquitos y lunas llenas, fue sólo un pivote para los más despiertos, para los que entendieron que la frugalidad era una virtud, y que la poderosa industria tabacalera nacional permitía a Cuba ser el país ideal para cubrir de humo de baratísimos pero excelentes cigarrillos negros las paredes del estómago de nuestros luchadores, y permitir que olvidaran la falta de potaje. De modo que una tarde de 1967, Carlos Quintela Rodríguez era ya un peatón, otra vez la infantería de los desplazados del poder, cuando la caravana del Comandante, rauda y tensa, en tres jeeps soviéticos de cuatro puertas, le pasó por al lado, exactamente en la intersección de Avenida de Rancho Boyeros (que conduce al Aeropuerto Internacional «José Martí») y Avenida 26 (que corre del norte al sureste de la ciudad y pasa frente a las puertas del viejo Zoológico y de la llamada «Ciudad Deportiva») cuando uno de los tiradores del primer carro, sacando medio pecho por encima de la portezuela y retirando amigablemente el cañón de la UZI y ocultándolo por breves segundos de la vista del público en las aceras, y elevando la mano del brazo derecho, que también había sido retirada del gatillo, y haciendo un alegre y rápido semicírculo de saludo, gritó a su compañero, a quien había reconocido de inmediato: «¡Quintela! ¡Mi hermano!» El veterano dirigente de la Juventud Socialista de Arroyo Naranjo aún no tendría 30 años aquella tarde y —aunque ya estaba expulsado del Partido y la Seguridad lo tenía bajo chequeo— reaccionó como un tiernecito abuelo, orgulloso y satisfecho, al saludo de Chene y a su grito estentóreo desde atrás del asiento de Fidel, un Fidel que, para buscar la persona aludida por su escolta, se vio obligado a girar la cabeza sobre su hombro derecho, el ceño de antemano fruncido y la disposición inmediata a la recriminación del hombre de su aparato por saludar a personas ajenas durante el servicio.

«Ah, cará. Los muchachos no me olvidan», pensó Quintela.

Lunes, mayo 29.
09:54 AM.
Después que el convoy de los tres Mercedes cruzó la puerta de la villa amurallada y uno de los dos combatientes de la última posta hizo el saludo militar de rigor —uno sólo se encarga de los saludos y de todas las ceremonias necesarias; el otro se mantiene atento a cuanta cosa acontece en los alrededores—, avanzaron por el borde del antiguo campo de Golf del Country Club y se dirigieron a la Quinta Avenida, que ya a esa hora, desde luego, estaba tomada por la Seguridad Personal —un hombre en todas las bocacalles y nunca a menos de 100 metros uno de otro y nunca colocados de manera que no puedan establecer contacto visual entre uno y otro, algunos de civil y otros con atuendo militar o de la policía, pero todos armados con pistolas Makarov, y todos portando sus pequeños walkie-talkies japoneses, y no dejando ninguna zona ciega por cualquier accidente natural del terreno —léase un arbusto coposo, o una curva de la avenida— y luego del paso de los «cazabombas» en su trabajo de *dos y tres veces* al día desde 1973 como resultado del llamado «síndrome de Carrero Blanco», el premier del gobierno franquista que fue volado dentro de un Dodge Dart negro en pleno Madrid, y que es un acucioso trabajo de rastreo a todo lo largo del trayecto reconocido por el

lenguaje de Seguridad Personal como «Vía Priorizada del Comandante en Jefe»[43] —porque lo único que no puedes evitar en un Mercedes blindado es que una mina antitanque te reviente, te haga estallar el cerebro, como una gaseosa, que es algo que uno aprende una tarde de domingo de 1988 mientras pasea con Raúl Castro en su Mercedes 560 SEL, gemelo del de su hermano, el Comandante, y dice, con ciertos aires de resignación, «mire, profesor, lo único que los fabricantes no nos garantizan es una mina. Garantizan que el Mercedes no se quiebre. Que vuelva a caer entero en la calle. Pero los pasajeros no sobreviven. No hay ser humano que aguante el impacto». Que es cuando uno —la misma persona a la que él llama Profesor, en ocasiones— indaga por los RPG-7. «¿Y el RPG-7? ¿Aguanta eso?» «Se supone que resbalen, que se vayan por arriba. Aguantan frontalmente los disparos de las armas modernas de infantería. Y se supone que los proyectiles antitanques de lanzaderas portátiles resbalen sobre la aerodinámica de su carrocería.» Tenía su acostumbrado vaso de Royal Salute en las manos, agarrado con una servilleta blanca en la que se hallaba estampado el escudo nacional de la República de Cuba, y *Alcántara*,[44] su chofer de turno aquella tarde, tenía instrucciones de conducir con lentitud, y a través de los cristales nevados podíamos ver a los transeúntes que con miradas prudentes trataban de descubrir si el personaje de la lenta caravana era Fidel, Fidel a esa velocidad inusual, y con cada cambio de la aceleración del pesado Mercedes podías escuchar, un producto alegre, el leve tintinear de los trozos de hielo dentro del vaso del Ministro, la velocidad de marcha de un vehículo alemán blindado influyendo sobre unos cubitos de hielo criollos que los sostiene la realeza del brebaje escocés, cuando insistí sobre el poder de penetración de los RPG-7. Y dije: «Esos RPG-7 se atornillan en el acero que es del carajo. Están hechos para penetrar los mejores blindajes occidentales.» Con verdadera maestría, y sin angustia alguna, que no la tenía, Raúl Castro elevó su vaso y se echó en la boca la mitad del contenido de su Royal Salute. «Un invento del diablo, profesor», me dijo. «Un invento del diablo. Menos mal que ese diablo es nuestro aliado.»

Levantar las tapas de todas las alcantarillas e inspección de cualquier obstáculo que pueda ofrecer algún peligro, un árbol, una curva, y cada uno de las postas con absoluta visibilidad entre sí, de modo que en su sector no se mueva ni una hoja y listos a detener el tráfico de acceso en el momento que se acerque la caravana y, sobre todo, no vacilar en hacer fuego sobre cualquier persona que por maldad (conscientemente) o imprudencia (accidentalmente) pueda poner en peligro la vida del Comandante en Jefe es parte del aseguramiento del plan de marcha para cada desplazamiento del Comandante. A su vez, todos los semáforos desde el llamado «intermitente de Jaimanitas» —a la altura de la calle 230, de donde suelen desembocar los carros después que salen de la casa de Fidel— y a todo lo largo de la Quinta Avenida, luego por Tercera (o la paralela, el Malecón) hasta Avenida de Paseo, y de ahí hasta el Palacio de la Revolución,[45] estaban bajo el control y mando permanente de hombres de la Seguridad Personal de Fidel pero con uniformes de policía.

Y así, estando solo en el salón trasero de su Mercedes 560 SEL blindado, con las cortinas corridas, Fidel Castro se concentró en la lectura de los *files* de los últimos viajes de Tony. El coronel Joseíto, delante, con el chofer, se mantenía observándolo, de reojo, tanto para atender cualquier solicitud como para ir midiendo su estado anímico, que —como se ha dicho—, se presagiaba borrascoso aquella mañana, y el Mercedes con su imponente marcha de acorazado a una velocidad crucero esta mañana de 70 kilómetros por hora, que en la estrechez de dos vías por cada senda de Quinta Avenida, parecía mucha mayor velocidad. Aunque, de cualquier modo, estaban en una vía expedita, porque el carro guía iba apartando con señales de sirena o con los mismos escoltas que sacaban los brazos y/o el pecho y apuntando a la cabeza, en algo más que una actitud intimidatoria, a cualquier transeúnte sospechoso o chofer que hiciera el ademán de acercarse y ordenando detener la marcha y que se arrimaran a la derecha a cualquier vehículo que sobrepasaran.

El último viaje de Tony. «Humm». Es el tema de esos minuciosos expedientes que provienen de tres o cuatro oficinas gubernamentales y que, para llegar a sus manos, no han pasado siquiera por los mecanismos habituales de la Seguridad del Estado sino por su propio equipo de la Seguridad Personal que en verdad es una especie de Ministerio del Interior a escala y al que ciertamente es muy difícil que escape nada, sobre todo porque trabaja con una especie de suerte de emisarios que se presentan con sus lustrosos uniformes de campaña en las oficinas de los ministros y dicen venir de parte de (   ) —y ahí se callan, en hermético silencio, y señalan hacia más arriba del techo, hacia la máxima altura, donde todo el mundo sabe que sólo puede reinar una persona, un compañero, que es el urgido de ciertos datos— y que obtienen de todas las instancias del Estado y del omnipresente aparato del Partido toda la información, todos los documentos, todos los recuerdos, todos los rescoldos y estadísticas y prospecciones posibles de los acontecimientos que sean requeridos por ( ) —y vuelta a señalar hacia el cielo. Además de que cuenta con su formidable y ultramoderno sistema de automatización por computadoras desde el que —éste es el sueño de sus ingenieros— pueden llegar pronto a controlar el resto de las computadoras del país y que está asociado a cualquier otro sistema informático que opere en la isla y, en especial, a los remanentes aún operativos del complejo *archisecreto* (al menos hasta nuestros días) de información de Inteligencia asesorado (¿o patrocinado?) por el KGB soviético, un aparato denominado DOSA (Departamento de Organización y Sistemas Automatizados) y cuyas instalaciones, todas soterradas, se encontraban hacia el oeste de La Habana, en las afueras de la ciudad.

Proceden de acuerdo con las órdenes del Mando (indistintamente llamado Seguridad Personal o «49», por la calle donde se encuentra la sede principal) y vienen de los ministerios y a ver cuál es la vendimia que traen. ¿Parece ciencia ficción, verdad? ¿Del tipo Bradbury en *Fahrenheit 451*? ¿O un fresco orwelliano o el exagerado entramado represivo de un *thriller* de James Bond? Bueno, pregúntenle a Ochoa o Tony, qué clase de fantasía fue ésa, cuando a Tony lo amarraron al palo, o a Ochoa, que sólo lo pegaron, porque no quiso que lo amarraran, y las balas los agarraron por el estómago y la bala que le descolgó la cabeza a Tony porque al parecer le quebró la cervical.

Éste fue el equipo que completa la información requerida por Fidel para su montaje.

Comienza a revisar las hojas, que va pasando con gesto desconfiado como si esperara una trampa de cada palabra —en la que él no puede caer y que él debe eludir—, y la mirada, fiera, de alta velocidad, se desplaza con una ligera oscilación de su cabeza sobre las líneas mecanografiadas y sólo es capaz, por breves instantes, de producir una imagen de sosiego en el transcurso de su dura lectura, cuando debe parecerse a su propio abuelo, al humedecer las yemas del pulgar y el índice con la punta de la lengua, para proporcionarles una mayor superficie de agarre sobre las hojas.

No espera mucho de la reunión de Raúl esa misma mañana. Están con Ochoa. Tchh. No hay nada que esperar de esa reunión. Joseíto ha oído el chasquido de los labios del Comandante y observa de reojo la situación en el salón trasero del Mercedes. Reunión para la que Raúl lleva su agenda preparada, con los tres puntos esenciales, ¿no? El «no» lo dice en voz alta. ¿No?, dice el Comandante. Son como desperdicios de su soliloquio, que salen a flote. Joseíto eleva la mirada al retrovisor. El Comandante continúa con sus expedientes sobre las piernas cruzadas. Tiene su agenda que son las fiestecitas de relajo, Gorriarán y los vínculos con Pablo Escobar. Están reunidos en ese momento.

Bah, no van a llegar a nada. Suspira. Qué mierda.

De nuevo es Tony en el que Fidel se ha interesado particularmente. Lo tiene retratado aquí. Miren estos papeles. Todo febrero Tony dando brincos entre Europa occidental y África subsahariana. Tony en Madrid negociando la venta de chatarra de Cuba y Guinea para consumo de Luis Aregui, un potentado de la industria de armamentos GAMESA, y negociando con el coronel Perote, de la Guardia Real, la compra de cuatro helicópteros Sykorski para —*supuestamente*— el ejército angolano. Tony en París negociando con Serge Varsano, el magnate de la casa comercial francesa Sucres et Denrées (SUCDEN), número uno mundial del azúcar, para interesarlo en inundar de alimentos el ávido mercado angolano, y coquetea con *monsieur* Dutreau, el consejero económico de Mitterrand, con el propósito —entre otros— de reclutar al arquitecto Ricardo Bofill y a un selecto grupo de inversionistas para erigir un paraíso turístico en los islotes deshabitados del norte de Cuba.[46] Tony con los ministros de Guinea y con un enigmático personaje cubano llamado Carl Valdés, reconocido en Marbella, España, como un potentado pero que tiene la mitad del FBI detrás de él. Tony buscando cuatro naves Hércules C-130, de 20 millones de dólares cada una, para los angolanos. Tony inventando con los guineanos y los franceses —a solicitud de uno de sus principales ejecutivos, «el Flaco» Osmany Cienfuegos— para inundar el mercado europeo de azúcar barata y crear un dumping en el mercado. *El viajecito de Tony*. Cojones, había exclamado Fidel. (Ojos de Joseíto enfocando el retrovisor.) Entre el 13 y el 15 de marzo pidió toda la información disponible sobre el asunto. Él quería un cuadro detallado de este periplo del coronel Antonio de la Guardia. Urgente. Así lo había dicho. Urgente.

La vía, sin problemas. La batería de los equipos de comunicaciones —las dos plantas Yaesu, el teléfono móvil y dos walkie-talkies—

permanece en aparente quietud, pese a que no se ha ordenado silencio radial. Joseíto panea con su vista del chofer al retrovisor y a la calle y a la batería de comunicaciones, y si tiene que recibir por las plantas, ya las tiene en volumen mínimo, y si por el teléfono o los walkie-talkies, se encajará los audífonos en el oído, y si debe responder, sólo lo hará con voz queda, como en secreto, para no interrumpir las lecturas del Comandante. Nuevo paneo, pero en dirección contraria. De la batería de comunicaciones (silencio) a la calle (ningún transeúnte ni vehículo sospechoso) y al retrovisor (Comandante ensimismado) y al chofer (perfil inmutable del Gallego).

Joseíto. Sus tribulaciones de hombre al servicio de una causa. Y aún con el recuerdo fresco de la última condición por la que se atravesó en esa casa, que si hubiese sido a bordo de un buque, habría podido compararse con enfrentar un mar Fuerza 10, que es el mar de galerna, cuando el Comandante, probablemente —según los récords— el 19 de febrero del año en curso, se despertó con unos sórdidos, turbios humores, de puñetazos contenidos sobre la mesa e imprecaciones a media voz, para su solo consumo, llevándose a su paso y haciendo añicos una lámpara de mesa de la sala y un vaso, y levantando la mano para que nadie se le acercara, ni mujer ni hijos ni jefe de escolta ni doctor Eugenio Zelman, su cirujano y médico de cabecera, hasta que llegó Antonio Núñez Jiménez, su viejo compañero de los días iniciales de la Revolución y uno de los pocos a los que daba acceso en su casa, pese a los largos períodos en que suspendía o congelaba la amistad, y al que decidió, esa mañana, tener como confesor de que había pasado la noche fumándose, con verdadero gusto y fruición, un espléndido tabaco Cohíba, de tierna hoja y de quemada tan pareja que parecía definida por un cuchillo y la espesura soberbia de las bocanadas de humo retenidas entre el paladar y la garganta mientras conversaba de cualquier cosa, ya no recordaba con quién, y le daba vueltas a su fuma sobre los labios y se lo pasaba a la mano, agarrándolo con apenas tres dedos y punteando partes de su discurso con la boquilla humedecida de aquel artificio maestro y de finísimas venas que eran el resultado de todas las lluvias y de todos los soles y de todas las tierras de la historia de una isla y que volvía a traer, una vez más, hacia los labios que, como Jean-Paul Sartre lo viera una vez, se cerraban sobre el tabaco como un puño. «¡Cómo yo mismo puedo traicionarme de esa manera!», exclamaba ante un receptivo pero desconcertado Núñez Jiménez, a quien Fidel también, unos años antes, sumara a su causa de abandonar la fuma y que si en alguna ocasión soñó con, al menos, un tabaquito a hurtadillas, comprendió que esa mañana no era el momento de confesarlo. «¿Desde cuándo nosotros no fumamos, Núñez?» Núñez comprendió, una vez más en su vida de campañas junto al Comandante, que ése era algo más que un nosotros mayestático. Podía ser él solo, él y su interlocutor, y el país completo. «Nosotros dejamos el cigarro hace como nueve años», respondió Antonio Núñez Jiménez, de guayabera blanca de hilo y mangas largas, pantalón beige, Rolex a la muñeca y su antigua y luenga barba puramente simbólica de una guerrilla en la que, en verdad, nunca estuvo. Sumarse una semana antes del triunfo de la Revolución a la columna rebelde del Che en una ciudad del centro del país llamada Santa Clara no es haber sido guerrillero. Logró que la barba se le cerrara como seis semanas después de que los rebeldes llegaran a La Habana, como en febrero. «Le ronca los cojones esto, Núñez. ¡Si tú ves con el gusto que yo me estaba echando ese tabaquito! Tú no te lo puedes imaginar, Núñez. No te lo puedes imaginar.» La situación —de guerra de Fidel contra él mismo, porque (sic) *¡no había sido capaz de controlar su propia conducta dentro de un sueño suyo!*—, tuvo por reflejo en ascuas a todo su *entourage* todo el día, como pudieran corroborar el propio Núñez Jiménez, el coronel Joseíto, el mayor Héctor Cuervo (alias «Fausto»), uno de los jefes de los Grupos Operativos del anillo exterior de la escolta, y el coronel del MININT José Luis Padrón y el chileno Max Marambio, ambos yernos de Núñez Jiménez por aquella fecha. Los sueños tienen que doblegarse a la voluntad. Fue la última tesis.

Joseíto paneando. Cero problema. Él sería el primero en saber de cualquier contratiempo en la vía o de «alguna señal» —quiere decir, alguna señal *de atentado*— que sería suficiente, por mínima o poco lógica que pareciera, para desviarse de la ruta y tomar una de las rutas alternativas previstas en los planes de marcha. Y ordenar por una de las plantas o los walkie-talkies el estado de alerta máxima a los fusileros de los carros de apoyo, que no es más —en realidad— que una fórmula retórica, puesto que los fusileros viajan siempre con los cañones de las UZI y de los AK-47 (y ahora de los AKS-74U) apuntando hacia las cabezas de los transeúntes o choferes de los carros al paso, y fusiles cargados —la primera de las 30 balas 7.62 del magazine colocada en el directo, y el dedo sobre el gatillo, tentándolo, y en selector de fuego en la posición de automático.

A menos de dos minutos del Palacio de la Revolución.

Joseíto toma uno de los walkie-talkies. Se comunica con la Posta número 7, que es la entrada exclusiva del Comandante en Jefe a los sótanos de Palacio. Su lenguaje en clave es prácticamente imposible de descifrar puesto que se cambia, en ocasiones, hasta dos veces por día.

«Jordán Puño.»

«Puño Jordán.»

«Acepte a las 10, Puño. ¿Me estás mirando?»

«Recibido. Mirando efectivo.»

«Vía libre y corto.»

«Correcto. Vía libre y corta.»

El carro guía, aguantando su marcha, se corre hacia la izquierda, dejando una senda libre en el centro para que el coche de Fidel se adelante y sea el primero que ingrese en los sótanos de Palacio. El carro de apoyo, que, en cambio, venía detrás, ha avanzado hasta colocarse por la derecha del vehículo del Comandante, para cubrirlo por ese flanco, ya que la calle de acceso a estos sótanos del Palacio, que traza una curva espaciosa, poco pronunciada, tiene cuatro sendas y no resultaría difícil desplazarse por ellas a alta velocidad para intentar la intercepción del vehículo del Comandante, por lo que el carro, al colocarse por su derecha, actúa como barricada móvil. Unos placeres yermos, con algunas manchas de manigua intrincada y con arbustos y filas de la larga hierba de guinea que crecía en los bordes de la acera frente a las garitas de los accesos al sótano, fueron desmontados a nivel milimétrico desde fines de los sesenta, cuando el Comandante dijo que esos montes no le gustaban nada. Ahora la visibilidad es completa hasta los edificios más cercanos de la vecindad, a más 300 metros de distancia y cuya totalidad de inquilinos se compone de las llamadas personas de confianza de la Seguridad del Estado, y cualquiera que se aproxime a pie por esos placeres de hierba recortada como si fuera en los jardines del Palacio de Buckingham, está bajo control de la guardia operativa de Palacio, y de noche con la ayuda de poderosos reflectores.

Desaparecidos los Mercedes en la boca de la puerta número 7, a la que ya, de por sí, es prácticamente imposible llegar, porque ha sido diseñada como un laberinto entre elevados montículos de hierba, que semejan colinas enanas y que tapian, desde la calle, toda la visibilidad de la entrada del recinto, y que a su vez enmascaran los muros de concreto armado de medio metro de ancho y 5 de altura que son los parapetos de resguardo de esta senda de entrada, se presenta de nuevo el turno de los GAZ-66A, los veloces camiones soviéticos de nariz de bulldog, en el teatro de operaciones de Seguridad Personal, que recogen la tropa distribuida a lo largo de toda la vía.

Con ese personal sobre sus camiones, ya estamos en preparación del desplazamiento y dislocación pertinente en la nueva área de vigilancia a la que se dirigirá el Comandante. Si es un buen día y si la maquinaria está funcionando como debe, los camiones levantan el personal y limpian la vía apenas 5 minutos después de que el Comandante pase por los puntos, lo que permiten actuar con esa disponibilidad de reserva para saturar la nueva posición.

El Comandante ya está en el recinto, se apea de su Mercedes, avanza hacia el elevador, *su elevador* Otis del último modelo, americano, acabado de instalar, con capacidad para 20 personas, iluminado como una mañana, que le espera con la puerta abierta, mientras que en todo el perímetro exterior la Guarnición de Palacio ha sido puesta en el estado de Máxima Disposición Combativa y se mantendrá así mientras él se encuentre en el lugar, aunque se demore una semana. Y allá adentro, en las dos alas del edificio y en el cuerpo central, sólo el Comandante y su escolta estarán armados (fue una disposición posterior a que se produjeran un par *de incidentes desagradables* en los sesenta y que acribillaran por lo menos a un ingeniero agrícola). Y afuera, en la calle, a todo lo largo de la ruta por la que se ha desplazado a la marcha estable de 70 kilómetros por hora, y en la que ni las hojas de unos viejos y nudosos árboles de almendro de la barriada llamada El Vedado se han atrevido a desprenderse por las sacudidas del viento, el nivel de tensión y de opresivo silencio que ha dejado este despliegue de las sombras de la muerte, tardará aún en diluirse.

Ésa es la cosa. La filosofía es inundar con un elevado grado de tensión las vías por las que se transita. Aunque no se desdeña el uso de la velocidad y no detenerse bajo ninguna circunstancia, para, de este modo, eludir convertirse en un blanco fijo, el propósito principal es *tener todo el entorno persuadido de antemano* de que un simple paso en falso se paga con la vida. Para haberlo logrado, durante casi 30 años, fue necesaria una leyenda. Una leyenda que es muertos. Pena de muerte por fusilamiento al que conciba un atentado y lo cojan. Ése es el destino de los complotados y de los hombres de la CIA. Pero... ¿y los peatones? ¿Qué hacer con los simples ciudadanos de a pie o los que tripulan unos achacosos y humeantes Chevrolets de la llamada «época de la corneta» que puedan atravesarse en el camino?[47]

Esto es serio, señores. Ésta es la primera vez que un gobernante cubano se permite el lujo de abrir fuego sobre miembros indemnes de la población civil como pura medida preventiva. A como dé lugar, mera precaución sin más base de evidencias que un movimiento en falso de algún infeliz que, además, se ha puesto a tiro, y el criterio relampagueante de un sicario de que se hace imprescindible abrir fuego contra transeúntes o choferes desarmados que tuvieron la insuperable mala suerte de encontrarse en el lugar equivocado a la hora equivocada, es decir, atravesarse en el camino de Fidel Castro, y además hacer un gesto, cualquiera de ellos, que se prestara a confusión. La práctica de fuego de «prevención» o de «registro» —que es el término de los militares en sus manuales— y que sólo en muy pocos casos se utiliza en los auténticos frentes de guerra sobre un sector de carretera o paso obligado donde se tema que exista una emboscada y la exploración no pueda discernir de la existencia de fuerzas enemigas y que yo recuerdo del mismo Angola que no se nos permitía su empleo indiscriminado en caminos que realmente estaban infestados de elementos *kwachas* —la UNITA de Savimbi— es una situación prevista por Seguridad Personal. De modo que el fuego de registro o de prevención o de exploración o de seguridad es una práctica autorizada e incluso, ante la menor sospecha, que se exige de estos fusileros que acompañan al Comandante. El primer teniente paracaidista de Tropas Especiales Guillermo Julio Cowley, «Willy», a quien se le solía enviar a prestar el servicio llamado «de cooperación» en la seguridad del Comandante, me contaba como, a veces, viajaban por Quinta Avenida con el maniquí o con un doble del Comandante y se les exigía, de cualquier manera, que se mostraran «agresivos». Fidel, de holgazán, arrellanado en su sofá, leyendo el último best-séller internacional traído por Gabo o «echándose» un par de películas en el televisor —¡nadie puede abrirle el celofán de las cajas de sus vídeos: hasta que él no lo haga, aquí no se ven películas nuevas!— mientras los integrantes de un comando de no menos de 16 hombres, todos fornidos y *ácidos* (una característica muy apreciada entre los matarifes de la Seguridad cubana, que debe estar cercana a la del hombre resuelto y de pocas palabras) y todos apuntándote con los fusiles a la cabeza, pasean un maniquí por las calles de La Habana. (No desesperen por buscar o identificar al famoso doble de Fidel; es cualquiera de los muchachos de la escolta con una estatura parecida a sus 6 pies 2 pulgadas, al que sientan allá atrás, a darse el gran paseo, pero con las cortinas corridas además de los cristales oscuros, para que desde el exterior se vea si acaso sólo una sombra.) El mismo Willy Cowley una vez, con otros dos o tres muchachos de Tropas, a bordo de un Fiat de producción polaca, del modelo que por su reducido tamaño y aspecto ovalado los cubanos llaman «sacapuntas» o «supositorio», intentaron aproximarse a la caravana de Fidel y no hicieron caso a la señal de detenerse, y les abrieron fuego, y lo peor —según supieron después— es que el personal del Comandante los reconoció, y dijeron, sí, sí, esos muchachos son de Tropas, y se salvaron de milagro, porque les tiramos a matar.

Otros han conocido el margen más estrecho de la suerte, unos infelices, los hijos del pueblo. En 1965, en medio de un ciclón de poca intensidad en el occidente de la isla, Fidel se encontraba recorriendo las zonas afectadas cerca de un río llamado Cuyaguateje, cuando el Secretario de la Unión de Jóvenes Comunistas de una localidad cercana perdió los frenos de su jeep Gaz de dos puertas mientras iba al encuentro de su líder en el fondo de una pendiente y, entre los resbalones en el fango y las cascadas de lluvia y los frenos jodidos no hubo forma de detenerse. Estaba timoneando para no volcarse cuando una escuadra de la escolta del Comandante, rodilla en tierra, le abrió fuego, a corta distancia, con sus seis bocas de las UZI belgas.[48] Otros cinco hombres, en acción clásica de protección, rodeaban a Fidel, que se cubría de la lluvia con un grueso capote de lona del Ejército Soviético, y que ya desde entonces, con la palidez de su piel y la cabeza cubierta por la capucha de su rigurosa indumentaria, tenía la presencia que tiene la muerte en las películas de Ingmar Bergman, con su rostro lombrosiano, de pómulos angulosos, y que gusta de hacer uso de cierta dialéctica y que es estar preparado para ser asesinado en forma permanente y acatar todas las vibraciones negativas de sus premoniciones y disponerse a abrir fuego sin contemplaciones ante cualquier asalto de duda. Como suele ocurrir, es decir, como es una costumbre si el fallecido estaba a favor de la Revolución, esa noche no faltó la corona del Comandante en la funeraria del pueblito y el envío de un emisario para saber qué podía hacer *por los padres del muchacho*. E intentar una explicación de que la seguridad del

Comandante creaba unos hombres muy celosos de su deber y que podía considerarse que la pérdida de este joven valor, casi un niño, ¿su hijo, no?, era la de un mártir más de la Patria caído, de alguna manera, en la lucha contra el imperialismo yanqui y que como mártir sería venerado por incontables generaciones futuras y ellos, como padres de un mártir, serían así bendecidos y cubiertos de todos los cuidados necesarios por la agradecida Patria Socialista.

Unos meses más tarde, en la misma sede del Comité Central del Partido (mirándolo de frente, el ala derecha del Palacio), un ingeniero que había ido de consultas a las oficinas de atención del sector agrícola, y que creyó adecuado presentarse en las máximas instancias partidarias con su uniforme de campaña de las Milicias Nacionales Revolucionarias (un animoso cuerpo de combate, al que se ingresa voluntariamente), se sorprendió en grado sumo y se excitó y cayó en una situación próxima al paroxismo al ver a Fidel en la amplitud de mármoles y sosegadas luces del lobby del Palacio (por el que puede entrar un par de veces al año con el propósito de «despistar» a cualquiera que le esté chequeando su «rutina») y quiso correr a saludarlo, pero, quizá debido a su obesidad y a los rigores de su atuendo militar, quizá las botas de media caña, quizá debido a los pantalones bombachos, el caso es que dio un mal paso y se le cruzaron las piernas y resbaló y cayó de bruces. Hasta ahí. Hasta esa parte el episodio incluso hubiese sido gracioso. El problema es que el revólver que portaba se le desprendió de la cartuchera y se le deslizó frente a las narices y él, lógicamente, hizo el intento, al menos el ademán, y estando aún en el piso, de retener su revólver que, de lado, se desplazaba sobre la superficie resbaladiza de granito negro pulido. La única seña particular sobreviviente más de 36 años después es que se apellidaba «Rodríguez», el ingeniero Rodríguez. Y que era un hombre corpulento, de unas 280 libras, calvo y mofletudo, y que los rafagazos de las UZI en que lo hirvieron, que levantaron aquella masa a un metro de altura, y que lo pegaron contra una pared ya embadurnada de espesa sangre y tripas y con los plomos restallando con chispas y haciendo saltar los fragmentos de mármol, se hicieron otra vez rodilla en tierra —rodilla en granito, en este caso—, símbolo de un excelente entrenamiento para tiradores de rompimiento que son preparados para responder —*actuar*— automáticamente.

Los diplomáticos tampoco escapan. Pregúntenle al Primer Secretario de la Embajada de la República Federativa de Yugoslavia, que a fines de los años sesenta no detuvo su coche en la cadena de la intersección de las calles 11 y 12 en El Vedado, La Habana —había allí, *todavía hay*, literalmente una cadena de hierro barnizada de negro tendida entre dos postes de concreto para cerrar el paso a los vehículos que quisieran ingresar en ese sector de la calle 11—, y le levantaron la tapa del cráneo con un barraje de fuego de AK-47. Fidel vivía allí. Era la segunda residencia más o menos oficial que tenía en La Habana desde que tomara el poder en enero del 59. Al yugoslavo le habían dicho en su Embajada que le llevara un mensaje del presidente Josip Broz Tito «al premier Castro». Era un diplomático nuevo en La Habana, que tenía el concepto de que las puertas se abrían y las barreras se alzaban o, en su defecto, las cadenas se retiraban ante la presencia de su coche de placa diplomática y que apenas era necesario aguantar un poco la velocidad... y continuar, hacia dentro, la marcha. Estaba *verdecito* en la plaza. No basta con el escarnio sexual, ni con acumular material de chantaje. También te rompen fuego.

Así pues Fidel escoltado por Joseíto y alguno de los muchachos sube en su ascensor Otis hacia su escamoteado, enmascarado, escondido tercer piso de Palacio. Mientras, el resto de la escolta sube en el Otis de carga, que corre en paralelo. El despacho no fue instalado en la última planta, la cuarta, porque se dejó a la bondad de otros servicios de oficina con el objeto estudiado de manera cabal y perfectamente entendible de que sirviera como amortiguación y como un primer nivel de contención en caso de bombardeo.

Los ascensores, no han leído mal, son Otis legítimos, americanos, de la última línea, ya que uno de los supervivientes del ataque al Palacio de la Moneda de Santiago de Chile, el Dr. Bartulín, es su representante en La Habana. Ustedes pueden ver al Dr. Bartulín el 11 de septiembre de 1973, poco después del primer intercambio de disparos con los golpistas de Pinochet. Tres o cuatro hombres asomándose por una puerta de la Moneda. Bartulín está detrás de Salvador Allende, y Allende —la última vez que lo verán vivo—, está con el chaleco antibalas y el AK-47 que le obsequiara Fidel en días más felices y el casco de acero del Ejército Nacional que no existe forma de que haga juego con sus gafas cuadradas de tenedor de libros al que le quedan 21 minutos de vida. Bartulín, que era el médico de Allende, logró salir de la ratonera en que se convirtió La

Moneda y luego huyó a México. Allí, supuestamente, fue el médico de cabecera de Gabriel García Márquez. Pero —en sus paseos por La Habana como médico de Gabo— en algún momento debe haber entendido que había un campo mucho más lucrativo en los miles de elevadores Otis que permanecían sin serviciar en esta ciudad desde casi el triunfo de la Revolución, y en los otros miles que aún no estaban allí y que, con toda seguridad, habrían de estar pronto, y esos que estaban sin serviciar cada vez ofrecían un peor aspecto, con sus pesas mugrosas y cansadas, y la grasa gorda filtrándose por las paredes de las cabinas y los pisos hundidos y el reporte de que se estaban desprendiendo de los cables y la explosión de los pasajeros al rebotar las cabinas contra el piso o los que se quedaban trabados durante seis y siete horas hasta que llegaban los bomberos o unos viejos mecánicos en edad de retiro desde el siglo pasado o las puertas que se abrían sin que el elevador estuviera en el piso y los pasajeros se precipitaban al vacío, o chocaban contra el elevador que subía o eran aplastados abajo cuando el elevador llegaba. Bartulín vio el negocio. Desde luego la firma Bartulín Otis no viola las leyes del embargo norteamericano que prohíben el comercio con Cuba. Sus elevadores Otis no proceden directamente de los Estados Unidos. Vienen de las subsidiarias europeas o mexicanas. Así tenemos en determinadas instituciones del país máquinas Otis gringas que no violan el embargo porque son máquinas gringas que viajaron primero a Europa. De cualquier manera se le agradece su empeño al Dr. Bartulín por lo que pueda significar de ahorro del sonido de escofina macerada por una sierra de cadena sobre titanio que emiten los ascensores soviéticos.

Fidel sabe esto que cuento ahora. Carlos Aldana también. Y el coronel Domingo Mainé, que era el jefe de la escolta del Comandante el 6 de noviembre de 1987. Ese día ellos tres visitaron el Centro de Microcirugía Ocular del afamado profesor Svyatoslav Fedorov, en las afueras de Moscú. El último viaje de Fidel al Moscú que era la capital de la Unión de Repúblicas Socialistas Soviéticas. Gorbachov lo había invitado a una conferencia internacional de partidos comunistas y Fidel aprovechaba para conocer las facilidades del profesor Fedorov, donde se especializaban en la corrección en serie de la miopía. Una fila de miopes sentados en sillones como de dentistas eran sometidos al veloz tratamiento del profesor, que iba de silla en silla como un campeón de ajedrez que acepta el reto de veinte simultáneas en un juego de exhibición y al final, como Cristo, decretaba: «Tire sus gafas. La miopía ha abandonado su vista.»

El ilustre visitante y sus tres acompañantes, Aldana, Mainé y el traductor Jesús Renzolí, más el anfitrión Fedorov, vieron cerrarse, con ellos adentro, la puerta del elevador de factura soviética del Centro de Microcirugía Ocular que les conduciría a la planta superior donde asistirían a una sesión de desmiopización seriada y sintieron como la pesada cabina iniciaba su trabajoso ascenso. Entonces se escuchó el sonido de escofina macerada por una sierra de cadena sobre titanio que fue descrito anteriormente... y se detuvo. El elevador se detuvo. La respuesta de pantera con claustrofobia instantánea de Mainé fue abalanzarse sobre la juntura de las dos puertas de corredera, abrirles una brecha con los dedos y hacer fuerza hacia los dos lados, con las venas del cuello que se le querían reventar mientras, me contaba Aldana después, Fidel le daba dulces palmadas en el lomo y lo animaba a calmarse, diciéndole: «Quieto, quieto. Quieto, Mainé», y el profesor Fedorov dictaminaba entre filosófico y aburrido: «Normal, normal. Eto normal, tavariche» y halaba el codo de Renzolí exigiéndole que le tradujera al Comandante: «Pirivodit, pirivodit», pedía, y Renzolí informaba: «Dice él que normal. Dice eso. Que esto es normal.»

«Jarochó. Eto normal.»

«Quieto, Mainé. Quieto.»

«Eto normal. Pirivodit.»

«Dice *acá* que esto es lo más normal del mundo.»

«Mainé. Quieto, hombre.»

«Da. Da. Normal. ¿Ponimai? Eto normal.»

«Dice que si entendemos que esto es normal.»

Como es de suponerse, la República de Cuba dispondría de su propio Instituto de Microcirugía Ocular en Serie apenas 6 meses después, el primero de su tipo en operar fuera de la Unión Soviética. El 04/29/88 el profesor Svyatoslav Fedorov aterrizaba en La Habana, invitado por el Comandante, para que asistiera a la inauguración en un hospital llamado —en honor a un mártir revolucionario— «Pando Ferrer». Pero Fedorov no captó nunca el objetivo del líder cubano al hacerlo abordar un sinnúmero de elevadores de las instituciones habilitadas por Bartulín Otis. El carácter eslavo no suele responder a ese tipo de chascarrillo diplomático. Tampoco Fedorov supo nunca la tragedia que tres años después de su visita tuvo lugar en este instituto cubano homólogo del suyo, cuando interrumpieron el servicio eléctrico de la zona sin previo aviso al hospital en el transcurso de una sesión en serie de microcirugía y dejaron ciegos (según mi información de entonces, en el terreno) a cinco pacientes, quizá tres de ellos sólo de un solo ojo, y otros con lesiones incurables en la córnea y el nervio óptico, y otros con sangramientos.

Por cierto que el representante de Otis Bartulín en La Habana había hecho lo imposible por resolver la situación y equipar el edificio de los generales como Dios manda, puesto que se sentía muy comprometido con los generales cubanos y era algo de mi incumbencia puesto que —a lo mejor recuerdan— era donde yo vivía —¡y en un piso 13! Era el único tipo disponible como solución, pero decía él que, bueno, qué clase de moneda era ésa, los *pfennigs*, que era de circulación corriente en la República Democrática Alemana, y el problema era que el MINFAR construía con dinero soviético —o de su área de circulación— y por eso los *clerings*, una especie de divisa interna de los países socialistas, resultaban importantes para comprar hasta pantalones Levi's cuando aparecían en algunas tiendas diplomáticas o los mercados exclusivos «para técnicos extranjeros» o para cierto tipo de comidas enlatadas, pero resultaban incompetentes para comprarte un Otis, y el tipo, Bartulín, vendía elevadores Otis y luego le ponía de vez en cuando el estetoscopio a García Márquez, y él hubiera parecido un boxeador si hubiese tenido más peso, pero como estaba delgado, con su nariz quebrada y la barba cerrada, lo que perecía era un asesino, y era el motivo de burlas de Carlos Aldana, sin que ni Gabo ni Bartulín, por supuesto, se enteraran.

Ahora Fidel se desplaza por el laberinto de pasillos internos de Palacio. Los arquitectos del Ministerio del Interior han alcanzado una maestría, quizá inédita en el mundo, para horadar edificaciones como ésta y no molestar las fachadas, y son los vericuetos forrados de sedoso, impoluto mármol blanco por los que Fidel —y su guardia pretoriana, aún con los AKS-74U prestos para hacer fuego— avanza hacia su oficina, en el sector más intrincado, inaccesible de (*probablemente*) el piso 3 del antiguo Palacio de Justicia, donde se puede dar por sentado que no hay comando ni SWAT *team* ni el mismo Otto Skorzeny con sus 90 fanáticos comandos arios del Friedenthaler Jagdverbände del rescate a Mussolini de su cautiverio en las montañas del Gran Sasso que lo revivan que pueda llegar a esta oficina.

Los visitantes requieren de un guía que (ellos no lo saben) no sólo está armado sino que les hace pasar por no menos de tres arcos de detección de armas y metales, ocultos tras las molduras de las losas de mármol, antes de sentarlos en el gran salón de espera, donde se les somete a la vigilancia de los micrófonos y las cámaras de video ocultos, como cultura previa a la de ser conducidos al despacho del Presidente del Consejo de Estado y de Ministros Comandante en Jefe Fidel Castro Ruz.

El caso es que los exteriores mantenían la misma arquitectura ante los ojos ignorantes de los transeúntes y las denunciadas incursiones, a las alturas estratosféricas, de los U-2 (en los años sesenta) y los SR-71 (en los años posteriores), mientras la colmena *adentro* se revolvía, y ponían tabiques y cambiaban falsos techos y tumbaban paredes por aquí y levantaban paredes por allá y condenaban puertas para tapiarlas con paredes y derribaban paredes para franquear puertas.

Esta pasión por establecer las sedes de su gobierno en unas especie de quesos gruyeres tiene su explicación en lo que se llama «Síndrome de la barbería» y en el hecho de que los edificios fueron construidos antes del triunfo de la Revolución y no debe ser muy complicado para la CIA obtener los viejos planos o reconstruirlo sobre información obtenida entre los contrarrevolucionarios de Miami y que no fueron obras diseñadas como fortalezas para la Guerra Fría. Tómese de ejemplo la entrada número 7 por la que sólo pueden ingresar al edificio los coches de la caravana del Comandante, porque de intentarlo cualquier otro, va a recibir como primera señal de contención una granizada de balas desde todos los sectores que mate a sus ocupantes, y que en la concepción original del edificio como Palacio de Justicia era uno de los niveles del amplio parqueo gratuito para visitantes.

El «Síndrome de la barbería», que en propiedad debía reconocerse como moraleja o lección de la barbería, surgió el 26 de julio de 1953 cuando Fidel y un centenar de sus seguidores asaltó el cuartel Moncada, de Santiago de Cuba, el segundo campamento militar del país, con el objetivo táctico inicial de tomar la armería del cuartel para reemplazar por verdaderas armas de guerra su pobre equipamiento de pistolas y fusiles de caza mayormente y a partir de la posesión de ese nuevo arsenal conminar a la rendición del Regimiento dislocado en el cuartel. Todo perfecto hasta que Renato Guitart, el único de los muchachos que era oriundo de Santiago de Cuba, dio una patada en la puerta que se le ordenó alcanzar y de inmediato asegurarla a favor de la fuerza asaltante... para descubrir que la armería había sido mudada pocos horas antes y que en su lugar se hallaba la barbería regimental.

Fidel aprendió. Simple. Nunca estés donde el enemigo te necesita.

El Palacio de Justicia fue una de las obras en el paisaje de opulencia de la capital cubana abandonadas a medio construir por Batista. El proyecto contemplaba que fuera la sede del Tribunal Supremo, la Audiencia de La Habana, los juzgados de Instrucción de la ciudad y algunas de sus salas correccionales. Es una edificación monstruosa, sólida, como la justa devoción que debía la República a sus instrumentos de ley, que ocupa casi un tercio de kilómetro de planta, con un cuerpo central de cuatro pisos, y que se abre en dos alas, imponentes, a derecha e izquierda. La Revolución entendió temprano que carecía del empuje y los recursos necesarios para obras de esta magnitud. Pero no tendría que medrar. Lo fácil, lo adecuado, lo expedito, era reconvertirlos. Edificios tan costosos *o más* que la Biblioteca de Alejandría o el Templo de Luxor cuyos proyectos recibían la luz verde y florecían y se elevaban como por arte de magia en La Habana de Batista apenas algunos políticos se enteraban de cuánto llevaban en la jugada, se convirtieron ante los ojos del mundo en los robustos símbolos del poder revolucionario cubano.

Con igual magnificencia y probable eficacia de un Rey Salomón diferido, Fidel, colocándose frente al Palacio de Justicia, y con el objeto de cortar, del siguiente modo, su pastel, resolvió: «Esto se llama, de hoy en adelante, Palacio de la Revolución. A mi izquierda, el Gobierno. A mi derecha, el Partido. Este edificio de enfrente, en el centro, es el mío.» Y como no tuvo nombre y como tampoco, por razones de seguridad, podía identificarse como las oficinas de Fidel, el bloque central comenzó a llamarse de modo genérico «Palacio».

El día que este hombre se muera y desande por estos desolados pasillos de mármol blanco en los que no se ha escuchado otro percutir ni otro hollar más fuerte e identificable que sus propios pasos comprenderá que con el objeto de haber preservado su vida a ultranza no logró sino anticiparse a su propio conocimiento del mismo, eterno escenario que se reserva para la muerte, en estas limpias catacumbas de paredes cubiertas con mármol de la Isla de Pinos y dulcemente ventiladas por climatizadores artificiales y tantos pasadizos que no llevan a ningún lado o que regresan al mismo punto y las docenas de puertas atrás de las cuales sólo hay paredes y las escaleras que ascienden a los pisos inferiores y los ascensores que conducen a pisos con botones en la pizarra que no tienen sus números, botones ciegos, y nadie en esos pasillos aunque sabes que estás siendo sometido a una minuciosa vigilancia y que los tienes pegados a la nuca y los infinitos y estables tubos de luz fría iluminando los reflejos pulimentados de su propia luz reflejada y algún día él estará muerto realmente y caminaremos los pasillos por los que con toda probabilidad nadie había cruzado después que las cuadrillas del Ministerio del Interior ajustaron las lápidas de mármol y pulieron los pisos de granito y supimos que el enemigo nunca llegó a tocar a nuestro Comandante.

Fidel en su despacho.
Entra por un cubículo en el que se encuentra la centralita telefónica y en el que un guardia armado, regularmente con sólo una pistola, a la cintura, mantiene la puerta abierta y, según el caso, con la vista clavada en el visitante. Esto quedará a la derecha y espaldas de Fidel, aunque con la suficiente proximidad, no más de 2 metros, para no tener que alzar la voz al solicitar una comunicación o un poco de té, que es lo único que suele tomar. Té de manzanilla, sin azúcar.
La escolta se ha disuelto a sus espaldas mientras él se aproxima al buró. Los muchachos han ingresado en unas habitaciones de guarnición, que son como uno se imagina los laboratorios de la NASA, de puertas forradas con formica blanca, donde consumirán oestes y *thrillers* de las reproductoras de video de formato Beta instaladas al efecto, en espera de la palmada que los vuelve a poner en Plena Disposición de Marcha y por lo que nunca se desatan las botas ni se les permite el lujo de separarse de sus fusiles, aunque sí deben cumplir rigurosamente la orden de tenerlos en reposo, esto es, con la palanca del selector de fuego en la posición de seguro.
Fidel, aún de pie, deposita los expedientes sobre el buró de caoba negra, la exclusiva pieza de ebanistería moldeada de un tronco que se formó durante un siglo en el firme de Sierra Maestra y que fue talado con el deliberado propósito de crear este mueble emblemático desde el que, en efecto, se comanda la Revolución Cubana y sus fuerzas en África y América Central y una porción considerable de la política de los países del Tercer Mundo así como desde el que averigua la cantidad de veces que la mujer de Núñez —su compinche para las confesiones de fumador renegado, el capitán Antonio Núñez Jiménez—, una ahora rolliza Lupe Véliz en la cama de la cual también él se deslizó alguna vez, o ella en la

de él, de visita habitual en la casa de protocolo de Gabriel García Márquez, entra en la cocina y se zampa algún alimento, dos bolas de helado, un pargo, la ensaladita sobrante de las vísperas.

(Uno de los choferes asignados por la Seguridad del Estado para trabajar en la casa de Gabriel García Márquez, reportaba acuciosa *y directamente él* al Comandante de las incursiones culinarias de Lupe Véliz. Fidel quería saber exactamente la cantidad de veces que entraba en la cocina de los García Márquez y lo que consumía. Y si cargaba con algo para la casa, o cualquier envoltorio o paquetito que se echara en la cartera. Nuestro amigo, el confidente personal de Fidel para «el caso Lupe» es un mulato alto, delgado, de establecida calvicie, y que se llama Candevat. Él mismo —habíamos establecido una buena comunicación *a nivel de humildes combatientes revolucionarios*—, me hacía los cuentos, divertido, del desprecio expresado por el Comandante «hacia la Véliz», uno de esos inexplicables rencores clasistas que ni siquiera una revolución supuestamente «obrera» logra mitigar. El odio, en realidad, es siempre «a los de arriba». García Márquez y su mujer Mercedes y Lupe Véliz y toda la empleomanía de esa casa saben a qué Candevat me estoy refiriendo, y Fidel sabe perfectamente bien que es verdad lo que estoy contando.)

Tiene cuatro teléfonos negros sobre el buró, a la izquierda. A través de esos aparatos ha progresado la historia de la Revolución en sus últimos 20 años, a través de ellos se han articulado sus argumentos, sus órdenes, sus citas, sus compromisos, se ha ordenado matar, se han establecido campañas de difamación personal, se han hecho composiciones de lugar, se ha maldecido e imprecado, se han conocido los vaivenes del mercado azucarero mundial, se han recibido los partes de las condiciones meteorológicas en el área del Caribe y se ha conversado con Leonid Brezhnev y con Mijaíl Gorbachov y, pocos lo saben —y muchos menos lo creerán—, se han dedicado repetidas noches a comunicarse con congresistas y senadores norteamericanos —mientras más recalcitrantes en su contra, mejor— para, en vehemente tono de «Saulio, Saulio, ¿por qué me persigues?», contarles su programa revolucionario y sus anhelos de paz y prosperidad y de barrer con la injusticia en suelo cubano. Noches enteras en ese jueguito. «Senador, con su permiso. Larga distancia. Desde La Habana. Dice que es Fidel Castro. No. Ninguna broma. Fidel Castro.»

En un par de ocasiones, estando yo al otro lado de ese buró y mientras charlábamos sobre Hemingway o la campaña de contrainsurgencia del Escambray, tuve oportunidad de disfrutar de la torpeza con que se desempeñaba al pulsar las teclas de los teléfonos. Tiene unos dedos largos y finos, de uñas cuidadosamente arregladas y probablemente esmaltadas como sólo se lo permitían los dones de la mafia en La Habana de los años cincuenta, unos dedos sin duda delicados, diríase que femeninos y más femeninos aún a la hora de recibir su llamada y oprimir el botón de acceso a la línea que le indique su oficial de guardia. Da un golpecito sobre la tecla, como picoteando, para no lastimarse las uñas que, extraña pretensión, han sido limadas en forma puntiaguda.

«Esta mierda», me dijo una de esas veces, teléfono en mano.

En el cubículo contiguo, atendiendo la centralita, estaba Cesáreo, que me había honrado con el beneficio de darme la espalda mientras yo hablaba con el Comandante, por lo que deduje, una de dos, o que mi persona gozaba de la más absoluta de todas las confianzas o que no se me tomaba como un peligro potencial.[49]

Esta mierda, yo debía saberlo, eran todos los teléfonos del mundo que requerían pulsarse.

Había sido una noche animada en relación con el interés del Comandante de que yo elevara mi nivel de admiración por él y que, así lo creí entender, también le expresara un poco de sentimiento de solidaridad. Un sábado de febrero o marzo de 1984, Fidel me mostró su último trofeo: un enorme tabaco, como de un metro de largo, colocado sobre una base de madera, enviado por el sindicato de una fábrica de puros que acababa de ganar una emulación productiva. «¿Qué te parece? ¿Eh? Ganan la emulación y me mandan este tabacón. Nobles que son.»

---

* Procede del *Sam Browne* inglés. El nombre, del que se conoce su uso desde 1915 en los ejércitos británico y norteamericano, ha sido reciclado al castellano al menos en un abundante uso por la terminología militar de los cubanos. Para su indiscutible castellanización, le endilgaron la severidad de cobra armada para el ataque de esa *zeta* inicial del suave nombre que una vez fuera Samuel pero que sus adaptadores cubanos, pese a todo, van a seguir pronunciando como *ese*. Sir Samuel James Browne, fallecido en 1901, era un oficial británico y la prenda con su nombre es una faja de cuero que se ciñe sobre la guerrera de los uniformes y se sujeta por una tira más ligera que cruza sobre el hombro derecho, siendo estas dos características —factura de cuero y tira ligera sobre el hombro— de las que se prescinde en el zambrán cubano, confeccionado regularmente de lona o tejido y en el que suele alojarse una cartuchera con el arma corta y algunos portadores de municiones.

Había algo más que puerilidad en el diálogo. Algo que, me van a perdonar, era no sólo perturbador sino que reclamaba compasión. Quizá nadie mejor que yo en aquel momento para procesar toda la información que se estaba emitiendo y actuar en consecuencia porque soy un escritor y porque aprendí arduamente la lección de mi maestro Hemingway cuando dijo que un escritor tenía que acostumbrarse a su soledad. Aquel hombre no era un escritor, era seguramente por naturaleza un asesino tan despiadado como temperamental y no podía ser escritor porque carecía de una verdadera capacidad de abstracción y porque su pensamiento no era parabólico y por tanto no podía concebir moralejas amén de que en los próximos años, entre él y yo, estableceríamos argumentos de sobra para convertirnos en enemigos a muerte —y a muerte será, compañero— pero aquella noche probable de febrero, yo con mis reglamentarios jeans y chaqueta Levi's y él con sus investiduras eternas de la guerra en la jungla, éramos dos seres equipados sólo con nuestras soledades, y como navajos con sus tesoros de baratijas, no teníamos otros bienes para compartir, dos náufragos que se intercambian saludos de desesperanza a lo lejos y en la vastedad del océano y de inmediato, impulsados por corrientes contrarias y que no dominan, siguen de largo, cada cual por su rumbo.

«Cojones, pero qué soledad la de este hombre», pensé.

Devolvió el trofeo con el tabaco al librero detrás de él y debe haber pensado que su objetivo no había sido conquistado porque dio un sonoro suspiro, más bien un respingo, como de caballo, y me dijo ¿qué hora tú tienes ahí?

Como si él no tuviera un reloj.

Claro, el problema era que yo estableciera *desde mi hora*, su próxima arremetida.

«Las siete, Comandante.»

«*Como* las siete», dijo, reflexivo.

Evidentemente una hora aún temprana para el efecto que quería lograr, porque en su estrategia verbal, a continuación, aumentó casi dos horas en progresión.

«Pues ahorita *son como las nueve* ¡y yo estoy aquí todavía, trabajando!»

Asintió, grave.

Volvió a su reflexión autoconmiserativa.

«Sábado por la noche y yo trabajando.»

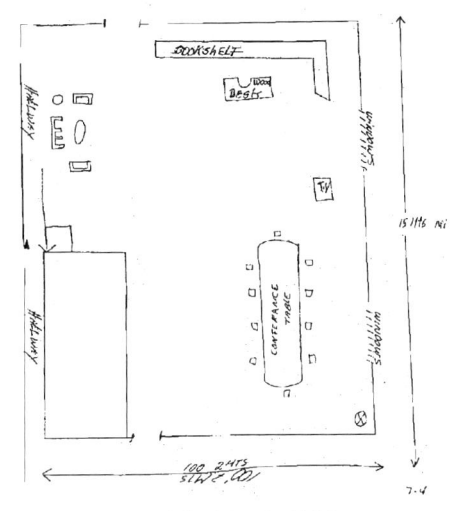

*Esquema de la oficina de Fidel Castro,
dibujado por el mayor panameño Felipe Camargo*

Muy difícil responder a una declaración como ésta sin desbarrancarse en el plano inclinado de la adulonería más absoluta —e innecesaria y rastrojera. Y sonsa. Arrastrapanza. Tan difícil como ignorar la apetencia de un personaje de este calibre que lo único que te está pidiendo, y que él quiere y que necesita, es que tú le sueltes una sinecura, le digas que se está sacrificando por el pueblo y que no tiene hora ni descanso en su entrega y que nada calma su dedicación total a la patria, en realidad, a la humanidad entera.

«No, del carajo, Comandante», dije, casi como quien ofrece un pésame por la muerte del padre, que es cuando, meditabundo, logré a plenitud, aunque casi involuntariamente, la precisión enunciativa que requería el momento, cuando le dije:

«Nadie en el mundo creería esto.»

Oh, cómo le gustó esa frase.

En realidad yo estaba pensando que nadie en el mundo creería que yo estaba en esa situación con Fidel Castro de no saber cómo agasajarlo por unos segundos y se me escapó en voz alta la expresión.

«¿Verdad?», me dijo, con el rostro iluminado.

«Nadie», insistí, convencido.

«Un sábado por la tarde y yo aquí trabajando, mientras el pueblo se va por ahí, de fiestas. De verdad que nadie lo creería.»

Fue, que recuerde, la segunda vez que salí airoso de una situación semejante. Otra vez —y otra vez solos—, mientras me disertaba sobre las luchas gansteriles en La Habana de su época universitaria, fines de los años cuarenta, la época conocida en la Historia de Cuba como «los días del gatillo alegre», interrumpió su descarga para decirme:

—Tengo hambre. Voy a pedir un té. Sin azúcar, por supuesto. ¿Tú quieres?

—No, Comandante —dije, con toda serenidad—. Me manda a pedir un café. Con bastante azúcar.

Sí, tuvo un gesto de contrariedad, pero creo que esa noche fue cuando me lo gané por completo, no porque yo haya tenido la osadía de contradecirlo, que debo haber sido la única voz discordante en su existencia durante mucho tiempo antes y mucho después, sino porque decidió en ese instante que tenía que hacer un sostenido trabajo de persuasión conmigo para que aprendiera a mitigar el hambre con té de manzanilla tibio sin azúcar.

Dejándose caer en su silla de diseño giratoria italiana, con todo el peso de un hombre de 6 pies 2 pulgadas y unas 200 libras de peso enfundado en su uniforme verde olivo de faena de tres piezas, pantalón bombacho, guerrera y chaqueta de cuatro bolsillos con tapas, de costosísima gabardina española, con las únicas insignias que —bordadas en las charreteras, tanto de la chaqueta como de la guerrera— se permite llevar por su supuesta modestia, que es la estrella sobre rombo rojo y negro de su grado de uso exclusivo por él de Comandante en Jefe a la que en noviembre de 1974 añadió las ramas cruzadas de olivo y laurel en plata, y las botas negras de mediacaña y cierre con zíper y la gorra que los cubanos llaman De Gaulle y que en realidad, como el uniforme original completo de las FAR, procede de los atuendos de campaña de la infantería de marina yanqui de los años cincuenta, Fidel Castro toma posesión de su día de oficina como gobernante y levantando el brazo derecho en escuadra, sosteniéndolo en un mismo nivel desde la axila al codo, y apuntando con el índice a Joseíto, de pie, delante de la centralita, le dice:

«Pepe.»

Quiere decir que le comunique de inmediato con el ministro del Interior, general de División José Abrantes Fernández.

Cuando él se sienta en su silla italiana, lo que queda detrás es un colorido cuadro de René Portocarrero. Habitualmente considerado como la prima donna de la plástica cubana de este siglo, «Porto» escapó dos veces al escarnio, la humillación, el trabajo forzado y la tortura —todo estas ofertas (¡y aun más!) en un solo paquete de viaje; una, por ser pintor abstracto; y otra, por la misma característica del Greco que moviera a la burla de Hemingway: que era maricón.[50] Eludió dos veces la pesada mano de Fidel Castro. Estaba reservada para ciudadanos de poca monta. La pesada mano. En cambio, con un deslumbrante lienzo suyo se procuraba iluminar la estancia de trabajo del Comandante.

Puede ser un tesoro. Uno auténtico. Si Portocarrero no produjo una serie de cuadros con este mismo tema del que Fidel tiene uno dominando sobre su cabeza el escenario de su despacho, que es la visión de La Habana y se titula *La ciudad*, entonces ésta es la alabadísima pieza que comenzó su carrera de gloria (ante los ojos del mismo Fidel) en la etapa revolucionaria, al ganarse el primer premio de la Bienal de São Paulo (si mal no recuerdo) en 1963, y que le valió a «Porto», desde esa fecha, que se obviaran sus pasiones homosexuales y su lealtad inconmovible para con su matrimonio de toda la vida con un impertérrito y adocenado bugarrón (buscad en el diccionario, y no se ofendan, que la palabra aparece en *El Quijote* pero allí como «bujarrón») llamado Milián. El viejo René Portocarrero, con su dulce cara de morsa buena, sólo avaricioso —además de Milián— para con sus pinceles y sus tubitos de pastas alemanas de los que era espléndidamente abastecido por la dirección revolucionaria y que lo hacían considerarse un niño mimado, de bastas sandalias de cuero y vivir en las nubes, y al que Fidel cubrió con todas las condecoraciones existentes y posibles del arsenal de la República socialista que tuvieran alguna conexión con la cultura e incluso hasta con el abnegado trabajo de las masas proletarias, nada de las aguerridas titularidades de los combates en las arenas de Playa Girón o de las batallas internacionalistas, oh, por Dios, nada de eso, por favor, pero que costó también la reconstrucción completa de un pesado edificio habanero llamado «Carreño», devenido en una inmunda cuartería desde los años cuarenta, frente al Malecón y el rompiente de las olas y las nubes de salitre en invierno y un sendero de luz lunar que se mantiene a flote sobre la superficie del mar desde el horizonte hasta aquí, la costa de acerados arrecifes sobre los que se cimentó el muro, en el verano, y que era el edificio del que «Porto» se negaba a emigrar. Su confortable estudio salpicado de todas pastas y óleos posibles y cuadros aún húmedos y las cerámicas en el horno y Milián estuvieron allí siempre.

En esa misma época de los honores y de convertir al pobre hombre en un campeón del trabajo socialista, el Gobierno disponía de campos de concentración y los llenaba con decenas de miles de desconcertados y abatidos muchachitos condenados específicamente por ser homosexuales —un engendro denominado Unidades Militares de Ayuda a la Producción (UMAP), por medio del cual llamaban a los homosexuales sirviéndose de los registros militares de las oficinas de identidad y hacían las levas y los enviaban a los campos de concentración de una provincia llamada Camagüey, a su vez desolada de mano de obra y pletórica de colonias de caña de azúcar. Fíjense, campos de concentración no es aquí una figura metafórica para denostar al castrismo; campo de concentración es un terreno cercado con alambradas electrificadas y con torretas de vigilancia y reflectores y perros y en el que se hacinan en sus barracas centenares de famélicos esclavos. En Camagüey sólo faltaron los crematorios y cambiar la bandera cubana por la de la esvástica. Se daba baqueta (una modalidad de la flagelación pero con el canto de una bayoneta de los viejos Springfields del ejército de Batista), «piscina» (obligarte a nadar hasta el desfallecimiento y, por consiguiente, hasta la posibilidad de ahogarte, en una poceta de agua fangosa en la que no puedes alcanzar el borde porque te abren fuego), enterrarte hasta el cuello al sol y sereno, amarrarte por las piernas y hundirte en un excusado, y todas las linduras por el estilo que se apetezcan, teniendo como colofón para los incorregibles, ingobernables, inadaptables, la celebración de un juicio con la tropa formada en presencia de un primer teniente de los servicios jurídicos de las Fuerzas Armadas Revolucionarias, que rendía servicios itinerantes entre todos los campos de la UMAP, un mulatico flaco y desdentado, de ojos saltones (ahora su nombre se me escapa la memoria), que era el fiscal de unos juicios expeditos y de pronunciamientos muy elementales, en los que este pigmeo sin dientes aportaba siempre algunas notas de vibrante patriotismo pese a repetir, invariablemente, los mismos gestos y los mismos llamados. Levantaba los brazos, como en una exaltada sesión de espiritismo, y clamaba por los próceres de las guerras cubanas de independencia del siglo pasado. Decía: «¡Martí! ¡Maceo! ¡Bajen aquí los dos! ¡Bajen ahora! ¡Baja tú también, Máximo Gómez! ¡Y miren la afrenta que contra ustedes ha cometido este muchacho! ¡Bajen, coño! ¡Bajen y miren esto!» Lo que debían ver y de inmediato evaluar desde el punto de vista procesal nuestra inolvidable pléyade de augustos fundadores de la nacionalidad, era la falta cometida por un indefenso y espantado mariconcito habanero que iban a matar de inmediato, amarrado a un poste de ejecuciones, en presencia de todo el campamento. Nunca se sabrá la cifra exacta de personas fusiladas en los campos UMAP de Camagüey, nuestro querido GULAG criollo. Fidel, con la disolución de los campos hacia 1966, debido a presiones internacionales (desde luego, son las únicas presiones que entiende, para evitar que se dañe su imagen de Robin Hood del Tercer Mundo), mandó quemar todos los documentos que pudieran existir sobre el asunto. Pero antes de cerrarlos definitivamente y despoblarlos del todo, mandó remozar algunos de ellos para recorrerlos con Graham Greene, el novelista inglés, que había desembarcado en La Habana. Greene era portador de una porción de esas presiones internacionales. «¿Campos de trabajo forzado?», preguntó un asombrado Fidel Castro. «¿Aquí, en *nuestro* país? ¿Dónde dicen que están? ¿En Camagüey? Pues mañana vamos a Camagüey. Tú vienes conmigo, Graham.» Por los dos o tres campos por los que pasaron y de los que habían sido desmontadas las alambradas y las torres de vigilancia y devueltos los perros a los criaderos del Ministerio del Interior, dominaba el olor de la pintura fresca y en ellos no retumbaba ni un solo decibelio de los alaridos de los adolescentes que clamaron porque no los fusilaran. «De todas maneras, me cierran esto y manden estos niños para sus casas. Se acabaron las UMAP», decían un Fidel de manos en la cintura, grave, contrariado, absolutamente sorprendido en su buena fe, mientras un complacido Graham Greene no se cansaba de repetir —y violando así todas las normas de la sobriedad británica, y como el árbitro de camisa blanca que en medio del ring le sostiene el brazo al campeón de los pesos completos que acaba de ganar una nueva pelea—: «El señor Castro es el hombre más grande del mundo.» Es un supuesto histórico que los únicos cubanos o residentes en la isla llevados a la hoguera en Cuba por la Santa Inquisición fueron debido al «pecado nefando» — «sodomitas», como era usual llamarles—, pero esto es algo no comprobado a plenitud, y sólo se presume la existencia de unos pocos casos y que las hogueras funcionaron sólo en Regla, una población marinera y pobre frente a La Habana, en la costa este de su bahía.[51] En la Edad Media europea la sodomía era considerada como el peor de los crímenes contra la moral, y la definición estándar para describirla era «abominable» e «inexplicable», y el castigo usual era quemarlos vivos, o, en España, castración y apedreamiento hasta la muerte, aunque el Tribunal restringía las ejecuciones a personas mayores de 25 años.[52] Tres o cuatro siglos después, bajo un cielo surcado de satélites de comunicaciones y habiendo convertido en una nimiedad volar de América a Europa en unas 7 horas, los pocos datos disponibles de la UMAP mencionan 72 muertos por torturas y maltratos (continúa sin conocerse la cantidad de ejecuciones), 180 suicidios y 507 hospitalizados para recibir tratamiento siquiátrico. Y ninguno de los cubanitos fusilados por los pelotones de la UMAP llegaba a los 25 años de edad.[53]

(Al final, la astucia política resplandecía sobre el terreno de desastres que otros abonaban, y la presencia de piezas sueltas como el gordito René Portocarrero en el área de combate le daba la oportunidad a Fidel Castro de lucirse con una de sus maniobras perfectas de obtención múltiple de propósitos. La intelectualidad europea que aún forcejaba entre las garras del existencialismo que era un humanismo y su necesidad imperiosa de experimentar algunas emociones fuertes de sacudida se deslumbra naturalmente al saber que Fidel Castro, desde su bastión en la isla, abre las puertas de una revolución comunista a la pintura abstracta. Mientras Nikita Jruschov, entusiasta y con el gusto pueril de un ordeñador de vacas ucranianas, acomete la estupidez banal de quemar los cuadros de la escuela abstracta que se encuentra a su paso en una exhibición moscovita, a los que previamente ha pisoteado, oh es maravilloso contemplar lo que hace Castro, Castro que además de derrotar a Batista y a los americanos, dice que cada cual puede embarrar sus lienzos como le plazca. Desde luego, bastaba comparar al pequeño comisario de sombrerito de alas titiritantes y su traje cortado por el sastre de guardia de los almacenes GUM, con la soberbia estatura del guerrillero de ascendencia gallega y con las dos pelotas de sus enormes testículos perfectamente enmarcados en sus pantalones de campaña. Una pena que los pintores abstractos se tengan que traicionar a sí mismos si se proponen sintetizar la imagen de desbalance entre el salvaje, despiadado y ya un poco achacoso y corto de tamaño y dientes de oro oso soviético y el joven émulo del Padre Las Casas que se han ganado los pintores abstractos. Así que Fidel Castro se echaba en un bolsillo a los intelectuales europeos a propósito de una defensa del arte que, en definitiva, más le convenía. Que sea bien abstracto, por Dios. Mientras mas abstracto mejor. ¿No existe también una escuela de literatura abstracta? ¿Que no diga nada? Sería formidable. Lo menos que él quería era algo concreto, datos cifras testimonios, ni siquiera realismo socialista. Nada de eso. Nada de realismo, por favor.)

Una ciudad de Portocarrero no debe bajar de 20.000 dólares en Christie's de Nueva York. Su *Paisaje de La Habana en rojo* tiene que estar en los 100.000 dólares puesto que *Génesis* (de 1967) —que sencillamente uno tiene que buscar la solución para robárselo y esconderlo en una bóveda con la iluminación adecuada y luego verlo en sesiones espaciadas, racionarse la contemplación de sus zonas perfectas de pastas naranjas trabajadas a espátula, tenía un precio estimado de 70.000 dólares el 25 de noviembre de 1998—, no alcanza pese a todo a tener la intención narrativa y el desbordamiento de tensiones y de iridiscencia y la inminente carga explosiva de ese atardecer último que los cristales de la ciudad reflejan en *Paisaje de La Habana en rojo*. Así que, si este cuadro colgado en el despacho de Fidel es *La ciudad* o el primero de la serie, estamos hablando de una buena cantidad de dinero.

Fidel lo recibe a uno de pie, colocado detrás de su buró, y suele invitarlo a uno, con un gesto de la mano derecha, a sentarse en una de las dos butacas en posición convergente que tiene enfrente; al menos, eso ocurría conmigo. Si uno no es un invitado extranjero o alguien al que es imperioso ofrecer una impresión formal de su liderazgo, él puede encontrarse sin su emblemático zambrán,* del que se ha despojado para aliviar la cintura mientras se dedica a sus labores de oficina, y esto le da un aspecto sosegado y de intimidad hogareña y como si anduviera en pijama o bata de casa. Atrás, el cuadro de la ciudad de Portocarrero es demasiado poderoso como para que uno lo saque de la escena, pero, cosa extraña, cuando uno es admitido en el espacio de límites rectangulares de este despacho, se descubre que, en su presencia, teniéndolo delante, Fidel Castro es un paso obligado de la mente de uno, y aunque tuvieras detrás *Los girasoles* de Van Gogh tú no ibas a desviar la mirada del enfoque cuasihipnótico que tienes del hombre vivo y palpable y también inmortal, tú lo sabes, que te está invitando a tomar asiento en sus predios. Es la victoria total del crimen sobre el genio.

Al él sentarse es más evidente el cuadro, que no queda a una altura excesiva, colocado en un nicho del librero inmediatamente detrás. Uno está a su nivel —dependiendo de la estatura, desde luego; yo (5 pies, 11 pulgadas) mido tres pulgadas menos que el Comandante (6 pies, 2 pulgadas)— y comienza la plática y mientras se desarrollan algunas ideas uno puede pasear la vista con cierta discreción desde Fidel al Portocarrero y del Portocarrero, a la derecha de Fidel, a la puerta abierta —o entreabierta, a veces— de la centralita y el rompehuesos de turno, con su uniforme verde olivo satinado y la pistola Stechkin a la cintura —y uno con la convicción plena de que desde algún sitio de esas nobles y reposadas paredes hay un tirador que está observando y que uno tiene la frente en el centro de su punto de mira y que él tiene el dedo en el gatillo.

A Fidel, por su parte, el escenario que se le ofrece, primero, es el de la mecánica operativa, es decir, la gaveta del centro arriba con una Stechkin ya amartillada, a continuación, enfrente, él (o los) interlocutor(es) y, por último, el resto del despacho, al fondo.

Es un despacho de tibias maderas serranas que forran las paredes y que no es ostentoso ni desproporcionado, de entre 15 y 20 metros de largo por entre 7 y 9 metros de ancho, y especialmente modesto si se compara con el de algunos de sus subordinados, como el de su mismo hermano, Raúl, que siempre te parece estar aterrizando en un portaaviones.

La pared, a la derecha de Fidel, está adornada con matas de arecas y otros cuadros de pintores cubanos, entre los que recuerdo haber identificado únicamente la pintura de un gallo de pelea de la serie de gallos de Mariano[54] —y un episodio primitivista de orichas y peces de Mendive; después hay la puerta de un servicio de azulejos azules, con lavabos, toalleros, inodoro y ¡un videt!; y, por la pared de la derecha, tres ventanas, de persianas de madera, colocadas a una altura que imposibilita a los visitantes asomarse al otro lado, donde, los visitantes no lo saben, sólo hay lugar para atisbar hacia un patio interior, y sigue un aparato de televisión con su equipo adosado de videocinta (formato Betamax, en aquella época) de un modelo corriente de la Sony, nada especialmente costoso, y una mesa baja, larga, donde ustedes han visto desarrollarse un montón de sus entrevistas. Así pues, una muestra de su ilimitada capacidad política y de maniobra y del alcance de sus largos brazos, este despacho es el lugar donde él ha sentado desde terroristas palestinos hasta suculentas periodistas y diplomáticos yanquis, guerrilleros de El Salvador y dignatarios chipriotas, monjas del Brasil, Barbara Walters, Bill Moyers, Mijaíl Gorvachov, Leonid Breznev, Arthur M. Schlesinger Jr., todos han puesto el culo en esas butacas que él te ofrece con un ademán. Y muchos, cuando regresan, informan a sus centros. ¡He estado en la cueva!

Otros, creen encontrar su salvación donde una vez pecaron. Creen que pueden lograr su absolución describiendo con detalles este despacho de Fidel Castro a sus interrogadores de la Inteligencia americana, y ni él ni su entusiasta interrogador por supuesto (el nivel de los interrogatorios es táctico, solo táctico, como comprenderán) saben que pierden miserablemente su tiempo. Nadie en Washington ni en Langley va a apreciar su esfuerzo. Fidel sigue siendo su enemigo favorito, intocable. En su *debriefing* (puede traducirse como informe exhaustivo a partir de un interrogatorio implacable) del 15 de enero de 1990 conducido por la 470 Brigada de Inteligencia militar de EUA, el ex mayor de las Fuerzas de Defensa de Panamá (acabadito de capturar, el pobre) Felipe Camargo, entre largos y sostenidos sollozos y la enorme preocupación de lo que el futuro podía depararle, desmenuzó los pormenores de todas sus reuniones con Fidel Castro en este despacho, a las que asistía con otros militares y funcionarios de alto rango de las delegaciones panameñas en el transcurso del puente de armas e instructores cubanos a Panamá de 1987-1989. Al final, Camargo dibuja un *sketch* del enclave y el oficial investigador anota a pluma debajo de la transcripción mecanografiada del *debriefing* que lo ha confrontado con otros panameños que estuvieron en esta oficina y lo pronuncian correcto; *almost pronounced accurate*.[55] Sí. Es *accurate*, y uno se indigna cuando lo ve, porque dice, coño, mira cómo lo descubren, cómo lo denuncian, cómo lo exponen. Cómo hacen un croquis casi perfecto del despacho del Comandante y se lo entregan a la voracidad de su eterno enemigo.

Cuando Joseíto establezca la llamada con Abrantes, y garantice que el sistema automático (un codificador soviético) esté activado —aunque sea una conversación por cable y no al aire—, Fidel regresará al tema de los yates robados de la Florida. Desecha por lo pronto el análisis y la investigación de los negocios europeos. Esto es algo que conozco porque Abrantes se comunicó después con Tony. Y Tony, a las pocas horas, o al otro día, me lo contó. Tony y yo nunca por teléfono, desde luego.

La dialéctica de Fidel, en estos casos, suele ser irritante.

Había algo que le preocupaba de las tareas asignadas a Tony en el área de la Florida, pero resultaba indescifrable para Abrantes y para Tony. Como no acertaban a encontrar el problema, se veían obligados a soportar a perpetuidad una letanía de casi la misma pregunta.

«¿Entonces tú dices, Pepe, que los yates vienen de las marinas de Miami?»

«Sí, Fidel. Está ahí, en el informe.»

Abrantes era uno de los pocos hombres que nunca dejó de tutear a Fidel. Del mismo modo que en un entorno donde sólo cabía la posibilidad de que todos los súbditos lo trataran con la reverencia del «usted», Abrantes se las arreglaba para continuar usando el simple «tú» de la segunda persona sin que jamás sonara como una atribución indebida.

«¿Y entonces qué es lo que tiene Tony en Cayo Largo?»

«Nada, Fidel. Él no tiene nada. Allí no tiene nada. Lo que pasa es que está más desguarnecido que Miami o Cayo Hueso. Entonces los lancheros prefieren salir de Cayo Largo. Y allí tienen sus barcos. Menos vigilancia del *Cosgar*.»

La Guardia Costera norteamericana. El Coast Guard.

«¿De Cayo Largo?»

«Sí. De allí. Éstos son los lancheros que nos traen las mercancías. Eso también está en el informe.»

«¿Y tú dices que vienen de Cayo Largo?»

«Sí. De Cayo Largo y de Maratón y de Sombrero.»

Maratón, donde se *basifican* clandestinamente hombres y embarcaciones, y Sombrero, donde el viejo faro guía la navegación.

«¿Sombrero y Maratón?», pregunta Fidel.

«Cayo Sombrero. Cayo Largo. Y Cayo Maratón.»

Fidel, calcula Abrantes, «está armando su muñeco». Por lo tanto, tratar de hilvanar los mismos hilos del Comandante es su objetivo.

Hoy en la tarde, al final de su sesión de raqueta y pelota en la cancha de Tropas Especiales, la pareja regularmente ganadora Abrantes-Tony, hará un aparte, protegiéndose con la sombra de una de las paredes de rebote de la cancha, que se proyecta hacia el oeste. Allí es el conciliábulo. Están con sus camisetas descoloridas y anegadas en sudor, y con toallas sobre los hombros, mientras sorben sus potes de jugo de naranja a punto de congelación, respirando fuerte y repasan la historia.

Fidel tiene el asunto del «Caribean Express» desde principio de año. Bueno, eso podía estar conectado con Cayo Largo.

Tenía los bombardeos de «café en granos», o «mercancía colombiana», a la altura de Varadero, pero que se había demostrado que no eran los vínculos con Tony.

Si de cualquier manera se había decidido sacar a Tony de MC, era como medida de protección —había sido el consejo de Fidel al oído de Abrantes, y Abrantes había aceptado con la condición de ascender a Tony a general por el cumplimiento «al cien por cien» de todas las misiones que se le habían asignado y Fidel había respondido que sí, que lo ascendiera. Así que por aquí no hay problemas.

Estaba, por último, así... que fuera importante, el plan de secuestro del propio Abrantes que estaban inventando unos *johnnys* medio locos de Miami. Un asunto de la DEA.

El diminutivo de John es un equivalente cubano de yanqui. Al uso desde los 60 (aprox.). La condición de medio loco puede estar describiendo un grado de valentía y por lo tanto reflejar un nivel de admiración. Estoy Estar Está medio loco es que uno es medio suicida. Las siglas DEA denominan a la agencia antidrogas norteamericanas, Drugs Enforcement Agency. Aunque, el plan de secuestro de Abrantes había sido más bien ideado en el servicio de Aduanas —el *Custom*.

¿La falsificación de Marlboros?

¿El contrabando de habanos a través de México para Las Vegas?

¿El contrabando de armas?

¿De tecnología?

No. No es nada de eso. Pero Abrantes sabe, o al menos intuye, que por lo pronto lo que Fidel está haciendo es ganar tiempo, y, si está ganando tiempo por este sector, eso quiere decir que ya tiró sus carnadas por otro.

«La clave está en Cayo Largo, Tony», va a decir Abrantes.

«¿Cayo Largo? ¿Sólo en Cayo Largo?»

«Y en Maratón y en Sombrero.»

«¿Usted cree, *chif*?»

Jefe. *Chief* es jefe. Abrantes es jefe.

«Cayo Largo», dice Abrantes.

«Yo diría que es la Yuma, chif», dice Tony.

Procedente del clásico de Glenn Ford *3:10 to Yuma* (1957) que las casas distribuidoras latinoamericanas lo cambiaron por el título probablemente superior de *El tren de las 3:10 a Yuma*, excelente en verdad, se convirtió hacia 1964 en la mejor y más adecuada y extendida forma de llamar a los Estados Unidos de América. De cualquier manera hubo una reacción tardía, de casi siete años, desde su estreno en los cines de las barriadas habaneras y que recibiera la aprobación del *gallinero*, para que se adaptara al lenguaje popular. Yuma. Prodigioso. Mucho mejor que yanqui o que imperialismo.

Pero a Abrantes y Tony les falta el dato de que Ochoa está citado en el MINFAR y, mucho más importante, que el desenlace de esa reunión es meterlo preso. Les falta el dato de que Fidel está moviendo sus propias fichas en el exterior y que está empleando a los propios hombres de Abrantes en su jugada. Si, días atrás, Abrantes disfrutó al conocer que Fidel movía fichas en el MINFAR sin contar con su hermano Raúl, ahora no sabe que le está ocurriendo lo mismo. Por otra parte, mañana, martes 30, Patricio y Tony van a entrevistarse con Abelardo Colomé Ibarra, el miserable de «Furry», y Abrantes no se va a enterar, por lo pronto (yo tampoco... de inmediato), y Tony lo (nos) tendrá fuera del juego de esta reunión durante una semana. No se lo dice. De Patricio no se puede esperar otra cosa. Patricio y Abrantes son protagonistas de una de las tantas luchas intestinas del poder en Cuba, en la cual los dos emplean casi los mismos argumentos para su litigio: abuso de poder, amiguismo, oportunismo, etc... Pero —debe reconocerse—, Abrantes nunca ha mencionado el asunto con Tony y nunca ha condicionado su formidable relación con el *Twin* (Tony) por culpa del diferendo con el hermano.

Staging point a la sombra de la cancha de Tropas.

«Cayo Largo», reflexiona Abrantes. «Eso es lo que él menciona.»

«La clave está en la Yuma.»

«Ujum.»

«Está en la Yuma, chif», dice.

«Negro, carajo», dijo Raúl a modo de recibimiento.

Diez hombres a partir de las nueve de la mañana se dislocan en tres escenarios diferentes para dirigirse, finalmente, hacia un mismo destino, un mismo final, una situación irreversible en el abismo de su propia destrucción. Fidel con Joseíto y el Gallego entrando en Palacio. Patricio, Tony y yo abrazados en una acera desnuda. Raúl, Furry y Ulises con Arnaldo reunidos en el Ministerio de las Fuerzas Armadas

Revolucionarias (MINFAR).

Las 09:43 horas del 29 de mayo de 1989 según la precisión de las agujas de siete lujosos Rolex —una joyería cuyo valor total no baja, ahora mismo, de 30.000 dólares— y de dos Poljot de producción reservada para las Tropas Especiales del KGB (en las muñecas de Joseíto y el Gallego) y de la pantalla digital del Seiko de caja y muñequera negra de Fidel.

Así que él entrando en Palacio y, a unos 10 kilómetros de distancia, hacia el nornoroeste, Patricio, Tony y yo rompiendo el abrazo en el que nos mantuvimos buen rato. Y, a menos de 200 metros al sur del mismo Palacio donde se halla el despacho de Fidel, al otro lado de una avenida de palmeras y corredor permanente de la brisa, en el imponente edificio de 20 pisos que fuera construido originalmente como Alcaldía de La Habana por un muy habilidoso para los negocios a costa del erario público y a favor de su bolsillo alcalde batistiano de La Habana, un personaje de nariz picada de viruelas llamado Justo Luis del Pozo, y donde la Revolución instalara la sede del MINFAR, en el cuarto piso de esa obra, Ochoa se debate entre conciencia e inquisidores, unos impasibles y metódicos inquisidores que insisten en decirle que son hermanos suyos. Las amables y nada forzadas sonrisas con que le invitan a franquearse del todo parecen mucho más atractivas que la materia brumosa e incomprensible que cocina su conciencia. El problema, según él mismo explicará dentro de una semana a Patricio y a Tony, es que «supe desde entonces no que me iban a matar, sino que estaba desesperado porque me mataran», y si no lo iban a matar, yo sé que conoció algo mucho peor, que fue recóndito y obsesivo y que comenzó a anudársele en el estómago y que actuaba desde ya, al unísono, como una fuerza liberadora y como una venganza. Él no oía, ya no escuchaba nada de lo que se le decía, y todo era remoto y cómico, muy cómico, con la justa comicidad que se halla del otro lado de cualquier tragedia, y estos tres personajes ya nunca más serían sus compañeros y ni siquiera contemplaba hacia ellos el famoso factor de la historia en común, porque él, Arnaldo Tomás Ochoa Sánchez, acaba de desprenderse hasta de esa historia, y al carajo. No pudiste vadear el río y ahora te hallas con el agua hasta el cuello y a igual distancia de las dos riberas y luchando contra los torrentes y las fuerzas encontradas de las aguas de las montañas y decides por fin soltar la mochila, en la que se halla el total de tus posesiones en este mundo, pero que es el estorbo del que te liberas y que tu espalda y tus hombros, aliviados, agradecen mientras echas una última mirada al noble equipo de tantas batallas como parapeto y tantas noches como almohada que, aún a flote, se pierde llevado por la corriente impetuosa. Al carajo.

Furry dudaba de la capacidad de castigo hacia Ochoa del general de División Ulises Rosales del Toro, jefe del Estado Mayor General, puesto que estos dos habían participado juntos en la campaña insurgente que los cubanos produjeron en Venezuela en 1967 —el fracasado foco guerrillero de Sierra Falcón— en el que Ulises no sólo había sido subordinado de Ochoa y al que desde entonces había adquirido la costumbre de llamarlo «Jefe» sino que, en un nivel mucho más dramático y de comprensible compromiso, Ochoa se había echado al hombro a un moribundo Ulises, herido luego de un combate, y con él a cuestas cruzó la selva impenetrable durante semanas, hasta sacarlo a una zona de relativa seguridad, en las estribaciones de la Sierra, y ponerlo en las manos del precario aparato de Inteligencia, que a su vez logró enviarlo clandestinamente a La Habana (se entiende que fue el periplo Caracas-São Paulo-París-Praga-La Habana, ruta clásica de la sublevación cubana para exportación).

«Pero no podemos sacarlo ni alejarlo, Furry», dijo Raúl. «Fidel lo dijo. Que estuviera Ulises.»

«Sí», corrobora Furry. «Es un interés del Comandante.»

Ochoa estaba frente a Raúl y Furry y había grandes lagunas de silencio. De pronto Raúl se dirigía a Furry y le preguntaba:

«¿Dónde está Ulises?»

Furry sabe lo que significaba la pregunta porque Furry sabe que Raúl sabe dónde está Ulises.

«*Usted* lo envió a la unidad radiotécnica del Potrerillo.»

Pelota devuelta a Raúl. Raúl copia.

«¿Yo?», pregunta Raúl.

«El SR-71», intenta explicar Furry.

Comienza a buscar una salida. De cualquier manera él ha comprendido que perdió esta movida.

«¿Él no sabía que tenía que estar aquí a las nueve?»

Arnaldo, una presencia remota por lo pronto, como en una campana de Faraday, aislado en su silencio, mueve los ojos entre uno y otro.

El mismo Furry.

«Bueno, Ministro, es que el SR-71...»

El mismo Raúl.

«Aquí es dónde tenía que estar», dice.

Furry perdió la movida y la oportunidad y sabe que la próxima orden de Raúl es mandar a buscar inmediatamente a Ulises, si aún no ha despegado de Campo Libertad, porque se le indicó que fuera en helicóptero, y si está en el aire, que banqueen y regresen, y que se presente de inmediato.

En realidad, el argumento no estaba claro. No funcionaba con facilidad. El envío del Jefe del Estado Mayor General hasta el picacho inhóspito de una montaña para el registro de los hipotéticos últimos movimientos de los yanquis y su eventual desarrollo en una maniobra no anunciada en las proximidades de Cuba, no alcanzaba a pesar lo suficiente en la balanza como para eludir una orden de Fidel Castro.

Sin embargo los dos creadores de la mentira se intercambiaban datos al respecto como si hubiesen estado en Homestead despidiendo el vuelo de reconocimiento yanqui. Ochoa, ajeno en principio a la maniobra de alejamiento de Ulises, no le prestaba mucha atención a los argumentos. Pero sí entendió al final de qué se trataba. Tener a Ulises a 400 kilómetros de distancia. Y que era, en su origen, idea de Furry. Al menos de esta exacta manera se lo explicó Ochoa a Patricio y Tony de la Guardia cinco días después, cuando les hizo el cuento y cuando no cesaba de repetir que él sí estaba dispuesto a enseñar cómo moría un hombre.

«Oye, Furry», dice Raúl, «manda a buscar a Ulises. Inmediatamente. Mira a ver si aún no ha despegado de Libertad. ¿Le indicaste que fuera en helicóptero, verdad? Oye, y si está en el aire, que banqueen y regresen. Lo quiero aquí de inmediato.»

Algo escapaba a Furry, no obstante. Suele ocurrirle este tipo de estancamiento porque se obstina en ganar una movidita en vez de abarcar, al menos con una mirada amplia, el juego completo.

Por conocimiento de las partes, por los últimos cuentos de Arnaldo desde fuentes amigas y por los minuciosos relatos que Alcibíades me trasmitía diferidos en ocasiones por apenas dos horas con los hechos, yo sí estuve al corriente de todo.

Raúl mandaba a buscar de vuelta a Ulises para que Fidel no sospechara que lo enviaba en realidad para ver si había sido detectado. Si sus operaciones coordinadas de bombardeo de droga a la altura de Varadero habían sido detectadas. No sólo por los yanquis. Sino también por los batallones radiotécnicos de la fuerza propia.

«Comandante», dice Joseíto a través de la puerta entreabierta de la centralita, «Abrantes por la Tres».

Una señal intermitente le indica cuál teléfono debe usar.

«Oye, Pepe, hazme un favor. ¿Cómo es esto de Tony y los lancheros y Cayo Largo? ¿Tú me oyes? Sí. ¿Cómo es todo eso?»

CAPÍTULO 2

EL ENEMIGO DE MIS ENEMIGOS ES MI ENEMIGO

The good old days were long gone. Pero a mediados de 1985 la situación de Robert Vesco en La Habana comenzaba a estabilizarse. Fidel Castro aceptaba públicamente su presencia en el país «a solicitud de algunos amigos» —una referencia secreta al ex presidente de Costa Rica, José Figueras, y casi toda la plana mayor de los sandinistas— mientras él planeaba inversiones en el sector azucarero y de la industria de cigarrillos y manejaba algunos fondos en la compraventa de café, amén de su evidente vínculo con la estación de lavado de dinero de Cayo Largo, al sur de Cuba, y de lo que supuestamente se desprendiera del narcotráfico. Entonces puso sus ojos en el olimpo de las letras.

Vesco concibió un libro —más bien una secuencia de ellos. Se propuso ser un autor. Y planteó sus ambiciones a las autoridades cubanas, que se empeñaban en darle un refugio tan seguro como complaciente, y él dijo que necesitaba un *ghost-writer*, o en última instancia un coautor. Un tipo dispuesto a hacer un cierto libro que tenía en mente. Entonces —y quizá por decantación lógica— se dirigieron al único escritor de corte «duro» disponible en el almacén: yo.

Yo mismo.

Tenía tarea.

Es así que mi conocimiento personal de Vesco comienza por una orden de Fidel Castro. No necesariamente una orden de estricto cumplimiento puesto que al final se eludió el compromiso. Creo que fue la primera vez que mi lealtad revolucionaria no pudo homologarse una tarea. Puede llamarse solicitud.

El teléfono sonó en mi casa y Carlos Aldana hizo vibrar estas campanas de la gloria de combate: «¿Cómo anda tu inglés, socio?», me dijo. «Tienes tarea. De parte de Fidel. Ven. Ahora mismo.»

Carlos Aldana era el secretario ideológico del Partido y una estrella en ascenso en el firmamento castrista. Y a donde yo tenía que dirigirme era a su oficina, en el Comité Central, y ahora mismo era ahora mismo. La cosa querida por Fidel, sin embargo, sonaba más interesante. Robert Vesco. En un principio me decepcioné porque en aquellos días estaban batiéndose unos aires literarios al máximo nivel y Fidel se hallaba en uno de esos períodos en que firma contratos editoriales y se compromete en la escritura de sus memorias y a ratos me llamaba y charlábamos de libros y de Hemingway y de los platos de cangrejos enchilados ingeridos por Hemingway a bordo del «Pilar» y yo quería hacer la historia de la crisis de octubre y estaba esperando su respuesta.

Robert Vesco. Es lo que me explicó Aldana cuando nos reunimos en su despacho a las 9 de la noche de un día probable de septiembre de 1985, unos 20 minutos después de su llamada —¡yo era muy rápido en decir presente a las tareas! Vesco quería hacer un libro y había planteado el asunto y Fidel le había dicho a Aldana:

«Me parece que tenemos el hombre para ese libro.»

«Creo imaginarme en quién usted está pensando», dijo Aldana.

«Ese mismo», dijo Fidel.

«Norberto», dijo Aldana.

«Pregúntale primero cómo está su inglés», dijo Fidel. «Bueno, él está familiarizado con los libros en inglés» —evidentemente una referencia a mi *Hemingway en Cuba*, que escribí en español, por supuesto, el único idioma que creo conocer con un cierto grado de aproximación, pero él se había hecho cargo de algunos ejemplares de la edición norteamericana y los había distribuido alegremente y sin escatimar satisfacción por contarme (a la vista de sus invitados) como uno de sus seguidores.

«Me comunico con él», dijo Aldana.

«Correcto», dijo Fidel. «Pero dile esto a Norberto. Dile que hay un razonamiento que es moral y es político. Porque no se trata sólo de aprovechar la experiencia de Vesco. El problema es que *hay que hacer todo lo que nos una contra el enemigo.*»

Era el eterno debate de la Revolución para sus intelectuales más preclaros —el del equilibrio entre ética y algunas irregularidades de la maniobra política, y Fidel sabía cómo manejarlo. Se trata, me insistió Aldana, de hacer todo lo que nos una contra el enemigo. Métele mano.

Ah, preguntó en la despedida. ¿Seguro que tu inglés anda bien?

Así me dieron las señas de Vesco y se me proveyó de un guía —César Carballo, vicepresidente de la corporación de cobertura CIMEC— y estuve en posesión del sentido fidelista de la tarea. Todo lo que nos una contra el enemigo.

El hombre que era todo lo que nos unía contra el enemigo, resultó ser un personaje de largos huesos y de anchas bermudas kaki y unas vistosas patillas, y sandalias de cuero sin medias, y arrastraba la inefable compañía de los desconfiados miembros de su combinado de seguridad y la sombra siempre presente de un mastodonte cubano, Junco.

Traía dos de mis libros y me los mostró como para indicarme que estaba tras mi rastro.

Tomé asiento en un sofá, frente a Vesco, en su casa de «La Coronela» —una apartada barriada habanera. Me sirvieron algo, no recuerdo si café o scotch. Vesco aceptaba sin contrariarse la presencia de Junco y César, que parecían familiarizados con la situación. Mis equipos de detección y alerta se dispararon con una primera evaluación desde que lo vi arribar a la estancia y vi sus pasos largos y cansinos y su mirada abarcadora y rápida y me di cuenta de algo, de que ese hombre mataba y asimismo me lo dije: «Este hombre mata.» La conversación transcurrió completa en inglés —como era de esperarse.

Levantando el índice de su mano derecha que descansaba en los salientes de los huesos de su rodilla, en gesto casi femenino, Vesco me preguntó:

«Usted sabe quién yo soy, por supuesto.»

«*Sure.*»

«Y algunas de las cosas que se dicen de mí.»

«*Yeap.*»

«*Well*... no se trata ahora de explicar nada. No tengo ya deseos de dar explicaciones. Lo que quiero hacer es algo práctico. Quiero un libro. Y necesito quien sepa hacerlo. Tengo buenas referencias sobre usted. He estado haciendo mis averiguaciones y ahora voy a leerlo» —señaló los dos libros sobre la mesa.

Pero necesitaba conocer mis condiciones y ver como adecuábamos mis propias expectativas de escritor, si es que tenía alguna, porque no era lo que él deseaba exactamente —que yo tuviera expectativas. Estaba pensando en un *ghost-writer*. Y el dinero. ¿Cuánto quería?

«*Look*. Estoy aquí porque el Comandante en Jefe Fidel Castro me envió. Estoy cumpliendo una tarea. Y la orientación que tengo es hacer todo aquello que sirva en la lucha contra el enemigo. Así que no es un problema de dinero. Agradezco su gentileza. Pero todas mis necesidades están cubiertas. Si quiere donar dinero a la Revolución, *it is up to you*.»

El idioma tendría que resultarle tan incomprensible como el chino. Ni siquiera chino. Pero podría asegurar que no era inglés. La primera línea, sin embargo, tenía que haberla captado. Era un enviado del Comandante.

Aprobó con un gesto de la cabeza mi imbatible diatriba y quizá aceptara su estoico contenido y entonces desarrolló su plan. No era un libro. Era un par de ellos. En esta producción ampliada de dos obras como polos independientes radicaba —precisamente— la luz de su proyecto.

«Muchas de estas historias proceden de gente que anda por ahí, libres, en el mundo, y resulta que son personas tan complicadas como yo. Conozco mucha gente —con muchas historias.»

Un primer libro consistiría en narraciones acerca de «toda esa serie de personajes» con los que se había relacionado y de los que necesitaba dejar el trazo de unos retratos inequívocos —«retratos adecuados»— pero con nombres alterados y de tal suerte que los lectores profanos no los identificaran en esta parte, de modo que él pudiera, luego de publicado su primer volumen, llamar a los personajes de los retratos para exigirles ciertos requerimientos.

La mayoría, dijo Vesco, seguro accedería. «Acceder a mis requerimientos. Podemos llamarle acceder a ciertas negociaciones.»

Claro, estarían los rebeldes. Los tontos de siempre. Bueno, éstos serían los personajes que poblarían su segundo libro. Para entonces con sus verdaderos nombres.

«Son muchos de los que en la actualidad me persiguen. O se niegan a prestarme su colaboración. Y están hundidos, como yo, hasta el cuello. Y me gustaría llamarles la atención. Decirles, *ey*, no los he olvidado.»

Tan sencillo como todo esto. Un cabrón chantaje. Echar a andar toda una maquinaria de la Revolución Cubana para producir chantaje. El informe de mi primera conversación con Vesco tuvo dos copias: una para Aldana y otra para el general José Abrantes, el ministro del Interior, porque necesitaba alguien con estamina suficiente y con un verdadero criterio de grupo para que me apoyara —Aldana siempre resultaba flojito para contradecir al Comandante— y explicaba eso, que se me estaba invitando a participar en una operación masiva de chantaje y que, para mí, carecía de todo sentido identificar a la Revolución con Robert Vesco así como que no entendía el propósito de quemar a un escritor revolucionario —y con crédito suficiente en el extranjero— en una aventura de tan dudosos resultados. Que, de cualquier manera, yo estaba a la disposición, etcétera.

Desde luego que logré congelar el proyecto del libro de amago y del libro de segunda siega y apenas tuve una oportunidad regresé a Angola —un exilio regular de los revolucionarios cubanos de la vieja ola: las guerras extranjeras—, para zafarme, entre otras cosas, de la Tarea Vesco. Un personaje que pudo hacérsele familiar a los transeúntes de la aún lujosa aunque *demodée* Quinta Avenida, de Miramar, cuando él paseaba con su convoy de dos coches Lada atiborrados de escoltas uniformados —hasta que unos años después, en junio de 1996, el mismo Fidel lo mande arrestar porque llega el momento de reírle la gracia al hombre sentado en el Despacho Oval de la Casa Blanca, William Clinton, y darle algo a cambio de un acuerdo migratorio que le conviene.

Pude cometer un error, no obstante. Que la intolerancia política me impidiera conocer a los personajes ocultos de la nómina de Robert Vesco para su servicio de guadaña de vuelo rasante. Y además, realmente, le fallé a Fidel. Los prejuicios pequeñoburgueses me detuvieron. Nunca alcanzaría la estatura de vencedor en todas las pruebas de Fidel Castro, porque tenía talento e inteligencia suficiente y también una buena capacidad de disimulo y engaño, y hasta mi poco de carisma, me perdonan, pero había cosas ante las que me detenía.

Ahora tenemos al escritor de memorias Fidel Castro que firma un contrato con Simon & Schuster para una renovada proyección de volúmenes de reminiscencias políticas (cada cierta cantidad de años promete lo mismo a alguna editorial diferente) mientras se toma su tiempo para gobernar al país con mano de hierro y aprovecha una oportunidad que le parece conveniente ante la opinión pública norteamericana para deshacerse de este objeto inservible que es Robert Vesco y si las cosas salen bien se lo entrega a unas ansiosas y excitadas agencias federales y obtiene otro triunfo de costo mínimo: la felicidad de muchos norteamericanos que, quizá finalmente, comprendan el valor del objeto que se les entrega: un hombre para matar o encarcelar. Los contribuyentes pagarán proceso, juicio, seguridad del reo, y otros *items*.

Y que se vayan al diablo los viejos compromisos para poder establecer los nuevos —a los que Fidel dará igual cumplimiento en el futuro. Mientras, el autor Robert Vesco tendrá tiempo, en su celda de máxima seguridad, para escribir. Buenas memorias.

SÉPTIMA PARTE

LOS RANGERS NUNCA MUEREN

CAPÍTULO 1

LOS LUPANARES QUE NOS PERDIMOS

Hacia 1986, además del famoso videocasete sobre Haití, Cousteau se le mostró *muy preocupado* a Fidel por el estado de absoluta putrefacción de casi todas las bahías cubanas que había visitado, y si bien en Haití encontró unos mares desolados y vacíos en el que no se veía ni el plancton en su acostumbrado y fosforescente ascenso, las *aguas* cubanas —si se le podía llamar a eso *agua*— estaban sobrecargadas de todos los desperdicios posibles, imaginables, altamente tóxicos, ninguno de ellos agradable a la vista, dañinos para la especie humana y para todos sus otros seres acompañantes sobre la faz de esta tierra y que era un agua que se podía cortar con un cuchillo y las bandas mantenerse separadas y que era como una pasta sombría y pesada que se pega a la costa, a unos arrecifes ennegrecidos y muertos por los residuos de petróleo y combustible gastado y lapas de lenta viscosidad. Las respuestas de Fidel a sus requerimientos de salvación oceanográfica, fueron eludidas con posterioridad en el documental de la misma serie sobre Cuba, cumpliendo así de esta manera con la embriagadora fascinación que el Comandante ejerce con cuanto quejumbroso intelectual se siente a la diestra de su mesa de La Habana o de la patana con bar y mesa rústica para 30 comensales que se mece somnolienta en una pequeña pero bien guarnecida ensenada de Cayo Piedra, al fondo de Bahía de Cochinos, adonde son invitados sólo los más selectos de los personajes que Fidel Castro decida cortejar. Respuesta del Comandante al primer requerimiento de Cousteau sobre el peligrosísimo nivel de contaminación en la bahía de La Habana:

«Tenemos una vaca lechera que produce 110 litros diarios de leche.» Respuesta al segundo requerimiento de Cousteau en el que agrega que el mar circundante de la isla afecta o preserva la salud de sus habitantes: «¿La vaquita? Se llama Ubre Blanca.» Y al tercer y último intento de Cousteau con una voz que se va *en fade* y en la que es difícil asegurar que la frase «Si usted pudiera hacer algo para salvar esos mares...» haya sido terminada: «A mí me da pena con el pobre animalito. Da leche y da leche y da leche, como si no hubiese más nada en este mundo que dar leche», y señalando con su largo y fino dedo índice, de uña puntiaguda y extrañamente esmaltada para un viejo guerrero, hacia el plato que tiene delante Cousteau, hace la pregunta de cortesía y rigor: «¿Qué le parece esta langosta? Pescada por mí mismo. Para usted. La ensarté en un *cabezo* de aguas cristalinas y puras de nuestros mares territoriales. Langosta al chocolate. Una especialidad nuestra.» Cabezo es la roca o escollo en el mar donde, al menos en las proximidades de Cuba, se congrega una pesca formidable. El uso reservado por Fidel para halagar con la pesca a visitantes extranjeros de cierta elevada dignidad comenzó a darle resultados positivos —como pescador de vara y carrete a bordo de uno de los primeros yates quitados a un burgués criollo— desde la visita a Cuba de otro francés, Jean-Paul Sartre, en 1959, que lo consignó en su reportaje «Huracán sobre el azúcar», el texto (sin duda) más envidiablemente bien hecho de los días iniciales de la Revolución Cubana. Y, costumbre extendida con posterioridad —como consumado cazador submarino—, a visitantes de cierto elevado nivel, como un Arthur M. Schlesinger, Jr., o un presidente mexicano, o cualquiera de esos congresistas yanquis, Alexander, Leland, que desesperan por hallarse al abrigo del temible pescador con botas.

Por cierto que pocos meses después, al producirse su fallecimiento por desgaste, la vaquita famosa del cuento fue disecada y colocada en una vitrina de la sede del Instituto de Ciencias Animales y hoy es mostrada con la misma veneración que se pudiera profesar si lo que se estuviera exhibiendo fuera la virgen de Fátima. En su momento, el(la) cuadrúpedo(a) recibió todos los honores luctuosos de la prensa cubana, que reportó el acontecimiento de su muerte con graves titulares.

Y por cierto que el cocinero personal de Fidel, también a cargo de los *apreparos* (cubanismo de origen campesino por preparativo, usado con frecuencia por Fidel *quizá* como broma) para que el Comandante salga airoso con los peces de su captura dispuestos como los platos de su mesa cuando está cortejando a uno de esos dignatarios extranjeros, es el viejo José María Álvarez, padre a su vez de la sargento Emérita Álvarez, que fuera la secretaria ejecutiva de Tony de la Guardia en MC y lo traicionara.

Los yates. Ahora.

Los dos yates favoritos de Fidel al triunfo de la Revolución, eran el «Martha», que había pertenecido a Batista y que lo había bautizado así por el nombre de su mujer, Marta Fernández de Batista, y sobre todo el yate «Cristal», que se lo había quitado (o le estaba echando el ojo para quitárselo) a Julio Blanco Herrera, el magnate de las cervezas, dueño de la cervecería La Tropical. Una famosa fotografía del inicio de la Revolución muestra a Fidel y al Che Guevara dedicados a la pesca de agujas en los sillones de combate de un lujosísimo yate mientras surcan los mares frente a la costa habanera, Fidel mordiendo un tabaco sin lumbre, apagado y a media fuma, desarbolado por el viento y el salitre, y el Che despojado de su guerrera verde olivo, el pecho lampiño y mostrando las por lo menos 20 libras que ha ganado en 16 meses y medio desde el triunfo de las armas rebeldes y simbólico de su estancia en el poder como ministro-presidente del Banco Nacional de Cuba. Esa foto está tomada a bordo del «Cristal», para ser exactos, hacia las 02:00 PM del 15 de mayo de 1960. Pocos minutos después hubo argumento para otra fotografía legendaria: Fidel Castro, con las manos atestadas por los tres trofeos obtenidos en el certamen de pesca que se estaba celebrando —conquistó dos segundos lugares y el campeonato individual— se halla junto a Ernest Hemingway, a quien acaba de conocer y a quien no volverá a ver nunca más. Pero ya Fidel no está a bordo del «Cristal», sino en el muelle del Havana Biltmore Yacht Club, uno de los cinco clubes del litoral habanero para yatistas ricachones —el *Big Five*—, a cinco meses de ser nacionalizados y convertidos en centros de preparación militar, y el Che ha huido en uno de sus dos nuevos Chevrolet Impala 1960, sin columnas, el rojo marrón con vestidura roja, o el rojo y blanco, con vestidura negra, que le ha regalado el Comandante de las reservas de Vaillant Motors, una subsidiaria cubana de la General Motor, recientemente ocupada. No le interesó el privilegio de estrechar la mano del recio pescador y hombre de armas y cazador al pie del Kilimanjaro y de pulcra barba blanca que en vela al amanecer ensaya los ritos sagrados del harakiri con una Remington de cartuchos de calibre 16 apoyada en el paladar. Un prototipo en ciernes del panteón de la iconografía comunista de procedencia argentina rechaza la única posibilidad existente hasta el fondo último de los tiempos de tener enfrente, y de escuchar su respiración, y de mirar en el cristal de sus ojos, y de palpar su transpiración sobre la ligera camisa de guinga, y de volver a tomarle la mano, al Dios de Bronce de la Literatura. Estaba en su propia onda, gauchesca, de hacer sus propios escritos y leer sólo a Sartre y a Trotsky.

Regreso a Cousteau.

Cousteau nunca supo que Fidel estuvo preguntando *si el francés este* representaba, pertenecía, era, también de las compañías francesas que querían *posesionarse* de, saquear la, bahía de La Habana. Bueno, más bien de sus fondos. Era una de las compañías de ese país que se proponía levantar los miles de toneladas y de kilómetros cúbicos de capas de cieno y de miasmas y de escombros del fondo de este bolsón de boca estrecha, del cual con toda lógica se calcula que puede haber escapado muy poco de su violáceo contenido, ni el fango... *ni el oro*, depositados durante siglos, desde la fundación de la ciudad en 1514 por el adelantado Diego Velázquez —época maravillosa aquella (ya saben por qué era un comentario obligado con Tony cada vez que refrescábamos la historia de los franceses escarbadores que nunca lograron ni una sola inmersión de husmeo en la grave y lenta espesura contenida en el puerto habanero de lo que fuera el agua de un mar), cuando podías llegar a un manglar o a una pradera o a un arenal y decir: *Me ponen aquí a Nueva York*— y que al cabo de unos años se convirtió en base para el retorno a España de la célebre Flota de Indias y que por el auge alcanzado *en todos los órdenes* —y la fama que alcanzó ese auge alcanzado— ocasionó el asedio de corsarios y piratas, por lo que debió ser fortificada, gastos habaneros de los bolsillos del rey, durante los siglos XVII y XVIII, hasta que fue tomada por los ingleses en 1763. Se trataba de limpiar de contaminación la bahía de La Habana, operación que sólo podía sufragarse a un costosísimo precio, como para marear a todas las casas reales europeas juntas, pero sin que los cubanos tuviesen que desembolsar un centavo. Los operadores franceses estaban dispuestos a ofrecer sus servicios por una especie de trueque; empleando lenguaje marino, pretendían que se les aceptara un comercio de rescate. Si las viejas leyes de los mares establecen que los barcos abandonados en alta mar pasan a ser propiedad de quien los capture, pues, *monsieur* Comandante, esto es parecido. Sólo que los barcos, de haber sido abandonados, lo fueron hace algunos siglos, y de haberse hundido, se hundieron en algún rescoldo del paisaje interior de vuestro abrigado puerto del Mar Caribe, y casi siempre navegaban como buques de membresía en la Flota de Indias y fondearon aquí —con sus bodegas henchidas del oro de toda la América, aún como una presa fresca y bullente de producción áurea de la Conquista— en una Habana con sus portentosos astilleros y sus bosques de sólidas maderas, todas las arboledas a la mano, y las humeantes tasajeras y los saladores de todas las carnes y los secadores de frutas y los avinagradores de las coles y la excelente y promisoria mayor concentración por kilómetro cuadrado de prostíbulos del Nuevo Mundo, una marinería tratada a satisfacción cuando la flota se concentraba al amparo de los cañones de la plaza y, a escala individual, de los brazos de las enamoradizas mulatas, putas a morirse, y sus rones de caña. Fidel entendió de inmediato. Apenas supo. ¿Qué dicen? ¿Que limpian pero con el derecho a disponer de todo lo que se encuentren? ¡Eso es un segundo saqueo de América! Diles que ni cojones, dijo Fidel. Se mantuvo, inamovible, en la terquedad de esos términos que significa ni cojones, incluso después que los *franchutes* estuvieran dispuestos a ceder un por ciento del valor de las extracciones. Cinco siglos de mierda acumulada en el fondo de una bahía maloliente, incluida el carenaje de la Flota de Indias, y una que otra de sus naves hundidas en puerto, parecía suficiente para pagar la obra de higienización. Pero Fidel vio los tesoros y los barcos hundidos. Los vio enseguida. Y dijo eso. Que ni cojones. Y abría los brazos, en gesto de indignado asombro, esa clase de aleteo. ¡Se quieren llevar nuestro patrimonio! Entonces dijo que había que guardarlo, aguantar el dragado quería decir, para cuando hubiera recursos y la Patria pudiera emprender esa conquista.

«Unos hijoeputas los franceses estos», decía.

Fue la época contra el imperialismo francés, que nunca tuvo una sólida base anterior ni tampoco un progreso visible puesto que todo el níquel que se lograba desviar de las ávidas manos —por ser considerado material estratégico y primordial para la cohetería— de los soviéticos, iba a parar a muelles franceses, se le estaba dando esa salida al níquel, muy buen precio. Podrán rebanar las montañas de Cuba y vaciarlas de todos sus poderosos yacimientos niquelíferos pero el oro de hace cuatro siglos que sacaron a lomo de llama desde las ciudades perdidas de los andes y pusieron a bordo de las naves que se concentraban en La

Habana, ése se pudre, se va a pudrir ahí abajo.

EL NUEVO HERALD

Miami, martes 2 de junio de 1998

DESECHOS SE REDUCEN A MITAD EN BAHÍA HABANERA

(EFE) La presencia de hidrocarburos flotantes en la bahía de La Habana se ha reducido en un 50 por ciento y ya pueden verse en sus aguas distintas especies marinas, aunque los especialistas consideran que deben seguirse aplicando las medidas de saneamiento.

La bahía, una de las más contaminadas del Caribe, acumula unos 47 millones de metros cúbicos de agua en una superficie de 5,2 kilómetros y recibe 270.000 metros cúbicos diarios de agua dulce con una elevada cantidad de contaminantes.

Más de 200 toneladas de petróleo y 60 metros cúbicos de desechos sólidos flotantes fueron extraídos en 1997, según datos de la Unidad de Saneamiento Marítimo Portuario (SAMARP).

Esa empresa extrae un promedio diario de cuatro metros cúbicos de los 20 que se depositan diariamente.

El ingeniero Eduardo Normand, subdelegado del Ministerio de Ciencia, Tecnología y Medio Ambiente (CITMA), explicó que «siguen muy altos los coliformes fecales (microorganismos excretados por el hombre), lo que imposibilita cualquier tipo de contacto humano con las aguas de la bahía».

Una de las grandes fuentes contaminantes son los drenajes pluviales, a cuyo sistema se han conectado indebidamente aguas fecales de procedencia doméstica.

GRANMA

La Habana, 1966 (el recorte no conserva la fecha)

PRESERVANDO PLAYAS

Científicos y ecologistas han alertado sobre la magnitud de los procesos erosivos que vienen dañando las zonas costeras en muchas partes del mundo.

Sectores costeros cubanos [no han escapado] a esta tendencia mundial.

Estudios desarrollados durante 10 años por el Instituto de Oceanología del Ministerio de Ciencia, Tecnología y Medio Ambiente (CITMA), permitieron verificar que Varadero (la paradisíaca playa a 100 kilómetros al este de La Habana) estaba sometida a un fuerte proceso de erosión.

En 1986 comenzó un programa destinado a la recuperación. Entre 1987 y 1992 se depositaron alrededor de 700.000 metros cúbicos de arena y aunque en los últimos 4 años esta labor ha estado interrumpida *por diversas razones objetivas* [eufemismo habitual de la prensa cubana para excusar la desorganización o la escasez de recursos, o de propósitos definidos, o de mano de obra, o de falta de materiales, y toda la larga lista de desastres que suele identificar a la economía cubana], es incuestionable la mejoría experimentada.

El doctor José Luis Juanes, jefe del grupo de Procesos Costeros del Instituto de Oceanología, indicó que la erosión no está totalmente controlada.

[Pero] Juanes acotó que los volúmenes de arena suministrados fueron muy provechosos.

Yo, al timón. Tony, a mi derecha. El cuadro, precioso, que había elegido para García Márquez, recostado en el asiento trasero. Tony, de completo uniforme. Le había dado instrucciones a su chofer, el prototipo de rapero, Ariel Fernández, que lo recogiera hacia las 2 de la tarde en «MerBar», una de las oficinas comerciales subsidiarias del Departamento MC.

12 meridiano del miércoles 31 de mayo de 1989.

Éramos conquistadores y acabábamos de desembarcar en el remanso de una playa para la que aún no había nombre y en la que hasta el arrullo de la brisa, virginal y asustadizo, corría por primera vez entre la presencia de blancos y el relincho de un caballo o el crujido metálico del cuero al desenvainar nuestras espadas sajaban el tiempo en sus dos tenebrosas eternidades, una auténtica y definitiva primera vez, desde el insondable, en su reversión, origen de las cosas, producida con el relincho de unas bestias, y nuestras espadas, que, desde luego, eran toledanas, desenvainadas para la misión primada de, rodillas en tierra y acero en alto, bautizar el terreno, separado ya de entre todo lo que había sido conocido, y que había sido apacible y solitario, y no visto y ni siquiera descrito y nunca alterado, de las mercedes y los realengos y de su asiento en los registros.

—Está de pinga todo esto, Tonisio —dije.

Eso era hablar un poco de todo y mucho de nada. Es decir, ir tanteando hasta encontrar una conversación con el socio. Pero siempre haciendo hincapié en la conciencia que se tenía de que la situación estaba mala.

Tony fue a hacer el esfuerzo de girar el retrovisor hacia él porque había entendido que yo le estaba advirtiendo de que teníamos cola. Se detuvo. Hizo un gesto despectivo y se encogió de hombros y dijo:

—Ah. Que se vayan al carajo. ¿Qué tienes aquí?

Hice el gesto prohibido de los perseguidos por el chequeo visual: mover el retrovisor en busca de una una mayor amplitud de verificación, e incrementé el nivel de efectos negativos, porque actué ostensiblemente.

—Sí. Están allá atrás. ¿Qué tengo ahí?

Tony estaba hurgando en el pequeño depósito plástico de casetes entre los dos asientos.

—Deja el que está puesto—dije—. ¿Tú no has oído a los Travelin Wylburys?

Tony asintió.

Yo pasé a la cuarta velocidad de mi buen y noble Lada 2107 —de caja mecánica, por supuesto—, antes de entrar en la Quinta Avenida, rumbo a casa de García Márquez, y al regresar la mano derecha al timón, hice el amago de propinarle un manotazo a Tony, y hacer que retirara su mano, que no acertaba a encender mi reproductora Pioneer cuadrofónica, al tiempo de decirle, «no seas torpe, cojones», y con un gesto maestro y perfectamente adiestrado, empujar yo el casete con el índice en la boca de la reproductora, que de inmediato absorbió el casete.

—Tremenda lluvia —dijo Tony señalando hacia el cielo bajo el que nos desplazábamos, cada vez más oscurecido.

—Sí, señor— dije.

El volumen estaba demasiado alto para el gusto de Tony, aunque era suya la teoría de que la música era para oírse a reventar los tímpanos. Él mismo movió el botón de ajuste de volumen.

Yo, con todo el recelo del mundo, observé su maniobra. Ese día no logró romperme la reproductora.

Luego dije:

—Allá atrás viene esa gente. Vienen que se matan.

CAPÍTULO 2

¿Que Moscú no cree en lágrimas?

Yuri Petrov tenía un destino político. Quizá no lo tuviera en perspectiva y menos aún que habría de realizarse en un país diferente del que, el miércoles 18 de enero de 1989, era su embajador en La Habana. Era en un país, el de su futuro, que no le había pasado por la mente. No flamearía ninguna bandera roja en la cúpula de ninguno de sus edificios de gobierno y hasta la palabra socialismo sería puesta bajo ilimitado escrutinio.

Ese día, el compañero embajador de la hermana Unión de Repúblicas Socialistas Soviéticas, cumplía 50 años de edad, y habría de ser servido con una fiesta de sorpresa organizada por la alta dirigencia cubana, léase Fidel Castro, y no bien avanzado el festejo, habría de ser servido también con una cruda lección de *real politik* pero a la criolla, o al menos de cómo son las cosas cuando Fidel Castro cree que su poder está en juego. La lección que le hubiese hecho falta al bueno de Mijaíl Gorvachov.

Un propio, es decir un mensajero, un oficial del equipo de escolta del Comandante, un blanco de 6 pies, 3 pulgadas de estatura y lustrosos bíceps enunciados debajo de las mangas, y ancho cuello, armado con una pistola Browning de 9 mm y con un ajustado uniforme de corte de campaña, semejante al de la infantería de marina norteamericana en la Segunda Guerra Mundial, pero confeccionado con una exquisita tela de verde olivo satinado, le entregó la invitación en su oficina de la Embajada.

«Trasmítale al Comandante en Jefe mi beneplácito y

agradecimiento», dice Yuri Petrov en su siseante español que se deslava a duras penas desde una cavidad bucal preparada sólo para las suavidades y entonaciones de las lenguas eslavas y el enchapado en oro de su dentadura y no para el rigor angular del español.

Complacencias y sinecuras diplomáticas aparte, ya para esa época Fidel ha mandado *a revisar* a los soviéticos, orden trasmitida personalmente a su Ministro del Interior: que revise a los soviéticos, que no los pierda de vista. Fidel permanece en guardia porque está esperando la tan anunciada visita de Mijaíl Gorbachov a La Habana —su Illushin-62 de Aeroflot aterrizará a las 05:55 hora local del 2 de abril—, y ya para entonces todos los aires que soplan desde el este le parecen a Fidel en exceso preocupantes, y de más está decir que hace años se han tomado todas las precauciones con cualquier amago de Sindicato Solidaridad.

«Pepe, mira a ver qué están haciendo. Todos los soviéticos. Asesores militares incluidos. Y los asesores tuyos también. Boris. Vigílame a Boris. Y con quiénes se están reuniendo aquí. Con qué cubanos. No vaya a ser cosa que empiece la jodedera con esta gente. Ocúpate, primero, de sus corresponsales. Los de *Pravda*. Los de TASS. Y los de *Izvestia*.»

«¿Incluida técnica, Fidel?»

Micrófonos, cámaras.

«Todo, Pepe. No me jodas tú», respondió un molesto Comandante. «¿No te estoy dando la orden de que los controles? Pues contrólalos con todo, Pepe.»

La reunión fue en el despacho de Fidel en el Consejo de Estado el 8 o el 9 de octubre de 1987, después de una visita relámpago de Edward Shevardnadze, el canciller soviético a La Habana, y de que Fidel, según el apropiado lenguaje revolucionario cubano, *le midiera el aceite* al georgiano, en el transcurso de algunas vueltas que dieron por la ciudad, y no le gustara nada lo que había visto.

Fidel también le dice que tenga cuidado con los asesores militares «para que Raúl no se ponga celoso». Raúl Castro, su hermano, el ministro de las Fuerzas Armadas Revolucionarias (FAR). Los asesores militares soviéticos y algunos vietnamitas se hallaban bajo el protectorado de las FAR y no del Ministerio del Interior.

A «Pepe» —el general de División José Abrantes— no le molestaba la gestión particularmente. Había tenido un desaguisado con su asesor principal del KGB, el general Boris, un hombre pálido y no tan cadavérico como huesudo, y de pómulos duros, y los ojos pequeños y de penetrantes iris negros y firmes como las cabezas planas de clavos de acero pavonado que es de donde surgen las miradas de los hombres cuyo negocio es el orden y disponer, en masa, de vidas y haciendas. Se detectaban los primeros brotes de disidencia en Cuba y había reunión reducida del Alto Mando, y el compañero general Boris había dicho: «Son postillas sociales. Sometámoslos a sesiones de electrochoque.» Abrantes consideró el consejo como una afrenta y entró en un inexplicable estado de sudoración, su ligera camisa verde olivo de mangas cortas, se vio anegada de inmediato por una mancha oscura, y balbuceó: «Pero ¿qué dice este hombre?», y comenzó a despojarse de su camisa, delante del mismo Boris y los tres o cuatro generales —ya estos cubanos— del Alto Mando que lo acompañaban, y se quedó en camiseta, también empapada, el sistema vagal del Ministro del Interior de Cuba respondiendo a una exigencia represiva para la que no estaba preparado, disparado más allá de cualquiera de sus niveles de tolerancia. Y cuando Boris quiso abundar en su sugerencia —«La electricidad, compañero general Abrantes, es siempre de suma utilidad. Pero nos oponemos al uso indiscriminado de la silla eléctrica, como suele hacerse en los patios de nuestro enemigo imperialista. Si proponemos los electrochoques, es porque resulta un sistema más científico, porque no es terminal, sino profiláctico»— hubo que traerle a Pepe un jarra de agua fría, de la que se sirvió, sin pestañear, tres vasos.

Boris debe haber considerado que era el momento oportuno para un chascarrillo, que quizá haya sido el segundo o tercer chascarrillo que se permitiera en su vida: «Compañero general Abrantes, no olvide usted que el socialismo es poder soviético más electrificación.»

Nunca ha habido una explicación certera a este comportamiento de Abrantes ante le sugerencia *técnica* del asesor soviético puesto que de una u otra manera en Cuba se ha administrado el electrochoque como medida política *disuasoria* desde finales de los sesenta —o principios de los setenta. Al menos el ingeniero agrónomo Roberto Bahamondes fue castigado de ese modo en 1970 como respuesta a una carta en la que describía los errores de un plan inventado por Fidel Castro en 1967 de sembrar café en los alrededores de La Habana. Dos pabellones, el «Carbó Serviá» y el «Castellanos» del hospital siquiátrico de La Habana han sido las instalaciones utilizadas para estos menesteres.[56]

Pasaba también que Abrantes era hipocondriaco, el más hipocondriaco del mundo, una hipocondría tan auténtica que solíamos decir que la había adquirido de saber que tal enfermedad existía, una hipocondría que se alimentaba de ella misma, y puede que se haya visto asimismo sometido a una sesión de electrochoque, es decir, que haya experimentado sus efectos de sólo saber que otros semejantes los habían experimentado, y nada de esto es broma y les cuento que a fines de 1986 estábamos en Argel en un hotel exclusivo de la presidencia argelina, viajando con Fidel de regreso a La Habana después de la Cumbre de los No Alineados de Harare, y mirábamos el Mediterráneo, al atardecer, a través de las paredes de cristal del hotel, enclavado en una colina, cuando Abrantes ensartó una hoja de lechuga y se la llevó a la boca, crujiente y húmeda, yo le dije: «Cuidado con las lechugas en África. Están llenas de parásitos» y fue la primera vez que lo vi palidecer mortalmente y enseguida adquirir una tonalidad gris y después verde y, arrastrando pesadamente su silla de jeque, levantarse de la mesa presidencial, que era redonda y con otras once sillas de jeque, y retirarse a toda velocidad del lugar, aún con media hoja de lechuga colgándole de las comisuras, al tiempo que Fidel desatendía brevemente al presidente argelino Chadli ben Djedid, para preguntar: «¿Qué le pasa a Pepe, caballeros?»

Aunque lo cierto es que, a despecho del episodio sudorípero con el general Boris, Abrantes obedecería con bastante desgano a las instrucciones recibidas. No se conoce que haya circulado ningún informe de importancia sobre actividad soviética hacia la oficina del Comandante en todo el período. Todo lo contrario. Pronto estuvo claro que Pepe Abrantes había encontrado sus aliados en los soviéticos —«los bolos», como dieron en llamarle los cubanos. Cosa que Fidel Castro iba a saberse al dedillo desde un poco después de que lo llamara para ponerlo a perseguir a todos los soviéticos desperdigados por la isla y, especialmente, después de que en diciembre de 1987 Abrantes ocupara su turno ante el Buró Político para rendir informe sobre el trabajo del Ministerio y dijera, en resumen, en opinión del Alto Mando del MININT y de sus generales, que «era imprescindible y lo más saludable para la Revolución Cubana que se ahondara los aspectos positivos de las relaciones con los soviéticos y no los negativos». Nadie aplaude. Nadie asiente. Abrantes se ajusta sus gafas. Observa a sus compañeros del Buró. Busca el rostro de Fidel. Una ligera sonrisa parece congelada en ese rostro.

«Pasemos al próximo punto de la reunión», dice Fidel.

Abrantes no es miembro del Buró Político, no es uno de los trece.

Así que, concluido su informe, debe abandonar el salón.

Todavía, antes de cerrar la puerta tras él, tiene tiempo de escuchar a Fidel cuando dice:

«¿Qué otra cosa tenemos por ahí para discutir?»

Fue en el Ranchón, un restaurante que estuvo reservado durante muchos años para las actividades indicadas por «Palacio», es decir, Fidel. Ubicado en la zona de seguridad conocida como El Laguito, fue el lugar escogido para celebrar el 50 cumpleaños de Petrov. Sonrisas y diplomacia y una torta enorme con las banderitas entrecruzadas de la URSS y Cuba y 50 velitas que esperan por ser encendidas. El ambiente es, en verdad, íntimo si se toma en cuenta que se trata de una veintena de soviéticos y una cantidad igual de líderes y militares cubanos —la presencia descrita como «Yuri Petrov con la plana mayor de la Embajada y el Buró Político cubano en pleno». Fidel ya se encuentra en el salón cuando llega su hermano Raúl Castro. Comienza la cena.

He aquí la versión a la que, en principio, tuvimos acceso no más de seis o siete personas en todo el país, además de los que estuvieron presentes en el Ranchón, y que, en mi caso, me fue trasmitida oralmente por Carlos Aldana, y con ciertos segmentos sólo por señas y a las que añado algunas palabras obtenidas arduamente con posterioridad.

El motivo de la discusión fue que Raúl Castro estaba abogando por un enfoque más definido de la llamada «Rectificación» (una especie de perestroika *suave* cubana, insistimos en el adjetivo suave). Primero cruzaron algunos argumentos y después Fidel Castro interrumpió la discusión señalando que estaban en presencia de extranjeros —estaba Yuri Petrov con la plana mayor de la Embajada y el BP (Buró Político) en pleno.

Cuando la comida terminó y los invitados se retiraron, entonces retomaron la discusión. En ese momento despidieron al resto de los invitados (los cubanos). Carlos Aldana había llegado con algún retraso porque estaba discutiendo algo que debía publicarse «en el periódico» *Granma* del día siguiente y que debía revisar con Fidel Castro, por eso permaneció más tiempo. Ahí fue que Raúl Castro amenazó con renunciar, o pedir su retiro. Se quedaron solos ellos dos y la escolta, y Raúl dijo: «Renuncio.» Al final y sin ponerse de acuerdo optaron por marcharse antes de seguir discutiendo.[57]

El cuento, cuando era fresco porque venía de la noche anterior y me lo contaba Aldana, al que yo le había cedido el timón de mi coche para que lo condujera de regreso de nuestros ejercicios en el gimnasio de Tropas Especiales —mientras su chofer, Ramón, nos seguía con su Lada de chapa oficial y antena Yaesu sobre el maletero—, era un cuento de matices más intensos y era emocionante y sombrío, pese al escaso uso de las palabras.

Luego, por la noche, Alcibíades ampliaba.

«Raúl», había dicho Fidel, tratando de apaciguar a su hermano menor.

«Raúl», según esa versión nocturna revisada de Alcibíades.

«Raúl. Que estamos delante de extranjeros, Raúl.»

Raúl no cedía. Un peñasco irreductible.

Los avezados diplomáticos soviéticos sonreían como sumergidos en caldos de absoluta ingenuidad y como si no entendieran una palabra de lo que acontecía frente a ellos y que esa misma noche habrían de informar cabalmente a Centro Moscú. Miraban al techo del Ranchón, sorbían sus tragos a la manera occidental y no se lo echaban al gaznate como corresponde a los conquistadores de la taiga y carraspeaban y sus sonrisas no parecían abandonarlos jamás.

Ochoa. La discusión había comenzado en realidad —y ésta es la versión reconstruida en los días siguientes gracias a las informaciones proporcionadas en subsiguientes sesiones de confesiones por Alcibíades y, especialmente, por Aldana— porque apenas llegado Ochoa a La Habana el viernes 13 de enero, cumplida su misión angolana, Fidel lo había nombrado al frente del Ejército Occidental sin que hubieran seguido los procedimientos que Raúl había establecido para las Fuerzas Armadas y que consideraba una obligación seguir, un entrenamiento especial de jefes de ejércitos de unos seis meses de duración, además de que Fidel le había estado moviendo la oficialidad en Angola, también sin consultar, y ése era el hombre, sumamente irritable por femenino, que se había visto menospreciado e ignorado y que al enterarse de estas decisiones luego de consumadas se presentó en el Ranchón engalanado para el cumpleaños de Yuri Petrov y le espetó a Fidel Castro:

«Si tú vas a estar moviendo a mis oficiales sin tener siquiera la delicadeza de informármelo, pues entonces yo sobro como Ministro de las Fuerzas Armadas. Yo renuncio, Fidel.»

Y Fidel diciendo, en voz baja y con ciertos matices de amenaza:

«Raúl, que estamos delante de extranjeros.»
Extranjeros. Ahora eran extranjeros. Nuestros hermanos soviéticos.
«Renuncio», repetía.
«Los extranjeros, Raúl. Los extranjeros.»
Con las armas de quienes matábamos.
«Para que tú lo sepas, Fidel. Renuncio.»

Raúl no sabía que el vector que proporcionaba el más pesado y efectivo de sus argumentos —el nombramiento de Ochoa como jefe del Ejército Occidental— podía ya ser retirado de sus estandartes de indignación. En un gesto sin precedentes en toda la historia de los altos mandos cubanos, Ochoa le había condicionado a Fidel su aceptación a ocupar el cargo —que era la posición militar más importante del país—, a que sostuvieran una discusión política *seria* (sic) sobre el futuro inmediato del país. Había ocurrido uno o dos días antes y Ochoa se había suicidado. Su hipotético aliado estratégico era en verdad este Raúl Castro que estaba clamando ante Fidel la misma discusión política *seria* desde hacía meses, pero entendía a su vez que era imprescindible que Fidel no nombrara al jefe del Ejército Occidental sin contar con él, un ejército que, entre otros compromisos, tenía en sus manos la capital de la República. Fidel, en su humillación no se lo había dicho a Raúl. Humillación y descubrimiento, cuidado, porque a partir de entonces supo en qué posición estaba Ochoa y lo descontó. Raúl, en su otra humillación, se lanzaba contra Fidel en un ataque ciego y habitualmente histérico, aunque probablemente tuviese razón. No *la razón*. Sino, razón. Ochoa, tonto, acababa de entrar por la puerta gloriosa y digna de las huestes de los perdedores.

Así, pues, sacaron de allí a todo el mundo, a los soviéticos —su Excelencia el Camarada Embajador incluido—, de la manera más diplomática posible, ustedes nos van a dispensar el mal momento, pero ustedes están capacitados para entender la pasión de unos revolucionarios abocados en las tareas, y si mostraran la enorme generosidad y comprensión de retirarse del lugar, *ponimai, ponimai, ¿ponimai?, ponimai*. Gracias, gracias. Gracias, camarada. *Espasiva*. Y a los cubanos, como procede, un par de sonoras palmadas y arriba, caballeros, saliendo por esa puerta.

De la mejor manera diplomática que se pudiera y Petrov sin que perdiera la sonrisa comprensiva de los hermanos mayores de la invencible Unión de Repúblicas Socialistas Soviéticas, y tras él, en fila rumbo a los Volga y Ladas de placas negras, que identificaban en las calles de Cuba a los automóviles del personal soviético, comenzadas todas por un sonoro 60, broquelado sobre la chapa y blanco, se acabó la fiesta. Конец Фильма.

En realidad, el escenario era mucho más triste y desolador para Fidel Castro de lo que nadie aquel 18 de enero podía haber percibido. Los dos principales aliados dentro de la Revolución, cada uno por su lado, Arnaldo Ochoa y José Abrantes, estaban manifestando de manera cada vez más aguda su distanciamiento. Raúl no era problema. Raúl era cuestión, al final, de darle dos gritos y quizá tres o cuatro nalgadas. Pero a Ochoa, coño. A Ochoa lo quería precisamente como su bastión dentro del Ejército. Y Pepe. Cojones, Pepe. Se había cansado de decirle *que se pusiera para* (una forma de decir «no pierdas de vista a») los soviéticos. Y a estas alturas todavía la Seguridad cubana ignoraba que Yuri Petrov había sido la mano derecha de Yeltsin en aquella ciudad de quinta categoría donde lo tenían congelado, Sverdlovsk, la antigua Yekaterinburg, donde los guardias rojos fusilaron al zar Nicolás II con toda su familia y algunos de los criados en julio de 1918. Pero una vez más, como se demostrará de inmediato, el único que está haciendo política, entre los cubanos, es Fidel Castro. Vean lo que hace a fines de 1987. Boris Yeltsin, que alcanzó una candidatura al Buró Político y del que fuera su jefe en Moscú, tras fracasar en su lucha contra la corrupción en la capital soviética e intentar impulsar algunas reformas, está en el punto más bajo de su carrera dentro del Partido Comunista, asignado a un cargo administrativo de baja estofa, cuando Fidel Castro aterriza en Vnukovo, el aeropuerto de Moscú reservado a los dignatarios. Es uno de los invitados en la famosa reunión de trabajo de los partidos comunistas y obreros de noviembre de 1987, y una de las pocas cosas que se le ocurre hacer, aparte de conocer el Instituto de Microcirugía Ocular del profesor Svyatoslav Fedorov, es visitar al pobre Boris Yeltsin, *porque siempre había sido muy amable y deferente con los cubanos*. No sólo audaz, créanme, sino temerario. Ese gesto, siendo un gobernante extranjero de visita en el país regente del comunismo internacional, de ir a visitar a un «cuadro» sancionado, no tiene antecedentes. También habla muy bien, desde luego, de su olfato político. Por otra parte, los cubanos no demostraron la misma habilidad con Mijaíl Gorbachov. Reciben como una verdadera sorpresa su nombramiento como Secretario General del Partido en 1985. Raúl

Castro cree recordar haberlo visto alguna vez. Sí. En algún sitio del interior de la Unión Soviética. El calvito con la mancha de sangre. El mismo, dice Raúl. ¿Dónde lo vimos? El coronel Palmarola, que se encarga de estos menesteres, vira al revés incontables gavetas de papeles y fotografías de todos los viajes a la Unión Soviética. Hasta que aparece. Stavropol. Sí, señor. Una de las regiones autónomas. ¿En el Cáucaso soviético, no? Pues sí, aquí está. El Secretario del Partido en Stavropol recibiendo con el pan y la sal de la bienvenida al compañero Raúl, de visita casual a este remoto lugar, donde este camarada joven pero enérgico, Misha, está obteniendo tan buenos resultados con sus reformas en la agricultura...

[Recorte sin fecha ni nombre de publicación]
LOS JAMELGOS DE LA POLÍTICA RUSA TUERCEN A LA IZQUIERDA
Por Renfrey Clarke
MOSCÚ — Mirándolo desde 1990 y 1991, la sugerencia hubiera parecido absurda. Pero si lo miramos de aquí a cinco años, los políticos que aspiran a las posiciones más encumbradas no se proclamarán más como «demócratas» ni pronunciarán más anatemas con todo lo que tenga que ver con el socialismo. En vez de eso, ellos mismos se identificarán como socialistas.

No menos de cuatro partidos «socialistas» se han establecido en o alrededor del parlamento. Entre los campeones del socialismo, se le dice a los rusos, se incluye [entre otros]... a este *Yuri Petrov*, industrial y cabeza del club político «Realista».

PERSPECTIVE
Septiembre-Octubre 1994
EL APARATO PRESIDENCIAL: CAMBIOS CONSTANTES
Por Susan J. Cavan
La reorganización del aparato [presidencial] de Yeltsin se caracteriza incluso por la multiplicación del número de consejeros del Presidente.

[Entre ellos] Viktor Ilyushin [que] estuvo asociado al presidente Yeltsin desde finales de los setenta en Sverdlovsk. Después de moverse de las estructuras del Komsomol [la Unión de las Juventudes Comunistas de la Unión Soviética] al comité regional del PCUS [Partido Comunista de la Unión Soviética], Ilyushin ha trabajado constantemente con Yeltsin. Él, junto con Oleg Lobov, son los incondicionales de la así llamada «Mafia de Sverdlovsk», cuya influencia sobre el Presidente ha sido indagada frecuentemente. Se supone que ejerza una influencia conservadora sobre el Presidente, alentándolo a traer de vuelta al aparato ejecutivo a los viejos colegas de Sverdlovsk Yuri Skokov y *Yuri Petrov*.

Perspective
Marzo 1992
Post-USSR: el aparatachki
Por Theodore Karasik
El presidente ruso Boris Yeltsin, a despecho de su renuncia a la ideología comunista, sigue conduciéndose como un político comunista. Por ejemplo, sus sustituciones en los pactos [políticos]... y alianzas edificadas desde su base hogareña de Yekaterinburg (antiguo Sverdlovsk). *Yuri Petrov*, Gennadi Burbulis, Oleg Lobov, y muchos otros de los funcionarios rusos siguen a Yeltsin desde Sverdlovsk, donde lo sirvieron como leales aparatachkis partidarios.

Analytica Moscow
Marzo 18-24, 1995
El ex jefe del Gabinete Presidencial, *Yuri Petrov*, que es actualmente la cabeza de la Corporación Estatal de Inversiones y de un grupo político llamado «Club Realista», reveló que un nuevo movimiento político llamado «Unión de Realistas» se habrá de establecer en un futuro cercano. Petrov argumenta que el nuevo movimiento no debe ser visto como un partido que busque la presidencia. Es independiente y se espera que encamine nuevos objetivos políticos y nuevos métodos de acción política.

Petrov dice que mantiene estrechos contactos con el presidente Yeltsin. Él incluso discutió con Yeltsin su idea de establecer una corporación estatal de inversiones como un instrumento importante para manejar los procesos de inversiones durante la transición a una economía de mercado cuando era jefe del Gabinete Presidencial. Yeltsin apoyó la idea de *Petrov*, y poco después de que *Petrov* dejara el Gabinete Presidencial para convertirse en la cabeza de la Corporación Estatal de Inversiones.

Perspective
Noviembre 1992
Más retos para los Demócratas rusos
Entrevista con el padre Gleb Yakunin
Perspective: ¿Cuál es su visión del papel del Consejo de la Seguridad del Estado...?

[*Padre Gleb Yakunin*] El consejo posee demasiado poder real —

aunque supuestamente sólo sea un órgano consultivo. Se está convirtiendo en un cuerpo extraordinariamente efectivo y poderoso... Miren a *Yuri Petrov*, la cabeza del aparato presidencial, que se está metiendo en demasiadas cosas.

Perspective: ...¿En su opinión, *Petrov* tiene una influencia excesiva en Yeltsin?

...una enorme influencia... Sucesor de Yeltsin [en Sverdlovsk], luego sirvió en Cuba. Claramente gente como ésta a su alrededor ejercen presiones en Yeltsin. Yeltsin habla con ellos todos los días, y es evidente que han abonado un terreno propicio, y que esto tiene su impacto sicológico en él. El peligro es que Yeltsin simplemente puede moverse a la derecha.

Un año muy jodido. Empieza con la bronca del Ranchón, luego Ochoa que no acepta la designación y Fidel que se encuentra ante el mismo problema de Grecia primero y Roma después cada vez que uno de sus generales vencía en cualquiera de las guerritas de África y regresaba, aparte de darse cuenta de que Ochoa, fuera de su alcance en Angola, ya ha conspirado con los soviéticos. Fidel, desde luego, tenía conocimiento de la persecución montada por Raúl sobre Ochoa en Angola a través de la CIM (Contrainteligencia Militar). Pero no le hizo mucho caso. Ochoa era su hombre... mientras lo tuviera *amarrado a lo cortito*. Ahora, le resultaba complicado mentalmente pedir esos informes angolanos de la CIM.

Jueguitos y conspiraciones de poco vuelo de los heroicos generales de las guerras extranjeras para defenestrar a un tipo de las agallas de Fidel Castro. Tch tch. Para empezar, siendo Julio César su verdadero héroe de cabecera, se hace confundir con Alejandro Magno, y es el nombre de guerra que adopta en la lucha clandestina y luego de guerrillas contra Batista, donde Fidel es Alejandro, y el nombre de base que utiliza en todas sus variantes idiomáticas para sus hijos, Alex, Alexander, Alexis.[58] Así deja en la gente la sensación de bastante alivio que su paradigma es un líder juvenil que va a morir joven en el transcurso de la empresa imposible de conquistar el mundo, y no el tipo mañoso y conspirativo que entendió algo hace rato, algo quizá turbio y desprovisto por oficio de los oropeles de la gloria: que el lugar donde se obtienen las victorias más duraderas es en las sombras. Imagínense que el treintañero líder de las huestes rebeldes de Sierra Maestra hubiese adoptado Julio César como nombre de guerra. Grecia y sus adeudos con sus héroes de Esparta y las Guerras Médicas, y Roma con el propio Julio César regresando de las Galias, y Pompeyo y Escipión y Octavio, era el componente teórico de su adiestramiento de supervivencia como jefe de una revolución. El componente práctico fue La Habana de finales de los años cuarenta, él con una 45 en la cintura, bajo su pesado y poco aseado traje cruzado de rayas grises y abotonadura de imitación de carey, abriéndose paso y escapando ileso de entre tipos de un talante tan patibulario como Rolando Masferrer («El Cojo»), Emilio Tro, Morín Dopico, Jesús González Carta («El Extraño»), Policarpo Soler, Orlando León Lemus («El Colorao»), Billiken, el comandante Mario Salabarría, Eufemio Fernández, etc. Un largo etc. Con un aún más largo rastro de sangre.

Aldana conducía mi coche. Mientras nos acercábamos al edificio de los generales, y agotado el tema del Ranchón, entraba en un asunto aún más escabroso.

—Estoy preocupado —dijo.

Ramón, el chofer de Aldana, se mantenía detrás de nosotros, en disciplinada marcha de caravana, a unos 10 metros de distancia, en el Lada de chapa oficial de Aldana.

El asunto aún más escabroso era el alcoholismo de Raúl Castro.

—Muy preocupado, brother —acentuó.

Miró, con verdadera angustia, hacia el techo de mi carro. Pero él no tenía información de que me hubieran puesto técnica. Era probable, sin embargo, que el suyo sí la tuviera, por lo que sentía que mi coche era más cómodo y seguro para parlotear un rato. Desde luego, él estaba consciente de que, de tener técnica, era por una cuestión de metodología regular, que se seguía habitualmente con todos los dirigentes.

Con un gesto muy gráfico de su mano derecha me indicó que alimentara la reproductora de casetes. Un poco de música, brother. Pon un poco de música. Y a un nivel de volumen adecuado.

¿He dicho que acostumbrábamos tratarnos mutuamente de brothers?

—Ésa es la cosa —dijo, en aprobación del casete seleccionado.

The Travelin Wylburys. Mi grabación casera del disco compacto que era el tesoro sagrado traído de mi último viaje a Nueva York, en diciembre, cuando firmamos el tratado de paz del África austral en la sede de la ONU. Era un disco compacto que había probado su ductilidad de combate y su disposición al fogueo cuando, bajo el saco, instalado en mi reproductor portátil de discos compactos, lo llevé al salón plenario donde se celebró la ceremonia y que me permitió escuchar a Bob Dylan cantando un rock espléndido y de guitarras que ascienden en oleadas que se llama «Margarita» a través de mis audífonos luego de que los cancilleres firmaran los pergaminos de los Tratados y mientras los miembros de las delegaciones presentes en la sala lo que estaban recibiendo mediante sus audífonos propiedad de —y provistos en cada mesa por— la ONU, eran las traducciones monocordes, mecánicas y de períodos cortos de las peroratas oficiales. Paz para África y Margarita para Norberto.

—El Cuate está alcoholizado, brother —dijo Aldana.

Cuate era una fórmula, entre los íntimos, de llamar a Raúl Castro. El «Chino» de los primeros años de la Revolución había caído en desuso.

Gesto de asentimiento y un rápido sí como respuesta mía.

—Sí.

De inmediato, Aldana se expresó con un tono de inequívoco desprecio, un desprecio desnudo y duro.

—El problema no es que dos traguitos le basten para emborracharse —dijo.

Mucho más duro si se toma en cuenta que estaba dirigido contra Raúl Castro. Y que precisamente Carlos Aldana era el más preciado de todos sus protegidos.

—Suficiente para que se le trabe la lengua y se ponga a llorar —dijo.

Bien, no era desprecio por Raúl, importante salvedad, sino por el absurdo significado de su conducta y de que no fuese capaz de controlarse.

—Enseguida se pone a llorar.

Demasiados muertos en la conciencia, fue una idea de origen evidentemente religioso que me asaltó. Pero no fue emitida hacia el mundo exterior. Podía conservarla para mi propio y exclusivo consumo.

—Es verdad, compadre —dije.

—Y te monta ese espectáculo donde quiera que se encuentre.

La segunda idea, tan ingenua como descabellada, fue lanzada al ruedo.

—Oye, Carlos, ¿y por qué tú no hablas con Fidel?

La severidad del tema acabó por inhibir el uso de brother.

—¿Con Fidel?

—Alguien se lo tiene que decir.

—No —dijo—. Y te voy a explicar. Estos dos hermanos tienen una mecánica muy especial de entendimiento. Y ninguno de los dos te aceptará jamás que le traigas un recado de ese tipo.

—¿Entonces cómo se puede resolver el problema? Si tú no le pones el cascabel al gato, yo no sé quién en este gobierno puede hacerlo.

—¿Y qué te hace pensar a ti que Fidel no lo sabe?

Sonrisa y silencio. No tengo más respuesta.

—De todas maneras, gracias por el elogio —dijo.

CAPÍTULO 3

El vino de la vida se ha derramado

El casete de los Travelin Wylburys había sido retirado de la casetera por la comprensión repentina de su incompetencia. Bien mirada la cosa, el Twin y el Tercer Twin (que podía ser mi nombre circunstancial) éramos merecedores de la cosa verdadera. Era necesario que Tony, a mi lado, se sintiera sosegado, tranquilo, y que hiciera un buen viaje hasta casa de Gabriel García Márquez. Así que, al tacto, saqué de su cajita rectangular la música que podía resultar infalible en ese instante. De verdad que lo hice al tacto. Yo sabía dónde encontrarle siempre y colocarlo con certeza en la boca de alimentación de la reproductora y que no fallara. Nunca antes se había cantado mejor una canción que «You Gave Me A Mountain» la noche del 14 de enero de 1983, hacia las 12:30 AM, en el Honolulu International Center Arena, de Hawai. «El King», dijo Tony. Es preciso nombrarlo en inglés si nos vamos a referir al King. Tony, en silencio, seguía la intensidad de la canción. ¿La música? Hay que ser un príncipe que procede de otra galaxia y que mira hacia su propio pasado como un himno de clamor nostálgico, resignado y de aguante, para poder cantar así. «¿Quieres oírla otra vez?» Asiente. Desde luego que asiente. Y rebobinado especial para el hermanito, y detenido a la perfección en el justo comienzo de la pieza. No tengo memoria de que en ninguna otra ocasión —y sé ahora que será por la eternidad de los siglos de los siglos— en que Tony y yo volvamos a estar juntos otra vez en un auto por las calles de La Habana después de este mediodía en que los cumulonimbos se precipitaban sobre la ciudad, oscureciendo sus paredes y suspendiendo la marcha regular del tiempo. Pero, como siempre, cuando los escenarios son recuperados de la memoria para ser contados, se convierten en escenarios y personajes en su estadio perfecto. La misma calle de uso habitual llamada Quinta Avenida sobre la que avanzan los mismos Tony y Norberto de sus conciliábulos habituales en el mismo Lada de uno de los dos adquiere una fuerza deslumbrante cuando se cuenta que esos hombres pueden tener sus días contados y que tienen chequeo y que se dirigen a casa de Gabriel García Márquez mientras escuchan a Elvis Presley. Nacido en el calor del desierto. Mi madre murió dándome la vida. Necesitado del amor de un padre. Maldecido por la pérdida de su mujer. Busquen un escenario más complejo que éste, de un hombre que va a morir y un escritor, con seguimiento policíaco los dos mientras escuchan un lamento de vaqueros por las calles de La Habana. Tú sabes, Señor, que estuve en prisión. Por algo que nunca hice. Ha sido una colina tras otra. Y las he escalado todas una por una. De pronto, un Tony inédito, inédito por desamparado, y embargado por una carga de tristeza y por las añoranzas del hombre que reconoce el instante preciso en que ha comenzado a despedirse, en primer lugar de él mismo, y que por tanto todo su entorno ha adquirido una dimensión definitiva, como si no se recuperara del relampagueo enceguecedor que se produce al mirar el sol de frente —«efecto de solarización» le llaman los fotógrafos—, y donde todas las visiones, todos los tactos, todas las escuchas, adquieren un peso, como de plomo, me mira, mientras yo llevo el timón del carro, se queda en esa posición, quizá buscando la mejor fórmula para expresarse. Oh pero esta vez Señor tú me has dado una montaña, *yeah*. Una montaña que tú sabes yo nunca podré escalar. Pero ésta no es sólo una colina más. Tú me has dado una montaña esta vez.

Había un problema en el sistema de comunicaciones entre Tony y yo. El problema de que él estaba convencido de que, además de ser los más brothers del mundo, él era también una especie de héroe de uso particular mío. Yo sería su futuro biógrafo (por decisión espontánea mía). Yo era el que escuchaba sus cuentos con mayor fruición. Incluso, me los sabía casi todos de memoria, y de alguna manera, mentalmente, los tenía clasificados. Y sabía perdonar, como un verdadero amigo, sus pequeños deslices de alteración de una misma historia contada en épocas diferentes. La situación, según podía contemplarse, era envidiable, puesto que no todos los ciudadanos disponían de un héroe para su uso particular y lustre, sino que era un héroe vivo y competente, y del que yo conocía la mayoría de sus cuentos y que podía dar por seguro que nadie en La Habana tenía la mayor cantidad de sus pinturas en su casa.

De modo que, cuando tú eres un héroe para el mejor de tus amigos, no es fácil cruzar la barrera para confesarle que tienes miedo.

No se decidió.

—Coño, Norber —dijo.

Eso era un lamento. El lamento de mayor intensidad que él podía producir, al menos en presencia mía.

El día anterior había ido con el Patrick a ver al miserable de Furry, en su ostentosa oficina de segundo al mando de las Fuerzas Armadas Revolucionarias, y no me lo dice. Si su condición de héroe particular le impide confesarme que tiene miedo, él sabe que la visita a Furry es, de muchas maneras, traición, y mucho más inconfesable. El pobre. Estaba batiéndose en un mundo de tinieblas para el que no le prepararon. Batiéndose por su vida. En ese caso, todos los recursos a emplear por su parte eran válidos. Si yo había derrochado mi carrera como el cronista indiscutible de la Revolución Cubana y mi estancia principesca en la cumbre de su poder por decirles a él y a Arnaldo que tenían atrás a la jauría, era mi decisión, mi problema, y si iba a esperar que me lo retribuyera en algún momento, no era éste el propicio para que lo hicieran. Las deudas de los amigos que están siendo empujados rumbo al patíbulo se condonan. Máxime cuando uno descubre su creencia de que la única posibilidad de salvación la tienen en traicionar. En última instancia es lo que, a la hora de la verdad, el socialismo real puede ofrecerte. Aceptemos con altivez, pues, y más comprensivos que compasivos, de los hermanos, su traición.

Sólo esta línea de presentación de un informe sobre Robert Vesco, que sigue, y luego explicamos.

> Sept. 19 [1985]
> De: NF [Norberto Fuentes]
> Asunto: libro RV [Robert Vesco].
>
> *Instrucciones recibidas:* Contactar RV para una primera conversación sobre su proyecto de escribir dos libros, uno de los cuales trataría sobre

su vida en el mundo de las finanzas como una respuesta de él a las múltiples imputaciones que se le han hecho en la prensa occidental sobre estafa y turbios manejos de los fondos de la IOS. Y un libro posterior que recogería su estancia en Cuba y que tendría como propósito el agradecimiento a la hospitalidad recibida aquí.

Resultado de entrevista con RV: Confirmado su deseo de publicar dos libros aunque con variantes de considerable importancia en relación con instrucciones recibidas.

RV propone hacer un primer libro de carácter novelesco en el cual se utilizarían nombres ficticios y hechos adulterados y cuyos propósitos serían, según su declaración textual:

— Ganar dinero
— Enviar millones de mensajes a lectores interesados
— Dar su versión de los hechos

El segundo libro sería una versión real de los hechos que sobre sus actividades financieras y políticas se han narrado en el primer volumen, y donde aparecerían los nombres verdaderos de los que no hayan respondido al llamado de alerta del primer libro.

RV plantea que no le interesa «la gloria literaria», aunque sí quiere autentificar de «alguna forma» su vinculación directa con el texto de ambos libros. No tiene una clara idea de cómo lograr esto.

Nuestras opiniones:

1. Es necesario recibir orientación concreta de nuestros objetivos en el proyecto.

2. El proyecto serviría a RV para chantajear y tratar de neutralizar a ciertos círculos financieros y políticos comprometidos con él de alguna forma. En este caso creo que el dinero es secundario.

3. Para RV no está claro el papel nuestro [debe decir mío] como escritor. Ni en qué plano actuaríamos.

4. RV se arroga el derecho de disponer del 100 % de las utilidades del proyecto: un 50 % para sus hijos y el otro 50 % como donación suya a la clínica CIMEQ. Esto confirma que no tiene una idea clara del papel a jugar por la parte cubana en el proyecto, ni lo que le correspondería por el trabajo que aporte al mismo.

5. Un escritor con prestigio revolucionario no debe aparecer como autor de un proyecto de dos libros cuyo evidente propósito es el chantaje, a no ser que se le indique como tarea.

Proposiciones:

1. RV constituye una fuente valiosa de información de carácter

político y financiero, [por lo que resulta obviamente] un objetivo de gran utilidad para el trabajo de nuestra inteligencia, y el proyecto de realización de los libros puede ser el pretexto más idóneo para obtener parte de esa rica información.

2. Consideramos que el proyecto debe ser un libro escrito por un autor cubano, que recoja los hechos de la vida de RV, sin lesionar sus intereses y propósitos, pero que responda fundamentalmente a nuestros objetivos. Creemos que esto ofrecería mayor rigor y respetabilidad ante los círculos políticos y financieros.

3. Este libro puede estar escrito con nombres imaginarios o reales o con una combinación de ambos, de acuerdo con los intereses nuestros y los de RV.

4. Este proyecto nos permitiría maniobrar ante cualquier eventualidad que se pueda producir, ya que el libro quedaría como un asunto entre el autor y RV, dejando a salvo el nombre de la Revolución Cubana y sus dirigentes.

Revolucionariamente,
[fdo.]

Después de esto, el plan de Vesco quedaba suspendido en todo el territorio nacional. Supe atacar el asunto justo por donde había que golpear para que no prosperara. La ética seguía siendo un potencial de uso dentro de las filas revolucionarias, e incluso Fidel en su solicitud para que yo agarrara la tarea necesitó esgrimir, aunque fuera con dos brochazos, alguna argumentación válida y ésta fue que había que hacer todo lo que nos uniera al enemigo. Bien, pero también el alma corrompida de Vesco era el enemigo. Quedaba claro ese enfoque en mi informe. Aldana fue el único que no quedó convencido del asunto. En cambio, cuando se lo pasó a Abrantes, éste dijo que yo era «agudo». Y asintió con la cabeza.

—Es agudo el cabrón este.

Fidel nunca me hizo ningún comentario al respecto. Robert Vesco no aparecería jamás como tema de las conversaciones que nos quedaban por desarrollar.

Aldana me comentaría después, estando a solas:

—¿Te apendejaste con Vesco? ¿O es que existe *alguna razón*?

Me conocía el cabrón ese.

—No, chico. Qué razón puede ser ésa —decía yo, encogiéndome de hombros.

La razón era Antonio de la Guardia Font. Yo sabía que estaba en crisis por culpa de Robert Vesco y de un documental hipotéticamente clandestino que le había hecho la cadena NBC en La Habana. Pero Fidel no estaba al corriente de mi amistad con Tony. Un Tony al que le puse este mismo informe frente a sus ojos, antes de enviarlo al Comité Central, y le dije:

—Mira a ver si estás de acuerdo.

Tony comprendió esa mañana no sólo que yo era su amigo sino que en su defensa estaba dispuesto a jugarle una trastada a Fidel Castro. Creo que ése fue el día y la circunstancia. El miércoles 18 de septiembre de 1985 hacia las 10 de la mañana.

El día que fuimos los más amigos del mundo.

CAPÍTULO 4

Una matriushka escondida en una matriushka que esconde otra matriushka que

Tony y Patricio comenzaron a buscar a Furry desde el lunes por la tarde. La idea era de Patricio. Pasaron por mi apartamento como a las 06:00 PM de ese día, y me preguntaron por Furry. Mi poderoso vecino vivía dos pisos debajo de mi apartamento, en una estancia fría y vacía, en la que su sala-comedor era dominada por un aparatoso y viejo componente de música Motorola, con tocadiscos de plato, doble casetera y radio y en el que todavía la reproductora de discos compactos no había hecho su aparición, y que era un local, el apartamento, por el que desandaba una anciana, amable y de paso lento, y de cartera colgada del antebrazo izquierdo y la dulzura habitual de las mujeres que enviudaron muchos años atrás y que a uno le da la impresión que hubo más placer que piedad en el gesto de cerrar para siempre los ojos del marido y que aún no se adaptaba totalmente a los pisos de mármol y los apartamentos en el onceno nivel. En otros tiempos, había sido la enérgica mujer que enarbolaba un grueso cinturón de cuero con el que usualmente despellejaba la escuálida espalda del Viceministro Primero de las Fuerzas Armadas Revolucionarias cuando era niño, el niño que se jugaba a las cartas los centavitos de la merienda y al que ella sorprendía, capturaba y desollaba.

Por fin localizan a su hombre gracias a la gestión de los subordinados de MC Gustavo y Julio Machín, hijos del mártir revolucionario Gustavo Machín, «Tabo», que perdió la calavera con el Che en Bolivia, e incluso logran que Furry los invite el martes a cenar —

a los cinco, porque los Machín resultan incluidos.

No he podido determinar, hasta hoy, si esta cena fue en la oficina de Furry en el MINFAR, o si se dirigieron al apartamento de Furry, *dos pisos debajo del mío*, en el edificio de los generales. Pero los grabaron. Los casetes fueron incluidos como las pruebas del fiscal en el juicio. Un juicio que, esa noche, aún no existe en la mente de los principales encartados. Se avecina.

No obstante, la tarde anterior, cuando Tony y Patricio se me presentaron para saber si *yo como vecino* tenía alguna noticia del paradero de Furry, y siendo en ese momento dos mellizos De la Guardia totalmente desconocidos para todo aquel que les hubiese conocido en las vísperas, fuera de control, los nervios a flor de piel, sonrisas forzadas —¡y acompañados de sus respectivas mujeres, Marielena y María Isabel!, como si ellas pudieran ofrecerles alguna protección—, Tony, antes de despedirse, tuvo la delicadeza de hacer un aparte conmigo y mientras los otros tomaban las sodas y el café que Lourdes —mi mujer «oficial», ¿recuerdan?— les brindaba, decirme que al día siguiente se anunciaba su destitución como jefe de MC y que si necesitaba sacar cosas de allí, que lo hiciera lo más temprano posible.

—¿O ya tú sacaste todo?

—Todo no. Pero mañana termino la *razzia*.

Estamos hablando de los toners necesarios para mi impresora láser Hewlett-Packard que aún podían permanecer en el almacén de «MerBar», una de las subsidiarias comerciales de MC creadas por Tony, y de los que me abastecí en cantidades suficientes para que me duraran unos cuatro años. Lo que no resistió, por cierto, fue una de las láminas plásticas de los rodillos del impresor, y sin la oficina de Tony, imposible de conseguir en La Habana castigada por el embargo norteamericano. Al final logré cambiar mi costosísimo equipo por un Okidata de puntos.

Los hijos del mártir de Bolivia, «Tabito» y Julio Machín, son chivatos y están entregando a Tony y a Patricio. Se hallan al servicio de Furry, pero no hay que molestarse por eso. Patricio aspira a lo mismo. Al menos a un gesto comprensivo de Furry. Y si no comprensivo, al menos compasivo. Y ha convencido a Tony de que le lleve algún presente. Tony saca su más resplandeciente tesoro del almacén personal, una pistola Desert Eagle Magnum, calibre 44, con cañón de 6 pulgadas, de ocho tiros, que tiene un costo aproximado de 900 dólares y que uno de los lancheros que transportan drogas a través de Cuba hacia los Estados Unidos lo acaba de traer de Miami.[59] Por lo demás, todo funciona como una cena de negocios, y son amables, y la atmósfera es disipada, y se sirven vinos y algún asado, y Furry se abstiene de mencionarles que el general de División Arnaldo Ochoa está preso, y Tabito y Julio Machín juegan a la perfección sus papeles de jóvenes *cuadros* que tienen el privilegio de asistir a una cena de esta relevancia, los supuestamente inexpertos jóvenes que saben guardar silencio ante la conversación de los mayores, y que se las arreglan hábilmente para pasar desapercibidos y que no son otra cosa que un par de agentes de la nómina de Furry, y él los tiene sentados allí para que le sirvan de testigos eventuales, además de que está grabando con micrófonos ocultos. Los dos niños fueron el encargo de Ricardo Gustavo Machín Hoed de Beche —«Tabo o Tabomachín»— a su hermano Tony «el Twin», antes de irse con el Che para Bolivia. Coño, Twin, no me falles en eso, brother. Si me pasa algo, ocúpate de los muchachos. Pero Gustavo Machín Gómez, «Tabito», es un muchacho con problemas de personalidad, que es una de las formas de los altos dirigentes revolucionarios cubanos de decir que tienen un hijo maricón; además de un deseo manifiesto y reiterado —de «Tabito»— de morir por la causa (sic). Julio es otro asunto. Un muchachón con otra «problemática». Y Furry no le ha dicho aún que su mujer le engaña y que la CIM (Contrainteligencia Militar) tiene decenas si no cientos de fotos que corroboran la consumación del hecho. (La infidelidad es uno de los temas más espinosos que se puedan tratar con Furry desde el caso de la aeromoza que le hizo conocer, en carne propia, la amargura de la experiencia.) Ochoa será descreditado en breve ante los ojos de Julio Machín, cuando sea imprescindible destruir esa imagen y hacerle clamar por venganza. Porque Arnaldo Ochoa es el hombre que, montado sobre su mujer, la de Julio Machín, aparece invariablemente en las fotografías producidas —y en custodia permanente— por la CIM. Un estratega en suelo africano del nivel de Montgomery o de Rommel es convertido involuntariamente y a sus espaldas, por el mismo aparato revolucionario que lo cosechara y forjara, en una presencia obscena, ridícula, de una suerte de baratijas pornográficas. Desde luego, no le enseñarán las fotos a Julio ni le dirán que lo sabían desde hace tiempo. Siempre existirá «un amigo», es decir, otro agente como el mismo, Julio, que se le acerque y le pase el recado, pero como informaciones y sospechas combinadas de su obtención. Aliusha, otra hija de mártir, es una razón adicional. En realidad es la verdadera razón. Más importante que todos los Machín supervivientes juntos. Y fundamenta que todo quede dentro de los límites del más estricto control. Aliusha, la esposa de Julio Machín, una médico cubana destacada en Luanda, Angola (que es donde, en diciembre de 1987, Ochoa la atrapa, y le hace crujir los huesos y las empellas, entre sus garras), una gordita más bien repulsiva, se encarga, ella misma, de espetarle a todo el mundo, a la primera oportunidad, que es la hija del Che Guevara, aunque por lo regular se abstiene de referirse a la madre. La madre, que apenas ella menciona debido seguramente a que carece de toda fama internacional, se llama Aleida March, y es una tiposa y arrestada trigueña criolla procedente del Movimiento «26 de Julio» de Las Villas, en el centro de la isla, y que se empata con el Che a bordo de un viejo jeep Willys militar modelo MB en un pedregoso camino de Sierra del Escambray al final de la guerra contra Batista. Aliusha tiene esta orientación vital. Su especialidad, en los salones a los que se hace invitar o a los que entra dando codazos, es manifestar su parentesco con Che Guevara. El Che Guevara que era el jefe de Gustavo Machín en las sierras bolivianas, la última vez que el Che fue jefe de algo... y que Tabo Machín tuviera un jefe, al menos en este mundo. Tabo había entrado en La Paz, Bolivia, con un pasaporte falso ecuatoriano número 49836 a nombre de Alejandro Estrada Puig y se le quedó Alejandro como nombre de guerra. Orlando Pantoja Tamayo —«Olo» u «Olopantoja»— entró con otro pasaporte falso ecuatoriano, el número 49840. Estaba a nombre de Antonio León Velasco y se le quedó Antonio como nombre de guerra. Y como quiera que eran viejos compañeros de parrandas en La Habana, Tabo consideró oportuno solicitarle a Olo el favor de que, si a él, Tabo, le pasaba algo, y él, Olo, sobrevivía y lograba volver a Cuba, que velara si el Twin le estaba criando a los hijos tal y como había prometido. No tuvo una tercera oportunidad de solicitarle a otro «cúmbila» —amigo *palo*, socio del primer nivel— que vigilara si Olo cumplía su promesa de vigilar a Tony para que cumpliera la suya. En efecto, a Tabo no se le concedió ni la gracia de los moribundos que agonizan con cierta lentitud y tienen tiempo de dictar sus últimos edictos antes de retirarse de esta trampa de mierda en que lo meten a uno, la vida, ¿no?, ya que el comandante Machín —cuya principal acción de guerra en la lucha clandestina contra Batista, fue ametrallar desde un carro a toda velocidad una formación de indemnes policías del Servicio de Tránsito que saludaban la bandera frente a su estación del barrio chino de La Habana y llevarse a cinco de esos infelices de un solo rafagazo largo de Thompson—, y que los soldaditos bolivianos bajo el mando del entonces mayor Mario Salinas Vargas le dieron, en justicia histórica, del mismo caldo que es estar indemne cuando te acribillan a balazos, el 31 de agosto de 1967. Vado del Yeso. Ese solo nombre tenía que haberle despertado todas las sospechas. A todos. Empezando por «Vilo», que era el jefe del grupo y tenía la misión ordenada por el Che de completar la exploración y encontrarse con él. Vilo era el cubano Juan Vitalio Acuña, que se llamó «Joaquín» en la aventura de Bolivia. Pero Vilo no manda siquiera hacer un reconocimiento en la otra orilla del Masicuri, un par de hombres que pasaran primero y que les señalaran que no había emboscada y que el resto de la gente podía cruzar. Poco le queda por hacer a Tabo Machín después que se meta en el agua del Masicuri, al norte de su confluencia con el Río Grande, y que el agua comience a llegarle a la cintura y, elevando el fusil por encima de la cabeza, con los dos brazos, para protegerlo del torrente, trate de ganar la otra orilla y entonces creer que el rumor del agua se apaga y que ha visto un fogonazo. Lo próximo que ocurre y que tiene lugar 30 años después es que uno repasa las fotografías de esos ocho cadáveres de Vado del Yeso, por lo menos cinco de ellos apilados sobre bancos de madera de la parte vieja del hospital de Vallegrande, húmedos aún de las aguas, y aún indemnes, y con los labios superiores recogiéndose sobre las encías, y la ropa acartonada por las últimas emisiones de sudor que absorbieron y por una mugre terrosa y los coágulos de sangre y mientras uno sabe que ninguno de los bolivianos que abrió fuego tuvo la intención de vengar el atentado a los policías o acelerar el proceso de una estratagema de Fidel Castro para sacarse de arriba al argentino y a una porción de sus comandantes más belicosos. Ocho muertos y un prisionero y la famosa muchacha colocada por el KGB en la cola del Che herida y pidiendo clemencia «a grandes voces» pero rematada es la primera victoria del Ejército Boliviano contra el foco insurgente de los cubanos. Tamara Bunke Bider. Ése era el nombre de la muchacha reclutada por el KGB y que se llamaba Laura Gutiérrez Bauer de Martínez cuando actuaba de enlace en La Paz o «Tania» en la guerrilla. Enlace en La Paz, Bolivia, del Che —o del KGB —o de la DGI. El Che tiene que haberse vuelto loco con ella porque era lo más argentino que se podía localizar en La Habana hacia 1962 (y que no fuera la Embajada, que estaba a punto de cerrarse), después de tres años de Revolución; un tanto fuerte y no de carnes mórbidas o de curvaturas delineadas para detener el tránsito, ni apetecibles, más bien una moza del tipo Komsomol, de las que se destacaban en las acerías de los Urales o las grandes obras de choque soviéticas de posguerra, pero no quiere decirse que fuera masculina, que lo era un tanto, sino que su feminidad respondía a otras exigencias educacionales, y era sin discusión ninguna una de las piezas más exóticas que hubiesen aterrizado en Cuba por entonces, procedente de Alemania Oriental e hija de una fervorosa militante porteña y un alemán y enviada por la Juventud Libre Alemana a estudiar en la primera Facultad de Periodismo organizada por la Revolución en la Universidad de La Habana, donde nunca se despojó de su uniforme de campaña de las milicias ni de la pistola Makarov que llevaba a la cintura.[60] Ernesto Guevara de la Serna, al que los cubanos llamaban «Che» y que se hacía denominar «Ramón» en la guerrilla boliviana, no podía dar crédito a la noticia de que la hubiesen barrido con la tercera parte de sus fuerzas en medio de un río y sin ningún aseguramiento combativo. Imperdonable en hombres de la veteranía de Vilo y de Tabo. Por su parte Olo tendría bastante pocas oportunidades de regresar a La Habana y complementar los encargos de los amigos. Se la zafaron en el mismo lugar y día que al Che. Escuelita de La Higuera. 9 de octubre de 1967. Y por cierto que, poco antes de que los *tumbaran* a los dos, y con el Che bajo los efectos, a la mitad o igual proporción, de un ataque de asma y otro de histeria, y después de apuñalar por el lomo, montado sobre ella, la mula que cabalgaba, el argentino puso pies en tierra y abofeteó a Olo, por alguna de sus habituales indisciplinas. Una nimiedad, seguro. Por una sola vez en su vida Olo Pantoja quiso no perder los estribos y mantener el control total de su compostura y de inmediato supo que no lograría ninguna de las dos conductas y que nadie puede ser sobrio cuando llora como un puñetero niño, por lo que se arregló un poco su sucia y apestosa camisa y, con los dos ojos que una vez fueron de acero y que le gustaba pensar que se congelaban en el vacío, miró al argentino y le dijo: «¿Por qué tú me maltratas a mí? Tú me haces esto por la única razón posible. La única que te lo permite. Porque soy cubano.» Llantos, histeria y mugre no supieron a la Revolución Boliviana propugnada por Che Guevara de las suficientes condiciones objetivas y subjetivas que, según el marxismo, se requieren para echar a andar estos procesos, razón por la cual para el 10 de octubre de 1967, Bolivia era territorio libre de guerrilleros castrocomunistas. Pero —oh entuertos de la Historia magistralmente elaborados por Fidel— Cuba se llevaba la mejor parte del pastel de esa derrota, junto con la simpatía y las condolencias de casi toda la humanidad.[61] Se habla, desde luego, de la existencia de asesores militares norteamericanos en la lucha antiguerrillera, pero la única cosa cierta es que las acciones fueron planeadas y ejecutadas por oficiales y soldados bolivianos con pertrechos nada sofisticados. Fue un ejército humilde y sin grandes pedestales el que derrotó a la guerrilla liderada por un mito político. Eligió Bolivia pero antes pensó en Venezuela pero Douglas Bravo, un comandante venezolano, no aceptó cederle el mando a un cubanoargentino; de cualquier modo, la guerrilla se estaba derrumbando, como lo reconoció otro comandante venezolano, Teodoro Petkoff.[62] Allá Occidente, pues, con sus complejos de culpa. Y en lo que respecta a Tony y su promesa a Tabo, el Twin no se vio obligado a dedicarles mucho tiempo a ninguno de sus hijos, ni a Tabito ni a Julio porque el mejor amigo de Tabo Machín y compañero suyo en el atentado a los policías del Tránsito, el comandante Raúl Díaz Argüelles, se divorció de Mariana Ramírez Corría, una bonita (entonces) y trigueña aspirante a locutora o actriz de televisión y Raúl Díaz Argüelles, que unos 6 años después se convierte en el artífice de las victorias iniciales de Cuba en Angola, se casó con la viuda de Tabo, una muchacha llamada Chiqui Gómez, madre por supuesto de Tabito y de Julio. Es así como los dos muchachos de Tabo crecieron, a la sombra benevolente del antiguo compañero de su padre de ametrallamientos de policías del tránsito indemnes, amén de recibir todos los cuidados y las atenciones que en aquellos años la Revolución Cubana brindaba a los hijos de sus mártires. Nada en la personalidad de Raúl Díaz Argüelles le permitía a los muchachos detectar al asesino despiadado que, desde el bando de los revolucionarios, había asolado La Habana de los años cincuenta, hasta que un día Tabito quiso tentar su suerte de niño finalmente huérfano y desvalido y, al hombre que lo alimentaba y que lo vestía y que lo curaba y con el que jugaba, se atrevió a llamarlo Papá. Díaz Argüelles no perdió la compostura. Pero miró al muchacho con los correspondientes ojos de acero congelado. «Tu padre se llama Gustavo Machín», le dijo. «Y le decían Tabo Machín. ¿Tú sabes eso? Tabo Machín en La Habana. Así era como le decían. Y era el tipo más encojonado que yo conocí en mi vida. ¿Tú no sabes eso? ¿Tampoco lo sabes? Pues no se te ocurra más nunca, teniendo un padre como el que tú tuviste, llamar Papá al primer pendejo que te encuentres. ¿Tú me estás oyendo? Que no vuelva a ocurrir eso, Tabito.» La oportunidad de contribuir a la educación de Tabito y Julio le llegó a Tony a fines de 1975 cuando el transportador blindado BTR-152 de Díaz Argüelles, que era jefe de las primeras tropas internacionalistas que llegaban a Angola, cruzó sobre un campo minado por la fuerza propia y una esquirla le llevó de cuajo una pierna y le cortó la vena femoral. Marianita no se convirtió por segunda vez en viuda de un combatiente internacionalista cubano pero sus tres hijas —Natasha, Virginia y Cecilia— con Díaz Argüelles sí conocieron el sacerdocio de ser descendientes directas del oficial cubano de más alta graduación caído en suelo extranjero (un sacerdocio que implica ser aplaudidas brevemente en cuanto acto de reafirmación patriótica, de tan abominables como interminables discursos e imposición de medallas y juras de banderas, se les ocurra inventar en el Partido o la Dirección Política del Ejército) mientras que los dos muchachos de Tabo con Chiqui Gómez —que sí acababa de alcanzar la situación del doble enviudamiento de mártir internacionalista—, conocieron de nuevo la misma orfandad, mientras que una de las hijas de Díaz Argüelles con Mariana, dentro de muy poco una hermosa jovencita, Natasha, tendrá la posibilidad en unos 14 años de mostrar del temple de los Díaz Argüelles de que ella está hecha. No me la pierdan de vista. Se va a casar con José Abrantes, que para entonces va a estar en una situación lamentable, jodida, y a quien le va a parir una hija. Pero eso es la historia que tiene lugar en el futuro. Por lo pronto lo que estamos barajando es que, rescatado por Tony del Instituto de Relaciones Económicas Internacionales (en la que se le acusa de conducta homosexual) y puesto por el propio Tony al frente de la oficina comercial de MC en Panamá, Tabito pronto va a considerar que la mejor fórmula de agradecimiento para con el viejo compañero de su padre es servírselo a sus adversarios de las Fuerzas Armadas Revolucionarias, encabezados por el general Furry, y bajo un alud de informes sobre todas las operaciones panameñas de Tony. Julio, destacado en Angola, ha venido haciendo lo mismo en relación con Patricio.

—Bueno, mellizos —dice Furry, con su copa en la mano—. Ustedes me dirán en qué los puedo servir.

Furry sabe que le van a hablar de los negocios de Angola y que tratarán de obtener toda la información posible sobre su situación personal. Pero Furry les va a dar todo el cordel que sea necesario, puesto que ésas son las órdenes recibidas de Raúl.

Con uniforme de servicio de mangas largas y sus imponentes y quizá un tanto exageradas charreteras con sus nuevos grados de general de Cuerpo de Ejército, Furry disfruta de su vino y se dispone a escuchar la plática de cualquiera de los mellizos —como él les llama.

Un Abelardo Colomé Ibarra que era un hombre apuesto —e incluso carismático— y con el que se podían utilizar pequeñas bromas y acercársele como un amigo, hace años que ya no existe. Las luchas de rapiña por el ilusorio poder que se pueda obtener bajo Fidel Castro, le mermaron carne y lo encorvaron y le alargaron la quijada, y desde junio de 1989, cuando se le designe para el cargo, va a ser un Ministro del Interior apagado pero con ataques de priapismo y obstinado en recordar que pasó la mitad de su infancia en el techo de un excusado.

Ahora no. Ahora está degustando un Rioja y espera que uno de los dos mellizos se decida a hablar.

CAPÍTULO 5

La mujer del teniente cubano

La guerra era en el altiplano, pero en Luanda las noches podían ser dulces, tibias. De cualquier manera las avanzadas de Savimbi, nuestro enemigo secundario en el terreno, ya estaban en el parque de Kissama, a unos 30 kilómetros de Luanda. Por lo menos las FAPLA estaban reportando encuentros con sus exploradores.

Pero los angolanos del Gobierno del MPLA, es decir, nuestros aliados, mejor dicho, el bando al cual nosotros nos habíamos aliado, lo tomaban con su habitual resignación y además lo expresaban en portugués, que es una de las lenguas más dulces del universo, y que los negros de las tribus del antiguo reino de N'gola lo aderezan con las tonalidades de su aún más sosegado, más fatalista, más lento, y a veces imperceptible si no nulo, reaccionar.

Cuando perteneces a un pueblo que una mañana, de hace apenas un siglo y medio, levantaron completo en peso para meter en las bodegas de los veleros y venderlo, desperdigado, como caballos o como viandas,[63] en un mercado más allá de los mares insondables y para no regresar nunca más a la labra, al quimbo, a los consejos del soba, que han quedado abandonados, como por el efecto de una plaga o de lo que hoy sería una bomba de neutrones, y del silencio, no hay que esperar de nuestros aliados angolanos los mismos sobresaltos mayores de un Hermann Göring o algún que otro mando del Tercer Reich al conocer que el Ejército Soviético se hallaba a las puertas de Berlín, y ni una quebradura en sus voces y ni siquiera la angustia en la mirada cuando aceptan que las avanzadas de la fuerza guerrillera del doctor Jonas Malheiro Savimbi están en el parque de Kissama, ese santuario de especies salvajes tan mal atendido por la Revolución Angolana donde una vez los portugueses dejaban vagar elefantes y leones, como su principal atracción turística. Herr Hermann, el reichsmarschall, no descendía de los aldeanos que lograron esconderse en la selva circundante, o de los dos o tres ancianos (estamos hablando de los ancianos de ese meridiano y tiempo, que son los hombres de 30 años) que esperaron, prudentes, antes de regresar a la aldea, y allí hallar el revoleteo de unas gallinas olvidadas y unas ristras de pescados secos, tendidos aún al sol, y comenzar de nuevo. ¿Comenzar de nuevo...? ¿Con qué hombres jóvenes para preñar a las mujeres y disfrutar como dulces zánganos, a la sombra de los quimbos, de los frutos que las mismas mujeres labran en la tierra? ¿Y con qué mujeres jóvenes para parir las *crianças* y trabajar la tierra para proveer a los hombres de sus alimentos y del poroto que calienta sus gaznates de cazadores y que es el fruto de los frutos y de la maceración y del fermento?

Una tarde de diciembre de 1987, yendo a ver al Presidente angolano, en una formación de dos autos, con el general Patricio y el teniente coronel Michael Montañez, y Ortiz, el chofer de Patricio, nos hallábamos en nuestro Volga negro con rutilante antena, vestidos todos de camuflaje y con el carro de atrás, un Lada, con cubanos como escolta, en dirección a Futungo de Belas, el antiguo balneario y zona residencial de los potentados blancos de Angola y donde ahora el presidente angolano tenía su residencia, y pasando las postas en el atardecer rojizo del África austral, y con nosotros deteniéndonos, obligados a detenernos, y jugándonos una vez más el pellejo, pese a que fuese gente nuestra, ante cada uno de aquellos nidos de ametralladoras de la carretera que salía de Luanda y avanzaba hacia el sur, siempre pegada a la costa, y que desde hacía más de 20 años ya nadie podía circular por ella y que terminaba, se suponía, en Lubango y por la que el presidente José Eduardo, cada vez que se veía obligado —en dirección contraria, se entiende; nunca al sur, siempre al norte— a emplearla en el corto tramo de unos 7 kilómetros que separaba Futungo de Belas del centro de Luanda, era con su Mercedes blindado rodeado de un pelotón de motociclistas de la policía y liderada por una caravana de tres veloces BRDM-2, los vehículos anfibios blindados de reconocimiento del Ejército Soviético, con tripulación mixta cubanoangolana, en completo zafarrancho de combate, y haciendo sonar unas estridentes y agudas sirenas que ya de por sí parecen tener el poder de abrir los caminos, y derribar barricadas, y con tirador cubano negro, el aire batiendo las orejeras de su gorro de comunicaciones, como el de los pilotos, con laringófono y un largo y grueso tramo de cable desde el gorro hasta el interior de la cabina. Emblemático este negro nuestro, con la mitad del pecho fuera de uno de los dos puertos de fuego, justo delante de la torreta con su amenazante juego de ametralladoras, una KPVT de 14.5 mm, y una PKT de 7.62 mm. Firme el hombre en su posición de combate y ciertamente atractivo cuando con una mano oprime el laringófono al cuello y comunica alguna observación.

Bueno, no seamos injustos. No es que José Eduardo *se vea obligado* a coger esa carretera porque de hecho la coge todos los días, por lo menos una vez al día, hacia las dos de la tarde. Además, no es cobarde. No es uno de esos presidentes africanos de ojos tan implorantes como asustados de las novelas de Frederick Forsyth. Fue un hombre elegido por los soviéticos desde que lo tuvieron estudiando entre 1963-1969 para titularlo como ingeniero de petróleo en el Instituto de Petróleo y Gas de Bakú en Azerbaiján, y donde se mantuvo después de 1969 para seguir «sus estudios en comunicaciones». Reposado, elegante, muy buen mozo y al que casaron —insistían los soviéticos— con una soviética, a la que nadie conocía. (Aunque la última línea de una biografía oficial que circula en Luanda, reza: «José Eduardo dos Santos está casado con la Primera Dama Ana Paula dos Santos. Juntos tienen dos hijos.» Que era la mujer que los asesores cubanos de Seguridad Personal reportaban como «efectiva en el quimbo».)[64] Y tiene el beneficio del público, de los transeúntes, de unos viandantes que nunca cuentan en las estadísticas, descalzos y de sonrisas sin motivo alguno que las provoque y de mujeres que cargan pesadas cestas y todos los niños mugrientos y famélicos y con ombligos que parecen tetos plásticos, que ve en el despliegue de fuerza y el rugido de los vehículos de reconocimiento y el ulular de las sirenas un poder necesario y que les satisface y enorgullece. La sublimación africana por el látigo que le doblega.

Otro soberbio vehículo de combate participa del avance cotidiano del Presidente al Palacio del Pueblo. Un transportador blindado anfibio BTR-60PB de ocho ruedas corre delante del Mercedes de José Eduardo. Entonces van las motos y el Mercedes. Finalmente, algunos Ladas, en el llamado «cierre» de las caravanas, que protegen y evitan que nadie se aproxime al convoy por la retaguardia.

Todo el personal constituido, a la mitad, por combatientes cubanos y angolanos, y los angolanos entrenados por los especialistas de Seguridad Personal, los mismos de Fidel Castro, que tiene esa deferencia con «el compañero José Eduardo». En este caso, se repite la ecuación de servicio de los escoltas y choferes militares que se dislocan al lado de todos los dirigentes cubanos: son también sus celadores. No hay una palabra que se pronuncie en la residencia de Futungo de Belas o en las oficinas del Palácio do Povo o a bordo del Mercedes —o del Tu-154 presidencial (los cubanos también lo acompañan en sus periplos al extranjero)— que no sea inmediata y minuciosamente informada al Mando Cubano.

Pero a través de la ventanilla del Mercedes y/o desde la refrigerada posición de José Eduardo en Futungo de Belas, la perspectiva presidencial tiene que ser diferente.

Uno se percata de ello desde antes de que aparezca su criado en la antesala del despacho presidencial en Futungo. Porque una oleada de perfume Calvin Klein, con el que seguramente se ha bañado, invade la antesala.

Después de esa oleada invasora de fragancia, él debe de surgir en cualquier momento.

El chofer —Ortiz—, y los muchachos de nuestra escolta se han quedado afuera, desde luego, y esperarán hasta que se termine esto. Probablemente ya todos estén buscando la cocina de Seguridad Personal en Futungo, para tomar alguna soda o café.

Cuando el criado se presenta ante los cubanos, tiene un impecable safari de Pierre Cardin color blanco, en el que hacen juego hasta los mocasines, también blancos. Uno se da cuenta de su poder porque no usa medias con sus mocasines, un detalle en exceso deportivo y libre para que un mayordomo presidencial se lo permita. Habla en un susurro, cortés y sonriente, pero en el que la exigencia de una disciplina está presente y es inflexible. Además, odia a los cubanos. Tenemos la información.

Saluda por orden. Toma entre sus dos manos la mano derecha de Patricio.

—¿Cómo está el general Patricio?

Patricio asiente con una sonrisa.

—¿Cómo está la mujer? ¿Cómo están los *filhos*?

Patricio no tiene sus hijos en Angola. El criado de cualquier manera no los conoce.

Patricio asiente.

El criado repite la ceremonia con el teniente coronel Montañez y conmigo.

—¿Cómo está el compañero?

Uno asiente.

—¿Cómo esta la mujer?

Asiente.

—¿Cómo están los *filhos*?

Uno piensa sin embargo que el hombre no tiene por qué hablar en un susurro si José Eduardo no está durmiendo, sino que, se supone, nos debía estar esperando y había recibido la comunicación de que nos hallábamos en camino. El susurro, piensa uno, es un maldito plan de coerción del hombre. Obligar a los cubanos a hablar en murmullos. Menos mal, piensa uno, que tiene un expediente abierto de «anticubano» por los asesores de Seguridad Personal. Su odio se agudiza y te hace considerar la proximidad de un peligro real cuando lo observas a los ojos, a la mirada rápida y al acecho, y que no está a la defensiva sino presta al ataque, y enseguida sientes la selva y calculas que si tuviera los caninos más afilados venía de una de las sectas antropófagas del norte y que si no, es de una tribu de cazadores kwanyamas. Pero no tiene la estatura de los kwanyamas. El expediente de «anticubano» carece de toda eficacia para mitigar la mirada en acechanza de un descendiente de los cazadores de hombres.

Nos mantiene de pie.

—¿Qué les puedo brindar? ¿Un whisky?

Ah, menos mal. Eso significa que se nos va a proporcionar en breve una generosa cantidad de Chivas Regal.

Nos da la espalda, en busca de una acrisolada mesa bar, provista de una suculenta batería de botellas, y la correspondiente hielera y los vasos y las copas.

Ha ganado cierta distancia, unos pocos metros, para que uno de nosotros haga el primer intento de descompresión ambiental.

—Qué mal me cae este negro —murmura el teniente coronel Montañez, que es el mejor hombre que Patricio tiene en Angola.

Patricio hace un veloz gesto del índice sobre los labios. Ssst.

—Es un descarado —insiste el teniente coronel Montañez.

Patricio mira al techo, como si se hallara en el proceso de iniciar una invocación al cielo.

La estancia, una antigua residencia de algún comerciante portugués, no ofrece ningún rasgo que la distinga de una casa de la clase rica en Cuba antes del triunfo de la Revolución, a no ser que recuerdes que es la guarida del jefe de uno de los países más ricos del mundo y que allá afuera, en la calle de acceso, hay un pelotón de tanques soviéticos T-62 tripulados por cubanos y que a menos de media hora de camino, hacia el sur por la carretera de Lubango, ya hay avanzadas de las tropas enemigas de Jonas Malheiro Savimbi y que en ese pedazo de sala amueblado con espíritu bastante mediocre, se cocina de muchas maneras el capítulo penúltimo de dos historias al final convergentes: la del comunismo y la de la Guerra Fría.

El hombre tiene dispuestos los tres vasos en fila y les ha dejado caer unos cubitos de hielo cuando se percata, por un pasillo a la derecha, de que José Eduardo ya se aproxima.

Abandona la tarea de barman y se dirige a nosotros para invitarnos a tomar asiento.

—¿Pero... por qué no se sientan? Pónganse cómodos, camaradas. Yo no tengo que ordenarles que se sienten, ¿verdad? General Patricio, usted sabe que ésta es la casa de los camaradas cubanos.

Demasiado tarde.

El compañero Presidente, también bañado en perfume, pero esta vez un costosísimo «Imperial» de Guerlain, escanciado a borbotones sobre su lustroso cuerpo de negro rojizo —como rojiza era su mirada— y en las dispendiosas cantidades que ni siquiera Ronald Reagan se hubiese permitido de su perfume favorito y que sin duda por su fresca base de limón era el adecuado para el África subsahariana, y con un traje negro, perfecto, y perfecta como sólo pueden ser las telas —una estupenda gabardina inglesa— cuando se importan junto con el sastre desde París en un vuelo charter para que mida y corte los trajes que Monsieur Camarada Presidente llevará en la próxima temporada y con su camisa blanca de seda y una corbata roja, avanza con paso suelto y rápido hasta colocarse frente a nosotros.

José Eduardo reconoce a Patricio inmediatamente y a despecho de cualquier cosa que piense su criado, es evidente que Patricio le resulta de su simpatía.

Avanza hacia Patricio con los brazos abiertos, pero se detiene porque

Patricio, aunque sin alardes ni estridencias ni las fanfarrias del desfile en la Plaza Roja de Moscú, se ha puesto en posición de firmes, en la que ha sido una revisión de compostura casi que imperceptible, ya que su físico erguido y la gallardía de sus entrenamientos como paracaidista le permiten la rápida recomposición de su porte, y llevándose la mano a la visera de su gorra de camuflaje con el estampado negro al frente de su estrella y ramas de olivo del grado de General, le rinde el parte:

—Compañero presidente José Eduardo dos Santos, se presenta el general Patricio de la Guardia, jefe de Misión del Ministerio del Interior cubano.

Patricio se ahorra algunas palabras para —es evidente— no alargar la ceremonia de saludo, pero lo ha hecho en el tiempo preciso, y ahora también le sonríe a José Eduardo y también le tiende los brazos. El efecto ha sido positivo en todos los órdenes. El presidente se siente halagado y a su vez no ha tenido que soportar una de esas interminables parafernalias de los militares.

Se cogen de las dos manos y se las estrechan al unísono y con vigor.

El consenso de los informes de Seguridad Personal es prisionero en su propio palacio. Incapaces de penetrar en el espíritu y el pensamiento de los angolanos y en el caso de José Eduardo, pese a toda la técnica microfónica y todos los hombres que le despliegan a su alrededor, manifiestan su total fracaso cuando describen a un hombre silencioso, apagado, ganado por una inexplicable melancolía. No ven al hombre sitiado que hace del mutismo su único bastión defensivo.

Poco más sabemos por sus escoltas cubanos. Que tiene una vida muy retirada, que es fiel a su mujer y que su madre vive en una casa modesta en las cercanías de la playa y que José Eduardo la visita con frecuencia. Pero visitas secretas, sin despliegue de vehículos de reconocimiento ni ulular de sirenas, a altas horas de la noche y él entra solo al abrigo de su casa materna y el par de hombres que lo han acompañado, vestidos de civil, dejan sus AK-47 en el coche y montan una guardia discreta en la calle de acceso. Silencio radial. En el marco de la ventana, a contraluz, dos siluetas. Más allá, en la playa cercana, el fragor del mar.

Patricio presenta a sus compañeros, a su izquierda:

—Éstos son mis compañeros.

Tiene sólo un año más de edad, uno sólo más que yo, y nunca estudió en Occidente y nunca conoció de cerca el advenimiento de los grandes acontecimientos culturales de este siglo como el rock o el establecimiento de la mafia en La Habana y cuando yo organizaba uno de los primeros batallones de combate de estudiantes habaneros para luchar a favor de Fidel Castro contra el imperialismo yanqui, él era un estudiante de bajas perspectivas deambulando por los arrabales de Luanda, pero ahora tiene el poder que yo nunca tendré, el poder real, el que si tú quieres lo traduces en mujeres que calientan tu cama, y en alfombras rojas y disponer de ejércitos y aviación y donde todos los secretos terminan y asimismo comienzan. Nada te es secreto. Todo lo haces secreto.

Con un gesto, que es cálido e imperativo a la vez, nos indica que tomemos asiento.

Pese a su contención, pese a su sobriedad, es carismático y es atractivo y uno sabe casi de inmediato que es un hombre al que le gusta negociar, al que le gusta hablar de negocios, algún viejo fenicio en sus genes.

El objetivo de la visita de Patricio es resumirle el estado en que se encuentra la gestión de compra de cuatro aviones Hércules C 130 y el estado de la situación operativa de la UNITA, que está a las puertas de Luanda.

Entonces es cuando el presidente Dos Santos retrocede tres pasos, con el objeto de poder abarcar en el conjunto de un solo campo visual la presencia de sus tres invitados cubanos, con botas, uniformes de camuflaje, cananas y pistolas al cinto, y «Maico» —el teniente coronel Montañez— que traía además su cuchillo comando MK-2 Camillius de marine yanqui degollador en Guadalcanal, y preguntar, con auténtico asombro, no por burlarse ni por bromear, sino porque realmente quería saberlo:

—Pero... ¿Y ustedes por qué están vestidos de esta manera, camaradas? ¿Dónde es la guerra?

Tony me lo decía antes de mi último viaje a Angola:

—Coño, Norber, dile a Patricio que aguante la mano. Con lo viejo que está.

Sigue la jodedera. Noches de Luanda a todo meter.

—Sí, señor, decía Tony.

—Qué jodedores —decía yo—. Ése es Arnaldo.

—Ahora resulta que Patricio ha descubierto la tortilla.

Referencia a las relaciones lesbianas que en Cuba se ofrecen como un plato sexual exquisito. Un espectáculo digno de ser observado por los varones. El ideal es llevarse a las mujeres en pareja y agotarlas entre ellas dos para luego uno dar las acometidas finales. Los expertos saben —o al menos lo explican de esta manera— que luego de que una mujer entra en contacto con la llamada tortilla pierde una parte de su control, hay un desnudarse del alma que las hace probablemente insaciables a partir de entonces. Tal es la experiencia con un por ciento de ciudadanas cubanas. Crea una especie de dependencia al vacío. Pero es muy dañoso no regalarlas de semen al final puesto que las endurece en grado sumo y la piel se les hace resecona y siempre recordando que el semen por su alto contenido de proteínas favorece a la regeneración celular y la producción de orgasmos sin ningún elemento internado que someter a los espasmos y visto en dirección opuesta, la vagina sin ningún elemento de agarre de los espasmos de la carne, crea esa situación de desespero permanente.

—Ahora es que este cabrón la ha descubierto. Con lo viejo y lo pendejúo que está. Qué comemierda —se quejó Tony.

(En el fondo conceptual de todas las cosas se trata de la conducta de tanta prosperidad entre los cubanos de *amarse los unos contra los otros*. En eso hemos venido a parar los habitantes de esta isla que con tanto juicio han querido desentrañar Hugh Thomas y Ernest Hemingway y Sidney Pollack y hasta el sabio alemán Humboldt —¡y la CIA por supuesto! Los cubanitos de Anaïs Nin, una cubanita ella misma. Puede decirse que, de algún modo, la filosofía de conservación a toda costa de la virginidad hasta la celebración de boda de los años cincuenta nos llevó como en un plano inclinado a las tortillitas de los ochenta, porque el problema es profanar, algo más que poseer. Ya no basta con volar el himen a una individua, con *desvirgarla*, ya que esto sólo se puede lograr una vez con cada mujer, a menos que se gasten una millonada en alumbre o se vuelvan a coser el himen, como aquella gorda cincuentona que le dijo al capitán Eloy Paneque Blanco, «Bayamo», que ella era virgen, porque lo suyo era que la desvirgaran. Se gastaba una fortuna en la reparación del himen cada vez que fornicaba. Pero, si puedes ponerla a hacer tortilla, dale. Había que hacer algo más. Siempre.)

Por esta época hacía rato que yo me había dejado de llamar el Tercer Jimagua (sin relación con *The Third Twin*, la novela de Ken Follet). Porque para lograr un calificativo adecuado, que expresara gráficamente la solidez de mi relación con los mellizos De la Guardia, éste resultaba poco imaginativo y gracioso, sobre todo desde que había descubierto en una carta a Tony del «Chino» Figueredo, bravo combatiente de la lucha clandestina contra Batista y luego activo miembro de «La Comuna», una especie de francmasonería de artistas que eran militares, nombrándose de esa manera, Tercer Jimagua, y al darme cuenta de que podía ser una aspiración habitual de los satélites de los mellizos, gente que podía sentirse inclinada a estas descargas de aduladores (que no era el caso del «Chino» Figueredo, hasta donde me fue perfectamente visible comprobar). Entonces el nombre genérico de Banda de los Dos fue adoptado. Éramos la Banda de los Dos, que era el nombre que nos había endilgado Gabriel García Márquez en cierta ocasión y hablaba de un firme y estrecho vínculo de amistad. Pero bueno, lo digo para que se vea hasta dónde era estrecha esa amistad, al nivel de considerarse mi adopción como Tercer Twin y de que Tony se tomara la libertad conmigo de atacar con bastante dureza a su hermano —cosa que, hasta donde yo conozca, no fue algo que ninguno de los dos se permitiese con terceros.

Pero ni siquiera haciendo valer nuestra indiscutible y probada amistad —y esto es algo que puede resultar pesado decirlo ahora—, no creí adecuado sumarme a los insultos que estaba pronunciando Tony.

Yo voy a necesitar de unos nueve años y de distancia y de convertirme en un renegado de la Revolución y de llegar al exilio y de repasar centenares de veces estos recuerdos y cruzar la información con los documentos a mi alcance, para entender que Tony estaba claro. Tenía toda la razón. Patricio era el eslabón más débil.

Aunque después de esta conversación, de una manera un poco entendible, Tony y yo comenzamos a distanciarnos, al menos por un tiempo (Tony cediendo a las presiones de Abrantes, por un lado, y de Amadito Padrón, por otro, ya que yo no era santo de la devoción de ninguno de los dos),[65] luego nos volvimos a unir, y es una época en la que estoy mucho más cerca de Patricio, que también aprovecha un par de ocasiones para soltarme un par de bocadillos contra *la incomprensible conducta irresponsable* de su hermano.

Sigo con Tony. Es decir, continúo narrando una conversación con el coronel De la Guardia que debe haber ocurrido hacia principios de diciembre de 1988, en vísperas de un viaje mío a Luanda.

Tony me está diciendo que va a dejar los negocios. Se refiere a las actividades comerciales para las que, precisamente, lo nombraron como jefe del Departamento MC.

Eran órdenes de Abrantes. Desinformar sobre sus operaciones

comerciales.

Después, la arremetida contra Patricio.

Después (un después que podía ser una hora, un día o una semana más tarde), Tony se arrepentía de haberme incluido en el grupo de los objetivos a desinformar y se disponía a la confesión. Él consideraba que era muy explícito y que hacía gala de una basta y abundante argumentación para explicarse.

Decía:

—No voy a dejar los negocios nada.

Cerrado el caso. Innecesaria una palabra más. Rápido campaneo (vistazo) de Tony (que yo descubro en el retrovisor) para ver mi reacción, lo que en los adiestramientos de Inteligencia se llama «Lenguaje Extraverbal» u otros califican como «Lenguaje Corpóreo» y los más acuciosos como «Comunicación Extraverbal Involuntaria». Yo apruebo con un gesto de la cabeza. Incluso hasta puedo levantar el pulgar e inmediatamente decir que la está partiendo. Entonces el campaneo es mío, a través del retrovisor, para saber si mi socio está satisfecho por la forma en que yo he aceptado su amago de explicación consolidada de siete palabras.

—Bárbaro, salvaje, brother —digo—. La partiste completa.

Ya me ha «campaneado», ya lo he «campaneado». Nos hemos «campaneado», que no existe otra descripción más adecuada para formular que algo ha entrado en fracciones de millonésimas de segundo en el campo. En dependencia del objeto descubierto se desprende la rapidez de las acciones y que las campanas llamen a rebato, y esto queda descrito en el exacto, preciso, indiscutible instante en que se produce el golpe del badajo contra el cobre interno de la panza. Campanear.

Es un adiestramiento. La mirada, presta a ubicar cada objeto en el campo visual y saber discriminar en el exacto filo de un instante dónde se puede confiar y dónde se puede emboscar el peligro, una capacidad de discernimiento visual que el uso califica de «felina», esa rapidez que nosotros llamábamos «campanear» y que parecía ser un requisito para aquellos que pertenecieran a la más alta magistratura del país compuesta de estos condottieros en activo, hombres de armas todos, y que —pueden darlo por seguro— en cada uno de ellos se encontraba alguien que había matado por lo menos en dos o tres ocasiones y por extensión, desde luego, era la troupe de mis amigos de esa etapa de mi existencia en los predios del poder. Pero los dos personajes de mirada más rápida y de mayor atención al peligro y de capacidad de intuición que he conocido, eran el mismo Fidel y después Tony. Fidel, más viejo, más experimentado, más dado a la vida de salón, y con conocimientos histriónicos, sabía mantener todos sus dispositivos de prevención en estado de alerta máxima sin que nadie a su alrededor se percatara.

Los sermones antipatricio venían ocurriendo desde septiembre u octubre de 1988; Tony soltándome estas advertencias para que yo se las trasmitiera en Luanda a Patricio. Después Tony torcía a hablar de «la actividad comercial», y esto me lo hizo dos o tres veces, pero de cualquier manera que él dejara o redujera al mínimo posible la tan agravante «actividad comercial» se avenía perfectamente con mi criterio de lo que debía ser la dirección del golpe principal de MC, cero comercio y mucha política —que en su caso se traducía en muchos asesinatos. Hombre, uno entiende que el trabajo de Inteligencia requiere del apoyo de una estructura económica, y hasta donde yo sabía Tony era dueño de una línea de ómnibus y una firma de arqueología y fotografía submarina en Centroamérica, una oficina comercial en Panamá, la oficina comercial y tiendas de Luanda y tenía representantes en México, Ghana y España. Mi tesis (totalmente acertada, y me perdonan) era que la Revolución Cubana no tenía nada que ver con el dinero mientras la URSS existiera y nos mantuviera. Allí lo único que interesaba era la política, la aventura revolucionaria. («Allí» es Cuba.) Y uno se refería así a la hipotética obligación internacionalista de la URSS sin pensar ni por un instante que aquello pudiera verdaderamente desaparecer. Era una gracia eterna de la que éramos depositarios. Bueno, en definitiva era la más maravillosa ofrenda estratégica que nunca hubiese caído —y tan graciosamente— en sus manos: un inmenso portaaviones de 111.000 kilómetros cuadrados fondeado a 90 millas al sur frente a las costas norteamericanas. Mirado de esa manera, no teníamos precio. Y la vitalidad y la hermosura que le daba Fidel al liderazgo del comunismo a escala internacional, tampoco había oro de Moscú con que sufragarlo. La portentosa ayuda soviética. Ya íbamos por los 20 billones, una deuda de la que sólo se había pagado el 2 %. Así que yo le decía a Tony que se olvidara de tanta pasión comercial y se dedicara a la función específica de *los killers* con la que había sido creado MC originalmente: que se pusiera a matar enemigos de la Revolución en el exterior. Ajusticiamientos era su tarea, a la que luego se sumó romper el bloqueo.

—Mata, mi hermano —decía yo en un híbrido de ruego y de

entrenador conminando al campeón en su esquina—. Tu tarea es ésa, Tony. Mata un poco de hijoeputas y olvídate de estar trasegando con decodificadores de señales de televisión.

Les voy a decir una cosa: si me hubiese hecho caso, Tony de la Guardia no estaría donde está ahora. Aquél fue el otoño de sus crímenes y no lo supo aprovechar.

Ésa es una verdad.

La segunda verdad es que nadie pasa a la historia por trasegar codificadores de señales de televisión pero sí por matar.

Cuando tienes suficiente cultura política te das cuenta de que el crimen no existe. Y participas tranquilamente del mecanismo. Eso no es endurecerte. Es comprender.

No hay crimen, brother. Hay estadistas y soldados. Hay órdenes.

Lo único es que debes prepararte para un día ser tú mismo el objetivo de un «contrato». Coño, brother, nada personal. Pero aquí dice, en este papel que obra en los archivos del Partido, que tú estás dispuesto a dar la vida por la Revolución cuando sea necesario. ¿Ésta no es tu firma? Pues bien, brother, el Comandante te manda a decir que éste es el momento en que la Revolución lo cree necesario. Pero que no te preocupes por tus hijos. La Revolución se ocupará de su educación. Y el Comandante personalmente se encargará de que nunca les falte nada.

Lo que falta y que tiene lugar un ratito más tarde es un potrero, el helicóptero Mi-8 en vuelo Hoover, una lectura de la decisión del Consejo de Estado de fusilarte, una palmada en el hombro y un nos vemos.

Y ésa es la tercera verdad.

Pero había algo en lo que yo me equivocaba, la principal *actividad comercial de MC*, el tráfico de drogas, era un asunto político, no económico. ¡Tenía que ver con la independencia! —me había explicado meses antes Carlos Aldana, el secretario ideológico del Partido, repitiendo algo que le acababa de escuchar entonces a Raúl Castro. Claro, Raúl no refiriéndose a MC sino, en general, al narcotráfico como vía de escape de los países latinoamericanos.

Aunque Tony y yo no hablamos sobre este asunto, el narcotráfico y su participación en él, amplia y bastante francamente, hasta el domingo 30 de abril de 1989, dos días después de que me enviara al gordo Jorge de Cárdenas a mi casa con más de medio millón de dólares en una saca plástica. Antes de esa fecha Tony procuraba explicármelo de la mejor manera, aunque con pocos detalles. Me refiero a él explicarme el punto de vista revolucionario del asunto.

—No todos los negocios son aborrecibles, Norbertus. No todos. Hay algunos que es necesario hacerlos. Estamos obligados a trabajar en determinadas áreas y con determinadas mercancías. Si no lo haces, no puedes entrar en la política latinoamericana.

De todas maneras, llego a Angola y tengo el recado para Patricio.

—Te doy este recado porque Tony me pidió que te lo trasmitiera. Me lo ha pedido otras veces pero yo no he querido hacerlo. Etc.

Etc.

Angola era una de las últimas batallas de la Guerra Fría, y yo la estaba cubriendo de manera ejemplar, desde los más altos niveles, donde se tomaban las decisiones hasta la tierra de los más miserables combates, incluyendo la experiencia de perder un motor cuando se despega de N'Dalatando el sábado 5 de diciembre de 1987 o tomar el mando de una compañía de cubanos perdidos en la Sierra del Candjival el 1.º de marzo de 1982, y bien provisto con una carabina AK-47 del Pacto de Varsovia, que luego cuando veo en manos de los malos en alguno de los remakes de James Bond me matan de envidia y de celos y de nostalgia. Fidel había sabido aprovechar muy bien el inmovilismo norteamericano después de Vietnam y estaba desarrollando su guerra y poniendo las trincheras de Cuba a 13.000 kilómetros de distancia. Después de la crisis de octubre de 1962 había logrado desarrollar un ejército sin competencia en América Latina y, realmente, si se excluía el uso de armamento nuclear, capacitado para enfrentarse a las fuerzas armadas norteamericanas —un crecimiento espectacular y a paso tan decidido que evidentemente se escapó de las manos del Pentágono—, y casi todo soterrado o en cuevas naturales, y de tal modo poderoso y con la posibilidad real de hacerles una enorme mortandad a los invasores, que descartó la solución militar; y además Fidel estaba entrenando a sus hombres en forma cuasipermanente en el combate real en Angola y Etiopía. Había dejado la contrarrevolución externa e interna al Ministerio del Interior —Miami y Cuba—, mientras engordaba su ejército y después lo fogueaba en África. Luego de Angola vino Etiopía y en los últimos años estaban amenazando seriamente con Sudáfrica. Recuerdo mi conversación con el jefe del

Estado Mayor cubano, el general de División Ulises Rosales del Toro, una tarde de mediados de 1988 en El Cairo cuando salimos a estirar las piernas y le regalé un pomo de colonia Drakal después de cenar en la casa del embajador cubano y él me habló de nuclear a todas las fuerzas del continente en aquella guerra sagrada contra el apartheid y me preguntó: «¿Tú crees que exista algún presidente del área que le niegue a Fidel algunas divisiones para la guerra contra Sudáfrica?» «No» —dije—, «desde luego que nadie se las niega». «En el momento que Fidel quiera, tiene en sus manos, para empezar, 20 divisiones. Y no paramos hasta Ciudad del Cabo.» La ayuda a los movimientos guerrilleros de los sesenta bajo el palio del Che Guevara había servido sobre todo para influir decisivamente en los movimientos políticos independentistas de África y en deshacerse de los más revoltosos de nuestros hombres. Aunque, claro, en realidad África había pertenecido más al dominio de la disputa chino-soviética que al de la confrontación con los yanquis, pero Fidel había logrado convencer a medio mundo de que los yanquis estaban detrás de cada acción en su contra en las costas africanas y a favor de los racistas blancos sudafricanos y, en el mismo momento que si alguien desesperaba por sacudirse del apartheid eran los americanos, él acababa de meter 998 tanques, 600 transportadores blindados y 1.600 piezas de artillería en Angola.

Tal era el fondo histórico sobre el que se desarrollaban mis aventuras africanas de la parte alta de los ochenta y sobre las cuales debo aún algunos libros, que permanecen por lo regular a medio terminar como los materiales rodantes y las piezas de artillería que se abandonan en el campo de batalla, rotos, inutilizados, sin combustible, sin municiones, pero que alguna vez fueron tripulados y bramaban y se pensaba que con ellos sería trasladado al lugar que es la victoria. Es también el escenario histórico sobre el que Arnaldo Ochoa suele bajarse los pantalones ante dos —o tres o cuatro o cinco— simpáticas y divertidas puticas cubanas y, miembro en la mano, como una batuta, tomar el mando de sus ejércitos de la noche.

Oh Dios, la fornicación nuestra de cada noche dánosla hoy.

Para hablarles claro, no se lo digo a Patricio de inmediato. Espero casi un mes desde que aterrizo en Luanda para comunicarle a Patricio que en La Habana una muchacha llamada Cristina Diéguez (él, Patricio, debe conocerla perfectamente porque es novia de su hijo mayor) ha regado la especie de que vio salir desnuda de un pasillo, en «un pase muy raro de un cuarto para otro» (sic) a la doctora Aliusha, la robusta y enérgica hija del Che, a eso de las dos de la mañana y que no se percató de su presencia en las penumbras del pasillo, y que salía del cuarto de Patricio y su mujer hacia el cuarto de invitados en el que se hallaba Willy Cowley con la suya, es decir, el teniente Guillermo Julio Cowley del Barrio y su correspondiente esposa, la sargento paracaidista Aymée López.

No hay información precisa de qué hacía la compañera Cristina Diéguez de centinela de los pasillos de la residencia en Luanda del general de Brigada Patricio de la Guardia, jefe de la Misión del MININT.

—Espérate, espérate —le digo a mi hermano, el Patrick—. Espérate, que hay más.

En realidad, ni siquiera empleo mi estancia de casi un mes en Luanda para rendirle este comunicado. Espero a que regresemos juntos a La Habana —él en un viaje de consultas, yo en mi último cruce del Atlántico como hombre de confianza de Fidel—, y que estemos en el aburrido aeropuerto de Islas Sal, después de cinco horas de vuelo desde Luanda, mientras la nave reposta. No era el mejor momento para esta conversación porque nos hallábamos un poco sobreexcitados. Habíamos entrado en una zona de turbulencias severas antes de Sal, que tuvo aleteando el Illushin-62, y a Patricio, entre divertido y asustadizo, diciéndome «¡Esto es un Stuka, Norber! ¡Un Stuka!» y yo respondiéndole «¡Un Stuka de bombardeo en picado, Herr General! ¡Bombardeo en picado!» Pero había sido un mal trance, aunque no en una escala dramática. Pero luego el capitán había abortado dos veces el aterrizaje porque tenía las nubes arrastrándose sobre el piso.

Sal era la escala antes de las nueve horas del salto hacia La Habana, Sal un mediodía de enero de 1989. El viejo aeropuerto de Il Duce. Remozado por la OTAN. Capturado por nosotros. A las puertas del África austral.

Falta lo de Enriquito.

—¿Trajiste una novia de Enriquito, no?

Sí.

Estaba autorizado en los protocolos militares de colaboración internacionalista que los oficiales de mediana a mayor responsabilidad tuvieran a sus mujeres consigo. Daba más estabilidad en su trabajo y un mejor aprovechamiento de las estancias de los compañeros oficiales en el cumplimiento de sus misiones.

—¿Y botó a Enriquito porque decía que Enriquito tenía mal aliento?

Sí.

El teniente Enrique Follo era un muchacho dispuesto y sonriente, con una estatura de basquebolista, y a la altura que tenía la cabeza uno no tenía por qué enterarse de su halitosis y si era cierta o no la argumentación de la muchacha para despedirlo. Parecía tener la dentadura sana y limpia. Al menos su sonrisa era un tanto inocente y agradable a la vista. La acusación de ser un portador de mal aliento no le impidió convertirse en el más condecorado de los combatientes del Ministerio del Interior en Angola.

—¿Y todos se la pasaron por la piedra?

—...

—¿Y la tuvieron, allí en Luanda, una tonga de meses?

La gordita, rubia, decididamente de empaque rubensiano pero con uniforme de camuflaje, se llamaba Patricia de la Cruz. Era hija de un actor de la televisión del subdesarrollo que se produjo en Cuba después del triunfo de la Revolución. Un tipo enclenque, feúcho, llamado René de la Cruz, que se especializaba en el papel de un pescador que es confidente de la Seguridad del Estado, eso en pantalla, y como confidente de la vida real entre sus compañeros actores, eso fuera de cámara, y que para ser un hombre enjuto de hombros y huesudo y enclenque, había producido una hija rolliza, fuerte y que no se cansaba de fornicar. La madre era una pianista de cabaret, salibosa y de poco éxito «en la vida» —ni siquiera el matrimonio con un adefesio como René de la Cruz le había funcionado— y que insistía en vestirse como si estuviéramos en los años cincuenta. Sandra Leonard. La madre de Patricia de la Cruz. *Sandra Leonard*. Ella está entre los responsables del fusilamiento de cuatro combatientes revolucionarios, incluidos Arnaldo Ochoa y Antonio de la Guardia. Al menos, fue una de las personas que entregó a Fidel Castro más evidencias útiles, para argumentar el crimen. Decenas de cartas de Sandra Leonard a todas las instancias del Partido y el Gobierno acusando a Ochoa y a Patricio de haberse llevado a su hija para Angola por el mero objetivo de acostarse con ella y de inducirla a participar en sus festines sexuales. Arnaldo y el Patrick tratantes de una sola blanca.

—¿La mantuvieron en Luanda una tonga de meses después de la separación con Enriquito?

—Eso es correcto.

—¿Y que no se les ocurrió darle un certificado de Cumplimiento de Misión Internacionalista y una medalla de Combatiente Internacionalista de Segundo Grado?

En realidad, eran galardones importantes para conseguir buenos trabajos en La Habana.

¿Chismes?

Sí, está bien. Son chismes. Pero, por este mismo chisme, fusilaron a cuatro hombres, es decir, tuvieron un peso en el sistema de valores éticos y políticos de la Revolución Cubana, tanto, que sirvieron como buenos, *sirvieron como perfectamente válidos*, para pasar por las armas a un Héroe de la República de Cuba y al más emblemático de los combatientes del Ministerio del Interior de Cuba.

Es verdad que esto deja un mal sabor, y luego uno oye en La Habana cómo la gente habla de la mujer de Patricio, dos personas a las que uno respeta y con las que ha coincidido en una zona de guerra, y uno oye los comentarios de cómo todo el mundo se ha pasado a todo el mundo en Luanda. Cuando Patricio caiga preso, él mismo dirá a sus hombres que «le den atención» a su mujer.

Pero recuerdo a Patricio dándole instrucciones a Enriquito Follo (y tengo la escena grabada en videotape, en el sector militar del aeropuerto de Luanda, antes de que Enrique aborde un An-26 rumbo al sector de combate de Cuito-Cuanavale) y no puedo decir que no hubiese respeto. En realidad, los episodios de esta clase marcan, y el responsable a plenitud —en el caso que nos ocupa— es Arnaldo Ochoa. La información que yo tengo a través de amigos comunes es que hacia 1996 María Isabel, la mujer de Patricio, es una figura de hielo y es una muchacha de mirada ausente y vacía y de cabeza echada hacia un lado en la almohada mientras los hombres brincan sobre ella, esforzándose por fornicar, dura como un palo, luego de haberse acostado con todos los amigos de Patricio —menos conmigo, cuidado, y creo que Michael Montañez, «Maico», tampoco—, y Willy Cowley hecho un etcétera moral, un muchacho que era —a sí mismo él se llamaba— un «komsomol» (se le adjudicaba de hecho a la Liga de las Juventudes Comunistas Soviéticas un estupendo virtuosismo moral), valiente y decidido y convencido de su ideología. Ochoa los jodió.

Pero a Ochoa lo habían jodido desde mucho antes, desde aquella vez de la mulata con la que se había enfrascado en Cauto Embarcadero, la aldea a orillas del río Cauto donde Ochoa se había criado, y que le había dicho, ven acá, mulato, que yo te voy a enseñar lo que es bueno, y lo que le enseñó y que era bueno fue meterle una segunda mujer en la cama. Una blanca. Su primera blanca.

Aymée López, la esposa de Willy Cowley, que con tanto entusiasmo y devoción participaba de estos pasteles con el Héroe y que era blanca aunque con algunos lejanos antepasados negros y chinos, solía hacerme reír en La Habana o Luanda con estas historias de juventud del Griego. Una vez, cuando le dije: «Te estás acostando con un asesino», me respondió: «Es que tiene muy buena pinga.»

No buscaba otro objetivo que bromear un rato con ella, que es una excelente amiga, pero debe habérseme deteriorado en exceso la expresión porque se apresuró en aclararme:

—Pero no te asustes que no la tiene más grande que nadie.

Como toda mujer cubana de cierta experiencia en el manejo de los hombres, Aymée López sabía que lo único que un cubano no perdona, no admite, lo perturba hasta lo indecible y lo tortura como el infierno a fuego lento es que le digan que algún compatriota la tiene más grande.

No estaba queriendo decir Aymée que Ochoa la tuviera de un tamaño especial, porque no la tenía, sino que era normal —¡menos mal, Dios, que era normal!—; y esto era algo que se le notaba en los gestos cuasifemeninos de sus manos de matar, y en la suavidad de su voz. No era bueno por los tamaños sino por la intensidad (sic).

Y siempre te quedaba aquello de que te estás clavando un héroe de la Revolución, un hombre que mata.

Las manos de Arnaldo Ochoa.

Él cumplió el ciclo completo de las revoluciones, desde matar traidores hasta convertirse él mismo en traidor y tener que disponerse a morir. Él me había contado —y por esto, cada vez que estaba a mi lado, miraba sus manos, y se me ocurría como una obligación ese contemplar de sus dedos, y la forma en que los movía— cómo había despachado algunos traidores, lo que él llamaba traidores, en Sierra de Falcón, en Venezuela, donde había estado en la guerrilla con los hermanos Petkoff. Cuando se designaba el objetivo, Ochoa esperaba algún momento para caminar casualmente a su lado, iniciar alguna conversación íntima y cariñosa (sic) y sin que un solo músculo de su cara le delatara una rabia contenida, que muchos otros suelen tener que hacer surgir para actuar como verdugos, y les decía, «ven acá», y le arrimaba la cabeza y con la mano derecha ya había sacado la 45 que estaba amartillada y le había hundido el pecho de un balazo en medio del corazón, limpio y rápido, como un buen cirujano, aunque no siempre tan limpio porque muchos convulsionaban o emitían espasmódicos buches de sangre que podían alcanzar a Ochoa si no extendía a tiempo el brazo con el que abrazaba la víctima y la dejaba caer en el camino como un fardo. La técnica la había aprendido al lado de Camilo Cienfuegos, un lugarteniente de Fidel en la guerrilla de Sierra Maestra, cuando Ochoa estuvo en el pelotón de vanguardia de la columna 8 «Antonio Maceo» y era el hombre que llevaba la Beretta, con 300 tiros, y al que Camilo le decía, a ese chivato hay que darle «tafia».

Era la fiesta del pueblo como tenía que ser, todo esto era el lumpen alborotado y sin contención, una camarilla reducida se había convertido en su aristocracia, algunos se habían refinado, un Aldana, un Ochoa, habían corrido mundo, mientras que el general de División Leopoldo Cintra Frías, «Polo», continuaba siendo el campesino con mando de tropas. Pero Ochoa era un hombre distinguido, de porte, de paso cansino, mientras Polo sólo sabía repetir un chascarrillo de su propia ocurrencia: que en el equipo de supervivencia de los combatientes debía incluirse vulva en lata. Mientras Ochoa se regocijaba repartiendo aretes más o menos costosos —no eran baratijas, no— en las baterías antiaéreas de mujeres cubanas dislocadas en el TOM Angola (había dos unidades de este tipo allí) que mandaba a comprar a los mercados de Punta Negra, República del Congo, Polo, que entonces —como jefe de la Agrupación de Tropas del Sur (ATS o Sur Agrupación)— estaba subordinado a Ochoa, seguía con su tontería subdesarrollada y de grueso regusto de las vaginas enlatadas.

Pero quizá no sea justo tratar por igual al conjunto de una tropa revolucionaria y sobre todo a un *hardcore*, que en verdad es frugal y dedicado a su empeño de trabajo. El grupo en los accesos de Fidel o los dos subgrupos fundamentales —el de Raúl y el de Abrantes (o el Ministerio del Interior)— era la verdadera aristocracia, y fíjense, una como ninguna otra se ha establecido jamás en Cuba, con esa cultura, con ese sentido político, con ese poder y con ese reconocimiento internacional, y a la que yo también accedí en los últimos años de mi existencia cubana, y cuando iba entrando en esas, mis primeras vacaciones del sector prohibido de Varadero y veía a Geraldine Chaplin o al pintor Guayasamín o a dos cosmonautas soviéticos o al hijo de Fidel y me percataba de que había otro mundo y que yo, a la larga, no tendría cabida en ninguno de los dos —como habría de ocurrir, en efecto—, puesto que el año anterior había estado en otro sector de la misma playa en unas tiendas de campaña para estudiantes universitarios, despellejado por el repelente de los mosquitos, y todo lo cual hacía una suma que me llevaba a la vieja frase de Jean-Paul Sartre de que uno no sabe lo que es la clase hasta que se da cuenta de que no puede abandonarla.

Un mundo que uno despreciaba y del que me ponía a resguardo como pudiera, el de unos verdaderos y finalmente ingenuos lumpen devenidos militares (casi siempre tanquistas) que 20 y 30 años después celebraban aún su triunfo sobre la burguesía, a la que habían desposeído, y el asentamiento del poder proletario, es decir, el poder de ellos al que Fidel le endilgó ese apellido, Proletario, pero era una fiesta reglamentada y de bebida por cuotas en la que era un auténtico y maravilloso divertimiento estar lleno de grasa de puerco e ingerir la cerveza por cajas durante una semana de jolgorio y luego un ruidoso dominó al otro lado del barrio amurallado, de cubiertos de plata y de finos scotchs.

Una vez en el mismo Angola, en el invierno austral de 1982, mientras yo ayudaba a una muchacha cubana a desabotonarse su camisa de camuflaje y dejar al descubierto sus senos y el suave delineamiento de sus pulcras axilas, y seguir la línea de luz que chisporroteaba sobre sus minúsculas gotas de sudor, hasta la punta de los pezones, y mientras ella, como único gesto intuitivo de protección, se encogía de hombros, le dije:

—Tu cuerpo es el hermoso paisaje que quería Malraux.

Sonrió, apenada.

—Me gusta que mi cuerpo sea un hermoso paisaje —la voz totalmente quebrada.

Decidió reservarse que no conocía a Malraux.

Nunca he disfrutado tanto de la mujer de un prójimo. Nunca los conductos y el sistema muscular han sido tan espasmódicos ni tan vibrantes, ni la carne a penetrar ha tenido tanto agarre y ha sido tan espasmódicamente tibia y dulce y ha habido tanto desasosiego y tanto asombro emitido desde el centro del cuerpo de una muchacha y tanta cooperación.

El AK-47 estaba recostado a la puerta de mi habitación en la «Casa

Número Uno» de Luanda y después ella poniéndose sobre los blumers su crudo pantalón de camuflaje.

Ella temblaba y yo ahora queriéndoles poder decir a los lectores que muy magnánimamente rechacé la oportunidad. El general de División Menéndez Tomassevich invitó a comer a una docena de oficiales jóvenes con una hoja de servicios destacados en la Misión y en un primer viaje de los Lange Rover del Jefe de la Misión, que entonces era Menéndez Tomassevich, trajeron algunas de las esposas de los muchachones. No sólo no rechacé la oportunidad sino que hice muy bien en aceptarla. Fue espléndido, cuando la conduje sin apenas pronunciar palabra hacia la puerta de la habitación, donde sólo tenía mi camastro, mi fusil y mi mochila.

Malraux decía que poseer a una hermosa mujer era como penetrar un paisaje. El hermoso paisaje que me descubría esta muchacha eran uno vellos rubios, apenas perceptibles que nacían bajo su ombligo y descendían en una fina línea hasta la región púbica, una piel fresca y enjabonada un rato antes con generosidad, y temblorosa, sin poder controlarse, y con miedo, y que se me entregaba atenida a un poder que ella suponía que yo detentaba y que se me entregaba como se le entregan las mujeres, no a los guerreros, sino a los conquistadores, y aquel animalito asustado no sabía porque jamás habría de leerlo seguramente y porque luego, si regresaban vivos de Angola, se dedicaría a parirle hijos a su teniente, pero que en aquel momento era una mujer con unos huesitos que crujían como corteza de pan fresco, y digo que jamás sabría porque jamás sabría interpretarlo con palabras porque tampoco sabría que las cosas se interpretan con palabras, que estaba experimentando el placer de la derrota que está en *Las amistades peligrosas* y que las sacudidas de los violentos orgasmos que estaba experimentando eran el resultado de una situación casi descriptible como violación como era esta penetración supuestamente forzada pero que en verdad estaba autoinfligida y que le daba la libertad de no ser responsable, de no haber acudido ella misma a la entrega, de no ser parte activa, supuestamente, de su total y absoluta entrega, y dondequiera que se encuentre y si alguna vez tiene contacto con esta memoria, debe aprender algo: que no ha olvidado aquella tarde entre mis brazos y yo firmemente anclado entre sus piernas, no por mí, sino porque dio rienda suelta a su sueño y que era cómplice única y guardando una severa compostura militar delante de Menéndez Tomassevich, a quien todos llamábamos «Tomás», y después de eso Tomás y yo fuimos a seis combates y estuvimos en el cerco de Menongue y tiramos 3.000 tiros de AK-47 y me gané la medalla de Combatiente Internacionalista de Primer Grado —que sólo se otorga cuando participas en acciones combativas y no te apendejas. No es para regalar a putas. Años después, mientras me acercaba al lecho donde yacía habitualmente boca abajo Eva María Mariam y yo me acercaba a sabiendas de que estaba desnuda y que sus dos nalgas eran los dos promontorios que me aguardaban para calentarme en la habitación climatizada, solía preguntarme —a tenor de mis apetencias sexuales y de los planeamientos que elaboraba para acometer sobre el cuerpo de Eva María— si no sería un tipo excesivamente cerebral.

Pero entendía por qué una porción de mis compañeros de las tropas revolucionarias no podían recrearse en los conceptos del paisaje que enaltecía André Malraux y era por la poca capacidad de empleo del pensamiento abstracto de mis compañeros y porque el centro de dirección de sus vidas no radicaba en el cerebro sino en las pingas —que es como se ha dado en denominar a los penes definitivamente, en Cuba, a nivel nacional—, y que, lógico, es la parte del organismo del cual obtienen mayores deducibles y porque tú no puedes salir de un matorral de una montaña oriental donde te has fornicado gallinas, puercas y yeguas, a acostarte con una mujer sedosa y perfumada y laxa y que te mordisquea el lóbulo de la oreja y por eso tú entiendes la enorme tendencia a la bugarronería de los cubanos procedentes del campo, que no es porque sean homosexuales en el sentido que ellos mismos desprecian a morirse y matar, sino porque no disfrutan de la belleza, porque no entra en sus cálculos, no la entienden, y lo que necesitan es el lugar donde meter esa *fana* —palabreja de uso y origen absolutamente delincuencial y que significa literalmente los detritus que casi siempre por falta de higiene se acumulan en la base del glande, pero que por extensión también sirve para designar al pene— y de ahí que todos ellos desprecien una oportuna y aliviante sesión masturbatoria para salir disparados al corral del patio buscando la puerca retozona de ese harén del campo criollo que es la cochiquera. Vulva en lata de Polo. El caso de Ochoa tenía algunas diferencias por aquella tipa que le había descubierto el universo controvertido y desafiante del lesbianismo cuando le dijo ven acá, mulato, que voy a enseñarte lo que es bueno. Pero a pesar de todo lo que me dijera Aymée, cada mujer que se metiera esa pinga de Arnaldo Ochoa, o la pinguilla de Polo, estaba compartiendo una verga que ya había pasado por los culos babosos de todas las yeguas y chivas que despertaron la libido de estos héroes legendarios de las misiones internacionalistas cubanas cuando eran unos mugrientos y absurdos adolescentes, si es que en esas zonas del campo existe adolescencia.

CAPÍTULO 6

La guerra que nunca termina

Sobre ellos se gasta un aproximado de la tercera parte de la energía y los dispositivos. La información sobre *el personal yanqui* que cumple misión en Cuba se actualiza diariamente —y es acumulativa. Nunca se destruye.[66] El razonamiento elaborado por Fidel Castro sobre el particular es que uno nunca sabe cuándo puede necesitar el video de un yanqui. Debe suponerse que en la grabación se haya registrado al objetivo en alguna clase de episodio que, visto a la distancia y en frío, le resulte incómodo, un lance de tipo sexual por lo regular. Pero tampoco se destruyen o borran los *tapes* en los que se graban (de manera secreta, por supuesto) las actividades cotidianas de este personal transitando por las calles, visitando oficinas oficiales u otras sedes diplomáticas. Miles de kilómetros de *tapes* casi equivalentes a los miles de kilómetros de calles, carreteras, pasillos, caminos que los objetivos transitan a diario —con su cola del K-J, inseparable, firme, ineludible, tras ellos— en el paraje cubano.

Todos esos rollizos, pensemos que sonrosados, culitos de ustedes, Sus Excelencias, vibrantes de fruición y entusiasmo, entraron en el campo de los costosísimos lentes Sony del K-J que se encuentran instalados en vuestras habitaciones particulares y fueron estampados en los correspondientes *tapes* que obran en los archivos. El laborioso trabajo de auscultamiento en las paredes efectuados por los especialistas venidos de Washington o de Langley y sobre todo la parte cuando comienzan a guardar sus equipos de detección en los maletines y dicen «*No bugs* (micrófonos). *The room is cleared*», también han sido grabados para archivar.

Mujeres diplomáticas (o de diplomáticos) norteamericanos destacados en la misión de La Habana: ustedes ya han conocido el mismo dilema. Sólo los hombres «no tienen problema» bajo los cánones de la cultura machista cubana, cuando se les escapan a las esposas. Más bien, se les aplaude la condición.

Denominada —como se ha dicho— Sección de Intereses de los Estados Unidos de América, ahí tienen el objetivo principal del K-J.

Ubicada en el mismo edificio erigido como reproducción a escala de la emblemática sede de las Naciones Unidas, en Nueva York, pero éste solazándose frente a la que fuera la última frontera del mar, el robusto muro gris del Malecón habanero, fundido sobre los 6 kilómetros de arrecife que enfrentan el Caribe y que separa agua de tierra y ciudad de Golfo, inamovible, en espera del advenimiento de una nueva era geológica, es el mismo edificio que ocupó el personal de la Embajada hasta el 2 de enero de 1961, cuando los dos países vecinos rompieron relaciones (una decisión de los Estados Unidos al otro día del virulento discurso de Fidel por el segundo aniversario de la Revolución en el que a voz en cuello clamara por ese desenlace —«¡Que se vayan! ¡Que se vayan!», gritaban al unísono, aplaudían, espasmódicos, el líder revolucionario y su pueblo, ¿un millón de personas?, entre ellas los hombres que componían los primeros cien batallones de combate de las Milicias obreras de La Habana, mil hombres cada uno, y cada uno de esos batallones con el poder de fuego de una división en la Segunda Guerra Mundial, y las primeras baterías de cañones antitanques soviéticos y ametralladoras antiaéreas de cuatro bocas checoslovacas que desfilaran en el continente americano en esa plaza que a partir de la tarde de turbios resplandores en el horizonte y el bajo techo de nubes del lluvioso invierno, adquiriría las mismas resonancias admonitorias de la Plaza Roja de Moscú— tres meses y dos semanas antes de que a Fidel Castro lo sirvieran con la operación de Bahía de Cochinos.

Desde luego, sería ingenuo tratar de preguntarle al mismo gobierno cubano sobre la veracidad de esta conducta. Pero en 1998, en el exilio de Miami y Europa, pueden ser localizados algunos veteranos del Ministerio del Interior y específicamente del K-J que accederán gustosos a corroborar (e incluso ampliar considerablemente) nuestra información: Filiberto Castiñeiras (ex coronel), Juan Carlos Fernández (ex teniente del K-J), Raúl Fernández (ex mayor), Jorge de Cárdenas (ex capitán), Carlos

Gámez (ex teniente), no muchos en verdad, pero con buena y sólida información (ya la CIA ha exprimido, en su momento, a estas ahora mansas palomas caídas en sus manos después de 1989, y les ha pagado algunos honorarios, aunque en el rango de la más severa modestia, nunca más de 500 dólares —la época gloriosa y de despilfarros millonarios de la Guerra Fría ha quedado atrás, tch, tch, ¡lástima!). Yo recomiendo al ex teniente Juan Carlos Fernández, localizable ahora en los Estados Unidos. Pero cuando viajen a Cuba y observen el movimiento de los Lada por el retrovisor, que les está pisando los talones, frenen de improviso y abórdenlos. Verán palidecer a la tripulación, tartamudear, mientras se les pregunta ingenuamente por una dirección que no se encuentra. Nada perturba más a los kajoteros. Nada peor a saber que tú los has *quemado*. Que los quemes y que comience a rodar la pregunta dentro de los carros y por la planta con la jefatura de que si han sido detectados. Es humillante, e indigna sobremanera a sus jefes.

Éste es, pues, el equipo que nos cae arriba. La Brigada 1 del K-J, la de los yanquis. Y empiezan el gardeo. Implacable. Como sólo ellos saben hacer. Y ser.

Gardeo. La palabra. Perfecta para su uso cubano. Está redondeada del término *guarding*, que como toda expresión de éxito en Cuba y que sea duradera durante 30 o 40 años, es inglesa, pero que se adopta por su procedencia norteamericana —y que en este caso hizo desaparecer al jugador en la posición del guarda para describir al polizonte con los morros pegados al cogote de un objetivo.

¿Documentos? ¿Papeles? ¿Alguna clase de materia documental que respalden la curiosidad de los researchers de la Academia? ¡Ustedes están bromeando, chicos! Si eso es lo que se requiere, estamos todos descalificados antes de arrancar. ¡Si somos el país que perdió su pasado! No ya la descripción del dispositivo de seguridad y protección de Fidel Castro, sino que cualquier otra porción de las referencias que respaldarían los pasajes de cualquier investigación histórica y hasta literaria, si circuló escrita alguna vez, tuvo clasificación «R» (Restringido), «Secreto», «Muy Secreto» o «Secreto de Estado», y seguramente se hallaba protegida en sobre rotulado como «Secreto P» (Personal) sellado con lacre, de modo que sólo podía ser abierto por el destinatario, los cuales debían seguir las indicaciones de obligatoriedad «Devuélvase al Remitente», «Destrúyase Después de Leído» o «No Para Archivar» y fue destruida, seguramente incinerada. Es decir, ayer no existió. Y aunque en la práctica cubana no existan los mecanismos que sigan y aseguren con eficiencia y acuciosidad el designio de destrucción, y que existan penalidades para los infractores, que incluyen el fusilamiento, para ese curso que debían (y deben) seguir la documentación clasificada, los dirigentes contaban (cuentan) con la «Oficina Secreta», servida por dos o tres empleados de máxima confianza, es decir, debidamente filtrados por Seguridad del Estado, y casi siempre con un hornillo en el que la documentación resulta(ba) adecuadamente incinerada. Es el destino infalible de la producción cubana: de papeles oficiales: seguir el curso regulado de circulación a través de este sistema de las Oficinas Secretas, que se halla en todos los ministerios y oficinas del Gobierno y del Partido. Sin lugar para la Academia, hermanos. El verdadero fin de la historia, como nunca antes se concibiera un fin de la historia tan definitivo como éste. Nada que la documente como historia transcurrida. Sólo la memoria irrecuperable de unas criaturas que pueden reivindicar el haber estado allí. O las cenizas mezcladas de los viejos papeles y microfilmes en el fondo ennegrecido de los hornillos.[67]

Así que los afanosos combatientes de la Brigada 1 del K-J estaba en nuestra cola el martes 23 de mayo, cuando hicimos —rumbo este— el recorrido hasta el edificio de dos plantas que conocíamos regularmente como «la oficina de Interconsult». Antonio de la Guardia con su traje verde olivo sentado delante con su ayudante —el capitán Jorge de Cárdenas— como chofer, y María Elena y yo sentados detrás. Dejamos a María Elena en Interconsult y de regreso, rumbo a la oficina de Tony, tomamos por la Séptima Avenida, en Miramar, de cuatro vías y escaso tráfico y que se abre en bóveda bajo las ramas de viejas ceibas, y antes de entrar en materia con Tony y decirle que era hombre muerto, hablamos la usual cantidad de intrascendencias —un par de toneladas.

Empecé por decir que yo no sabía que Marielena trabajaba en Interconsult.

—Yo no sabía que Mary trabajaba en Interconsult —dije.

Se trataba de una oficina de abogados, teóricamente destinada a ofrecer servicios a particulares extranjeros y los cubanos de Miami, puesto que sólo aceptaba clientes con dólares, y que tenía en su haber —en el orden represivo— la expulsión en 1985 de André Birucoff, el corresponsal de la Agencia Francesa de Prensa en La Habana, que había firmado un despacho sobre el tema —hasta entonces virgen, el tema— de las cubanas que se casaban con extranjeros para salir del país y que había provocado una réplica en primera plana de *Granma*, el periódico oficial (y único en existencia), diciendo que debido al tratamiento de prostitutas que Birucoff había dado a las hijas del abnegado y estoico pueblo cubano, se le expulsaba sin contemplaciones. (Por cierto que luego André Birucoff no tuvo a bien solicitar los servicios de Interconsult para mediar legalmente en su engorrosa expulsión del país como *persona non grata*.)

El edificio se hallaba en restauración —enseguida yo lo sabría— para disfrute de otra firma paragubernamental, OmniVideo, donde María Elena Torralba, esta mujer de Tony, parecía sentar plaza y donde trabajaba sólo un personal seleccionado por Seguridad del Estado —en realidad, Interconsult, OmniVideo y demás empresas similares eran *siempre* ramas de esa institución. Quería decir, para ser más exactos, que eran empleos muy bien remunerados y en lugares tranquilos y seguros, muy apacibles y alejados de las angustias de las turbamultas entregadas a las pasiones y los esfuerzos de la participación revolucionaria, que se reservaban para las mujeres y/o familiares muy cercanos de la reducida y selecta aristocracia gubernamental, en especial, la vinculada a los altos mandos del Ministerio del Interior.

—No sabía eso —dije—, que Mary trabajaba en Interconsult.

Tony dijo que no. Interconsult cambió el nombre y se mudó. Tenía un nombre flamante, «Consultoría Jurídica Internacional». Y tenía una casa recién restaurada, en Tercera y 18, Miramar, frente a nuestro restaurante favorito, El Tocororo, en el que (desde luego) sólo podías entrar si un buen rollo de dólares —nunca pesos— te abultaba en el bolsillo. Miguel Ruiz Poo, que respondía al nombre de guerra de «Alex» y fuera el administrador del Interconsult primario, era ahora el representante de Tony en Panamá. «La única y auténtica empresa de contrabando de carne humana viva», era una fórmula de broma entre los antiguos oficiales de Interconsult y se refería al negocio establecido de visas y pasaportes y permisos de salida —*siempre* desde Cuba hacia los Estados Unidos.

Mary seguía en OmniVideo. En una división de OmniVideo. En una especie de videoclub para diplomáticos acreditados en La Habana y «personal cubano autorizado a portar dólares», y con su casa matriz que se dedicaba alegremente a tomar del espacio sideral toda la producción fílmica norteamericana y venderla en el Caribe y América Central, México incluido, y que en su momento fuera objeto del escrutinio del príncipe de las noticias trasmitidas por televisión. Ted Turner fue el magnate norteamericano que exploró las instalaciones originales a principios de los ochenta —una casa de una planta rodeada por antenas parabólicas en un apartado barrio del oeste habanero y cercana al búnker de Fidel Castro (esto no lo supo nunca Turner, que era amablemente guiado por una cohorte de raudos oficiales de Seguridad del Estado bajo cualquier clase de cobertura diplomática), y Turner, para orgullo de Fidel Castro (y según se cansó de revelar con posterioridad el mismo Fidel), simpatizó con la idea. Desde luego que Turner tampoco supo nunca que la proximidad con el búnker respondía al deseo de ahorrar gastos con el cable coaxial subterráneo y cobertura metálica tendido entre ambos puntos —búnker y OmniVideo— para que el Comandante dispusiera de señal de televisión por satélite en la sala del hogar); y Fidel Castro hizo los comentarios de rigor con los hombres del personal cercano. Ted Turner había dicho que causaba admiración lo que habían logrado los cubanos. «Hacer creíble esto es un triunfo de los ingenieros cubanos y de su ingenio», había sido el comentario de Turner según Fidel. Dice Ted Turner, decía un halagado líder cubano, en aquellos días, que *por lo que a él respecta nos hemos ganado el derecho a piratearlo*. Se agregaba al beneplácito de los comentarios turnerianos que éste iba a donar una nueva antena parabólica a sus ingeniosos amigos cubanos. La maravilla tecnológica y esfuerzo empresarial de esos cubanos había sido instalar cuatro antenas parabólicas, apuntar a los satélites y grabar en una línea de máquinas Betamax colocadas en serie todo lo que encontraran en el cielo insondable. Luego, imprimían unos centenares de copias y las envasaban en unas policromadas cajas impresas por el mismo personal que inundaba el mundo con la incontrolable variedad de los apacibles sellos de correos cubanos de flora y fauna de la isla y que produjeron tantos sellos y con tantos colores, desde que supieron que había mercado para tal artículo, que terminaron por abaratarlos de tal manera que los coleccionistas los pueden conseguir por libras, y que era el personal impresor adscrito a la entidad llamada COPREFIL, que fue la solución semántica hallada para sintetizar de algún modo el nombre Empresa de Producciones Filatélicas de la Administración Postal de la República de Cuba y que pese al rigor de ese nombre oficial completo poseía las máquinas de mayor resolución del país, lo que provocaba a su vez una sólida y permanente vigilancia de Seguridad del Estado en el local para evitar, en primera instancia, que «algún cabeza loca» (tal la expresión de Fidel Castro) de entre los ingenieros y maestros de impresión de COPREFIL imprimiera billetes falsos (se descubrieron dos intentos en desarrollo). El acabado final en el lomo de las cajas era el símbolo de Copyright a favor de OmniVideo Corp. y la solemne advertencia de que el *tape* sólo podía ser utilizado en exhibiciones caseras y que cualquier exhibición o trasmisión pública podía ser objeto de la acción del FBI, y la dirección postal de la compañía productora: OMNIVIDEO Corp. Santa Mónica. California. O en otros casos, cuando creían que Santa Mónica *se les estaba quemando* (?), era OmniVideo Corp. Palo Alto. CA.

Esa mañana, después de yo advertir a Tony de los peligros que nos acechaban, él se concentró en unos negocios de armamentos que tenía y en «tirarle un cabo» (ayudar) al capitán «Jesusito» en la actualización de unos planes de voladura del canal de Panamá. Un viejo compañero de Tony de Tropas Especiales. Jesusito.

A menos que Tony se hubiese decidido a mentirme, el armamento pesado que le encargaron buscar a mediados de 1988 era para el ejército de Sadam Hussein. Para decirlo con los rigores que ameritan las circunstancias, el régimen de La Habana ansiaba con hacerse de alguno de los petrodólares iraquíes mediante la venta de armamentos. No creo que Tony me hubiese dicho mentira. Nunca, ni antes ni después, he podido identificar una mierda de esa clase, y si alguien ha investigado esa vidita, caballeros, y la ha revisado de punta a cabo y se la sabe de memoria, soy yo. Me ocultó un par de cosas, ya al final, y bajo una enorme presión. Pero no mentiras. Así que pueden dar por sentada la cosa.

El pedido incluía por lo menos tres baterías de lanzacohetes múltiples BM-21, una de las joyas —en cualquiera de sus variantes— de la industria militar soviética, pero que éstos, sus productores originales, estaban en veda para Hussein desde el arribo al Kremlin de Gorbachov. La veda era para ciertas cantidades que pudieran parecer excesivas o determinados tipos de armamentos, aunque la parte soviética procuraba satisfacer las estipulaciones de los planes de entrega de acuerdo con los convenios y protocolos firmados. En definitiva, la competencia francesa mantenía inalterable su flujo. El pedido entregado a Tony por José Abrantes Fernández que a su vez lo había recibido de Raúl Castro, al que se lo había entregado Fidel, todo con el objeto de que no apareciera ningún dirigente conocido de la Revolución involucrado, incluía cañones y/u obuses de 120 milímetros. Tony contento porque significaba que él estaba arriba, que estaba en la onda. Mientras más jodida, siniestra, terrible sonara la misión que le encargaban, más quería decir que estaba apuntalado. Abrantes no le escondía bola, que era nuestra forma de decir que no escamoteaba información. Es decir, no ocultar las bolas de la lotería portadoras del número que te pueden hacer ganador. Fidel no podía aparecer en esto por el equilibrio de los No Alineados y por su autoridad de líder tercermundista y porque los iraníes estuvieron quejosos en la cumbre del Movimiento de los No Alineados celebrada en Harare en 1986 por las armas químicas de Hussein y por la mortandad que habían causado en su población civil y ya Fidel tenía bastantes problemas con haber puesto a caminar a Sadam Hussein, es decir, el envío a Bagdad del doctor Rodrigo Álvarez Cambras, un ortopédico que todo lo resolvía con su trabajo de carpintería, había sacado a Hussein de una silla de ruedas, y había vencido sobre los franceses y los mejores profesores del mundo, y desde entonces comenzaron a llover los Mercedes para Álvarez Cambras, que Fidel lograba siempre que se convirtieran en donaciones a la Revolución.

La eventualidad de que demoledoras acciones de sabotaje puedan ser producidas por los cubanos no debe nunca tomarse a la ligera, puesto que acciones de ese tipo ya han sido ejecutadas en fechas no muy lejanas, como la voladura del Puente de Oro en El Salvador o de la refinería de Acajutla. Estudios de situación operativa de las refinerías y los sistemas de compuertas del canal de Panamá, así como estudios de comportamiento de los ríos de la costa este de los Estados Unidos de América, concluidos hace mucho tiempo, se actualizan con regularidad y están adjuntados a los protocolos de los planes de contingencia, y sólo hay que dar una orden para poner en marcha todo ese mecanismo de destrucción. Fidel sólo tiene que decir: «Procédase.» El viejo sueño de

Adolf Hitler de convertir en un potaje alsaciano el canal de Panamá y de paso inundar todas las costas de la cuenca del Caribe hasta la misma Cuba por el repentino y brutal cambio del nivel de las mareas es algo que Fidel podría perfectamente complementar. Está preparado para eso. Por cierto, un dato curioso: algunos de los estudios de situación operativa han sido sufragados por los mismos Estados Unidos de América, actuando como pueden hacerlo frecuentemente con la bondad de los hermanos mayores. ¿Bondad? ¿O ingenuidad imperdonable? Bueno, pues, les informamos a todos los oficiales de los Estados Unidos de América encargados de los trabajos del famoso laboratorio submarino en la vertiente Cousteau denominado Hydrolab efectuados en la isla de Saint Croix en 1981, que tuvieron a bien invitar a un grupo de especialistas cubanos y correr con todos los gastos «en el marco de la mejor buena voluntad del entendimiento entre los dos países» para que aprendieran sobre corrientes marítimas y experimentos con el preciado líquido llamado agua, eran el teniente coronel Julio Hernández Socarrás, «Alí» —¡nada menos que el primer médico designado para acompañar al Che Guevara en su campaña de Bolivia de 1967 y veterano de la batalla anterior del argentino, en el Congo de 1965, y un tipo con tantas agallas que el 11/16/65 fue capaz de enfrentarse al Che cuando éste lo mandó a una exploración y viendo el poco entusiasmo de la población zairota ante la gestión revolucionaria que ellos estaban emprendiendo, le dijo: «Va siendo hora de parar la saltadera de lomas sin que esta gente nos ayude», explosión de irritabilidad que el Che consignó con el vocablo revolucionario cubano de «explote» en su diario!—; el mayor Jorge Álvarez —¡y nada menos que el jefe de Operaciones Sicológicas de la DGOE!—, el mayor Claudio Menéndez, «Honduras» y el teniente Guillermo Julio Cowley, todos feroces combatientes de Tropas Especiales y tenían la misión de aprovechar la invitación yanqui para efectuar su correspondiente estudio de la situación operativa. Chequeen los nombres en los archivos. Aseguren la veracidad de mi información.

Esa misma mañana, según la precisa reconstrucción y establecimiento de los hechos realizada posteriormente, el subteniente de la Brigada Especial de la Policía Carlos Gámez, «Charlie Brown», era uno de los hombres que estaban buscando.

Charlie Brown fue el primer oficial de guardia de los días iniciales de

MC: francotirador de Tropas Especiales, uno de los tres únicos especialistas de esa dependencia; egresado con calificación Excelente del Curso de Francotiradores 1981-1982 de la DGOE (nueve meses de instrucción y no menos de 200.000 disparos); un verdadero artista en el uso del legendario fusil soviético de 7.62 mm. Dragunov con la mira óptica PSO-1; es mencionado aquí —aparte de la misión para la que se le estaba buscando— porque de muchas maneras imprimió al Departamento MC algunas de sus características originales, un aire de frescura y de cierta irresponsabilidad pero capaces de cualquier aventura. El coronel De la Guardia había sabido elegirlo entre los jóvenes que flotaban en la barriada de Miramar, frente a su casa, y del mismo modo había sabido prescindir de sus servicios hacia 1986 luego de conocer que no sólo «se había pasado por la piedra», es decir, fornicado, con su principal oficial del sexo femenino, la capitana Rosa María Abierno Gobín (conocida posteriormente como «La Narcotraficanta»), y luego a Ivón (apellido no disponible, conocida como Ivón *Bombón*), la compañera esposa de su favorito de la corte, el mayor Amado Padrón Trujillo, sino que también habían sido dispuestas en el conocimiento de los rigores de su pase por la piedra, una de las propias ex esposas «del coronel», es decir, del mismo Tony, y, al parecer, una prima cercana o una tía o una de sus hijas (nombres obviados piadosamente en la presente obra). Así que Charlie Brown fue trasladado a la Brigada Especial de la Policía, para la lucha frontal contra la delincuencia común (no política), donde se ganó el apelativo de «Rambo Loco» luego de escenificar la más espectacular persecución nocturna de automóviles que se recuerda en la historia del Socialismo Mundial, a 160 kilómetros por hora sobre las casi siempre estrechas calles de La Habana, para perseguir a un jovencito hijo del héroe de la Revolución Juan Almeida que había salido a probar el carro del padre como si la macilenta calle 23 de El Vedado fuera Indianapolis y con la mala fortuna de que Rambo Loco peinaba la zona en busca, más bien, de alguna chica que quisiera yacer con él en el asiento trasero de su carro-patrullero Lada 1500-S con todos los chiclés de alta y tapa del block rebajada. En definitiva, uno podía parquear su patrullero debajo de una de aquellas frondosas y oscuras y apartadas arboledas de El Vedado, y disfrutar de la compañía de alguna ciudadana. Es entonces cuando, como un joven venado macho llamando a reto al líder hasta entonces indiscutible de la manada, un bólido cruzó frente a su morro en dirección oeste y Charlie Brown comprendió de inmediato que aquella noche no había desorden en el asiento trasero del Lada, que no había culito. Pero unos 27 minutos más tarde, cuando al fin logró arrinconar al Lada *enemigo* contra una calle ciega del reparto La Lisa, en la que una tupida manigua, un mar de hierba de Guinea, era lo único que quedaba por delante, y unas apagadas cabañas de madera por los lados, y Carlos Gámez se apeó con un portazo y con la intermitencia de las luces roja y azul de las balizas barriendo el escenario y el eco de su propia sirena que aún le llegaba de los callejones húmedos de estas pobres barriadas del oeste, le clavó el cañón del AK-47 (¡todo esto es textual, señores!) en la frente al muchachito, le dijo: «Vamos a regresar por donde vinimos pero a más velocidad. Ya entré en calor y lo que estoy es loco por seguir persiguiendo.»

Es el personaje, alegre, valiente y con la necesaria y firme cuota de irresponsabilidad que distingue a esta raza cubana, y al que el jefe de la Brigada Especial, el coronel José Rodríguez —«Joseíto» o «Teíto»— manda que se presente en su oficina. Allí le presenta a un personaje más bien flaco, como flacas pueden ser las auras pero que Charlie Brown describe «como lo son después de la fiebre tifoidea», y arrogante y severo y con un almidonado uniforme de campaña de general de Brigada «lo cual ya es un demérito para empezar porque ¿cómo tú vas a almidonar un uniforme de combate?». Joseíto se retira y deja a Charlie Brown en las garras del desconocido general de Brigada.

—Yo soy el general Santiago y soy el sustituto del coronel Tony en emecé. ¿Tú fuiste su oficial de guardia... tengo entendido?

Ah, piensa Charlie Brown. Tronaron al coronel.

—¿Fuiste el oficial de guardia?

Primera respuesta evasiva.

—No exactamente, general. Más bien atendiendo los teléfonos.

—Entonces sabes quién llamaba a Tony.

Claro que lo sabe. Desde Fidel Castro hasta Robert Vesco. Todos se pasaban la vida llamando allí.

—¿Sabes quiénes llamaban, eh?

Ah, piensa. Pero yo no me voy a meter en esta bronca. No, señor. Segunda respuesta evasiva.

—Bueno, sí. A las horas que yo estaba allí.

—¿Las horas?

No sólo respuesta evasiva a continuación sino que es una mentira del tamaño del circo Ringlin, que en nuestro sistema habitual de medidas, era la cosa más grande del mundo.

—Sí. Porque yo trabajaba por las madrugadas.

—Pero a esa hora...

Un rato después el general Santiago sabe, no sólo que tiene las manos vacías, sino que, en lo que respecta a este hombre, las va a seguir teniendo.

El general Santiago acaba de retirarse de la sede de la Brigada Especial de la Policía, debajo del puente sobre el río Almendares. El coronel Joseíto vuelve a tomar posesión de su oficina. El subteniente Gámez lo está esperando, por lo que el coronel Joseíto lo invita a tomar asiento. Pero el subteniente Gámez no espera a que su jefe termine de acomodarse. Se está quitando los galones de su charretera y se ha despojado de la canana con la pistola y aún no ha colocado todo ese andamiaje sobre el buró cuando ya Joseíto sabe exactamente lo que le va a decir. Le va a decir que le dé ahora mismo la baja porque él no va a continuar en un MININT que acaba de convertirse en una mierda...

—Me das la baja ahora mismo, Joseíto. A mí no pueden estarme buscando para fusilar a Antonio de la Guardia. ¿Tú crees que yo no me doy cuenta de las cosas? Esto acaba de joderse. Y se acaba de joder porque ha dejado de ser un trabajo de hombres.

Joseíto se deja caer lentamente en su silla giratoria y tiene la vista fija en el rostro de Carlos Gámez, que tampoco pestañea, y que sabe perfectamente la naturaleza de la respuesta de su jefe:

—Te voy a dar la baja por enfermedad. Porque si digo esto que tú me has respondido, el próximo fusilado eres tú, Carlos Gámez. Espero que entiendas que tú y yo jamás hemos tenido esta conversación.

—¿Qué conversación? —pregunta Carlos Gámez.

—Eso es lo que digo yo —afirma el coronel Joseíto—. ¿De qué conversación estamos hablando?

—De ninguna, que yo sepa.

—Pero, además, tienes toda la razón —dice Joseíto, con cierto aire de resignación—. Las putas han tomado el poder.

Entonces, Abrantes. La misma fecha. La misma hora. Mayo 23, 1989.

José Abrantes Fernández. General de División, Ministro del Interior; alias «Pepe», «el Bebo», «la Avispa» o «el Veintisiete» (puesto que responde al código de comunicaciones «Z-27»). Tiene una concepción estratégica: grabar y guardar. Tiene el material en archivo, que es extraído en el momento necesario. Aparte de los atributos del poder, es un hombre al parecer de una belleza física insoslayable. Después oye tangos, o se apoltrona en una sala de proyección privada a repetir oestes. Si algún amigo suyo no ha visto *Shane el desconocido* o *Veracruz* o *El tren de las 3:10 a Yuma*, él se la puede contar desde los créditos. Frío y calculador, y mata.

Está en su despacho y llama a su ayudante. El general Orlandito. Abrantes tiene un ayudante que es general de Brigada.

—Orlandito, localiza a Tony. Urgente.

—Estamos en eso, Ministro.

Lo está localizando porque Fidel sigue apretando con el problema de los yates robados en Miami. Abrantes raramente inquieto, preocupado. Nada que ver con su regular conducta de acometividad, agresivo y trabajador, que le valió uno de sus motes favoritos, aunque no se le permita el uso a cualquiera. Avispa. Llamado «la Avispa» porque en la charada china al uso en Cuba desde tiempos inmemoriales, el significado de 27 es el ponzoñoso insecto, agudo, casi siempre imperceptible hasta el momento del ataque; un zumbido en línea, sus cuatro alas y el odio de azogue de una gota de veneno inyectada a presión por el impacto final de un vuelo en picado de la ávida criatura de la orden de los himenópteros disparada desde otra dimensión del conocimiento y de la laboriosidad y provista de aguijón, y que es un nombre de guerra que al propio Abrantes le parece adecuado, correcto, aunque la idea combativa queda mejor empleada si en vez de decirse insecto se emplea el más firme término (de viejas resonancias revolucionarias), de tábano. Atributos del poder aparte, dicen las damas —más bien insisten—, de una belleza excepcional. Damas a cuyos órganos él, en verdad, tiene poco acceso en profundidad debido a la errática dolencia síquica de que padece, puesto que se declara como impotente. Tiene sus momentos de elevación cultural, además de los oestes y las sesiones de tangos. «Perecerán todas las cosas y sólo quedarán los muertos y la gloria de los muertos», es una línea de verso que él repite y que procede de *Los cuentos escandinavos* y que era también un motivo recurrente de Adolf Hitler. Hizo una verdadera carrera de gloria al lado de Fidel, primero desde su escolta. Puede verse en los ya viejos metrajes de las películas de la batalla

---

* Véase, en la Cronología esencial, cómo fueron condenados los otros implicados.

de Playa Girón (reconocida por los yanquis como *Bay of Pigs*, más adecuado, en efecto, para nombrar el escenario de una derrota) del 17 al 19 de abril de 1961, trigueño, juvenil, bonito de verdad, con una metralleta checoslovaca T-23 al hombro y la boina verde echada hacia atrás, más sobre la nuca que sobre la frente, y anteponiendo su pecho al de Fidel, mientras avanzan entre mar y manglares y ambos emergiendo desde las escotillas en paralelo y como tripulación de uno de los cañones autopropulsados SAU-100 de 35,1 toneladas de peso, esta auténtica fortaleza rodante con blindaje frontal de 75-100 milímetros que se desplaza a 55 millas por hora sobre su propia tormenta de arena y salitre cuando obtiene para sus estandartes de combate la categoría histórica de primero de los tanques del Ejército Rojo en mojar sus esteras en un remanso de las aguas cálidas de una playa del Golfo de México, uno del total de 2.500 de estos vehículos que por órdenes directas del camarada Stalin fueron producidos desde septiembre de 1944 en la planta de tanques «Uralmash», de los Urales, y de los cuales se despreservaron de la gruesa capa de grasa soviética bajo la cual se les mantenía inanimados en el reposo de las reservas para la Tercera Guerra Mundial el centenar que para noviembre de 1960 arribó entre las iniciales 28.000 toneladas de equipamiento militar enviado a Cuba y de los que el Mando Soviético parece determinado a conservar un remanente inextinguible de SAU-100, de modo que veinte años después actuaban aún en Afganistán, y que es de las primeras de las armas soviéticas que entran en combate en el continente americano, abandonado su escenario natural de las estepas y de la eternidad de las nieves para, en un mediodía al sopor del aire detenido y de los restos de miles de crustáceos que se quebrantan como nueces y de las hojas de malangas y de mangles caídos como solapas sobre el declive de un terreno que antes de sumirse bajo el mar no es definible su condición de pantano, tierra firme o playa, servir para cañonear y terminar de hundir el buque de abastecimiento «Houston» de la brigada invasora 2506 encallado a 700 metros de distancia y señalándose a sí mismo con una negra columna de humo permanente proveniente de las bodegas desde que tres días antes la aviación revolucionaria se dedicara a rociarlo con rockets y fuego de calibre 50 y que ahora Fidel quiere rematar, él personalmente dirigiendo el tiro. Durante sólo escasos segundos, se logra ver en esa escena, libre del pecho para arriba, a Fidel, puesto que tiene delante a José Abrantes Fernández, poniendo el suyo. Alerta, realmente hermosos los dos, Abrantes cuidando a su líder, Fidel joven padre.

Pocos probablemente, a no ser quizá unos cuantos elegidos de la CIA, se habrán dado cuenta del simbolismo de la imagen, aparte de Fidel y Abrantes en la torreta, un cañón autopropulsado de la misma camada que marchó en indetenible estampida —el rodillo aplastante del mariscal Zhukov— hasta Berlín y que el 30 de abril de 1945 se postrara ante el Reichstag, para acabar de someterlo, es el que está irguiendo su cañón de siempre, un D-303, de 100 milímetros, capaz de penetrar un blindaje de 160 mm a 2.000 metros de distancia, después de hacer los disparos finales de otra batalla, en las coordenadas de un playazo olvidado del Caribe pero situado a 3 horas de vuelo en línea recta de Washington DC, y con su motor Diesel V-2-34M, de 500 caballos de fuerza, ronroneando, sin apagarse, como para que recordemos, con esta misma bestia despreservada apenas siete u ocho meses atrás, como un monstruo prehistórico de la misma piel color pardo, al que se le devuelve la vida con el combustible necesario para su autonomía de 310 kilómetros, que quizá haya sido uno de aquellos SAU-100 de la exploración del 8.º Ejército de la Guardia de Zhukov que primero husmearan frente al Reichstag, a 440 yardas del búnker del Führer.

—Orlandito. Orlandito.
—Diga usted, Ministro.
—¿Todavía Tony no ha aparecido?

OCTAVA PARTE
LA ISLA LEJOS

* Escalona, un comunista de la vieja guardia, ocupaba entonces el cargo de ministro de Justicia. Nunca gozó de la simpatía de Fidel Castro, quien aprovechó el entramado que diseñaba con la causa de Ochoa y su envío al paredón para nombrar fiscal del proceso a Escalona. Sabía que en la incómoda posición, Escalona se convertiría, ante los ojos de la población, en uno de los más odiados personeros del Gobierno.

CAPÍTULO 1

Muy dulces con la muerte

Los asesinos que son unos melancólicos tienen mayor capacidad emocional para oír que los van a matar que los hombres de una pieza, los tipos de piedra. Es la experiencia de alguien que le avisó a dos de los hombres más temibles de Cuba que la ejecución de ambos estaba a la vuelta de la esquina. Sí, un buen señor llamado Norberto Fuentes tuvo la experiencia o vio desarrollarse la tesis. ¿Cómo se llamaban aquellos tipitos de la Antigüedad, heraldos? [Del antiguo *alto a. herrivalto* (esta palabrita tan encantadora en itálicas, no?): *herrivalto* de her, ejército, y walten, cuidar.] m. *Rey de armas.// Hist. Antiguamente los heraldos ejercían las funciones propias del Estado Mayor en los ejércitos y eran, además, los parlamentarios.* Etc. De donde se desprende que podemos calificar con justicia a este amigo, el autor. Bien, pues, él fue el heraldo de la muerte para Antonio de la Guardia, un coronel con una carrera destacada en operaciones especiales (¿no se ha dicho?) que —entre otros eventos e inventos— concibió (¡y ejecutó *con todo éxito!*) la toma de Managua y el desmembramiento del Miami contrarrevolucionario de los setenta y a quien —en un círculo muy cerrado— llamaban «el Siciliano», y para Arnaldo Ochoa, un general de División que —entre otros episodios— había hecho rodar sus tanques en el Ogadén (donde había doblegado al ejército somalo de Siad Barre) y el sureste angolano (donde había llevado al ejército sudafricano a la alternativa de retirarse hacia Namibia o perecer u obligarse a sacar el armamento atómico de sus hangares secretos, si la existencia de esos artefactos no era un *bluff* para efectos de propaganda) y a quien —en un círculo mucho más que cerrado— llamaban «el Griego». Entre los dos podían haber suministrado los muertos de un cementerio. No un cementerio de capital de provincia, claro. Pero sí uno de nivel municipal. Emboscada, ajusticiamiento, secuestro, calibre, aeropuerto eran de su dominio, palabras de uso común, monedas corrientes de su lenguaje y que significaban habitualmente que como resultado de su aplicación dejaban un sanguinolento rastro de vísceras en el polvo. No es que los dos actuaran juntos. Pero cada cual por su lado.

Asesinos. Quizá no les guste la palabra. Pero era Tony el que la empleaba cuando hablaba de killers. Era el modo en que solían llamarse. Tony mismo. Ellos mismos.

Antonio de la Guardia era el melancólico y pintaba. Eso era algo despreciable para Arnaldo.

Tony olvidaba, Ochoa se deprimía.

Este domingo 11 de junio, mientras Tony se dirige con su cola a casa de Patricio, él ha olvidado. No es el caso de Ochoa, que esa mañana mira hacia el techo de la casa donde se halla, en una barriada habanera llamada Santos Suárez.

Una vez Tony se lo había contado a su amigo Norberto Fuentes y ya eso sí era específico sobre esa emoción que sentía cuando preparaba estas operaciones y la víctima nunca se percataba y era como sentir que estaba violando aquella intimidad, y aquella violencia le reportaba emoción. Pero, por eso mismo, es inconcebible que no se dieran cuenta cuando les toca su turno. Para eso hay que tener algo especial a flor de piel y tener más experiencia como perseguido que como policía. El chequeo. Y le pregunto si se han dado cuenta, y dice, no, no se han dado cuenta, nunca se han dado cuenta.

> ...la verdad se hizo para no decirse.
> OCHOA, ÚLTIMA CENA EN LUANDA
> 6 DE ENERO DE 1989

Antonio de la Guardia cultivaba orquídeas y después pintaba y el Comandante en Jefe Fidel Castro dejaba enrumbar su cerebro por los vericuetos de un diseño. Así que Antonio de la Guardia cuidaba orquídeas cuando fue juzgado en secreto. Del diseño a la muerte. Pero

Tony no supo hasta mucho después que ya estaba *enfardelado*, como decían los cubanos. Ah, lo maravilloso de pasar del diseño a la acción material, todos ellos pasándose la vida concibiendo las cosas. Fidel Castro dándole vueltas a su tubito inhalador de Vick (para combatir los deseos de fumar) y Tony regando orquídeas aunque el genio filosófico de todos aquellos inventos y maldades, tiene estas ideas y tiene su concepción estratégica, siempre, del contragolpe, actuar a la riposta y nunca a la ofensiva, nunca, siempre a la defensiva que es el arte de un táctico genial y un rastrero estratega, y siempre con cuatro o cinco posibles ganancias ante cada jodedera, la misma enseñanza del narco es la de sus confrontaciones militares con los americanos, que se las ha ganado todas. Fidel no es nadie sin el contragolpe.

Tony se ríe de la historia, quizá porque él inventó una parte de ella, seguramente humedecida por su propia imaginación, pero luego decía: lo mejor que podían hacer los turistas que iban a Saint Croix y a las otras islas, era salir zampando de allí porque los planes de secuestro estaban activos. El consejo es que si existe el diferendo, diez o quince años después de esta historia, y si Fidel Castro sigue en el poder, que se retiren de las islas, porque los planes están oyendo la conversación.

—Tony, Tony.
—Norbertus.
—Muchacho, olvídate de Saint Croix y de minar los ríos de la Florida. La guerra es aquí adentro. Y contra nosotros.

Estaba poniendo una casita y unos venaditos y unos botecitos con pescadores y un riachuelo con peces buenos para comer y unas siembras y todo ese mundo idílico y colorido y bucólico de su pintura primitiva que ya ha sido descrito cuando se decidía su destino. En los últimos tiempos estaba agregando a la inocencia de su pintura unos carteles como los que se veían en los portales de las casas al principio de la Revolución que decían Viva Fidel o Patria o Muerte que eran las consignas revolucionarias, loas al líder revolucionario, y esto había surgido en esta pintura a requerimientos de uno de los amigos de Antonio de la Guardia y su principal cliente de pinturas que era un escritor llamado Norberto Fuentes que era también medio ranger y que había observado que la pintura de su amigo carecía de elementos políticos y le había dicho, Tony, te falta contenido político y Tony había resuelto el asunto del contenido político en su pintura con aquellos carteles con los que seguramente, dijo, competía al mismo nivel del contenido político del *Guernica* de Picasso. Vivía ignorante, se hallaba en óleos de inocencia, pese a lo que se estaba decidiendo sobre su persona. Su condena tenía un monto respetable. El que estaba concibiendo esto en el juicio secreto era un cerebro privilegiado. Pena capital. Fusilamiento. Pero no era el único que estaba siendo juzgado. También estaban tirando a la sartén a un general de División, a Arnaldo Ochoa, y a un general de Brigada, Patricio de la Guardia, que era el hermano mellizo de Tony, y al ministro del Interior, el general de División José Abrantes, y a algunos otros generales y coroneles y a un escritor, *of course*, Norberto Fuentes. Pena de muerte para Antonio de la Guardia y para Arnaldo Ochoa. Treinta años para Patricio de la Guardia.* Abrantes y Norberto no entran en el diseño por lo pronto. Las oportunidades que le quedaban a Tony para escapar serían pocas a partir de entonces, aunque siempre quedaban las posibilidades en un hombre de sus condiciones, de su entrenamiento. Pero carecía de la información. Iba a carecer de ella durante un tiempo que le resultaría vital. Los siete proyectiles de AK-47 que, eventualmente, habrían de agarrarlo por el pecho y que lo elevarían como una manta eran incompatibles entonces con la situación del grupo liderado por el propio Antonio de la Guardia. De esto se podrían desprender algunas lecciones.

> [ARNALDO OCHOA] ...la verdad se hizo para no decirse. ¿Tú no has oído decir eso nunca, no? La verdad se hizo para no decirse. Por eso casi todas las historias y los historiadores son mentira.
> [NORBERTO FUENTES] El genial fue Carlos Marx, que inventó el marxismo y después dijo que no era marxista.
> [ARNALDO OCHOA] ¿Y después qué hizo?
> [NORBERTO FUENTES] Tomar cerveza.
> COMENTARIOS DE SOBREMESA EN LUANDA
> EL 6 DE ENERO DE 1989 HACIA LAS 10:00 PM

Arnaldo Tomás Ochoa Sánchez. General de División FAR, ex jefe de la Décima Dirección, Héroe de la República de Cuba, llamado «general de generales», alabado por *Time* y *Newsweek*; maestro de las fuerzas blindadas; alias familiares «Nine» y «Negro»; «Griego» en la oficina del coronel Antonio de la Guardia; «Miguel», nombre de guerra en la guerrilla venezolana de los años sesenta. Lleva una Beretta con 300 tiros, que después cambia por una Thompson, cuando participa como uno de los 28 miembros del pelotón de vanguardia de la columna guerrillera de Camilo Cienfuegos que baja de la Sierra Maestra y comienza su avance hacia La Habana, en paralelo con una columna bajo el mando del Che Guevara —ambas entre el verano y otoño de 1958— y termina la invasión ascendido a teniente. Se destacó de inmediato como uno de los líderes naturales de las fuerzas revolucionarias. Fue el único oficial ascendido en 1963 al grado de comandante —el 08/11/63—; y fue el jefe fundador del Ejército de La Habana en diciembre de 1968, acabado de regresar, con un fragmento de plomo de bala en el hígado, de las guerrillas de Sierra Falcón, Venezuela.

Un mestizo cubano con sus brigadas blindadas y de infantería motomecanizada de la campaña etíope de 1978 y los regimientos de la Sur Agrupación de la campaña angolana de 1987-1988 resulta el príncipe invicto de los desiertos africanos, en el Ogadén y en Namibe. Invicto al este y al sur de un continente donde los desiertos están para forjar las virtudes de escasas leyendas y reconocerse cn los nombres. Acapara las fantasmagorías de nombres que nunca habrán de apagarse. Nombran la guerra. El principado de Arnaldo Ochoa es los desiertos. Allí se consagra, entre desdén y humor contenido, en el mismo suelo donde, al norte, se batió el Grupo Panzer «África» bajo el mando del mariscal de campo Erwin Rommel y donde Omar Mukhtar y un puñado de unos pocos miles de musulmanes organizados en unidades tribales opusieron sangrienta resistencia a los invasores italianos, los infieles de las legiones del Duce Mussolini. Aunque ninguno con la misma suerte de invencibilidad de Ochoa; puesto que Rommel el 9 de marzo de 1942 tuvo que dejar abandonados entre muertos y prisioneros a los 130.000 hombres de lo que fue el Afrika Korps y después Grupo Panzer «África» y que era ya el Grupo de Ejército «África» como rastro de su derrota en Medenine ante el Octavo Ejército del mariscal de campo Sir Bernard Montgomery, y puesto que Omar Mukhtar tuvo que conocer el camino al tablado de la horca en septiembre de 1931 delante de una muchedumbre de 20.000 árabes reunidos como testigos del evento luego de que perdiera su último baluarte en Al Kufrah vencido por fuerzas italianas comandadas por el general Rudolfo Graziani y compuestas en su mayoría por eritreos. En su caso, Ochoa y los 600 tanques y los 300 transportadores blindados —incluido el bautismo de fuego para los nuevos transportadores blindados anfibios soviéticos BMP— y los 18.000 efectivos de tropas cubanas frescas en composición de tres brigadas de la campaña etíope de

1978, y los 520 tanques y 300 transportadores blindados y los 70.000 combatientes internacionalistas cubanos en composición de los seis regimientos de la Sur Agrupación de la campaña angolana de 1987-1988, permanecen aún invictos en ese continente. Ninguno como Arnaldo Tomás Ochoa Sánchez, el mulato tortillero y de pinga de tamaño cubano normal nacido y criado en Cauto Embarcadero. Nadie le invoca por su nombre verdadero y ganado como más ningún otro general de la historia que es Arnaldo de los Desiertos. El principado de Arnaldo Ochoa es allí, entre las dunas y el espejismo de los oasis y el viento seco que levanta los torbellinos de arena. Allí se consagra, entre desdén y humor contenido. El Ogadén y Namibe.

Estamos en el último teatro de operaciones que permite el despliegue hasta donde alcance la vista de los batallones de tanques y donde se produce la batalla que el mando cubano va a reclamar justamente como la batalla de blindados más grande desde el arco de Kursk. Y bajo el espejeante, el arenisco sol de febrero de 1978, luego de sobrepasar las defensas somalíes y dejarlas enterradas en el Paso de Mardas y con ese mismo andar cansino, indolente, de guapetón de barrio que se siguió gastando, Arnaldo Ochoa, con sus altas botas y la corte de generales adjuntos y de ayudantes y topógrafos y comunicadores e intérpretes y que incluía al asesor principal soviético, el general Vasili Ivanovich Petrov, que incluía a su vez su corte de generales adjuntos y de ayudantes y topógrafos y comunicadores e intérpretes, se aproxima a la escotilla del transportador blindado BTR-152 desde el que dará la orden de asalto final sobre Jijiga. «Vamos andando», va a ser su voz de mando. Son las dos palabras, el verbo y el gerundio asociado, que pondrán en marcha las 60.000 toneladas de material que están dislocadas en el terreno y que operan 1.500 asesores soviéticos y 17.000 internacionalistas cubanos y que en este instante es recibida en contención por los miles de hombres y dotaciones de hombres que esperan desde las escotillas y desde las cabinas en las frecuencias en que sobre el bajo y dulce amárico y sobre la también dulce lengua rusa se impone la aspereza castiza hablada con la violenta rapidez de los cubanos y es la voz de mando que se irradia sobre el Ogadén y sobre el suelo árido y ancestral donde ahora mismo se escucha, voz paternal, ahora muy comedida, ya triste, de Arnaldo, que simplemente va a decir:

«Vamos andando.»

[ARNALDO OCHOA] Como están filmando aquí [en realidad, grabando con una pequeña cámara de video-8], yo quiero decir dos o tres cosas para que quede constancia. Él [Patricio de la Guardia] llegó hablando de algunas cositas que él oyó decir [unos comentarios esparcidos en Luanda esa tarde sobre la probable sustitución de Ochoa como jefe de la Misión Militar cubana]. Son mentiras. Pero como son mentiras no tengo el valor de decirlas. Y si fueran verdad, ni las insinuaba. Porque la verdad se hizo para no decirse. Las verdaderas. [Dirigiéndose al autor:] ¿Tú no has oído decir eso nunca, no? La verdad se hizo para no decirse. Por eso casi todas las historias y los historiadores son mentira, ni ellos mismos se lo creen mucho.

[NORBERTO FUENTES] El genial fue Carlos Marx, que inventó el marxismo y después dijo que no era marxista.

[ARNALDO OCHOA] ¿Y después qué hizo?

[NORBERTO FUENTES] Tomar cerveza. Unas jarras así...

COMENTARIOS DE SOBREMESA EN LA CASA DE LUANDA DEL GENERAL PATRICIO DE LA GUARDIA EL VIERNES 6 DE ENERO DE 1989 HACIA LAS 10:00 PM TRANSCRITOS DE UNA GRABACIÓN CASERA DE VIDEO

No creo regresar nunca más a la pérgola de las conspiraciones ni al orquideario de los paños negros hasta que una noche de 1991 respondo a una llamada de Marielena y llego y le digo a Mary, coño, Mary, todo está como si Tony fuera a entrar ahora por esa puerta, mira cómo has puesto todos sus cuadros, qué bonito, Mary, y ella me dice que si yo me pongo bravo porque ella tiene *una relación*. «¡Cómo voy a ponerme bravo por eso, Mary!», le digo. Entonces me dice que me lo va a presentar de inmediato y entonces me saca de la habitación de Tony, de arriba de la cama de Tony, donde estaba aspirando el aire acondicionado del aparato de dos toneladas y media de Tony, a un inversionista español que se presenta como Javier Ferreira y que de inmediato me invita a una soda y me suelta una diatriba sobre la felicidad.

Entonces me tomo mi soda y escucho la diatriba gallega completa y me dispongo a retirarme para —por supuesto— nunca más regresar.

Estoy avanzando hacia el sendero que conduce a la calle y sé que el K-J me sigue grabando desde la casa de enfrente cuando se me aferra un extraño presentimiento y me vuelvo hacia la puerta, donde aún Marielena se mantiene en actitud de despedirme (el gallego inversionista ha regresado a la formidable climatización del aparato Toshiba del cuarto) y le pregunto:

—Mary, ¿y dónde están los dos pastores blancos de Tony?
—¿Los dos? —pregunta ella.
—Los dos —digo yo.
—Era uno solo, Norber. Uno solo. Gringo.
—Yo veía siempre dos, Mary.
—Uno solo —asegura ella.
—¿Uno solo?
—Uno —dice—. Gringo.

CAPÍTULO 2

MERECERNOS SER EL ENEMIGO

Los ecos remanentes. Una conversación de Juanito Escalona,* con un amigo, alguien que ha pedido que no se revele su nombre. Escalona es consciente de que se halla delante de un periodista. Ha pedido que la conversación, aunque grabada, se mantenga *off the record* hasta que él la revise. Luego olvida que existe una grabación y también que él debe revisarla. Es para que yo proceda bajo mi absoluta responsabilidad y discreción que años después se me entrega el *tape*. Bajo esas condiciones. Escalona no está borracho hoy, está sobrio, y después sí tiene algunos tragos encima. La grabadora está sobre la mesa y hay una tercera persona en la habitación. Escalona es sardónico, sarcástico y es parte del baño de sangre que se está dando el país completo. Él no debe intentar desmentir nunca este diálogo transcrito, pues hay copias de la grabación —realizada en su oficina el 8 de noviembre de 1991—, a buen recaudo.

La primera pregunta es sobre el bloqueo y las posibilidades de inversión para norteamericanos y cubanoamericanos. Responde Juanito Escalona.

[General Juan Escalona] Están viendo que aquí hay más de 12 mil millones de pesos invertidos en fábricas. Una tecnología mejor o peor... Un mercado virgen. Porque, oye, cuando sale un comprador de nosotros... al mundo...

Inaudible. Parece decir: «Con petrodólares.»
[General Juan Escalona] Ése puede más que Rockefeller.
[Entrevistador] Sí, sí, sí.
[General Juan Escalona] Ése va a comprar...
[Entrevistador] Sí, sí, sí. Todo.

[General Juan Escalona] Diez mil toneladas de esto, que no hay capitalista en el mundo que lo compre.

[Entrevistador] Sí.

[General Juan Escalona] ¿Tú te das cuenta? Va a comprar, eeeeh... Treinta mil toneladas de... de... de... de la mierda esa que usan para fertilizar.

[Entrevistador] Sí.

[General Juan Escalona] No hay capitalista en el mundo que compre treinta mil nada.

[Entrevistador] Sí.

[General Juan Escalona] Toneladas de nada.

[Entrevistador] Sí.

[General Juan Escalona] Entonces, un comprador nuestro, es un personaje respetado. No es casual que a pesar de la deuda, a pesar de que no pagamos...

[Entrevistador] Mmm.

[General Juan Escalona] Estamos teniendo crédito... constantemente.

[Entrevistador] Sí.

[General Juan Escalona] En países de Europa. Aquí vino un grupo italiano importante los otros días. Incluso, los representantes de la Fiat.

[Entrevistador] Mm.

[General Juan Escalona] A negociar. Y se les olvidó la deuda.

[Entrevistador] Pero, entonces... em... usted prevé... O sea, eh, es posible que haya algún...

[General Juan Escalona] Yo lo que preveo es que, ah, que, si... si todo esto que estamos haciendo ahora comienza a producir un resultado a mediano plazo, lo que va a ser es imposible a los Estados Unidos pararle la mano a sus empresarios, que sienten que esto que fue de ellos hasta ayer, se les va de las manos. Y que cuando llegue, se lo cogieron los mexicanos, se lo cogieron los italianos...

[Entrevistador] Sí.

[General Juan Escalona] ...Se lo cogieron los alemanes. Se lo cogió todo el mundo. Y ellos se quedaron, mira, con una mano *alante* y otra atrás.

[Entrevistador] Pero no va a haber una... un aliciente especial para los americanos o los cubanoamericanos...

[General Juan Escalona] No, porque ahora sería un sueño. Un

latinoameri... [Se interrumpe] Un cubanoamericano de esos que intente una inversión en Cuba, los botan los americanos de allí para el carajo.

[Entrevistador] Sí.

[General Juan Escalona] Es decir, eh...

[Entrevistador] Aunque lo haga a través de América Latina.

[General Juan Escalona] Bueno, puede ser que esté... Tú sabes que el capital es una cosa que se mueve, qué carajo, con... ¿Aquí no lavan miles de millones de dólares todos los días en los bancos producto del narcotráfico?

[Entrevistador] Sí.

[General Juan Escalona] ¿Quién puede saber que esos dólares que tú tienes en un banco en Colombia o en Venezuela o en México, ahí no está el capital cubano? Entonces... reportan sus utilidades, allá habrá cubanos... Pero ése no es nuestro problema. Nuestro problema es que... el por ciento de nosotros, ganarlo. Y ganarlo pronto [ríe].

[Entrevistador] Sí, sí.

[General Juan Escalona] ¿Te das cuenta? Es decir, oye, con toda esta situación cubana, este año el turismo no ha disminuido. Se ha incrementado.

[Entrevistador] Sí.

[General Juan Escalona] Es decir, el único limitante que tiene el desarrollo del turismo en Cuba es la capacidad de construcción, que no tenemos.

[Entrevistador] Sí.

[General Juan Escalona] Nosotros... Tenemos vendidos varias veces la capacidad de turismo.

[Entrevistador] Hablando de narcotráfico, ¿leyó el artículo en el *Herald* sobre el caso Abrantes?

[General Juan Escalona] Sí, qué cosa más absurda.

[Entrevistador] ¿Pero cierto?

[General Juan Escalona] ¿Eh?

[Entrevistador] ¿No fue cierto eso?

[General Juan Escalona] ¿Fue cierto? ¿Hicieron el plan?

[Entrevistador] Hicieron el plan.

[General Juan Escalona] ¿Para secuestrarlo?

[Entrevistador] Para hacerlo...

[General Juan Escalona] Bueno... nos hubiera evitado, pssst. Jum... jum... lo que vino después. Jiiii... ¿Oíste? Pero Abrantes no, no se... No se...

[Entrevistador] No, ehhh, hubiese sido una locura pensar que el tipo iba a ir...

[General Juan Escalona] Pero... además, él no se vinculaba directamente.

[¡No se pierdan esto, por favor! Repitan la lectura del parlamento anterior: *Pero... además, él no se vinculaba directamente.* Lo está diciendo el tipo.]

[Entrevistador] Por eso, por eso.

[General Juan Escalona] Hubieran cogido a Tony de la Guardia, hubieran cogido a...

[Entrevistador] No, no, era absurdo pensar... Era... Después que hablé con usted leí el libro, el juicio, y hay un pasaje no sé si suyo o de Raúl, donde hablan de que esta gente se estaban tratando de escapar o que había posibilidades de que se escapen, de que deserten. ¿Había algo en concreto?

[General Juan Escalona, parece decir] No sé.

Ahora entra una tercera voz no identificada:

[No identificado] Alguien, hay... Ah... Hay... Hay un momento en que, aunque no hay ningún indicio, pero bueno como están tan comprometidos con el narcotráfico... se piensa que es, incluso, posible pueda alguno desertar. Pero son pensamientos.

[Entrevistador] Pero no es que, no es que hubieran detectado...

[General Juan Escalona] No era nada concreto.

Escalona dice algo inaudible. La voz no identificada responde:

[No identificado] No, no, no. Ahora yo no recuerdo... Alguien... Pero se... se habló algo de eso. Yo no recuerdo ahora exactamente...

Regresa Escalona:

[General Juan Escalona] A mí también porque hace rato que no vuelvo a releer el libro ese...

Regresa el periodista:

[Entrevistador] ¿Usted no recuerda que...

[General Juan Escalona] No, no...

[Entrevistador] Que...

[General Juan Escalona] Ni era ninguno de los objetivos de mi acusación... estaba referido a eso.

[Entrevistador] No estaba.

[General Juan Escalona] Aquí al único que se cogió en posición de despegue fue a Luis Orlando Domínguez.

[Entrevistador] Sí.

[General Juan Escalona, palabra inaudible] ...un viajecito, un avioncito [inaudible]... Él era el jefe de la Aeronáutica Civil...
[Entrevistador] Sí, sí.
[General Juan Escalona] Y tenía en su casa un maletín...
[Entrevistador] Sí.
[General Juan Escalona] Con casi 300.000 dólares...
[Entrevistador] Y desde entonces, a propósito de esta historia de Abrantes, ¿no descubrieron ningún otro infiltrado... americano?
[General Juan Escalona] Digo... Yo me separé de eso...
[Entrevistador] Claro, claro.
[General Juan Escalona] Yo no sé si el Ministerio del Interior ya pueda tener alguna información adicional. Yo el único que conozco es el del piloto carajo este que vino a Villa Clara.
[Entrevistador] Pero... El Chino.
[General Juan Escalona] Que era un oficial de la DEA.
[Entrevistador] Sí. El Chino.
[General Juan Escalona] Pero quiero que tú sepas que en la última reunión de la [¿HOMLEA?] en Bolivia, es decir, el grupo de *chifs* [jefes] de la lucha contra la droga, hubo posiciones cubanas muy fuertes y posiciones de conciliación. Es decir, nosotros tenemos relaciones de trabajo con la... con el Servicio de Guardacostas... de los Estados Unidos.
[Entrevistador] Sí, sí.
[General Juan Escalona] Todos los días.
[Entrevistador] Pero eso...
[General Juan Escalona] Eso donde se jode... Eso donde se jode es cuando sube ya...
[Entrevistador] Claro, claro.
[General Juan Escalona] ...al Departamento de Estado.
[Entrevistador] Bueno, pero eso son los que habían planeado el secuestro de Abrantes.
[General Juan Escalona] ¿Quiénes?
[Entrevistador] El... Los del Servicio de Guardacostas.
Escalona murmura.
[Entrevistador] Por lo menos en la oficina de Miami. ¿No?
[General Juan Escalona, murmura] Primero, nosotros estábamos convencidos de que él no tocaba esa droga ni sabía de su existencia.
Voz no identificada, autoritario:
[No identificado] La Oficina de Inmigración en Miami.

El periodista:

[Entrevistador] No, no, no.

[General Juan Escalona] No, no.

[Entrevistador] Del Guardacostas.

[General Juan Escalona] ¿Del Guardacostas?

[Entrevistador] ¿Ustedes...?

La voz no identificada intenta interrumpir pero se calla.

[Entrevistador] ¿Ustedes están convencidos que hasta ahí no llegaba la cosa?

[General Juan Escalona] Nosotros de lo que estamos convencidos es de que él era un descocado por... errr... por su plata... por su...

[Entrevistador] Sí, sí, sí.

[General Juan Escalona] Por su... errr... Tony... eh... Éste era un comemierda, éste lo único que le interesaba era que yo le llevara dólares.

[Entrevistador] ¿No le preguntaba de dónde venía?

[General Juan Escalona] No, a veces preguntaba. Sí, ése es el negocio aquel que yo te hablé de la mina de oro que tenemos en Ghana.

[Entrevistador] Cualquier cosa.

[General Juan Escalona] Y además nosotros le preguntamos a Tony fuerte. Inclusive antes del fusilamiento.

[Entrevistador] Les dijo él que no sabía nada.

[General Juan Escalona] Que éste era un comemierda. Lo único que le gustaba era recibir plata.

[Entrevistador] ¿Le... Le dijo algo a usted Ochoa, algo antes de que lo fusilaran, porque usted estaba ahí, me dijo...?

[General Juan Escalona] Sí. Pero lo que dijo lo dijo en el juicio.

[Entrevistador] De ahí no... no cambió nada.

[General Juan Escalona] No cambió nada. Yo... Me encabronó los otros días la noticia que se dio, creo que por Radio Martí. Una declaración de la... de la viuda de Ochoa, que dice que a su marido lo fusilaron después de una larga conversación con Raúl Castro.

[Entrevistador] ¿Después de una larga conversación con Raúl Castro?

[General Juan Escalona] Sí. Pero es que esa larga conversación con Raúl Castro fue la última oportunidad que le dio Raúl Castro antes de meterlo preso. No antes de fusilarlo. Porque había tantos indicios y tanto ruido alrededor de Ochoa, que con Ochoa en la calle era muy difícil una investigación a fondo. Y Raúl lo sentó y le dijo, Arnaldo, vamos a hablar.

[Entrevistador] Jum.

[General Juan Escalona] Dime todo. Coño, sé honrado conmigo. Sé...
[Entrevistador] Se dice hasta... en el juicio. Y él le dijo que no.
[General Juan Escalona] Y él negó, negó, negó. Pero ésa es la conversación a que se refiere la viuda.
[Entrevistador] Jumm.
[General Juan Escalona] Pero, bueno, nosotros los... fuimos lo suficientemente caballerosos...
Voz no identificada:
[No identificado] ¿Será verdad que esta mujer se haya expuesto a hablar esas cosas?
[General Juan Escalona] Bueno, a ella la separaron del Partido, ella... la separaron de... errr...
Voz no identificada:
[No identificado] Porque ella había mantenido una actitud más o menos...
[General Juan Escalona] No, no, si eso...
[Entrevistador] ...los principios...
[General Juan Escalona] No, no. Lo que nosotros... Acuérdate tú, que nosotros, en la declaración ante el Tribunal de Honor, el único que no participó fue Patricio.
[Entrevistador] ¿Por qué no apareció?
[General Juan Escalona] Porque se pasó todo el tiempo hablando del relajo, de las tortillas, de las siete mujeres en la piscina, con seis hombres, con las esposas de ellos, madres de sus hijos. Y todo el tiempo fue hablando de eso. Que... fue además obsesivo. Yo soy un corrompido, porque yo... naaaa. Y su esposa. Y la esposa de Ochoa. Y la otra. Y la otra. Una piscina. Encuero todo el mundo. La orgía, la jodedera. Ehh. Entonces, tomamos la decisión de no proyectar eso porque, porque... err... porque... porque debajo de eso hay hijos.
[Entrevistador] Jumm.
[General Juan Escalona] Por... Tú no puedes decir ahora, a esos muchachitos, tu mamá es una puta, que se metió en una piscina con seis hombres, que se templaba [fornicaba con] al... al marido de la otra mientras tu papá se singaba a la mujer del otro. Daría... Eeeh...
Voz no identificada:
[No identificado] Qué barbaridad.
[Entrevistador] Ummm... ¿Usted estaba con Fidel cuando vieron el videotape?

[General Juan Escalona] ¿Cuál de ellos?

[Entrevistador] El del fusilamiento.

[General Juan Escalona] No. Qué va.

[Entrevistador] No, porque alguien me dijo que... que Fidel dijo... murió como un hombre.

[General Juan Escalona] No, es cierto que murió como un hombre.

[Entrevistador] ¿Pero dijo eso?

[General Juan Escalona] Él era guapo. Yo no sé si Fidel lo dijo. Yo sí lo pensé.

[Entrevistador] Pero él... [Probablemente el periodista: Se puso así, eh...]

[General Juan Escalona] No, no, el... no, el... ah. Qué va. Pidió autorización para mandar el pelotón de fusilamiento.

[Entrevistador] ¿Como? ¿Para mandar?

[General Juan Escalona] Sí. Las voces de mando. Se le... se le [¿prohibió?]

[Entrevistador] ¿Y él dijo apunten, disparen, fuego?

[General Juan Escalona] No, no. Se le prohibió.

[Entrevistador] Ah, él pidió...

[General Juan Escalona] Porque ése es un honor que se le hace a un héroe. Pero no un honor que se le hace a un narcotraficante.

[Entrevistador] ¿Pero por qué un héroe? ¿Por qué lo van a fusilar a un héroe?

[General Juan Escalona] No nosotros. Es una tradición latinoamericana.

[Entrevistador] Ah, no sabía eso.

[General Juan Escalona] Sí, sí. Aquí ha habido patriotas de la guerra de independencia que han mandado sus propios... esto... en la lucha contra España, que mandaron su propio pelotón que los fusilaba. Y era un gran gesto de hombría, de esto, lo otro.

[Entrevistador] Sí.

[General Juan Escalona] Pero cuando tú eres un renegado y un mierda, degradado, y ya tú no eres general ni eres un carajo...

[Entrevistador] Sí.

[General Juan Escalona] Bueno, entonces... Nada, él lo que se paró allí.

[Entrevistador] ¿Y... Y el otro lloró, no?

[General Juan Escalona] ¿Quién?

[Entrevistador] El Tony.

[General Juan Escalona] No, el Tony no. El ayudante de Ochoa fue el que...

[Entrevistador] El del otro...

[General Juan Escalona] El chiquitico, el capitancito...

[Entrevistador] Jum. ¿Y Tony dijo algo?

[General Juan Escalona] No. No dijo nada.

[Entrevistador] No. No, porque alguien me había dicho que Fidel había dicho eso cuando...

[General Juan Escalona] Puede ser...

[Entrevistador] Cuando...

[General Juan Escalona] Yo no estaba con Fidel cuando lo vio pero... [inaudible]

[Entrevistador] Sí.

[No identificado] Oye, ¿tú le preguntaste al periodista si él puede tomar bebidas alcohólicas?

[General Juan Escalona] Je, je.

[No identificado] A lo mejor es mahometano él.

[Entrevistador] No, jem, no se...

La grabación tiene un corte.

[General Juan Escalona] Eh, eh... Es una Cuba que se recupera de sus males.

CAPÍTULO 3

LA HABANA DESPUÉS QUE NIEVA EN MOSCÚ

El primer regalo de Tony fue una carabina Winchester 44, con más de 100 años de antigüedad, sin municiones, que estuvo dando vueltas conmigo hasta la salida al exilio.

Está a buen recaudo en La Habana.

Es la única parte remanente de mi historia que es tangible y que tiene un peso y que existe físicamente fuera de mi alcance. Todo lo demás ha desaparecido hace rato. No queda un solo papel, un solo microfilme, un solo diskette de computadora.

Si rompieron el acero, qué no han hecho del papel y del acetato.

Trozaban, rompían, quebraban, cortaban al soplete las carabinas Winchester y las fundían, sacadas de los camiones del MININT, los arsenales de todas las guerras cubanas que no hubiera comandado Fidel Castro o una parte del armamento de la Segunda Guerra Mundial enviado a las guerrillas, fueron literalmente desaparecidos, los Springfield, los Crag, los Máuser, fue la primera visión de un pasado que la Revolución se empeñaba en borrar.

La quema mayor de papeles de la República fue por culpa de Ronald Reagan. Entre 1981 y 1986 se produjo la gran quemazón de papeles en La Habana. Por la sola presencia de Ronald Reagan en la Oficina Oval, las instalaciones de la Seguridad del Estado cubana parecían los cuarteles de la NKGB el 28 de noviembre de 1941 cuando el Cuarto Grupo Panzer —una de las más curtidas agrupaciones de la Wehrmacht comprometidas en la Operación «Tifón» para la captura de Moscú— tuvo los efectivos de una de sus divisiones a 20 kilómetros de las torres del Kremlin, y todo parecía a la mano, al menos eso se vislumbraba desde los binoculares Carl-Seizz de los oficiales alemanes de la exploración: el desolado Moscú, en su noche invernal y de muerte. El mismo Moscú hacia el que los cubanos, apenas 18 años después, miraremos como la tierra de promisión y el que se nos ofrecerá como sólo se entrega una casa a los hermanos, sin temor ni vacilaciones, y en el que hasta ese instante de la historia si hubieses podido contar 100 cubanos que conocieran a 100 soviéticos, probablemente estuvieses exagerando, y que nos agarramos de la mano con tal fuerza en la década prodigiosa de los sesenta —¿la desesperanza, la angustia de dos pueblos al comprender que nunca más habrá epopeyas para llenar sus pechos?— que juntos estuvimos a punto de llevar a la humanidad entera al holocausto nuclear, y en el que, desde el 19 de octubre de 1941, se había declarado el estado de sitio e iniciado la evacuación del Gobierno a Kuybishev. Hasta la noche del 4 de diciembre, después de una pesada nevada, en que la temperatura de los accesos de la ciudad descendió abruptamente a los −34 °C (−29 °F), para volver a caer la noche siguiente, el 5 de diciembre, a −40 °C (−40 °F).

¿Qué cubano de mi generación —si había nacido— supo entonces que un hermano suyo, bajo las órdenes del mariscal Zhukov, se arrastraba sobre la nieve, empuñando una tosca, brutal Ppsha, de doble gatillo como selector de fuego y 72 balas en el disco, y con su mono de combate blanco, mientras, arriba, la bóveda celeste centelleaba bajo la ardiente luminiscencia de las trazadoras y un conjuro de bengalas blancas y amarillas ascendían fugaces desde un horizonte cercano?

La orden (en Cuba) fue que no se guardaran papeles que el enemigo pudiera ocupar después.[68] Los asesores soviéticos del modernizado KGB dislocados en La Habana no vieron con buenos ojos la frenética actividad de sus camaradas cubanos iniciada a finales de 1981. Al parecer una consistente y valiosa documentación sobre juegos operativos cubanos con los Estados Unidos y México (los principales objetivos de la URSS *en interés de su Inteligencia*) les fue arrebatada delante de las narices, e incinerada, en buena parte. Es de suponer que casi siempre, en estos casos, se trataba de juegos operativos que habían caducado. Pero de cualquier manera, según la óptica soviética, ésa era una clase de fruta que nunca secaba por completo y que debía almacenarse en algunos lugares, frescos y seguros, por si se presentaba una nueva oportunidad de sacarles más jugo, exprimirles, un poco más. No alcanzaban a ver cuál era el paralelo con su Moscú de 1941.

En el Departamento de Organización y Sistemas Automatizados (DOSA), un engendro informático a escala global facturado en La Habana bajo supervisión del KGB, la principal oficialidad soviética de información nunca antes desembarcada en América, contemplaba con escepticismo la frenética actividad cubana. Si tú eras de los pocos elegidos cubanos que traspasaban esas puertas, podías ver a los soviéticos, silenciosos, pálidos, cuando llegaban —ninguna semejanza con los grandes bebedores de pecho amplio que asesoraban a las fuerzas blindadas o a los pilotos veteranos de los Mig-15 de Corea, que eran unos toretes soviéticos de refulgentes dentaduras de oro que reunieron las dos condiciones indispensables para tripular aquellas máquinas (ser de estatura tan baja que facilitara embutirles en las cabinas y poderosos brazos que les permitiera manejar el bastón de comando que en aquellos modelos originales carecían de *boosters* y había que obligarlos a maniobrar a pulso *en condiciones de combate real*) y cuyas risotadas, en los hangares de aluminio corrugado abandonados por los yanquis en la base aérea de San Antonio de los Baños, retumbaban como la invasión de los mongoles en la estepa, y se tragaban una hogaza de pan negro escanciada de sal y maldecían la puñetera vida, como si se hubiesen disparado en el cielo de la boca, y daban vivas a la Gran Madre Patria después de echarse al coleto lo mismo un fogonazo de vodka que de ron que de combustible de aviación— y que eran los mortecinos soviéticos de resignado aire intelectual y como de esclavos blancos desembarcados directamente del Aeropuerto Internacional «José Martí» (no muy lejano, unos 10 kilómetros de distancia) y procedentes seguramente de unos soterrados semejantes de las afueras de Moscú, y a los que —podías creerlo— si los sacabas repentinamente al mediodía cubano, enceguecerían en serie, retorciéndose como ratas al sartén, los pobres empleados de «los sistemas» del KGB, con la palidez enfermiza de Auschwitz y Dachau, y sus movimientos apocados y cortos, como albinos de cuerda. Pero, desde luego, tenían su isla en los tres pisos soterrados del DOSA, cubanos de una parte, soviéticos de otra. Se vinculaban a través de sus terminales aunque estuviesen en un mismo piso, o cercanos de cubículo a cubículo. El caso es que no toda la información se compartía y supuestamente los soviéticos se encontraban allí para enfrentar cualquiera de las eventualidades técnicas que pudieran presentarse con sus máquinas. Pero, desde luego, también echaban leña a su fuego y ya que se encontraban en la cálida y solidaria isla de la libertad, Kyδa, se obtenían algunos beneficios marginales, aunque no de Kyδa precisamente, donde no había mucha información estratégica que reportar al Kremlin, sino de esa inmensa —e indescifrable, para ellos— nación que se hallaba enfrente, ancha y grande como el mundo entero, con el mismo Cabo Cañaveral a menos de 500 kilómetros casi en línea recta desde los sótanos del DOSA. El Big Brother soviético codo con codo al Big Brother cubano y a su vez ambos vigilados por el BIG Big Brother a través del mecanismo de la infalible Seguridad Personal que es el Big Brother que es el socio de la barba.

Entonces el hombrecito del desfondado bombín y del bastón y de los grandes zapatos de payaso se acerca al podio desde el que tantas veces Fidel Castro declarara la guerra a los Estados Unidos de América. La plaza, vacía, en absoluto silencio. La ciudad ha sido abandonada por sus habitantes. Suaves ráfagas de viento levantan el polvo y las hojas muertas y los papeles que se dispersan sobre el perímetro asfaltado de la Plaza. Al fondo, en el edificio que fuera la sede del Ministerio del Interior, los paneles de un enorme retrato del Che Guevara, de nueve pisos de altura, se están desprendiendo y quedan colgados o se precipitan a los abandonados jardines. Hay violáceos, ocasionales charcos de agua sobre el pavimento, y más allá de las mustias palmeras y de las astas donde una vez flamearon las banderas multicolores de los desfiles, está la ciudad, amarilla y deslavada de los calcinantes veranos, y gris y ajena del largo otoño.

Y nuestro amigo, el hombrecito, ha extraído los cubiertos de su polvorienta chaqueta de las quimeras y las candilejas —y salero y plato para las carnes y larga servilleta para colgar de cuello, que no sabemos exactamente de dónde han salido— y se apresta, digno y ceremonioso, a cenar. Todo dispuesto sobre el podio, y un viejo y noble zapato, de punteras abiertas, ha sido hervido y es su alimento.

CAPÍTULO 4

RAZÓN DE LA FUERZA

Pocos días después de que lo condujeran ante Fidel Castro para que sostuvieran aquella, su última entrevista, el ex coronel Antonio de la Guardia estaba amarrado al poste de ejecuciones, y si llevaba los ojos vendados, era a solicitud propia (y si además le amarraron las manos, fue también porque él lo pidió —«si no había inconveniente»). José Abrantes cayó después. Apenas comenzaba a extinguir una condena de 20 años cuando, en enero de 1991, le dieron lo que se llamaba en el argot de uso reducido de las tropas élites «el ticket de una sola vía». Entonces el autor comprendió cabalmente que no había producción del libro y que él mismo había alcanzado la condición de efímero en el proceso.

Así que este libro no estaba destinado por las autoridades cubanas a ser escrito y, por lo tanto, publicado. El autor tampoco contribuyó con su existencia. Fue elusivo en ese sentido. En esta ocasión hizo caso omiso de sus varios juramentos anteriores mediante los cuales se disponía a dar la vida por la Revolución cuando fuera necesario.

Fidel Castro estuvo al corriente desde su inicio en 1989 de ese operativo que debía preservarme en un inexpugnable silencio y cuyo objetivo final era previsible y para el cual llegó a contar con la asistencia de una celebridad literaria tan importante como Gabriel García Márquez y en el que se hacía indispensable mantenerme dentro de Cuba bajo la situación de acoso llamada por el término procedente del basketball como «gardeo a presión».

Mas no para todos se reservó la misma suerte, y por ello el sabor del triunfo puede ser, en ocasiones, muy amargo. Tres personas perecieron, por lo menos una de ellas asesinada, mientras me brindaban su ayuda para que pudiera salir de Cuba bajo las sombras del clandestinaje —asesinado el abogado Luis García Guitart, y seguramente asesinado el teniente Horacio Maestre; «Acho», Horacio, en esa tenebrosa sala de hospital a la que su familia no tuvo acceso hasta que se hallaron en condiciones de entregarle un cadáver después de los 21 días de una dolencia inexplicable («muerte institucional provocada», le llaman).

Los dos actuaban con un grado bastante aceptable de inocencia, puesto que no tenían ninguna otra vinculación con los hechos que no fuera su amistad conmigo. Como quiera que no existen fórmulas convincentes para hacerles saber que existe esta deuda de gratitud puesto que se encuentran fuera del área de combate y ya aseguraron su propio perímetro y observan un régimen de silencio radial y puesto que ambas situaciones son permanentes, uno sabe que se queda contenido en el territorio de la retórica. Pero existe la situación de las cuentas pendientes con Fidel. Es visceral, es sostenido. La sed de venganza, en verdad, se te aferra, inextinguible. Una vez Poe quiso demostrar que las cosas podrían ser tan recónditas que se sirvió de una imagen, de por sí inextricable: el polvo dentro de la roca. Absoluto e insondable. Dentro de la roca. El libro está terminado y las manos se hallan libres.

CAPÍTULO 5

STOP MOTION

Arnaldo Ochoa fue arrestado al anochecer del 29 de mayo en la oficina del Ministro de las Fuerzas Armadas Revolucionarias. Habían pasado cinco días de nuestra conversación. Hacia las 11 de la mañana del sábado le dijeron que estaba libre y que sería bien visto que cogiera su Land Rover y montara a la familia y se fuera unos días a Holguín, su tierra natal en el oriente de la isla, y aprovechara el camino para ver «las transformaciones de la Revolución». Apenas una veintena de personas tuvo conocimiento de los seis días de Ochoa detenido. La noticia nunca llegó a la prensa ni fue del conocimiento de nadie en el extranjero. El segundo arresto tuvo lugar en la misma oficina del Ministro hacia las 8:20 PM del 12 de junio. Antonio de la Guardia fue arrestado en la misma fecha y hora, pero en la oficina del Viceministro Primero del Interior. Habían pasado veintiún días de que yo advirtiera a Tony, y diecinueve de que advirtiera a Arnaldo. Quedaban algunas posibilidades de que eludieran el paredón. Aunque eran vagas, muy vagas. Siempre se estimó como un mal trance, verse fusilados.

Never say die.

Averill Park, 17 de enero de 1995
—McLean, Virginia — El Doral, Miami, 1999

NOTA FINAL

Como se ha advertido, sólo los nombres de dos personas —de relativa importancia para este texto— han sido cambiados, el de una muchacha, Eva María Mariam, y el de un viejo pelotero de Liga Amateur cubana, William Ortiz, pero también se elude identificar a dos disidentes —y esto es ahora la primera vez que se declara.

El Pelotero, que devino un contrabandista sin playa ni fortuna aunque en sus tiempos mejores de veterano lanzador de muy indistintas banderas, como son (o fueron) el KGB, la DGI (cubano) y la CIA, y de observación para, mínimo, otros dos —el DSE (cubano) y el FBI— es un agente desactivado en la actualidad por todo el mundo, abandonado a su suerte —al parecer para siempre. Y se ha dado a la fuga, huye sabe Dios de qué crimen que —puedo asegurarlo— no ha cometido.

Los disidentes aún se hallan en activo en las aceras clandestinas de La Habana.

Contribuyamos —modestamente— a su seguridad, sacarlos de foco; a uno, de la vendetta y su rosario de proyectiles; a los otros, de la ergástula castrista. William Ortiz, en los Estados Unidos —o quién sabe dónde— al que van a asesinar —quién sabe quién, no se sabe cuándo; y los disidentes, en Cuba, donde propugnan un proyecto de desobediencia civil, pacífica tarea a la que se entregan, a la vez que buscan «un poderoso fusil» con el objeto de «hacerle volar» la cabeza del Presidente del Consejo de Estado y de Ministros (y se refieren al asunto como a una caza de elefantes o a la inconsciente diversión que podría derivarse de hacer reventar una calabaza y no la testa de Fidel Castro).

Era susceptible de variarse el nombre de una mujer, una muchacha que conoció la vida, el amor y la muerte, pero nunca se dio cuenta. El dios que es todo escritor votó. Ocultamiento aceptado. De cualquier manera la relación con ella le hubiese impedido al autor actuar con libertad, por el conocimiento milimétrico que de su persona tuvo, de sus temperaturas, tacto, olores, sabor por zonas, metal de voz, pliegues, enveses, y envases, y todas las otras suertes de partes y emisiones que esta clase de aventuras pone en juego. Se requería de libertad absoluta para el libro y el nombre de alguien con quien se ha tenido una relación carnal tan estrecha era un vector de inhibición.

Las otras personas y sus familiares tienen cobertura, protegidas en el anonimato. Personajes de importancia secundaria para el texto, cuya identidad real carece de relevancia para los efectos de la historia, y su sola mención les acarrearía, probablemente, enormes dificultades.

Con la excepción —lógica— de los que perecieron ante el pelotón de ejecución, o envenenados, o en lo que se suele llamar «oscuras circunstancias» —en las que, piensa uno, el cuchillo duele igual— o en los avatares de los combates, las demás personas que aparecen en el libro — y que lo hacen con sus nombres verdaderos (o al menos, con los nombres que nos fueron suministrados, o que *ellos mismos* nos suministraron)— estaban vivas en marzo de 1999, cuando el original fue entregado para su publicación —y podían ser localizadas regularmente, en Cuba o en los Estados Unidos. Localizadlos. La Habana o Miami.

Tres precisiones: Modesto Arocha, Ramón Cernuda, Humberto León, Lesbia Orta Varona, Adolfo Rivero y Waldo Valdés-Salvat accedieron a ser entrevistados y/o contribuyeron a verificar la información, pero no aparecen mencionados en el texto. Para la identificación de ciertas personas o lugares en las fotografías he sido lo más meticuloso posible y he contado para la tarea con el personal del Ministerio del Interior o del Departamento MC llegado a los Estados Unidos. La costumbre de retratarse de Tony actúa ahora como una bendición. Tenemos abundante material gracias a que él se solazaba haciéndose fotos. «Never say die» — la cita del lema del grupo en el relato— era en inglés. El grupo acostumbraba decirlo en inglés. Una cosa exacta se dijo antes en *Key Largo*, el viejo filme de 1948, de John Huston. Pero sólo Antonio de la Guardia, Patricio de la Guardia y Norberto Fuentes podrían reconocerlo.

UNA NOTA SOBRE (O PARA) LOS AMIGOS

Agradecimientos especiales:
— para Elena Amos Díaz-Verson por su amistad y sus consejos y la ayuda proporcionada en mis primeros tiempos como exiliado en los Estados Unidos,
— para Dana y William Kennedy: autor y libro afortunados de recibir los buenos influjos de los aires y de los bosques de su montaña,
— para Jorge Dávila Miguel, a quien, de muchas formas, debo mi vida,
— y para un notable amigo, uno nuevo, perfecto. Andrés Oppenheimer.

Un agradecimiento especial a Frank Calzon por su solidaridad.

19 salvas, como reclama el protocolo, en saludo de Miguel Ángel Sánchez y Amalia Sánchez-Posé puesto que el libro se comenzó y se terminó virtualmente bajo su protección y en el abrigo de su casa de Baldwing Harbour.

El libro está en deuda con el staff de un solo hombre. Brad Johnson.

Ah, Edna Rocío Johnson. Que Brad sea el staff de un solo hombre no quiere decir que no tenga a Edna y que todos la adoremos, como se debe.

El autor ha expresado su gratitud por la contribución recibida en conocimientos, documentos y uso de tiempo de numerosas personas. Pero quiere hacer resaltar a Ricardo Boffil Pagés, presidente del Comité Cubano Pro Derechos Humanos, por su apoyo sin límites y por su sincera amistad —y se extiende, desde luego, a Yolanda Boffil.

Luis Domínguez fue simpático y tozudo como él solo, el mejor de los que se encontraban en el camino.

Más gracias especiales: César Ariet, Santiago Aroca y Bernardette Pardo, Antonio Benítez-Rojo e Hilda Benítez-Rojo, Roberto Bismarck, Carlos Gámez y Noelvis, Octavio García, David Landau, Luca Marinelli, Carlos Quintela y Rosa Berre, Jorge Rufinelli, Norberto Santana, José Vives.

Y para un grupo de otros notables amigos, ninguno nuevo, mas todos perfectos, también: Alejandro Armengol y Sara Calvo, Dr. Pedro Bustelo, Juan Carlos Cabrera e Ileana Sánchez, Godofredo Granados, José Uzal.

Jorge de Cárdenas y María de Cárdenas, mencionados por aquí, casi al final, porque son la familia. Los mejores tíos que Dios pueda proporcionar.

El poeta, en la reserva: Raúl Rivero. Pero vigilando, oteando el horizonte. Nuestro hombre en La Habana. Al menos, *el mío*.

Alberto Batista apareció —como siempre— cuando todo parecía imposible, perdido.

Como quiera que este libro es el bautismo de fuego de la amistad de Basilio Baltasar con este autor, este autor y Basilio Baltasar no tienen por qué obviar que, cuando menos, es un inicio de amistad aguerrido.

Guillermo Cabrera Infante estuvo al tanto de la productividad y de la moral de combate y uno en adecuada reverencia levanta su sombrero —que en realidad es una gorra azul prusia de los New York Yankees, que es la segunda gorra de esa especie regalada por Bill Kennedy y que es un amuleto infalible y vector permanente de buena suerte—, y dice, gracias, tú.

Y esa mención a una gorra de pelotero va más allá de cuestiones relacionadas con cosas para escribir pero en vínculo absoluto con los agradecimientos. No existe mejor instrumento para preservar la vida de balseros, combatir a Fidel Castro y escribir, que una gorra de los New York Yankees, se los digo. Además son muy vistosas, con las emblemáticas N e Y cruzadas sobre la visera y bordadas con hilo de plata sobre fondo de azul ennegrecido. Es mi amuleto de uso extendido. Probada en todas esas contingencias, balsas, escritura, guerra personal encarnizada e implacable contra Fidel, y funciona.

Ivan Cañas y Roberto Koltum / cada cual por su lado / contribuy(eron)ó a la restauración y conservación del material gráfico.

Mirta Ojito fue la principal reportera de *El Nuevo Herald* encargada de cubrir las eventualidades de la Causa Número 1 de 1989 y proporcionó un *set* con todos sus materiales.

Santiago Aroca hizo la primera revisión del texto, Bernardo Marqués la segunda.

Gracias especiales a Carlos Licea de Varona por los *transfers* de imágenes de video.

NOTAS

1. [Pág. 22]   Quizá llegado a este punto, los meros párrafos introductorios, sea conveniente recordarle al lector que todos los hechos que aparecen en el libro se ajustan a la más estricta verdad. Los cambios climatológicos provocados pueden haber influido en la percepción de Washington sobre los acontecimientos cubanos y Fidel Castro. Los yanquis enviaron la misión y/o los mensajes y tendrán los documentos.

La CONACA (todo en iniciales mayúsculas según la designación oficial) era la Comisión Nacional de Acueductos y Alcantarillado creada al principio de la Revolución, en 1959, de la cual Rodolfo Fernández fue uno de sus organizadores).

2. [Pág. 29]   El autor cree conveniente insistir en que no hay ficción en la presente obra y que se ha propuesto ser un esmerado y fiel cronista de la realidad. Pero resulta oportuno declarar (y aclarar) desde aquí que la pretendida violación del jefe de la escolta del Ministro, el coronel Brito, no tenía otro propósito para el poeta Rivero —con una sólida y devastadora biografía de heterosexualidad— que burlarse del rebufante personaje, del que tampoco se tiene ninguna noticia de homosexualidad.

«Es una infamia, estuviste aportando una infamia a la historia cubana de la Seguridad Personal —tuve a bien comentarle entonces a Rivero—. Así que escolta y niña.»

Pero uno quiere honrar desde aquí, con verdadera devoción, a las dos muchachitas hijas de Raúl Castro, Deborah y Nilsa, que aceptaron con humor y compasión las acometidas de nuestro Gordo y que no fue por boca de ellas que la noticia llegó a donde no tenía que llegar, los oídos de su iracundo padre, que es además el segundo dueño del país, el dragón de bolsillo sulfuroso y criminal a la entrada de la cueva. Todo lo contrario, restaron importancia al asunto y durante los años posteriores buscaron establecer lazos de amistad con el poeta.

3. [Pág. 45]   Del verso «creacionista» de Gerardo Diego citado por Jaime Campmany en *ABC* (Madrid).

4. [Pág. 66]   Dirección General de Inteligencia, que en el juego del gato y el ratón de los cubanos en relación con su policía política de turno, es un nombre de uso común en los predios de Miami. La DGI gana preponderancia en Miami del mismo modo que el DSE —Departamento de Seguridad del Estado—, es un nombre que dentro de Cuba se pronuncia casi con veneración, en primer lugar por sus propios enemigos. En Miami, donde supuestamente todos sus pobladores cubanos son

enemigos de estos servicios fidelistas, la DGI sustituye a la Seguridad en la atención del público. Es evidente que al mudarse de ribera les toca otra institución para ser vigilados y controlados.

5. [Pág. 77] «*El hombre que inventó la actividad subacuática...*» —el capitán Cousteau, submarinista egregio gracias a su vez al invento de su más cercano colaborador y amigo, Émile Gagnan, el verdadero creador del aqualung, o al menos el hombre que aportó el uso del diafragma a la exploración submarina autónoma. El obsequio del capitán Cousteau a Fidel Castro fue una cinta de video en formato Betamax (sistema NTSC) de su producción de *Haiti: L'eau de chagrin* (Haiti - Water of Sorrow, 1986), de la serie *A la Redecouverte du Monde* (Rediscovery of the World), en el que también se incluyó luego un episodio cubano, el de nosotros, *Cuba, les eau du destin* (Cuba, Waters of Destiny). Un título (y una visión), de mucha mayor dignidad, por cierto.

6. [Pág. 84] Ubicado en la misma sede de esta unidad de elite, al este de La Habana.

7. [Pág. 99] Tony con humor y visión suficiente para encontrar otro modelo literario (aparte de Hemingway) y anticipar —en el párrafo final— que hay mercado para un libro.

8. [Pág. 101] Según otra versión, el Jefe del Grupo de Tropas Especiales se llamaba Manuel González Silverio, y además de él y Tony, el comando de secuestro estaba integrado por unos personajes llamados Efrén Fernández Mantrana, Alejandro Ronda Marrero y un oficial de la DGI conocido como «Alejandro».

9. [Pág. 105] Toda la información disponible en el libro parte de las únicas dos fuentes posibles, una, mi propia experiencia como testigo o protagonista de los hechos, y dos, los acontecimientos que me fueron revelados de primera mano por testigos o protagonistas de situaciones que se desarrollaron en paralelo y que en todos los casos llegó a mi conocimiento casi al unísono con su realización y como parte del intercambio cotidiano normal de este tipo de noticias entre las pocas personas que nos movíamos a este nivel, de por sí insuperable, de la llamada «dirigencia cubana». Las fuentes que no hayan sido mi propia participación en los hechos, así como cualquier otra referencia bibliográfica o documental que me haya servido como ilustración —o más bien que ayuden al lector a localizar alguna explicación externa a mi relato, ajena al autor— están declaradas dentro del mismo texto o en estas mismas notas al final del libro. Pero siempre cuando es realmente importante llevar hasta sus últimas consecuencias este asunto de revelar las fuentes aparte de uno mismo. Desde luego que el procedimiento se convierte en una gestión puramente formal, dado que es la referencia sobre la propia experiencia, la nota de la fuente documental que me lleva al acontecimiento en el que yo me hallaba inmerso, un sistema que es ilustrado por la famosa serpiente que se muerde su cola, una especie de *Rashomon* vicioso. Así mismo el autor ha decidido no ampararse en el recurso de Woodward y Bernstein, en *All the President´s Men*, que por lo demás fue aceptado universalmente, de encubrir el nombre verdadero de su principal fuente de

información con el título de una película pornográfica de moda: *Deep Throat*. En primer lugar, porque él se encuentra en el sitio de su principal informante. En segundo, porque desde el principio se están revelando los nombres de todos sus Deep Throats y los relevantes cargos que ocupaban (o aún ocupan) en el Gobierno cubano: Fidel Castro, Raúl Castro, Carlos Aldana, Alcibíades Hidalgo, etc. Identificados sin melindres, toda una escuadra de Deep Throats. Desde luego, uno siente mayor comodidad cuando trabaja con informantes ya muertos, al no existir la posibilidad de dañarles, o de resentirlos, al vincularlos con datos imposibles de soslayar. Llegado a este punto, debo advertir que uno nunca pensó escribir sobre ciertos temas a los cuales se le brindaba acceso en virtud de ser una persona de la máxima confianza y que tampoco uno preguntaba sobre ningún tema que le pareciera escabroso, tal era el código, y las personas que se hayan desenvuelto en un nivel tan alto como es el primer nivel del gobierno de cualquier país, van a entenderme. Tomar notas, hacer apuntes, estaba totalmente *out of question*. Pero tomé notas después del proceso y en la actualidad dispongo de ellas. Yo las cargaba en un disco flexible de computadora y trataba de que no pasaran por el disco duro de la fiel y veterana Acer, con sus modestos 40 megas de memoria, traída (en los buenos tiempos) de contrabando desde Miami por Antonio de la Guardia, y eran breves párrafos en una clave personal, inventada sólo para mi consumo, hecha sobre la base de referencias de mi infancia y de números de rock —Tony era siempre Tom Dooley en mis episodios codificados. No obstante, destruí dos discos duros y eché una porción de los pedazos al río Almendares desde un puente y otros al mar desde un saliente de arrecifes al oeste de La Habana.

10. [Pág. 109] Algunos espíritus inquietos aún situados en La Habana, que han querido reconstruir la historia en mi provecho, sostienen la tesis de que Ochoa estuvo preso *varias veces* desde abril. Pero la información no es buena, y lo que tiene lugar es una confusión: están confundiendo la secuencia de las indecisas reuniones de Raúl Castro con Ochoa a fin de determinar si acababa de nombrarlo como jefe del Ejército Occidental y no los arrestos propiamente dichos, que tuvieron lugar después y que fueron dos, uno de los cuales permanece aún como «reservado» por el Gobierno cubano y del que no se conoce una palabra en el extranjero e —incluso en Cuba— fuera de los círculos más íntimos de Fidel y Raúl, o algún esporádico personal interesado, como gente del grupo nuestro, y que —hasta donde alcanza mi conocimiento— es en este libro la primera vez que se le menciona públicamente. Pero ¿quizá deba dejarse el campo abierto en beneficio de la duda? Si lo que se quiere es acumular información, acumulen. En una de mis entrevistas telefónicas grabadas desde Miami (circa 12/97) con uno de mis contactos en La Habana (y utilizando allí un teléfono supuestamente «limpio»), el ex primer teniente de Tropas Especiales Guillermo Julio Cowley, «Wyllie», al lado del que me habrían de capturar mientras intentábamos —¡una vez más!— fugarnos de Cuba en balsa unos 4 años después de este proceso (y que había sido uno de los oficiales más cercanos a Ochoa, incluso al nivel de haber participado junto a él en una que otra sesión de sexo en grupo), después de referirnos a la participación de Ochoa en la

guerrilla venezolana de mediados de los sesenta —en lenguaje figurado, por supuesto, ya que nada garantiza en Cuba que un teléfono supuestamente «limpio», esté verdaderamente «limpio»—, y luego de una pausa acentuada, para entrar en otro tema, se escucha que digo lo siguiente:

[NF] ¿Tú sabías que él había estado detenido antes?

[Wyllie Cowley] Sí.

[NF] Como una semanita.

[Cowley] Muchas veces.

[NF] ¿Sí?

[Cowley] Muchas veces.

[NF] ¿Muchas?

[Cowley] Sí.

[NF] ¿Más de una?

[Cowley] Sí. Más de una.

[NF] Fue una, la primera semana, ¿no? La semana anterior.

[Cowley] Eh, oye. Voy a... eh. Fue muchas veces.

[NF] Sí.

[Cowley] Anteriores, desde el principio de año.

[NF] ¿Desde principios de año?

[Cowley] Sí.

[NF] ¿Pero en esas condiciones?

[Cowley] Bueno, realmente, en condiciones ya así, sí, después de abril.

[NF] ¿Después de abril?

[Cowley] Sí.

[NF] ¿Pero *presón presón presón* [una forma rápida de buscar la gradación de Ochoa prisionero]?

[Cowley] Emm... Sí. Asimismo. Bueno sin las *cammm*... con características más nobles, ¿no?

[NF] Sí.

[Cowley] ¿Me entiendes? Con una cara más linda.

[NF] O sea, ¿ésa no había sido la primera vez?

[Cowley] No.

[NF] ¿La de la... la semana anterior?

[Cowley] No.

Conservo la grabación. Material útil para escuchar el miedo. Un tipo como Wyllie, tartamudeando, dando rodeos, como si estuviera revelando los emplazamientos de misiles nucleares, y no hechos que han sido noticias y en los que han participado, y por los que fue encarcelado y ha cumplido condena. La decisión de corroborar ciertos detalles con viejos compañeros llegados al exilio o aún en Cuba, es para cerrar brechas de duda. El margen de error puede ser del 1.5 % al 3 %, lo cual al autor le parece más que razonable en una obra de esta especie. Pero sólo lo concede como una posibilidad en extremo remota, puesto que se ha trabajado con la ambición de tener menor porcentaje de error que el de los sistemas de navegación de los Jumbo 747.

11. [Pág. 120] Tampoco Aldo Vera había sido, en verdad, una figura descollante en la preparación del atentado al avión. Sí se le señalaba en Cuba como el *hit man* que atentara contra la vida de Emilio Aragonés, el embajador cubano en Buenos Aires, operativo que se llevó a cabo pero sin que lograran asesinar al entonces diplomático. Muy peligroso Aldo Vera Serafín y bien conocido por los servicios cubanos, puesto que había sido uno de los más audaces hombres de acción del Movimiento «26 de Julio» en La Habana, la organización clandestina del movimiento revolucionario de Fidel Castro en la época de la lucha contra Batista, a fines de los cincuenta. Pocos hombres aguantaron la lucha clandestina en La Habana, y pocos sobrevivieron. Y el avión de Barbados es un asunto complicado, y muy sucio, de Fidel Castro. De cualquier manera, la hipotética ejecución de Aldo Vera a manos de Tony significó para mi amigo la mayor cantidad de cubanas rendidas a sus pies y trasladadas de inmediato hacia los dormitorios y la mayor cantidad de muestras de afecto y temerosas reverencias apenas hacía acto de presencia en cualquiera de los salones habaneros que todas las otras acciones de su carrera militar. Ninguno de los macheteros le sacó tanto jugo a ese ajusticiamiento. (Aunque fue en verdad un oficial de Tropas Especiales, el entonces mayor Israel Gómez Rodríguez, «Quero», el encargado de coordinar directamente con los macheteros.)

12. [Pág. 121] Fidel matando soldados. Ver descripción del Che Guevara en el quinto, largo párrafo de «Combate de Arroyo del Infierno»: «Era mediodía cuando observamos una figura humana en uno de los bohíos, pensamos en el primer momento que había desobedecido la orden de no acercarse a las casas alguno de los compañeros. Sin embargo, no era así; uno de los soldados de la dictadura era el explorador del bohío. Aparecieron después hasta seis, y luego se fueron, quedando tres a la vista; pudimos observar cómo el soldado de guardia, tras mirar a todos lados, quitó unas hierbas, se las puso en las orejas en un intento de *camuflage* (sic), y se sentó a la sombra tranquilamente sin aprensiones en su rostro claramente visible en la mirilla telescópica. El disparo de Fidel, que abrió el fuego, lo fulminó pues solamente alcanzó a dar un grito, algo así como "¡ay mi madre!" y cayó para no levantarse. Se generalizó el tiroteo y cayeron los dos compañeros del infortunado soldado.» La frialdad quirúrgica con que lo describe, el médico como literato —más bien el guerrillero emboscado que fue médico como literato..., y la progresión cinematográfica que obtiene, es encomiable. Son, con mucho, los relatos más cultos en toda la historia de la Revolución Cubana. Por lo menos eso se le debe al argentino. Pero, una observación: Lamentable que el Che, supuesto maestro de la guerra de guerrillas aprendida en Cuba, no supiera descifrar el gesto del soldado que quita unas hierbas para sostenerlas con las orejas. Se trata de una vieja costumbre de los campesinos cubanos para refrescar luego de una ardua jornada bajo el sol. Se acomete en la creencia —no carente de lógica— de que unos mazos de hierba húmeda cerca del cerebro aplacan la sed y el sofoco. Es el mismo rito seguido por el

soldado, que primero busca una sombra, arranca unos macitos de hierba y cuyo próximo gesto seguramente tronchado por el certero disparo del líder de la Revolución, hubiese sido echar mano a su cantimplora. Para más guardias matados por Fidel ver también «Combate de La Plata» y «El combate de El Uvero» (todos son textos localizables en *Pasajes de la guerra revolucionaria,* su recuento sobre la lucha de guerrillas en la Sierra Maestra de 1956-1958) y algunas de las crónicas —de otros autores— sobre el fallido asalto por Fidel al cuartel Moncada de Santiago de Cuba en 1953.

13. [Pág. 126] La famosa casa de protocolo número 6 que ocupa Gabo —«a perpetuidad», según los designios de Fidel Castro—, en realidad una soberbia mansión de una sola planta, tiene su dueño(a) original en Mercedes Crusellas de Luis Santeiros, la nieta del más poderoso magnate de la industria jabonera cubana, Ramón Crusellas. Diversas gestiones de García Márquez de comprarle la casa al Gobierno cubano fracasaron ante la voluntad de Fidel de otorgarle la casa gratuitamente —una fórmula más de compromiso, como podemos darnos cuenta. De su propio bolsillo sólo se le ha permitido sufragar algunos muebles, alimentos, bebidas, ocasionales tickets de avión y, parcialmente, la construcción de la piscina. Un lujo impensado incluso para los capitanes de la industria del jabón y los dentífricos y asociado de Procter & Gamble disponer de piscina propia en los cincuenta. No se conoce de ninguna gestión de Gabo por pagarle su antigua propiedad a los Crusellas —«por debajo de la mesa», como se dice—, inadvertido por el Comandante, como es costumbre de muchos extranjeros agraciados con obsequios o concesiones de esta clase (terrenos para construir una cadena de hoteles, plantas de procesamiento de níquel-cobalto, etc.) efectuados por Fidel Castro. Aceptan el regalo, o la concesión, pero garantizan a perpetuidad el futuro: pagándole a los dueños originales.

14. [Pág. 128] Sobre el tema persecuciones, *kajoteros* (y para ampliar el escenario hacia otras latitudes), ver preferentemente: *La confesión* de Arthur London y toda la variopinta producción de los perseguidos del estalinismo, desde los fundadores Milovan Djilas y Arthur Koestler hasta Aleksandr I. Solzhenitsin, Milan Kundera y los otros); en Cuba el mejor relato de clase acontecimientos-vividos-en-carne-propia es *La mala memoria* (publicado en los Estados Unidos como *Self-Portrait of the Other*) de Heberto Padilla, y desde luego, mi «Mentiras de mi libertad» (*Nexos*, México, IX, 94), cuyo mayor mérito es haberse escrito dentro de Cuba y con los mismos kajoteros emboscados afuera de la casa. Reinaldo Arenas y su *Antes que anochezca* (*Before Night Falls*) es en verdad el cuento de un homosexual en la periferia de la Revolución y su insaciable apetito por los varones y no un relato magistral de persecución política y del conocimiento de la represión a todos los niveles —como han querido mostrar los estudiosos del malogrado escritor que, por otra parte, la desventurada pero homofóbica contrarrevolución cubana no acaba de aceptar como un héroe literario. La documentación generada por el Comité Cubano Pro Derechos Humanos desde la elaboración en 1978 de su *La situación de los derechos humanos en Cuba* hasta la fecha, y sus 4.000 despachos y denuncias, un esfuerzo realizado bajo el acoso permanente de

las autoridades, es, por su contenido, un material exhaustivo y escalofriante acerca del régimen represivo fidelista.

15. [Pág. 134] Aparte de la documentación que pueda acumularse en «Villa», cada buró o sección de la Seguridad cubana conserva enormes, jugosos archivos propios, relativos a sus áreas de responsabilidad.

16. [Pág. 136] Cuando yo, en febrero de 1984, le di a leer el original de mi *Hemingway en Cuba*, se lo hice acompañar con una caja de más de 300 fotografías. Era un tesoro. Todas las fotografías que yo había reunido de todas las gavetas y escondrijos del propio Hemingway de su casa cubana, la Finca Vigía. Los originales de algunos de los más grandes fotógrafos desde el invento de la fotografía. Robert Capa, Earl Theisen, John Bryson, Lee Miller, Paul Radkai, Mark Kauffman, Lloyd Arnold, John Einstead, Hans Malmberg, Yousof Karsh, Joris Ivens, John Ferno. En menos de tres días Fidel me llamó para devolverme el original con pequeñas y acuciosas notas. La caja de fotografías permanecía intacta. Le pregunté si no había tenido tiempo de echarle una ojeada. Ahí está Capa. El miliciano cayendo en Somosierra. Normandía. Respondió con un rápido gesto de asentimiento o de entendimiento o de que me había escuchado y entonces me preguntó por los cangrejos que Hemingway comía a bordo del «Pilar». Él pretendía que yo supiera qué clase de cangrejos eran ésos. Resultaría al final en una especie de graduación mía, antes sus ojos, como hemingwayólogo cubano de primer grado. Yo quería hablarle a Fidel Castro de Yousof Karsh y de Capa pero él sobreseía el tema mediante el recurso de sacarme de paso con la pregunta adecuada para que no volviera a abrir la boca. Indagando si los cangrejos que Hemingway se tragaba eran moros.

17. [Pág. 148] Se asume habitualmente la connotación religiosa del vocablo procedente de una transliteración del creole cocinado en Haití. Son los amigos que van juntos a la «cumbancha» —la fiesta—, que a su vez halla su etimología en la más culta expresión de «cumbite». Luego, con esa connotación ganada en la celebración de los ritos de santería o similares, pasa a designar a los compinches de cualquier aventura delincuencial. Termina por endulzar su concepción cuando alcanza a designar la fraternidad que se establece entre los combatientes de las tropas revolucionarias. Pero también va a implicar un cierto grado de adulonería con el jefe. Tiene su lógica: no es loable someter a crítica las decisiones del que manda pero reparte las mieles.

18. [Pág. 149] Campos secretos de entrenamiento en Sierra de los Órganos, cercanos a un abúlico pueblo llamado Candelaria (occidente de Cuba), de los que existían dos y que en realidad eran conocidos como «Petis», que es el apócope de petiso, un americanismo para igual designación que el petit galo: algo pequeño, en este caso una persona pequeña, y empleado por el Che Guevara para apodar a un guerrillero guatemalteco amigo suyo, Julio Roberto Cáceres Valle, muerto —hipotéticamente en combate— hacia 1965 luego de infiltrarse en su país natal, una de las tantas intentonas guerrilleras de la época. Debe saberse que por esos dos *petits* pasaron casi todos los movimientos revolucionarios latinoamericanos de los sesenta y que habían sido inaugurados precisamente por el Che, que ponderó las posibilidades de las locaciones en

la cordillera por su microclima y espesa vegetación cuando estableció allí su jefatura en el transcurso de la crisis de los misiles, en octubre de 1962. Nos apresuramos ahora en añadir la siguiente información. *Por una cuestión de precisión*: había sido Fidel quien descubriera los atributos como santuario del lugar en exploraciones anteriores y al inicio de la famosa crisis de los misiles le dijo al Che que dislocara allí su puesto de mando para cubrir las eventualidades militares en el extremo occidental de la isla y el país. Luego el Che lo convirtió en tierra santa de las guerrillas. Es así que uno de los primeros soldaditos de la Revolución Latinoamericana de esta entente Fidel Castro/Che Guevara, fue Julio Roberto, alias «el Petiso», también llamado «el Patojo» por el Che. Era un compañero de andanzas suyo desde la época (1954) de su participación en la Revolución de Arbenz en ese país centroamericano. Luego quiso sumarlo a la expedición del yate «Granma» que habría de llevar a Fidel Castro y otros 81 hombres desde México a Cuba. Pero Fidel se opuso a aceptar otro extranjero. El Che resultaba suficiente y se le aceptaba por ser médico. Un simpático, cálido homenaje del Che es «El Patojo» localizable en cualquiera de las antologías de sus escritos y preferentemente como apéndice de su *Pasajes de la guerra revolucionaria*.

19. [Pág. 149] Querrá considerar como éxito la parte del operativo correspondiente a Tony, es decir, la planificación de la maniobra del desembarco, y, si se hubiese producido uno de los planes alternativos originales y Tony acompañaba a Caamaño, el otro éxito hubiese sido su retorno a puerto seguro en Cuba. Porque este patriota dominicano, el coronel Caamaño Deñó, fue puesto rápidamente fuera de combate (y muerto, desde luego) en un lugar montañoso llamado Nizao, entre San José de Oca y Constanza, el viernes 16 de febrero de 1973, pocos días después de desembarcado. Tony fue llamado en los alrededores de esa fecha por Celia Sánchez, una especie de deidad, entre revolucionaria y homosexual, y de secretaria ejecutiva de Fidel desde las guerrillas de Sierra Maestra, con el encargo del propio Comandante de que se dirigiera a las oficinas de Prensa Latina —la supuesta agencia de prensa independiente ¡y hasta privada!, que debía competir con los clásicos norteamericanos, Associated Press y United Press International, y que en verdad sirvió de fachada para cuantiosas operaciones subversivas en América Latina, África y el Medio Oriente— y tratara de identificar en las radiofotos que estaban llegando allí si era cierto que el cadáver que exhibían las autoridades dominicanas era el del coronel Caamaño. La presencia de Tony en la sala de redacción de la Agencia, él abriéndose paso con sus ropas y arreos de guerrero consumado, las botas amarradas con cordones de paracaídas, la gorra calada por la visera hasta el ceño y ligeramente elevada por el cogote, mientras los redactores guardaban silencio ante el joven hermoso, y hasta tierno, que venía de los dominios de la muerte, fue algo que el Brother disfrutó. Endurecido y curado por la sal de la guerra pero consciente de ser hermoso y que aquella tarde hizo, típico en él, un ligero gesto con la comisura de sus labios, abajo y hacia atrás y ni un solo comentario cuando, de manos de un tembloroso laboratorista de la agencia de noticias, tomó las fotografías y contempló el cadáver del hombre que él mismo había planeado dejar en una playa a

medio camino de los poblados de Azua y Palmar de Oca y que desde un poco antes determinara de inmediato que la revolución dominicana era un proceso inviable. Por un acto de justicia histórica, o para ilustrar los mecanismos de una mentalidad muy pragmática, digamos que Fidel Castro se opuso al desembarco y que lo discutió con Caamaño en diversas ocasiones y con vehemencia. «No hay condiciones», dijo Fidel, en la última ocasión y cuando estuvo persuadido de que, en realidad, aquello era una despedida. Entonces, si ésa era la decisión, un último consejo. «Que no te vean. Trata de ganar la montaña rápido y de crearte una base sólida con tus seguidores. Hazte fuerte. Y sobre todo, en la primera etapa, procura que no te identifiquen. Porque donde quiera que sepan quién tú eres, estás muerto.» El cadáver que Tony miraba en la fotografía, era el rígido, ya dulzón despojo, con la frente aplastada por un impacto de bala calibre 45, de un pobre diablo que se dejó ver e identificar por todo el mundo porque prefirió que su pueblo supiera que el coronel Francisco Caamaño Deñó había regresado. Protegido por la noche y una espesa neblina de invierno en el Caribe, había desembarcado —en un punto denominado «Caracas» en la carta que Tony le confeccionara— y en verdad llamado Playa Caracol por sus habitantes, y atrás quedaban los meses de preparación en los playazos al sur de la Sierra Maestra en Cuba y las jornadas en que Tony le había ayudado a ajustarse la mochila y le había alcanzado el fusil AR-15 del que ya comenzaba a tejerse la leyenda de que Caamaño había logrado disparar con él hasta el último tiro del cargador (véanse: cables de la época de AFP, Reuter y EFE, todos europeos). El brazo que va a entregar el fusil, se extiende fuerte y decidido hacia el pecho del receptor, y queda extendido, el puño firme sosteniendo el arma, cuando el otro lo atrapa, y sonríen, pero apenas porque el momento es grave, y son los gladiadores, y son los redentores, quizá el mismo gesto viril y agresivo de un sargento de los Marines entregando su primer fusil al soldado que va a entrenar pero sin que alcancen el clímax de la ceremonia que antecedió al amanecer del primero de febrero de 1973 —la fecha en que de verdad hubo desembarco—, de estas dos criaturas abrazadas por última vez en la República de la noche.

20. [Pág. 151] Patricio está confundido. Aunque su hermano Tony estuvo en estrecho contacto con los palestinos y visitó Beirut, sus actividades allí tuvieron «otro perfil» —el militar y el de las operaciones encubiertas. El oficial principal cubano a cargo de la operación de traslado del botín —de Beirut a La Habana—, fue el entonces capitán Filiberto Castiñeiras Giadanes, «Felo».

21. [Pág. 161] Para la etimología de expresiones como «echar un palo» y otras preciosidades de la terminología sexual cubana originadas en las diferentes fases industriales de la producción azucarera en la isla, y al uso —al parecer permanente— del habla popular criolla, ver: Manuel Moreno Fraginals: *El ingenio. El complejo económico-social cubano del azúcar*, Editorial de Ciencias Sociales, La Habana, 1983 (3 volúmenes); una especie de *El capital* hecho en Cuba, indispensable para comprender la importancia del azúcar en el desarrollo de su economía y sociedad.

22. [Pág. 171] Siglas (en español) de Consejo de Ayuda Mutua Económica, una

especie de Mercado Común Europeo de escasa fortuna y menor efectividad que intentó regular la producción e intercambio de acuerdo con la «división internacional del trabajo» del bloque socialista europeo y del que Cuba fue, en verdad, un muy tardío y costoso asociado. Esto no significa, desde luego, que el grueso del comercio exterior cubano no se haya volcado hacia los países socialistas desde los primeros años del proceso revolucionario, a partir de 1961 sobre todo.

23. [Pág. 181] En este sentido, que el lector cubano entrara en contacto (desde muy temprano en los setenta) con la famosa novela de Mario Puzo, *El padrino*, y su exaltación a ultranza de la amistad, sirvió de alguna manera para sustituir los pesados preceptos marxistas sobre, por ejemplo, la plusvalía o las tres verdades absolutas de la dialéctica materialista. *El padrino* fue adoptado como un verdadero manual de conducta ciudadana y fue el sustituto providencial de textos clásicos de los varones revolucionarios como *El capital*, de Marx, o su calificado reportaje *El 18 brumario de Luis Bonaparte*, o esa joyita de Lenin que es *El Estado y la revolución*, y reemplazo natural del verdaderamente subyugante *El origen de la familia, la propiedad privada y el Estado*, de Engels, que hubiese requerido —dada la hipnosis que estos temas ejercían sobre él— de una urgente revisión de concepto y análisis para asimilar las relaciones sociales de producción en la Cuba comunista de Fidel Castro al canon cultural del materialismo histórico. Aunque de escasa circulación, a veces semiclandestina, de los primeros ejemplares publicados por Grijalbo en España, el libro de Puzo, pasado de mano en mano, fue leído por miles de cubanos, aun antes de que Francis Ford Coppola realizara la primera parte de su versión cinematográfica y le hiciera llegar una copia a Fidel Castro en prenda de amistad y con el propósito de que los cubanos pudieran «contratiparla» —es decir, el procedimiento de hacer un negativo a partir de la copia en positivo (porque supuestamente no se dispone de otra) y a partir de esa matriz en negativo, imprimir todas las copias en positivo que se requieran— y poderla exhibir al público cubano, que de otra manera —debido a regulaciones restrictivas del embargo de los Estados Unidos de América— no hubiese tenido acceso al filme. Otras restricciones de la misma ley impidieron que Coppola filmara en Cuba los episodios habaneros y de Santiago de Cuba de la segunda parte, debiendo mudarse a Santo Domingo. La primera edición cubana de *El padrino* fue publicada en 1980 por Ediciones Huracán. Los 200.000 ejemplares desaparecieron de los estantes en menos de una semana. Como es menester, tuvo un prólogo, que es un evidente mecanismo de defensa del Gobierno ante obras que finalmente se decide a soltarle al público, pero levantando —en sus páginas iniciales— un valladar de advertencias y el sistema usual de precauciones. Aunque en este caso, gracias a su autor, Felipe Cunill, es útil por su información complementaria de la novela. Según la exhaustiva investigación de este autor, un comandante del Ejército Rebelde, Guillermo Jiménez, «Jimenito», que había sido director de *Combate*, uno de los periódicos de los primeros años de la Revolución, y que a la sazón era el subdirector del Banco Nacional de Cuba —por lo que viajaba a Europa con facilidad—, fue la primera persona que introdujo en el país un ejemplar de *El padrino*. Por cierto que fue el mismo

ejemplar que Jimenito le prestó a este autor en marzo de 1971 y que este autor nunca le devolvió. Debido a que una considerable porción de los habitantes del país habían leído la novela, o al menos visto la(s) película(s), a principios de los ochenta, el autor cesó de vanagloriarse de haber sido el segundo lector cubano de *El padrino*. El factor determinante fue el brusco descenso en el nivel de exclusividad.

24. [Pág. 190] El error etimológico por parte de los camaradas de creación de cifras secretas del K-J de llamar *Lunes* al Malecón fue subsanado hacia los años setenta. A pesar de que fuera el día escogido por Dios para descansar al final de seis jornadas de intensa labor, el primer día de la semana, según universal reconocimiento del mundo moderno, es el domingo y no el lunes. Por otra parte, el número 12 en la charada china, tiene el significado más simpatético de prostituta y no el de su expoliadora pareja, los proxenetas. ¿Correcto?

25. [Pág. 205] Una especie de *Pravda* cubano, pero peor.

26. [Pág. 206] Por favor, chequeen con personal rumano de la época la veracidad de mi historia. Ion Gheorghe y Emil Bodnaras e Ion Ionita y Bujor Almasan y George Ma-Covescu eran altos cargos del Gobierno rumano y saben. Alguno debe estar vivo aún.

27. [Pág. 221] ¿Es necesario aclarar una vez más que la información dispensada en el libro es precisa y ha sido verificada y que procede de una exhaustiva investigación? Si tal es el caso, repitamos el argumento: el lector puede sentirse confiado sobre el origen del material. Desde luego que en este caso, el de los anillos de acero y las murallas de secretos que constituyen la seguridad de Fidel, no era mucho lo que podía investigarse directamente y en la práctica debía esperarse a que la información cayera de por sí sola o que uno supiera captarla mediante la observación cuando viajaba con el *entourage*. Muy peligroso ponerte a preguntar. De ahí que en ocasiones deba limitarse el lector a conocer personajes sólo por señas parciales, como *Gallego, Joseíto, Cesáreo*. En cierto sentido suele ser una información un tanto desequilibrada —tenías sólo un nombre o el seudónimo, pero sabías lo que habían hecho (o hace) el hombre—, aunque lo que se obtenía de sólo ver la cima del iceberg, al menos para mí en algunos episodios, era suficiente. Amén de que yo tuve acceso no sólo a la punta del iceberg sino que me zambullí en más de una ocasión para tener visión suficiente de la imponente masa que se ocultaba debajo de la superficie. Donde le hubiese preguntado su apellido al coronel Joseíto, habría hecho caer toda clase de sospechas sobre mí, y yo no estaba allí realmente para estar averiguando el apellido del jefe de la Seguridad Personal ni para desmenuzar el dispositivo (aunque después uno averiguará los pequeños detalles suplementarios, los apellidos que una vez fueron —o hasta ahora son— secretos de Estado, o los orígenes barrioteros y de pobreza absoluta de unos silenciosos y eficientes luchadores revolucionarios que deben ocultarse del rastreo enemigo para que no sea información útil que ablande las defensas del Comandante). Yo estaba para serle fiel a Fidel Castro y servirle, y hacer una obra literaria al servicio de la Revolución. De cualquier manera se desprendió este cúmulo de información —y no puedo decir ahora que necesite serle fiel

a Fidel Castro ni servirle, y mucho menos que deba comprometer en su altar mi trabajo literario—; en algún momento información parásita, hoy adquiere para mí los matices de la revelación, por lo que vuelvo a repetirle al lector que el escenario que con tanto gusto le estoy procurando desplegarle ante los ojos, es una reproducción del que yo hube de reconocer primero personalmente, el que hube de escudriñar, y del que recibí una considerable y valiosa data. Hacemos la salvedad para que se entienda cabalmente por qué esos nombres sin apellidos, esos apodos sin mayor explicación, puesto que debía escoger entre saber cómo se llamaba este chofer, o aquel coronel, o el método por el que se guiaban, y las medidas que emprendían, y el plan de chequeo de sus misiones. En última instancia podemos dejar el rastreo de los nombres verdaderos a la Interpol. Por último, advertir que una ganancia adicional es obtenible de la publicación de estas relaciones: obligar al Comandante a cambiar todo el dispositivo una vez más. Se trata de la experiencia nueva respecto a ese viejo y envilecido dictador y nuestra relación, que probablemente lo empujemos a efectuar algunos cambios. Así que debe ir pensando en retirar a Cesáreo. O a Joseíto. Aunque, difícil que a esa naranja se le pueda extraer una gota más de jugo. Qué más pueden prever. Qué más van a controlar. Les digo una cosa, lo que se gasta el país en cuidar al vejete, es triste, humillante.

28. [Pág. 224] Estoy empleando la fórmula clásica de encabezamiento de los documentos remitidos a la consideración del Comandante.

29. [Pág. 232] «No es nombre de guerra», declara el propio Colomé Ibarra. «Desconozco qué relación tiene Abelardo con Furry. El problema es que mi hermana, cuando chiquita, no sabía pronunciar Abelardo y me empezó a decir Furry. Y Furry se me quedó para toda la vida.» (Luis Báez: *Secreto de generales* [una colección de entrevistas al generalato cubano post-Ochoa], Editorial SI-MAR S.A., La Habana, 1989. La secuencia de 41 entrevistados suministra a la nación cubana la más consistente y machacona producción que pueda obtenerse de todas las editoriales de vanidades hasta el próximo siglo; la fatua plana mayor de los generales cubanos dándose golpes en el ombligo mientras hacen gala de sus propias supuestas heroicidades, es decir, como se han dedicado exitosamente a matar gente en medio mundo, y por supuesto, en el que Arnaldo Ochoa no es mencionado *ni en una sola* de sus 541 páginas de narrativa heroica bombeada a presión. Ni una sola vez, compañeros generales.)

30. [Pág. 238] Un «mártir» —como llaman los cubanos a los caídos del bando revolucionario— de Tropas Especiales, Edilberto Núñez, muerto a principios de los setenta en un ataque de la aviación portuguesa mientras prestaba servicio con la guerrilla del PAIGC, nunca ha sido celebrado en los panegíricos fúnebres de Fidel Castro. Con toda probabilidad, ésta es su primera mención pública. Es extraño que se le haya prestado más importancia al brazo atrofiado de Rodríguez Peralta que a la vida de un mártir auténtico, su existencia entera cegada en suelo extranjero.

31. [Pág. 247] Otro proceso, gemelo al de Nuremberg, tuvo lugar entre el 04/03/46 y el 11/04/48 en el antiguo edificio del Ministerio del Ejército del Japón, en Tokio, para juzgar como criminales de guerra a 28 líderes civiles y militares japoneses,

de lo que resultó siete sentencias de muerte, incluida la del general Hideki Tojo, y las que fueron complementadas el 12/23/48. Por otro lado, de nuevo en Nuremberg, entre noviembre del 46 y abril del 49, se decidió la suerte de unos 185 nazis más acusados de crímenes de guerra, pero ahora nazis de poca monta. Estos procesos se dividieron en una docena de casos, y de ellos se obtuvo que 24 nazis fueron invitados seguros de la soga, se los cargaron en el patíbulo, otros 20 condenados a cadena perpetua y 87 a cortos términos de prisión. Del mismo modo *gemelo*, en el Pacífico Sur se radicaron procesos de clase menor a unos 5.700 japoneses. Juicios en todos esos islotes desde Australia hasta Japón, de los que unos (no existen las cifras exactas) 3.000 fueron condenados a términos de prisión y 920 a muerte y fueron ejecutados, incluido el general Yamashita en un muy controversial y probablemente desbalanceado juicio en las Filipinas —como ven, ya aquí el factor racial *sí* entrando en juego; compárenlo con los números alemanes, ¿o es que los crímenes arios son más permisibles que nuestros crímenes de pueblos mestizos o amarillos? La situación en Cuba tuvo otros matices, menos ascéticos. ¿Matices? ¿Dije matices? «Para agosto de 1959 la cifra oficial llegaba a 828 fusilamientos [...] y más de 5.000 [militares] sentenciados a prisión antes de que terminara el año» (ver: Andrés Rivero: «Castro y los fusilamientos del 59», en *El Nuevo Herald*, 01/05/99).

32. [Pág. 248] Ya saben los estudiosos: cuando quieran hallar el origen de la resistencia y la obstinación y absoluta concentración y dedicación con que Fidel se mantiene en el poder 40 años después de haberlo capturado. Tiene un exhaustivo conocimiento de causa *y de efecto* de lo que pasa con los vencidos y prisioneros a partir de los códigos de tratamiento instaurados por él mismo al triunfo de la Revolución Cubana. Que, de escapar del paredón, tienen que ser reducidos a una condición eterna: de vencidos y prisioneros de por vida. Desde luego, no vayan a creer los reos destinados al fusilamiento que por el hecho de hacerlos pasar por ese mal momento de que los ejecuten, en un episodio en el que casi siempre se les va a estar revolcando con la muerte durante un buen rato antes de recibir la orden de que les disparen, ya sea porque los pasean delante de sus propios ataúdes, aún vacíos, que son angostos y de madera barnizada a la carrera, a los que se le ha recostado la tapa y adentro de los cuales espera un sólido martillo y los clavos, o porque les peguen las espaldas a unos postes embadurnados de la sangre de los compañeros anteriores, o porque ven otros cadáveres, colocados en el área de proyección de las luces frontales de la camioneta de Medicina Legal, que los ilumina, los va a liberar del escarnio permanente de haber sido derrotados por Fidel Castro. Aunque en sus casos se producirá por omisión: las leyes revolucionarias prohíben que sobre las tumbas de los fusilados sean levantadas lápidas o inscripciones sobre la piedra con los nombres de los ejecutados, y la colocación de flores u otras ofrendas de esa clase está totalmente proscrita.

33. [Pág. 255] «El Mariel» fue el éxodo de 125.000 cubanos desde el puerto de ese nombre, del oeste habanero, a Key West, Florida; la maniobra última de Fidel, de 159 días de duración, para acabar de desestabilizar el gobierno de Jimmy Carter y desvanecer las esperanzas que pudieran quedarle de solucionar el diferendo con Cuba. Los coroneles

del MININT José Luis Padrón y Antonio de la Guardia «llevaban» desde mediados de los setenta las relaciones con los Estados Unidos de América. «Llevar», en la lengua revolucionaria al uso, es la acción de atender o conducir alguna tarea. Ellos, pues —como embajadores itinerantes—, y junto con otro coronel de los servicios de inteligencia cubanos, Ramón Sánchez Parodi, que ocupaba en Washington D.C. el cargo de jefe de la Sección de Intereses de Cuba, *llevaban* esas conversaciones y se cansaron de escuchar las proposiciones norteamericanas de levantamiento del embargo e incluso hasta de la probable retirada —e inmediata entrega a la soberanía de Cuba— de la base naval de Guantánamo, un enclave militar de apenas 4 kilómetros cuadrados en el extremo oriental de la isla obtenido por los yanquis en la época de la guerra contra España de 1898 y cuya reivindicación como parte del territorio cubano es uno de los inspirados temas de la revolución de Fidel Castro. Pero nunca el olor del pastel que le horneaban fue lo suficientemente atractivo para un Fidel Castro que solía esperar al pie de la escalerilla del avión a sus briosos embajadores, enterarse de toda la historia y comentar: «Vamos a ver qué hacemos. Déjenme a mí las decisiones.» Todo menos entregar su recurso más valioso: el argumento antiimperialista. Así, pues, cuando unos excitados y exultantes, así de contentos, José Luis, Tony y Ramoncito Sánchez Parodi le informaban al jefe de que veían ondeando pronto la bandera cubana en Guantánamo, él apuraba la insurrección de Shaba, haciendo que unos 2.000 infelices zairotas ya asentados como labradores en suelo angolano, cruzaran la antigua provincia de Katanga e iniciaran el ritual de un baño de sangre africano (y sin que dejara ningún cabo suelto en el andamiaje de las relaciones internacionales, mientras sus oficiales de Operaciones Especiales inducían y armaban al personal zairota que habría de ser insurreccionado, sus embajadores activaban «los canales diplomáticos» en ONU y Washington para hacer saber al State Department que Cuba disponía de informes «dignos de todo crédito» acerca de «inquietud» entre las antiguas tropas katangesas dislocadas en territorio de la República Popular de Angola); o le filtraba a la CIA el dato de que una brigada de combate soviética estaba dislocada en Cuba, una unidad a la que él, socarronamente, llamaba «Brigada de Estudio», y que se hallaba en plena disposición combativa y que probablemente se estaban violando los acuerdos Kennedy-Jruschov; o hacía que Ochoa lanzara su ofensiva de tanques en el Ogadén; o —oh, Dios—, enviaba hacia las costas norteamericanos un contingente de 125.000 cubanos desde el puerto del Mariel y lograba el prodigio de que los barcos de la invasión fueran puestos por los propios invadidos, es decir, los habitantes del sur de la Florida.

34. [Pág. 255] Nombre del condado donde se encuentra la ciudad de Miami. Desde 1998, Miami-Dade County.

35. [Pág. 257] Fue la tónica real de sus respuestas según la información disponible por el autor.

36. [Pág. 266] La tarde de esa marcha, Fidel tuvo uno de sus primeros gestos cargados de significado y esperanza. La marcha había sido lenta y (ahora entendemos que) bien estudiada para este largo convoy de barbudos que recorriera más de mil

kilómetros desde Santiago de Cuba sobre tanquetas, jeeps y camiones capturados a las fuerzas batistianas. Se marchaba de día y a través de la principal vía de enlace de ciudades del país —la Carretera Central—, haciendo noche en las poblaciones rendidas a su paso, y Fidel iba alternando de vehículos, entre un viejo tanque tripulado aún por batistianos y un jeep Wyllis conducido por el entonces joven soldado «rebelde» Alberto León Lima, «Leoncito». El gesto luminoso tuvo lugar al aproximarse la caravana a la intersección de las Avenidas 31 y 41, justo frente al campamento militar «Columbia» que era el objetivo final hacia donde se dirigía y donde pronunciaría el primero de sus discursos sin respiro de más de seis horas. Eran los últimos minutos de su paseo de gloria, en realidad menos de los días deseados para que el pueblo se extasiara a su paso, pero el hecho de que otros grupos revolucionarios y los mismos capitanes y comandantes de sus columnas ya estuvieran instalándose en la capital del país, obligó a apresurar la marcha, de modo que una conquista nacional avasalladora de más o menos doce días de compromiso, se quedó en una semana. Entonces, un busto de él mismo. Allí, en una plazoleta de la intersección de las Avenidas 31 y 41, le saludaba el busto de yeso aún fresco, barbudo y con quepis, que acaba de ser instalado en un pedestal de ladrillos cubierto con otras dos capas de yeso blanco. Fidel ordenó de inmediato a sus escoltas que derribaran aquello que llamó «una afrenta». Después, insultado, estuvo refiriéndose al hecho cada vez que se le presentaba la oportunidad en sus discursos inaugurales de la Revolución Cubana. Incluso, firmó una ley que prohibía expresamente que se erigieran estatuas en vida de ningún patriota y prohibiendo expresamente la colocación de fotografías o retratos de ninguno de estos seres del personal de la Revolución que se hallaba fuera de los rigores de los cementerios. El héroe derribando sus propias estatuas, y después el decreto, crearon un entusiasmo. No obstante, su presencia en los billetes de a peso en una escena representativa de esa misma marcha triunfal en que derribara estatuas y su presencia asimismo en una de las caras de los billetes de diez pesos —Fidel, el brazo en alto ahora como un látigo, despachando uno de sus discursos ante la multitud que colma la Plaza de la Revolución— es algo que él ha podido disfrutar en vida, de hecho, durante más de tres décadas de esa vida, puesto que los billetes fueron emitidos en 1961. Pero, además, ¿qué le importaba aquel cabezón de yeso que a duras penas se le parecía, si, para empezar, tenía la televisión? ¿A quién le interesa una estatua cuando apareces todas las horas que quieres hablando a través de una pantalla y después te haces circular en, por lo menos, los billetes de dos denominaciones? Como él mismo puede decir en la intimidad con algunos de sus viejos compañeros (hay que saberlo traducir): ¿Para qué queríamos estatuas, con lo pesadas que son? La propaganda revolucionaria requiere de vehículos mucho más rápidos y efectivos, y estar en todas partes, ocupar todas las pantallas, ser la base del deletreo de los libros primeros de lectura y que circule en los billetes para el pago de toda obligación contraída en el territorio nacional.

37. [Pág. 267] Ni siquiera los yanquis escapan al embrujo del guerrillero que descubre el potencial de comunicación política de la televisión 3 años antes que John

Fitzgerald Kennedy. El siguiente mensaje al Departamento de Estado desde La Habana no sólo muestra admiración, sino (junto con un flujo de centenares de cifrados semejantes) que su diplomacia de los primeros días de la Revolución estuvo limitada a contemplar al líder rebelde en la televisión y que el acceso a ese nuevo gobierno (que no sólo habría de cambiar el destino histórico de Cuba sino que habría de afectar de modo permanente las relaciones internacionales de los Estados Unidos) era nulo. Los procónsules del imperio veían la historia pasar... desde sus poltronas frente a los televisores, sorbiendo sus cervezas. No existía acceso, sencillamente. No había diálogo con el producto de los reportajes del *The New York Times*, ese señor de los discursos virulentos, pero que fuese el mismo de los benevolentes informes del período 1957-1958 de la estación CIA de La Habana. Un fragmento de uno de esos informes de la Embajada americana en La Habana sobre una comparecencia de «Castro» en la que se habló un poco de cada cosa, apenas seis semanas después del triunfo rebelde: «El 19 de febrero de 1959, Fidel CASTRO hizo una aparición de cuatro horas, de las 10:30 de la noche hasta las 2:30 de la madrugada inmediata, en un programa de la televisión local llamado «Ante la Prensa» (*traducido libremente como...* «Meet the Press»)... La televisión en Cuba tiene una pesada cobertura. Hay cerca de 330.000 receptores, para una población total cercana a los 6.300.000 [en 1959, desde luego]. Los programas pueden ser vistos en todo el país, que está conectado a través de una red completa de estaciones de retransmisión. El programa en cuestión es uno de los más populares, especialmente desde principio de año, al terminar la censura [de Batista] y por las personas de gran interés público que aparecen en él. Podemos asumir con seguridad que por lo menos un millón de personas, y probablemente más, ven la mayoría del programa... El programa normalmente dura de media a una hora, dependiendo del interés en el invitado y en el tema. En este caso, Castro sólo acepta aparecer si dispone de tiempo ilimitado, y se echó cuatro horas. Fue absolutamente al grano sobre cualquier tema que surgiera. Una variedad de temas fueron debatidos, la mayoría traídos por él mismo. Bastantes funcionarios de la Embajada [norteamericana], incluido el escritor [de este informe], vimos el programa.» ¡Atención! Atención ahora. Esto es lo que las madres cubanas designan como *estar cayéndosele la baba* a su hijo cuando reciben la primera señal de que el ingenuo adolescente se ha enamorado por primera vez. No, no es espuma de cerveza lo que brilla sedosamente en la barbilla de Sus Excelencias. Las itálicas son mías, desde luego: «Para uso de los funcionarios de las oficinas interesadas del Departamento, se añade una transcripción del programa suministrada por un servicio local de radio y TV. Parece ser una versión exacta, tomada del *tape*. *Desafortunadamente, es incapaz de capturar la atmósfera del programa: Castro en su habitual uniforme de faena arrugado, radiante de salud y de ilimitada energía, inclinándose sobre la mesa mientras habla, ondeando brazos y manos, con su eterno tabaco siempre a mano. Las palabras emanan en un torrente incesante. Parece capaz de estar hablando para siempre y sobre cualquier asunto existente bajo la luz del sol. Es un orador dinámico, poderoso, con esa rara cualidad de ajustar y mover a su audiencia sin que importe el contenido de sus palabras. Su lenguaje es descuidado e informal. Habla con una tremenda vitalidad y rapidez.»*

38. [Pág. 272] En su buena época, a finales de la Segunda Guerra Mundial y hasta principios de los cincuenta, con su tan severo y eficaz formato copiado del *The New York Times*, era uno de los más ilustres y bien informados periódicos cubanos. Entre sus excelencias, desde luego, estaba el suplemento dominical de historietas a cuatro colores, que se adquirían con todo beneplácito (de ambas partes) del King Features Sindicate y otros productores de comics norteamericanos. El hombre de hierro —no Stalin, el soviético, sino el americano, bueno, en realidad el kriptoniano— Superman, llegaba entonces a los lectores cubanos gracias a *Noticias de Hoy*. El diario fue clausurado por Batista después de su golpe de Estado del 10 de marzo de 1952, pero el Partido lo sustituyó por una hoja clandestina de circulación regular y bastante eficiente llamada *Carta Semanal*. Sin embargo, el gris panfleto de la etapa revolucionaria no encontró ya, nunca más, un tono ni una convicción. No basta con que un Partido vuelva a la legalidad ni que su periódico recupere su nombre de los combates callejeros para darle carta de ciudadanía en un contexto al que ya no se pertenece. Apenas cinco años después de la clausura de todos los periódicos independientes cubanos, *Noticias de Hoy* también sucumbía. Se sumaba, sin pena ni gloria, al mismo designio de aquellos colosos del periodismo cubano que se llamaron *Información, El Mundo, El Diario de la Marina, Diario Nacional, El País, Excelsior, Prensa Libre, Avance*, y que desaparecieron, al parecer para siempre, junto con sus capitanes.

39. [Pág. 272] Su verdadero nombre era Francisco Calderío.

40. [Pág. 273] Es seguro que desde esta misma reunión Fidel haya visto una vinculación de propósitos entre Valdés-Vivó y el sudeste asiático. Pero, ni siquiera, Vietnam del Norte. No. Lo entronizó con el sur, allá abajo, donde la guerra. ¿No se había referido a Diem? Pues, unos tres años más tarde tenemos a Valdés-Vivó designado ¡embajador de Cuba ante el Gobierno Provisional de Vietnam del Sur! El único embajador del mundo vivaqueando en las selvas y los arrozales del delta del Mekong y vecindades. Y ni uniforme de milicias cubanas ni guayabera habanera. El mismo pijama negro y las sandalias de metededos «Ho Chi-Minh» del resto del Vietcong. Es fácil imaginar que con los puñados de arroz crudo sin sal atragantados bajo las interminables lluvias y vientos de los monzones y, en posición fetal, ovillado en las cuevas de ratas de los refugios antiaéreos, secudiéndose de arañas y serpientes, que se desprendían de los techos bajo el efecto de las oleadas de bombardeos, Valdés-Vivó haya tenido oportunidad de reparar alguna vez en aquella noche aciaga en que le insinuara a Fidel que no le diera más la vuelta a la noria con *el guiso* de Kennedy, a quien, por otra parte, él —Fidel— se había cansado de llamar «la gatica de María Ramos», en alusión a un viejo refrán sobre las personas que eluden sus culpas —«la gatica de María Ramos, tira la piedra y esconde la mano». Blas, sin embargo, se permitió mantener el empaque. Como quiera que en cualquier momento iba a necesitarse una constitución del país, porque no se podía seguir metiendo el cuento de que la constitución cubana eran los discursos del Comandante, el mismo Comandante optó por decirle a Blas que fuera

escribiendo «ese mamotreto». Diez años. La tarea le duró 10 años a Blas. Hasta que, por referéndum, se aprobó el dichoso documento. Quedó de lo más bueno, decía Fidel. Comenzaba por un párrafo de gratitud a la Unión Soviética. Era la tercera constitución de la historia de Cuba, pero la primera de inspiración eslava. Bueno, muchos decían que era una constitución búlgara. O que de ahí había sido la traducción.

41. [Pág. 274] José Solís y Franco, «Pepe», que era el principal reportero de *Noticias de Hoy* y que desde fecha temprana, en los sesenta, fue una de las primeras cabezas visibles de la disidencia cubana, conoce el tema y estaba localizable en Miami en 1999. Asimismo, Rosa Berre y Carlos Quintela, veteranos de la oficina de corresponsales de *Noticias de Hoy*, estaban en Miami y podrían corroborar. Nicolás Pérez Delgado, otro veterano del diario, también procedente de la disidencia, es localizable en Costa Rica y conoce la historia. El propio autor trabajaba como reportero especial del periódico en la época de los acontecimientos.

42. [Pág. 274] Podemos contabilizar las tres visitas de Fidel a las oficinas del *Hoy*, desde que éste se instalara en el edificio despojado en mayo de 1960 a los propietarios del *El Diario de la Marina*. Primera: en ocasión del nombramiento de Blas como director del periódico (circa mayo 3 de 1961) y de, precisamente, la entrega del edificio para que *Hoy* se instalara allí. Blas sustituía a otro veterano comunista, Carlos Rafael Rodríguez, que ascendía al cargo de Presidente del Instituto Nacional de Reforma Agraria. En la azotea del *Diario*, donde el antiguo dueño disponía de un acogedor apartamento, un conjunto de no más de 30 personas reían de las ocurrencias de un exaltado y feliz Comandante, pocas semanas después de su victoria en Playa Girón, mientras, cosa extraña, se servían generosas y nevadas copas de daiquirí. El joven y desgarbado reportero, de 18 años de edad y grandes orejas y jeans en estado de combate permanente, que se halla un paso detrás del Comandante y al que le parecen excelentes todos sus chascarrillos, es el autor. Segunda: buscar orientación con Blas por el asesinato de Kennedy. Tercera: el 4 de octubre de 1965, cuando saca a Blas de la dirección de *Hoy* y de paso disuelve el periódico. El día anterior, en un discurso, anunciaba la creación de una nueva «Dirección Nacional» del Partido, y los observadores notaron que Fidel había ocupado el cargo de Secretario General que hasta ese momento había sido del mismo Blas. Y, de paso, la organización obtuvo su definitivo y rotundo nombre: Partido Comunista de Cuba. Si algún vestigio del Partido Socialista Popular había intentado resistirse o aún prosperar, acaba de recibir el ucase de su extinción.

43. [Pág. 277] Pueden existir jornadas de «aflojamiento» de la tensión en la Vía Priorizada del Comandante en Jefe. La jefatura de Seguridad Personal se ufana de que «no siempre se toman medidas extremas, depende de la situación operativa».

44. [Pág. 278] El autor advierte que existe una —para él inquietante— probabilidad de que esté suministrando un nombre equivocado. No siempre su memoria de escritor inmerso en los acontecimientos es infalible. Sí sabe que había un Alcántara en el *entourage* cercano de Raúl Castro y que el nombre se le puede confundir ahora con el de otro miembro de su escolta, un blanco de más de 6 pies, que llevaba un

cuchillo comando a la cintura y que no se destacaba porque supiera pronunciar un discurso que fuera de duración muy larga, es decir, parco de palabras y cuchillo a la mano.

45. [Pág. 279] Éste es el conjunto de calles y avenidas que en propiedad se denomina «Vía priorizada del Comandante en Jefe».

46. [Pág. 281] Al autor no le ha sido posible localizar en Francia a ninguna persona con este apellido y menos que fuese un economista a la sombra del presidente Mitterrand. Pero es así como le fueron suministrados los santos y señas del personaje reunido con Tony en el París de febrero de 1989 y que posteriormente —hacia marzo o abril— viajara a Cuba acompañado de una nutrida delegación de inversionistas interesados. Un candidato probable para clasificar como el «nuestro hombre en París» de este episodio sería Henry Duffaut, el senador socialista, experto en economía. Pero un nombre de fonética parecida (en especial para un oído extranjero) y su especialización en economía, no es una evidencia. El autor agradece al profesor Sandro Gandini, de Grenoble, su ardua sesión de rastreo.

47. [Pág. 285] Expresión popular puesta de moda a fines de los años setenta, cuando una serie de películas y dibujos animados de largometraje exploraron el llamativo escenario y época de La Habana, entre los años 1920 y 1930. Supuestamente, hacia esa fecha, las trompetas se hicieron instrumentos imprescindibles de las orquestas de salones de baile. Y como quiera que para el común de los cubanos la diferencia entre trompeta y corneta debe ser nula... Según otros etimólogos, la expresión está anclada en los finales del siglo pasado cuando las tropas insurrectas cubanas que luchaban contra España recibían sus órdenes por toques de corneta. Pero el autor cree que está referida a esa época, imprecisa, entre los años veinte y treinta. Es más, el autor está persuadido de que la expresión surge del exitoso dibujo animado de largometraje *Vampiros en La Habana* (1985, del realizador J. Padrón) que se escenifica en La Habana de 1932 ó 1933 y cuyo héroe es un trompetista. Es así como *Año de la trompeta* o *época de la trompeta* provee de antigüedad a cualquier asunto de que se trate en una conversación y reemplazó en el uso del lenguaje popular otra expresión, quizá inmejorable por su formidable nivel de compactación, que era «el año de la bomba» —referencia al carruaje clásico de los bomberos de finales del siglo XIX en el que se transportaba la máquina de elevar agua (*la bomba*) y que era tirado por caballos.

48. [Pág. 287] El grupo de la escolta cercana de Fidel —entre 10 y 16 hombres distribuidos en los tres o cuatro carros de su caravana regular— estuvieron armados hasta principios de los años ochenta con las legendarias metralletas UZI belgas de 9 milímetros, aparte de pistolas, y algunos AK-47. Aunque el personal de los grupos operativos en las proximidades de sus desplazamientos suele estar armado sólo con los AK-47 y el más moderno AKM. Fidel tiene a la mano un AK-47, «su AK-47», el mismo que le regalaron los soviéticos hacia 1963. Durante muchos años, llevó además una pistola Browning de 9 milímetros dentro de una cartuchera de cuero negro, enganchada de una faja tejida verde olivo y sobre su cadera derecha. Pero desde hace años y hasta el

presente, ha cambiado la Browning por el arma emblemática de los sargentos y paracaidistas soviéticos de los años sesenta, una Stechkin de 20 tiros, la formidable APS (Avtomat Pistol Stechkin), que él prefiere sobre la pistola belga porque carga siete balas más en cada magazine. Siete municiones suplementarias en un combate cuerpo a cuerpo es un tema a considerar. Tampoco la trae en una cartuchera. Se la lleva —en un pequeño maletín «confeccionado al efecto»— el coronel José Delgado, presto a ponerla en sus manos a la menor señal de peligro. La Stechkin cargada y cuatro magazines de repuesto, 100 tiros en total. En cuanto a las metralletas UZI de la escolta, éstas han sido reemplazadas por los fabulosos fusiles cortos de asalto de AKS-74U, calibre 5,45, que entraron en servicio en 1979, diseñados por los soviéticos para sus tropas especiales, fuerzas de desembarco aéreo, cuerpo de señales, ingenieros de combate, tripulaciones de lanzaderas de cohetes y unidades antimotines y que, según los fabricantes, es ideal para usar en áreas pobladas y fortificaciones de campaña.

49. [Pág. 296] Déjenme decirles en apoyo de mi propia, arrogante satisfacción que tengo un acucioso conocimiento de lo siguiente: en las primeras líneas de mi «Retrato de personalidad» de los expedientes que me abriera Seguridad del Estado desde los años sesenta se me califica como «individuo peligroso» y sobre el que no se podía tener confianza y que, entre los intelectuales cubanos, era «uno de los más si no el más peligroso». Los argumentos básicos de mi peligrosidad eran: 1) *mi procedencia de clase*: pequeña o mediana burguesía que se integra a la Revolución *por convicción y no por necesidades económicas*, 2) mi carácter aventurero, que «lo mismo le da dormir sobre una piedra que en un lujoso hotel» (sic) y 3) porque era sumamente desaprensivo en cuanto a los lazos familiares, es decir, que no me consideraba obligado a rendir culto ni obediencia a las estructuras hogareñas. Conocía esa información desde los años setenta, desde una época en que mi expediente se llamaba «Caso Condenados» por un libro disidente —*Condenados de Condado*— que había escrito, y un viejo compañero me pasó la información (que años después corroboré varias veces). Es decir, en este episodio de la oficina de Fidel, o Cesáreo no disponía del expediente, o esas mismas caracteristícas les habían servido para clasificarme como hombre de confianza. Aunque la decisión final siempre procede y tiene que ver con el famoso ojo clínico de Fidel para los peligros. Con él (es decir, yo) no hay problema, tiene que haber dicho. Yo lo jamo. Argot carcelario desde los cincuenta. Es decir, que él me comía, más bien, que ya me había comido, ergo, que me conocía el proceder *por haber sido masticado*.

50. [Pág. 299] Ver capítulo 17 de *Death in the Afternoon (Muerte en la tarde)*.

51. [Pág. 302] Hacia fines de los años sesenta era uno de los objetos de ciertos estudios comparativos de Reynaldo González sobre la represión homofóbica masiva de la UMAP y las tres o cuatro probables víctimas del pecado nefando quemadas en las hogueras de Regla del siglo XVII. Fueron estudios comparativos iniciados pero al parecer nunca terminados. González quizá fuese, no obstante, el principal estudioso de las peleas cubanas contra los maricones. Un veterano activista de agitación y propaganda de la Unión de Jóvenes Comunistas en, precisamente Camagüey, y pasado de bando como

ardoroso activista a las filas del subterráneo movimiento gay cubano, González es autor de la novela *Miel sobre hojuelas* (1967) y del libro documental sobre la política de los años veinte cubanos *La fiesta de los tiburones* (1972). Hacia mediados de los ochenta hizo un regreso a las filas de la militancia marxista al convertirse en una especie de escriba asalariado de Carlos Rafael Rodríguez, uno de los principales jerarcas del Partido.

52. [Pág. 302] Henry Kamen, *The Spanish Inquisition. An Historical Revision*. Weidenfeld & Nicolson, Londres, 1997. «En total», dice Kamen, «entre 1570 y 1630 los inquisidores manejaron 543 casos [de sodomía] y ejecutaron a 102 personas».

53. [Pág. 302] No sólo homosexuales. Ver: Pablo Alfonso, *Cuba, Castro y los Católicos*, Hispamerican Books, Miami, 1985, y Jorge Luis Romeu, «Las prisiones olvidadas», en *El Nuevo Herald*, Miami, 6 de agosto de 1990. En realidad, la composición principal de los jóvenes que fueron internados en esos campos, una cifra que oscila entre 30.000 y 40.000, eran los seminaristas católicos y los ministros protestantes de las iglesias del interior de la isla, jóvenes que tenían pasaporte y querían abandonar el país, estudiantes «depurados» de las universidades por «incompatibilidad ideológica», hijos de los campesinos que se negaban a integrarse en las cooperativas y «personal urbano» que continuaba trabajando «por cuenta propia», es decir, eran propietarios de un pequeño negocio. Pero el Gobierno hizo correr la especie para explotar el acentuado sentimiento en verdad homofóbico de la población cubana (al menos en esa época) y hacer simpática la idea de la UMAP —cosa que, no crean, se logró en abundancia.

54. [Pág. 305] Mariano tuvo dos razones esenciales para animar los últimos años de su vida: su designación como delegado de la Asamblea Nacional (el Parlamento cubano, elegido a dedo siempre, el dedo del Comandante, por supuesto) y poblar su pintura de gallos de pelea, fieros y multicolores y con el adolorido pico abierto. «Un criadero de gallos que has hecho», solía bromearle el autor, «y con un cierto sesgo contrarrevolucionario si se quiere». Se refería a que la prohibición de las peleas de gallos fue una de las primeras medidas represivas de la Revolución contra los campesinos. (¡Menos mal que dejaron el otro entretenimiento habitual de tierra adentro: el dominó, y que no erradicaron el béisbol!) Pese a todo, unos criaderos especiales de gallos de pelea *sólo para la exportación*, aprovechando la fama cubana en la crianza de estas especies, sólo comparable a la tradición del tabaco cubano, fue encargada al «Comandante de la Revolución» Guillermo García Frías, que había sido un «gallero» empedernido de la Sierra Maestra, donde era el propietario de algunos «balluses», prostíbulos de mala muerte, y contrabandeaba cerveza y marihuana, antes de sumarse al Ejército Rebelde. Tenía su negocio abierto aún y en plena producción —el de los gallos, se entiende— en 1998, cerca de una localidad llamada Managua, al sur de La Habana, y donde él, con el cuento de «templar el carácter de las crías que han de exportarse», sigue celebrando unas monumentales sesiones de pelea, a las que asisten sus viejos amigotes de la Sierra y uno que otro y muy ocasional comprador de Curazao, Bermudas o Venezuela. Por cierto que luego de suspendidos (hacia 1961) a nivel nacional todos los combates de gallos y

cerradas las vallas y los clubes gallísticos (las legislaciones de la República sólo admitían la existencia de un club gallístico por municipio) donde éstos se celebraban, a Fidel y otros de sus amigos del entorno más cercano les dio por asistir a peleas de perros —que hasta donde se tiene noticia, nunca antes se habían conocido en el país— y que las organizaba el entonces médico de cabecera de Fidel y especie de secretario ejecutivo, el comandante René Vallejo, y para las que se empleaban perros de combate del Ministerio del Interior, que se obtenían del cruce de pastor alemán con chacal, un legítimo y plateado chacal de los montes Tatra que la Seguridad del Estado checa donara a sus hermanos de armas cubanos.

55. [Pág. 307] La generosidad de Andrés Oppenheimer me permitió acceder a esta documentación de inteligencia norteamericana. Y es innecesario glosarles esas 500 páginas de *debriefings* porque ya Oppenheimer lo hizo muy bien. Ver fundamentalmente el capítulo «Exit Panama» de su *Castro's Final Hour*.

56. [Pág. 333] El Comité Cubano Pro Derechos Humanos tiene documentados decenas de estos casos, incluso con los nombres de los oficiales que han actuado a mitad de camino entre el médico y el verdugo. Los doctores Picañol y Erreira, de una de las *unidades siquiátricas* del Ministerio del Interior, parecen destacarse por sus comportamientos abusivos, especie de doctores Mengueles tropicales.

57. [Pág. 335] Los segmentos adicionales de descripción proceden de Jesús Renzolí —uno de los testigos de la borrasca del Ranchón. Bastante críptica por cierto su descripción, y sintética. «Hay dos ocasiones», cuenta. «Una es ésa del Ranchón. Otra, a raíz de la reunión del BP de noviembre del 87, cuando el fenómeno llamado de la indisciplina social. Que ahí también tuvieron una agarrada grande y Raúl le dijo que renunciaba. Allí, en el saloncito de los recesos, del BP. ¿Quién tenía la razón? La tenía Raúl. En ambos casos él la tenía. Raúl estaba diciendo cosas razonables, cosas de plantar los pies en la tierra. El otro [Fidel] estaba con sus ideas astronómicas.» Renzolí era el traductor de ruso al servicio de Raúl Castro, y es todavía hoy una pieza clave en la historia de la participación cubana en la Guerra Fría, puesto que acompañó a Raúl (y ocasionalmente a Fidel) en todos los periplos de conversaciones y discusiones desde inicios de los ochenta con la más alta jerarquía del Kremlin. En el momento de su deserción, 1991, Renzolí era Primer Secretario de la Embajada de Cuba en Moscú, y lo habían mandado a llamar «para consultas». No lo pensó mucho para cargar con su familia en su viejo Volga de chapa diplomática y aprovechar el fin de semana para escapar por carretera a Occidente.

58. [Pág. 341] Los hijos de Fidel con Dalia Soto del Valle son cinco, los tres mencionados —Alex, Alexander, Alexis—, y los dos últimos, Antonio y Ángel.

59. [Pág. 353] El año anterior Tony le regaló un revólver Colt Python calibre 357 Magnum/38 Special, con cañón de 6 pulgadas, y con el agregado de uno de los primeros apuntadores láser que entraban al país, a Raúl Castro. Y un año antes, también con motivo de que cumplía años, Tony le regaló a Fidel una escopeta Mossberg 590 Mariner, calibre 12, un hierro imponente, de 9 tiros, de culatas y mazorca negras y con

un cañón de 20 pulgadas, todo el metal tratado con Marinecote, una capa de Teflón y níquel, construida especialmente para llevar a bordo de embarcaciones o para usos costeros. Por mi parte, yo tuve el honor de ser la última persona que obsequiara con un arma al coronel Antonio de la Guardia. Una carabina AK-74, de culatín plegable, del primer lote de mil que llegara al Ministerio del Interior cubano, y que en realidad era resultado de una primera situación honorable, que era la de ser el único ciudadano cubano propietario de un AK-74. En una noche de tragos en mi casa, y delante de Raúl Castro, había logrado arrebatarle la promesa al general Pascual Martínez Gil de que me regalara uno de esos ejemplares. Asimismo, y cada uno por su lado, Tony y Raúl Castro se me quedaron debiendo el arma que nunca pude obtener. La prodigiosa pistola soviética Stechkin, de 9 milímetros. Quizá sea incómoda para el gusto occidental, sobre todo por la gran empuñadura, pero tiene un sólido cañón de 6 pulgadas y una mira milimétrica y dispara, con bastante concentración, ráfagas de 20 balas, y la empuñadura viene preparada para el enganche de un culatín de baquelita, que a su vez sirve de cartuchera.

60. [Pág. 356] Tamara Bunke y el autor fueron condiscípulos de esa Facultad. Para el autor, fue el primero de tres intentos por tener un grado universitario. Y si algo debemos reconocerle y darle por ello un par de palmadas en la espalda, es por haber abandonado y dirigirse a aprender periodismo en el mejor lugar posible de una Revolución: donde quiera que se anunciaba (o *intuyera*, aun mejor) una batalla. Y en ese breve tiempo de estudios a regañadientes, él fue uno de los mejores amigos de Tamara Bunke, al menos en esa aula. Ella llegaba a la Escuela en una moto Berlín, de la que evidentemente había sido provista por el KGB, para darle movilidad dentro del país. Era una época de mucho trasiego y libertad de movimientos para los espías soviéticos en La Habana, aunque eso mermó considerablemente a partir de la crisis de los misiles de octubre de 1962. Una vez, con orgullo infantil, ella me dijo que «la habían preparado desde pequeña para cumplir tareas»; y que había *crecido* en Argentina. Con el paso de los años, claro, uno relaciona todas las cosas. Su pasión juvenil (al menos su pasión juvenil *manifiesta*) eran las motos, y correrlas en las nieves de estrechas callejuelas alemanas y hacerlas resbalar y proyectarse a alta velocidad sobre acolchonados túmulos de nieve. Una vez me dijo que eso —y la falta de crudeza del invierno cubano— era lo único que extrañaba de sus estancias en la *erre-de-a*, que era la forma en que ya solíamos llamar a la República Democrática Alemana. Por otra parte, es poco conocido —hasta hoy— que Tamara había sido asimilada por una de las sociedades más consolidadas del ritual lésbico del país, de Cuba, que es el de las grandes señoronas del periodismo y que tuvo relaciones con dos de estas agresivas compañeras, Mirta Rodríguez Calderón y Ángela Soto (que también fueron condiscípulas del autor en aquella Facultad universitaria). Fue precisamente Ángela Soto, una bonita, talentosa y delicada mulata, la que introdujo a Tamara en su círculo. No por gusto, tres años después de Vado del Yeso, y con la muerte, emergieron las viejas amigas a la luz pública vinculando su nombre muy discretamente al de Tamara. Al menos emergió Mirta Rodríguez Calderón. Es la

coautora —con Marta Rojas, también *poderosa señora*— de una especie de fotonovela socialista, *Tania, la guerrillera inolvidable* (Instituto del Libro, La Habana, 1970), que un viejo comunista, ya conocido por nosotros, Raúl Valdés-Vivó, dio en llamar —quizá debido a una impertérrita formación marxista que le impedía aceptar que, incluso para renovarles, los nuevos aires batieran, y que circularan en, los preceptos de la lucha de clases— *Tania la lesbiana,* como el remedo de una de las tiras gráficas de Crepax o de la serie DEATH. Por último, la otra coautora de *Tania, la guerrillera inolvidable*, Marta Rojas, era la más reputada de las lesbianas que se identificaban en La Habana de los sesenta, y la de mayor consolidación afectiva reconocida con los círculos cercanos a Fidel Castro en la misma época y hasta entrados los setenta y a la que se le suministraba un caudal interminable e inagotable de material informativo sobre un mismo y único cuento, que era la acción del asalto al cuartel Moncada comandada por Fidel Castro el 26 de julio de 1953, tema del que ella misma se consideraba *su cronista oficial* (¡¿?!).

61. [Pág. 357] El discurso de Fidel en las honras fúnebres del Che está considerado como el inicio de la veneración universal del Che. Pocos saben, no obstante, que luego de terminada esa dramática, desconsolada alocución, Fidel se dirigió al tabloncillo de básket de la principal instalación deportiva del país, «la Ciudad Deportiva» —que previamente, como corresponde, se hallaba bajo el control total de la Seguridad y con el acceso bloqueado a toda la población y a cualquier posible curioso—, y despojándose del uniforme de guerra con el que su gallarda imagen había sido aprehendida a través de los lentes para consumo de la consternada humanidad mientras llamaba al Che «un artista de la guerra de guerrillas» y advertía «a aquellos que cantan victoria» por su muerte —su obligada referencia a los Estados Unidos— «que están equivocados. Están equivocados aquellos que crean que su muerte es la derrota de sus ideas, la derrota de sus tácticas, la derrota de sus conceptos guerrilleros...», y ataviándose con unos vistosos calzones plateados y una camiseta profesional de basketbolista con un enorme 26 a la espalda, comenzó a jugar, un partido tras otro, hasta altas horas de la madrugada, divertido y sudando en abundancia para quemar energías sobrantes. Oscar Peña —que 20 años después se convirtiera en uno de los dirigentes del movimiento disidente interno de Cuba (fue uno de los vicepresidentes del Comité Cubano Pro Derechos Humanos)— era uno de los muchachos que trabajaba en el lugar, y que la Seguridad permitía que presenciara los partidos, no pudo ocultar su consternación cuando le dijeron que Fidel estaba en el local y que había juego. José Llanusa Gobel, el presidente del Instituto, puso una mano en el hombro de Peña y le dijo: «Él no hace esto por malo, Peñita. Lo hace para liberar angustias. Ve. Ponte de árbitro.» En el equipo de Fidel, esa noche, jugaron José M. Miyar Barruecos («Chomy» —su secretario—), el mismo Llanusa Gobel, el comandante Jorge Serguera Riverí —«Papito»—, Fabio Ruiz y Teodoro Pérez —funcionarios del Instituto de Deportes— y «Risita» Quintero — entrenador del equipo «Cuba». Los contrincantes eran los miembros del equipo «Cuba», que se entrenaba para las olimpiadas, con sus muy precisas instrucciones de jugar con Fidel *al suave* pero sin que él se percatara. Raúl Castro estaba en el público, y otras

personas, no más de cincuenta en total. El peor momento del trabajo de árbitro de Oscar Peña, casi un adolescente, fue cantarle un *foul* a Fidel, por lo que el jefe de la Revolución estuvo rebatiéndole un largo rato. Después la mano de Llanusa volvió a posarse en el hombro del afligido Peña. «No te preocupes por eso. Él lo hace para coger aire.» Peña estaba en Miami, exiliado, en 1999, y era localizable y podía dar testimonio de este epílogo de las honras fúnebres del Che. Asimismo pueden testimoniar los otros presentes, como Llanusa Gobel, y Baudilio Betancourt, «Bibinito», que era el secretario del Partido en La Habana. Jorge García Bango, «Yoyi», que con el transcurrir de los años se convertiría en uno de los segundos de Tony en MC, estaba pero murió de cáncer hacia 1998, y a su chofer —«el Negro» Dumois— (otro testigo) se lo mataron de un tiro de calibre 22 en la espalda en agosto o septiembre de 1989. Pero los demás vivían en La Habana a principios de 1999 y podían ser interrogados al respecto. Sonriente, sudoroso y despiadado comandante con pelota en la mano y escuelita de La Higuera en el fondo, un muy remotamente atrás fondo. Y, según los indefectibles amigos *researchers* del National Security Archive, el discurso fúnebre de Fidel de ese atardecer del 19 de octubre de 1967 en la Plaza de la Revolución «contribuyó inconmensurablemente a la creación del icono revolucionario en que Che Guevara se convertiría en los años subsiguientes». Pobrecitos. Sobre todo por el hecho de proclamar Fidel que «si se quiere saber cómo queremos que sean nuestros hijos...» y concluir que «debemos decir, con todo nuestro pensamiento y corazón de revolucionarios: Queremos que sean como el Che», nos teníamos que tragar la píldora lacrimógena. Era el tercer día de duelo nacional en Cuba cuando Fidel habló. A la mañana siguiente su discurso fue transcrito y distribuido por el Foreign Broadcast Information Service (FBIS), la agencia de transcripciones de la CIA que graba y traduce noticias y trasmisiones de televisión de todo el mundo.

62. [Pág. 357] Ver: Carlos Franqui, *Vida, aventuras y desastres de un hombre llamado Castro*, Planeta, Barcelona, 1988.

63. [Pág. 360] Entre 6 y 8 esclavos por un caballo en el mercado de Senegambia de 1500-1510, o —en la misma fecha— por 20 ducados (promedio) en Sevilla, o por 25 manillas en Benin. Pero en 1440 se pagaba un caballo con 25 ó 30 esclavos en el mismo Senegambia. Entre 1594-1595 el precio de un esclavo angolano alcanzó el promedio de 75-80 pesos. En 1612 los esclavos angolanos en perfecto estado se vendían en Brasil por 28.000 reales cada uno. En 1620 los esclavos de Guinea costaban 270-315 pesos, y los de Angola 200. En 1800, esclavos en Cuba a $ 90. En 1807, esclavos de Costa da Mina son vendidos en Bahía a $ 100 cada uno, pero «los menos favorecidos da Angola» a $ 80. En 1815, precios de los esclavos en Mozambique sobre los $ 3-5, en Pongas sobre los $ 12, en Luanda sobre los $ 14-16. En 1852, esclavos en Cuba a $ 75. En 1859, esclavos cubanos a $700, esclavos viejos y jóvenes a $ 300. En 1864, esclavos en Cuba a $ 1.250-$ 1.500. (Ver: Hugh Thomas, *The Slave Trade. The Story of the Atlantic Slave Trade: 1440-1870*, Simon & Schuster, Nueva York, 1997.)

64. [Pág. 362] Quiere decir en una clave no exenta de humor cubano que era la mujer presente en la casa presidencial. Quimbo designa igualmente la aldea o las

reducidas cabañas circulares y por lo regular de techo cónico de cañas, ramas o paja que a su vez forman la aldea —o quimbo. En otras ocasiones, objeto del humor en las claves de los rudos matarifes de la asesoría cubana, era el mismo presidente, al que podían designar eventualmente como Soba o compañero Soba. Desde luego que se trata del jefe en el lenguaje aldeano y el que casi siempre es elegido a la posición por ser el de más edad, es decir, el de más conocimientos.

65. [Pág. 369] ¡A la vez que Amadito Padrón no lo era tampoco de Abrantes!

66. [Pág. 383] Estos documentos se mantuvieron deliberadamente a salvo de la incineración a finales de 1981, cuando Fidel dio la orden a la Seguridad del Estado y a la Inteligencia de hacer desaparecer hasta el último rastro de documentación comprometedora que pudiera caer en manos enemigas. La apreciación cubana era entonces que una invasión norteamericana era inevitable y próxima. Por documentos comprometedores desde luego se entendían los que pudieran complicar a Fidel y a sus más cercanos seguidores, y no a un personal tan ajeno como, por ejemplo, los diplomáticos extranjeros destacados en La Habana capturados en algún tipo de actividad licenciosa.

67. [Pág. 386] Las conversaciones gubernamentales o «partidarias» de Fidel Castro con extranjeros pueden correr mejor suerte que el resto de la producción nacional de documentos, puesto que son meticulosamente grabadas, transcritas y archivadas por personal de su oficina. No todo alimenta y alegra el fuego de los hornillos.

68. [Pág. 419] Como ya se ha dicho, la documentación que en verdad comprometa sobre todo directamente a Fidel Castro ha sido el motivo fundamental de desvelo del personal encargado de las incineraciones.

ACERCA DEL MATERIAL FOTOGRÁFICO

Eran imágenes caseras extraídas de la intimidad de un álbum familiar. Casi con toda probabilidad nunca fueron tomadas para publicarse. Por otra parte, algunas reproducciones han sido transferidas de grabaciones de video de hasta una cuarta generación. El trasiego a través de diferentes instancias clandestinas dentro de Cuba —y las copias realizadas no siempre con los equipos idóneos— fueron inevitables para el rescate del material y su colocación en puertos seguros del exterior. Asimismo una parte de las fotografías conoció los efectos del vivaqueo en el clandestinaje. Estas fotos y los *stills* de video seleccionados poseen un eventual interés como testimonio, y su probable valor histórico es el que ha prevalecido —con ambas fuentes— para su inclusión en el presente libro. Si el aserto de que la Historia es una sucesión de casualidades, nada más adecuado para redimir un episodio de guerra que esta porción de fotografías y de *stills* nunca concebidos con propósitos profesionales.

* * *

Presentadas ahora como parte de la documentación de *Dulces guerreros cubanos*, las fotografías son reproducciones de las impresiones originales recuperadas en La Habana por Jorge de Cárdenas, Filiberto Castiñeiras, Antonio de la Guardia (hijo) o por el autor y que conservan en Estados Unidos. La posesión de muchas de las fotografías no acredita necesariamente a los propietarios como autores. Una considerable cantidad de nombres de los fotógrafos permanecen en el anonimato puesto que suelen forman parte natural del equipo operativo.

THE NORBER ONE
& BROTHERS

*Filiberto Castiñeiras Giadanes, Jorge de Cárdenas Agostini, Antonio
de la Guardia Font, Patricio de la Guardia Font, Alcibíades Hidalgo Basulto, Raúl
Menéndez Tomassevich, Arnaldo Ochoa Sánchez y Raúl Rivero Castañeda.
Tenemos tarea. Partida antes del sol. Carguen municiones y raciones frías.
Objetivo en la profundidad. Sincronicen los relojes.*

*Esto es fuerza combatiente. Los temibles. Los invictos. Vedla, contempladla
cualquier día antes del 12 de junio de 1989.*

*Buena tropa. No podía pedir una mejor. Con un poeta y tres generales,
el poeta que es Raúl Rivero, y los generales Patricio, Tomás (Menéndez
Tomassevich) y Arnaldo, y el mejor explorador del mundo, mejor comando
y mejor ranger, Tony.*

Andando.

Impreso en el mes de mayo de 2000
en ROMANYÀ/VALLS, S. A.
Plaça Verdaguer, 1
08786 Capellades
(Barcelona)